Arbitragem
e Mediação

O GEN | Grupo Editorial Nacional – maior plataforma editorial brasileira no segmento científico, técnico e profissional – publica conteúdos nas áreas de concursos, ciências jurídicas, humanas, exatas, da saúde e sociais aplicadas, além de prover serviços direcionados à educação continuada.

As editoras que integram o GEN, das mais respeitadas no mercado editorial, construíram catálogos inigualáveis, com obras decisivas para a formação acadêmica e o aperfeiçoamento de várias gerações de profissionais e estudantes, tendo se tornado sinônimo de qualidade e seriedade.

A missão do GEN e dos núcleos de conteúdo que o compõem é prover a melhor informação científica e distribuí-la de maneira flexível e conveniente, a preços justos, gerando benefícios e servindo a autores, docentes, livreiros, funcionários, colaboradores e acionistas.

Nosso comportamento ético incondicional e nossa responsabilidade social e ambiental são reforçados pela natureza educacional de nossa atividade e dão sustentabilidade ao crescimento contínuo e à rentabilidade do grupo.

CAIO CESAR VIEIRA **ROCHA**
LUIS FELIPE **SALOMÃO**

Coordenadores

Arbitragem
e Mediação

A Reforma da Legislação Brasileira

2ª edição | revista e atualizada de acordo com o NCPC

- A EDITORA ATLAS se responsabiliza pelos vícios do produto no que concerne à sua edição (impressão e apresentação a fim de possibilitar ao consumidor bem manuseá-lo e lê-lo). Nem a editora nem o autor assumem qualquer responsabilidade por eventuais danos ou perdas a pessoa ou bens, decorrentes do uso da presente obra.

  Todos os direitos reservados. Nos termos da Lei que resguarda os direitos autorais, é proibida a reprodução total ou parcial de qualquer forma ou por qualquer meio, eletrônico ou mecânico, inclusive através de processos xerográficos, fotocópia e gravação, sem permissão por escrito do autor e do editor.

  Impresso no Brasil – *Printed in Brazil*

- Direitos exclusivos para o Brasil na língua portuguesa
  Copyright © 2017 by
  EDITORA ATLAS LTDA.
  Uma editora integrante do GEN | Grupo Editorial Nacional
  Rua Conselheiro Nébias, 1384 – Campos Elíseos – 01203-904 – São Paulo – SP
  Tel.: (11) 5080-0770 / (21) 3543-0770
  faleconosco@grupogen.com.br / www.grupogen.com.br

- O titular cuja obra seja fraudulentamente reproduzida, divulgada ou de qualquer forma utilizada poderá requerer a apreensão dos exemplares reproduzidos ou a suspensão da divulgação, sem prejuízo da indenização cabível (art. 102 da Lei n. 9.610, de 19.02.1998).

  Quem vender, expuser à venda, ocultar, adquirir, distribuir, tiver em depósito ou utilizar obra ou fonograma reproduzidos com fraude, com a finalidade de vender, obter ganho, vantagem, proveito, lucro direto ou indireto, para si ou para outrem, será solidariamente responsável com o contrafator, nos termos dos artigos precedentes, respondendo como contrafatores o importador e o distribuidor em caso de reprodução no exterior (art. 104 da Lei n. 9.610/98).

- Capa: Danilo Oliveira

- Fechamento desta edição: 12.06.2017

- DADOS INTERNACIONAIS DE CATALOGAÇÃO NA PUBLICAÇÃO (CIP)
  (CÂMARA BRASILEIRA DO LIVRO, SP, BRASIL)

  Arbitragem e mediação: a reforma da legislação brasileira / Caio Cesar Vieira Rocha, Luis Felipe Salomão (coordenação). – 2. ed. rev. e atual. – [2. Reimpr.] – São Paulo: Atlas, 2017.

  Bibliografia.
  ISBN 978-85-97-01259-0

  1. Arbitragem (Direito) – Brasil – 2. Mediação – Brasil – I. Rocha, Caio Cesar Vieira. II. Salomão, Luis Felipe. III. Título.

  Índice para catálogo sistemático:

  1. Brasil: Arbitragem e mediação: Direito processual civil

14-12570

CDU: 347.918(81)

APRESENTAÇÃO

O conceito de *acesso à justiça*, no mundo contemporâneo, deve ser compreendido como a garantia de entrada a um justo processo, capaz de proporcionar a resolução de controvérsias com rapidez, segurança e efetividade, mediante a implementação de mecanismos de pacificação social que permitam a desobstrução da jurisdição estatal, esta vocacionada àquelas lides incompossíveis por outros meios.

A rápida transformação e interação entre os povos, por força da globalização, assim também a nova era dos direitos, fez exsurgir o anseio da sociedade por formas alternativas e extrajudiciais de prevenção e resolução de conflitos intersubjetivos, dos quais são exemplos notórios a mediação e a arbitragem.

Como é cediço, a arbitragem é um meio privado de solução de controvérsias, sem a intervenção do Poder Judiciário, em que as partes escolhem contratualmente um árbitro ou Tribunal Arbitral, para que decidam determinado conflito, assumindo a decisão a mesma eficácia de uma sentença judicial estatal. Dentre inúmeras vantagens do instituto, sobressai a rapidez na apreciação da controvérsia e, amiúde, a atuação de árbitros com *expertise* relacionada com o tema submetido à sua apreciação.

A mediação, por seu turno, é um processo que envolve reuniões conjuntas ou separadas com as partes em litígio, em que uma terceira pessoa imparcial e independente – o mediador –, com a necessária capacitação, facilita o diálogo entre os envolvidos para que melhor entendam o conflito, auxiliando-as a construir soluções criativas à disputa. Por não existirem as figuras do vencedor e vencido na mediação, os partícipes são levados a cumprir espontaneamente com o que foi acordado, de sorte que esse método de autocomposição bilateral também exerce uma forte influência na prevenção de novos conflitos.

Não obstante a menção aos meios alternativos de resolução de controvérsias em alguns diplomas legais – como, por exemplo, os arts. 667, 772, 776 e 777 do Código Comercial, o art. 764 da Consolidação das Leis do Trabalho – CLT, o art. 24, *caput*, da Lei 9.099/1995 –, a arbitragem no nosso País somente veio a ser regulamentada pela Lei 9.307, de 23.09.1996.

Tal diploma legislativo é fruto do Projeto de Lei do Senado Federal 78, de 1992, de autoria do então senador Marco Maciel, que contou com a participação dos juristas Petrônio Muniz, Carlos Alberto Carmona, Pedro Batista Martins e Selma Maria Ferreira Leme. Na sua elaboração foram consultadas modernas leis e diretrizes da comunidade internacional, com destaque para as fixadas pela Organização das Nações Unidas (ONU), na Lei Modelo sobre Arbitragem Internacional elaborada pela *United Nations Commission on International Law* (Uncitral), a Convenção para o Reconhecimento e Execução de Sentenças Arbitrais Estrangeiras firmada em 1958 na cidade de Nova York e a Convenção Interamericana sobre Arbitragem Comercial firmada no Panamá.

Após o transcurso de mais de 16 anos da Lei 9.307/1996, o debate no campo doutrinário, profundas mudanças legislativas no direito processual, a jurisprudência que se formou em torno do instituto – sobretudo a do Superior Tribunal de Justiça –, aliadas aos avanços tecnológicos e o novel papel do Brasil no cenário econômico mundial fizeram exsurgir discussões sobre a necessidade de aperfeiçoamento da arbitragem.

Ademais, e na mesma esteira, especificamente sobre a mediação, embora seja amplamente promovida no Brasil por intermédio de várias instituições, esse instrumento de autocomposição carece de um marco legal que disponha detalhadamente sobre o instituto e destaque, de forma reflexa, o excelente potencial que ele oferece para solução de conflitos nas mais diversas temáticas – administrativo, escolar, familiar, empresarial, empregatício, ambiental, dentre outros temas da vida moderna.

Sensível a essas questões – e em atenção aos Requerimentos 702 e 854, de 2012, ambos de iniciativa do senador Renan Calheiros –, o Presidente do Senado Federal, o senador José Sarney, pelos Atos do Presidente 36 e 37, de 2012, 14 e 16, de 2013, e pela Portaria 14, de 2013, designou Comissão composta por 21 juristas, sob a minha presidência, com a finalidade de elaborar anteprojeto de Lei de Arbitragem e Mediação, no prazo de 180 dias, sendo instalada a Comissão em 3 de abril de 2013.

Após seis meses de trabalho profícuo, com inúmeras audiências públicas e colheita de sugestões variadas, a Comissão elaborou dois Anteprojetos – um propondo alterações na Lei de Arbitragem, avançando com bastante segurança, e outro dispondo sobre a Mediação Extrajudicial – que foram entregues ao Parlamento em sessão solene na Presidência do Senado Federal em 2 de outubro de 2013, passando a tramitar na forma de Projetos de Lei do Senado (PLS) sob os nos 405 e 406, de 2013.

Dentro desse ambiente salutar, em que ocorreram muitas discussões e debates, surgiu a ideia de reunir uma coletânea de artigos dos membros integrantes da Comissão – que ora se concretiza –, os quais abordam questões que foram alvo de intensa ponderação nas reuniões para formatação final dos anteprojetos de lei, e que refletissem os motivos que fundamentaram as propostas que tramitam no Parlamento.

Em relação à arbitragem, destacam-se: a possibilidade de sua adoção nas relações de trabalho e de consumo; a sentença parcial e as tutelas cautelares e de urgência; as listas de árbitros e a liberdade da livre escolha destes pelas partes; a cláusula compromissória no direito societário.

No campo da mediação, trazem consideração sobre: a essência da mediação; os impactos positivos para o Poder Judiciário; o papel do advogado; a mediação *on-line*; a mediação na Administração Pública; a proposta da Comissão de Juristas e a Lei-Modelo da Uncitral.

Não é demasiado ressaltar que a presente coletânea, ao reunir artigos da lavra dessa seleta plêiade de juristas em arbitragem e mediação, se apresenta como uma excelente contribuição para o aprofundamento do estudo de tais temas, notadamente por trazer ao debate as questões mais sensíveis em torno desses importantes mecanismos de pacificação social que, a um só tempo, também carrega perspectiva de racionalidade para a jurisdição estatal.

Boa leitura!

Luis Felipe Salomão
Ministro do Superior Tribunal de Justiça

NOTA À 2ª EDIÇÃO

A 1ª edição desta obra, publicada em 2015, reuniu uma coletânea de artigos redigidos pelos 21 membros da Comissão de juristas designada pelo Senado Federal para a elaboração de anteprojetos de Lei de Arbitragem e Mediação.

Nessa coletânea foram apresentadas, de forma crítica e com as justificativas pertinentes, as sugestões da Comissão expressas nos dois anteprojetos entregues ao Parlamento em outubro de 2013 – um referente à reforma da Lei de Arbitragem; outro sobre mediação.

Passados dois anos da data da publicação da edição inaugural, fez-se necessária a atualização desta obra, por três razões principais.

A primeira delas diz respeito ao advento da Lei 13.129, de 26 de maio de 2015, conhecida como Reforma da Arbitragem. Ao adotar praticamente a integralidade do anteprojeto elaborado pela Comissão, à exceção de dois dispositivos que foram vetados pela Presidência da República – nos quais se buscava implementar a arbitragem para resolver conflitos advindos de relações consumeristas e dissídios trabalhistas individuais –, referida legislação introduziu reformas pontuais à redação original da Lei de Arbitragem brasileira, tornando-a mais moderna mediante a consolidação de entendimentos há muito defendidos pela doutrina especializada e pela jurisprudência, com fundamental contribuição do Superior Tribunal de Justiça.

Alguns pontos se destacam entre as modificações trazidas pela Lei 13.129/2015: (i) a possibilidade de utilização de arbitragem como método de solução de disputas envolvendo a Administração Pública; (ii) a regulamentação, em capítulo próprio, das tutelas de natureza cautelar e de urgência requeridas perante o Poder Judiciário anteriormente à instauração da arbitragem, e, também, após a constituição do juízo arbitral; (iii) o reconhecimento da possibilidade de serem proferidas sentenças parciais no curso do procedimento arbitral; e (iv) a criação da carta arbitral, que revela a imprescindível relação de cooperação e complementaridade entre as jurisdições estatal e arbitral.

A segunda razão que enseja a atualização da obra foi a edição da Lei 13.140, de 26 de junho de 2015, que, além de ser o marco legal da mediação no Brasil, representa a evolução do País no sentido de prestigiar a opção pelos métodos consensuais de solução de litígios (justiça conciliativa), atrelados, sem dúvida, ao mais atual conceito de *acesso à justiça*. A Lei de Mediação regulamenta em minúcias tanto a mediação judicial quanto a mediação extrajudicial, além de prever a faculdade de se realizar mediação envolvendo a Administração Pública.

Não se pode olvidar, ainda, da entrada em vigor da Lei 13.105, de 16 de março de 2015, que concebeu o novo Código de Processo Civil. A sistemática processual civil vigente contempla inúmeras disposições relevantes para o fortalecimento dos métodos consensuais de resolução de controvérsias, tais como a arbitragem e a mediação. Vale mencionar, exemplificativamente, (i) os §§ 2º e 3º do art. 3º do NCPC – inseridos em tópico que versa sobre as *normas fundamentais do processo civil* –, que impõem ao Estado, aos funcionários públicos (juízes, defensores e membros do Ministério Público) e aos advogados a promoção, sempre que possível, da solução consensual de conflitos.

Nesta 2ª edição, portanto, os integrantes da Comissão se empenharam, com afinco, na atualização do material publicado, com o escopo de proporcionar ao leitor uma visão ampla e aprofundada acerca das modificações provocadas pelas recentes legislações aqui mencionadas.

É, pois, com esse espírito que esta 2ª edição da obra *Arbitragem e Mediação*: a Reforma da Legislação Brasileira é apresentada ao público, com as sinceras esperanças de que seja ela proveitosa e de agradável leitura.

SUMÁRIO

1. A CLÁUSULA COMPROMISSÓRIA ESTATUTÁRIA E O DIREITO DE RECESSO
Ana Carolina Weber 1

2. A ADMINISTRAÇÃO PÚBLICA NA REFORMA DA LEI DE ARBITRAGEM
André Chateaubriand Martins 21

3. MEDIDAS CAUTELARES E URGENTES NA ARBITRAGEM: NOVA DISCIPLINA NORMATIVA
Caio Cesar Vieira Rocha 35

4. AS LISTAS DE ÁRBITROS
Carlos Alberto Carmona 65

5. SENTENÇA PARCIAL E ARBITRAGEM – INOVAÇÕES DA LEI 13.129/2015
Eduardo Arruda Alvim 81

6. DESENVOLVIMENTO DA CULTURA DOS MÉTODOS ADEQUADOS DE SOLUÇÃO DE CONFLITOS: UMA URGÊNCIA PARA O BRASIL
Eleonora Coelho 97

7. A CLÁUSULA COMPROMISSÓRIA NO DIREITO SOCIETÁRIO
Francisco Antunes Maciel Müssnich 127

8. A CONFIDENCIALIDADE NA REFORMA DA LEI DE ARBITRAGEM
José Antonio Fichtner e André Luís Monteiro 159

9. ARBITRAGEM NAS RELAÇÕES DE CONSUMO – UMA NOVA ESPERANÇA
José Roberto de Castro Neves 191

10. A LIBERDADE DAS PARTES NA ESCOLHA DOS ÁRBITROS
José Rogério Cruz e Tucci 213

11. MEDIAÇÃO E IMPACTOS POSITIVOS PARA O JUDICIÁRIO
Adacir Reis 221

12. O PAPEL DO ADVOGADO NA MEDIAÇÃO
Francisco Maia Neto 241

13. NOVAS CONSIDERAÇÕES SOBRE A MEDIAÇÃO *ON-LINE*
Marcelo Nobre 257

14. AS REGRAS DA LEI DA MEDIAÇÃO (LEI 13.140/2015) PARA A ADMINISTRAÇÃO PÚBLICA
Roberta Maria Rangel 267

15. A CLÁUSULA ESCALONADA
Silvia Rodrigues Pachikoski 285

1

A CLÁUSULA COMPROMISSÓRIA ESTATUTÁRIA E O DIREITO DE RECESSO

ANA CAROLINA WEBER[1]

Sumário: 1. Introdução – 2. O uso da arbitragem nas questões societárias – 3. A arbitrabilidade subjetiva – 4. O art. 136-A da Lei das S.A. – 5. Questões controversas: 5.1. Arbitrabilidade objetiva; 5.2. Vinculação dos administradores à cláusula compromissória estatutária; 5.3. Custos da arbitragem societária – 6. Conclusões e comentários finais – Referências bibliográficas.

1. INTRODUÇÃO

No primeiro semestre de 2013, foram iniciados os trabalhos da Comissão de Juristas para Reforma da Lei de Arbitragem e Mediação ("Comissão de Juristas"). Após diversas reuniões que contaram, inclusive, com a participação de integrantes da comunidade arbitral, como câmaras de arbitragem e associações para o estudo de tal instituto, foram apresentados dois projetos de lei: o primeiro contendo propostas de alterações pontuais na Lei 9.307/1996 e o segundo disciplinando a mediação extrajudicial.

Do Projeto de Lei do Senado 406/2013 ("Projeto de Lei") apresentado pela Comissão de Juristas constou expressamente a proposta de alteração da Lei 6.404/1976 ("Lei das S.A."), no que tange à disciplina da convenção de arbitragem

---

[1] Sócia do escritório Carvalhosa e Eizirik Advogados. Mestre em Direito. A autora agradece à estudante Vitória Neffa Lapa e Silva o auxílio na revisão deste artigo.

constante de estatutos sociais, que acabou sendo implementada com a edição da Lei 13.129/2015.

Com efeito, o referido diploma legal alterou a Lei das S.A. incluindo o art. 136-A que disciplinou a deliberação a ser tomada pela Assembleia Geral sobre a inclusão de cláusula compromissória no estatuto social e os efeitos dessa decisão com relação aos acionistas que tenham votado contra.

O dispositivo inserido na lei societária representou uma solução legislativa para um longo debate que se travava na doutrina nacional sobre a arbitrabilidade subjetiva dos litígios societários. Todavia o legislador não disciplinou outros aspectos – talvez seja preferível que não o tenha feito – como definir a arbitrabilidade objetiva de litígios societários, a vinculação de administradores à cláusula compromissória estatutária e a questão dos altos custos dos procedimentos arbitrais como impeditiva à tutela dos direitos dos minoritários.

2. O USO DA ARBITRAGEM NAS QUESTÕES SOCIETÁRIAS

O Código Comercial de 1850[2] continha autorização para que as disputas surgidas no âmbito de uma sociedade fossem resolvidas por meio de procedimento arbitral.

Na prática, apesar da referida autorização, o que se observou foi a propagação da arbitragem para solucionar conflitos oriundos de questões societárias relativas quase que exclusivamente a acordos de acionistas. Diante da natureza contratual de tais acordos, pouca discussão havia a respeito da vinculação de seus signatários à cláusula compromissória neles prevista, pois que voluntariamente celebraram tal instrumento e previam a utilização da arbitragem.

Em 2001, a Lei 10.303, ao introduzir diversas modificações na Lei das S.A., previu a possibilidade de inclusão de cláusula compromissória no estatuto social das sociedades anônimas. Com efeito, foi incluído o § 3º ao art. 109 da Lei 6.404/1976, o qual estabeleceu expressamente que "o estatuto da sociedade pode estabelecer que as divergências entre os acionistas e a companhia, ou entre os acionistas controladores e os acionistas minoritários, poderão ser solucionadas mediante arbitragem, nos termos em que especificar".

O legislador autorizou a previsão no estatuto social – lei interna das sociedades anônimas – de que os litígios existentes entre acionistas, ou entre estes e a companhia, fossem resolvidos pela via arbitral.

---

[2] "Art. 245. Todas as questões que resultarem de contratos de locação mercantil serão decididas em juízo arbitral"; "Art. 294. Todas as questões sociais que se suscitarem entre sócios durante a existência da sociedade ou companhia, sua liquidação ou partilha, serão decididas em juízo arbitral".

Cap. 1 · A CLÁUSULA COMPROMISSÓRIA ESTATUTÁRIA E O DIREITO DE RECESSO | 3

Cabe ressaltar que tal possibilidade passou a constar do art. 109 da Lei 6.404/1976, o qual disciplina e consagra os direitos essenciais dos acionistas, que não podem ser restringidos ou suprimidos por lei ou pela disposição do estatuto social.[3] Em vista disso, o legislador, ao incluir o § 3º ao referido artigo, reforçou a tendência *favor arbitratis* que já vinha se observando no ordenamento brasileiro, consagrando, de forma cristalina, o entendimento de que a arbitragem constitui o método mais adequado a dirimir conflitos societários.

Como sustentam alguns autores, a consagração da arbitragem pela lei societária demonstrava uma insatisfação com os julgamentos proferidos na esfera judicial quanto a questões societárias.[4]

De fato, os juízes não costumam ter o conhecimento específico como o dos árbitros, pois eles são levados a decidir matérias díspares e atinentes a diversas áreas do direito. Assim, o que se verificava no contencioso societário perante o Poder Judiciário eram questões relativas a disputas decididas pelos magistrados sem a técnica necessária ou a observância das práticas societárias mais modernas.[5]

Também por isso alguns autores sustentam que a introdução do § 3º ao art. 109 representou o reconhecimento pela legislação brasileira das melhores práticas de governança corporativa.[6]

Como se sabe, o direito das sociedades anônimas vem sofrendo significativas alterações com o intuito de melhor refletir as denominadas melhores práticas de governança corporativas, que têm por objetivo assegurar o exercício de direitos pelos acionistas e otimizar o desenvolvimento das atividades sociais por meio da criação de mecanismos que compatibilizem os interesses dos *stakeholders*.

A despeito do avanço que a introdução do § 3º ao art. 109 da Lei das S.A. representou, um intenso debate acadêmico foi iniciado. Discutia-se aspectos atinentes à arbitrabilidade subjetiva e objetiva dos litígios que fossem submetidos à arbitragem em decorrência da cláusula compromissória estatutária.

---

[3] BARBOSA, Marcelo. Direito dos acionistas. In: LAMY FILHO, Alfredo; PEDREIRA, José Luiz Bulhões (coord.). *Direito das companhias*. Rio de Janeiro: Forense, 2009. v. I, p. 304.

[4] Nesse sentido, Luciano Benetti Timm sustenta que os principais objetivos da inclusão efetuada pela Lei 10.303/2011 foram "(i) de um lado, reduzir a insegurança quanto à legitimidade da arbitragem no âmbito da resolução de conflitos de matéria societária, e, de outro, (ii) difundir e fomentar seu uso, tendo em vista as vantagens que ela pode apresentar em comparação ao Poder Judiciário, seja para a sociedade propriamente dita, para os investidores, ou para os acionistas em geral" (TIMM, Luciano Benetti. *Arbitragem nos contratos empresariais, internacionais e governamentais*. Porto Alegre: Livraria do Advogado, 2009. p. 64).

[5] Sobre a análise qualitativa de decisões societárias, ver STEIN, Raquel. *Arbitrabilidade no direito societário*. Rio de Janeiro: Renovar, 2014. p. 165.

[6] Item 1.4 do Código de Melhores Práticas do IBGC. 5. ed. São Paulo: IBGC, 2015.

3. A ARBITRABILIDADE SUBJETIVA

Um dos aspectos que mais motivavam a discussão a respeito da arbitrabilidade subjetiva diz respeito ao fato de a arbitragem representar a renúncia das partes signatárias da cláusula compromissória a solucionar eventual litígio pela via judicial.

Com efeito, uma das principais características da arbitragem é a autonomia da vontade, isto é, para ser instaurado, o procedimento arbitral pressupõe que as partes tenham, livre e espontaneamente, celebrado convenção de arbitragem e tenham a consciência de que quaisquer litígios decorrentes da relação jurídica na qual se insere a referida cláusula deverão ser decididos por arbitragem.

Este aspecto volitivo, inclusive, deu margem à discussão a respeito da constitucionalidade da Lei 9.307/1996 e levou ao Supremo Tribunal Federal a questão relativa à ofensa do art. 5º, XXXV, da Constituição Federal, decorrente da pactuação de cláusula compromissória.[7]

Tal questionamento é de suma importância também para o direito societário, uma vez que o § 2º do art. 109 estabelece que "os meios, processos ou ações que a lei confere ao acionista para assegurar os seus direitos não podem ser elididos pelo estatuto ou pela assembleia geral".

Ou seja, diante do disposto no referido § 2º, poder-se-ia imaginar que, inspirado no art. 5º, XXXV, da Constituição Federal, o legislador societário consagrou a inafastabilidade do direito de os acionistas recorrerem ao Poder Judiciário.

No entanto, de acordo com a decisão favorável à constitucionalidade da Lei de Arbitragem proferida pelo STF, no sentido de que a celebração de convenção de arbitragem não representa ofensa ao art. 5º, XXXV, não se pode sustentar ofensa ao § 2º do art. 109 da Lei das S.A. em virtude da existência de cláusula compromissória no estatuto social.

A constitucionalidade da Lei de Arbitragem, reconhecida pela Corte Suprema, fundamenta-se no aspecto volitivo da decisão do indivíduo em submeter litígios à solução por esta via jurisdicional, exigindo-se que tal manifestação de vontade seja livre e independente de qualquer vício. Ou seja, a vontade livre manifestada pela parte em submeter a procedimento arbitral a solução de determinado litígio não representa ofensa à Constituição, que, por sua vez, prevê um direito e uma garantia que pode ser conscientemente afastada.

---

[7] STF, Agravo Regimental na Sentença Estrangeira 5.206-7 (MBV v. Resil), Plenário, Rel. Min. Sepúlveda Pertence, j. 12.12.2001, *DJ* 30.04.2002; DOLINGER, Jacob; TIBÚRCIO, Carmen. *Direito internacional privado*: arbitragem comercial internacional. Rio de Janeiro: Renovar, 2003. capítulo III, p. 49-69.

Ao transpormos a questão da autonomia da vontade capaz de instituir procedimentos arbitrais para o direito societário e, especificamente, para a análise da cláusula compromissória estatutária, nos deparamos com o debate a respeito da arbitrabilidade subjetiva.

Isso porque a inclusão da cláusula compromissória no estatuto social não pressupõe a manifestação de vontade individual de cada um dos acionistas da companhia. Na verdade, no direito societário, prevalece o princípio da deliberação majoritária, razão pela qual alterações no estatuto social – como a inclusão de cláusula compromissória – poderiam ser aprovadas pela maioria dos acionistas, sem que todos estejam de acordo com elas.

Diante disso, é possível identificar três cenários que fundamentavam a discussão sobre a arbitrabilidade subjetiva de litígios societários: (a) a cláusula compromissória inserida no Estatuto Social no momento da criação da sociedade anônima; (b) a cláusula compromissória estatutária incluída após a constituição da companhia e por deliberação aprovada pela maioria dos acionistas; e (c) a cláusula compromissória já presente no estatuto social quando o acionista adquire ações de emissão da companhia. Em todas essas hipóteses, a questão que se colocava pela doutrina era: Quais acionistas estão vinculados à cláusula compromissória estatutária?

Para Modesto Carvalhosa,[8] em que pese o acionista preencher todos os requisitos qualificando-o como capaz para contratar e sendo o direito, objeto da arbitragem, um direito patrimonial disponível, o acionista deveria, de forma expressa, manifestar inequivocamente a sua vontade pela escolha da via arbitral. Assim, o novo acionista, quando ingressa na companhia, deve exprimir seu interesse em aderir à cláusula compromissória estatutária, não sendo cabível a vinculação dos acionistas que deliberaram contra a inclusão da cláusula compromissória no estatuto ou se abstiveram em relação a esta deliberação.

Nelson Eizirik, por sua vez, sustentava que os acionistas que posteriormente subscrevam ou adquiram ações da companhia também se vinculam à cláusula compromissória, que integra o elenco de direitos e deveres dos acionistas, na medida em que aderem a um contrato organizativo, em todas as suas cláusulas.[9]

Segundo o autor, ainda que os acionistas não manifestassem expressamente seu consentimento em relação à inclusão da cláusula compromissória no estatuto social, eles, ao subscrever, comprar ou receber as ações, sob qualquer modalidade, estariam praticando atos de ratificação do estatuto social e concordando tacitamente com os seus termos.

---

8   CARVALHOSA, Modesto. *A nova Lei das S/A*. São Paulo: Saraiva, 2002. p. 183.

9   EIZIRIK, Nelson. *A Lei das S.A. comentada*. São Paulo: Quartier Latin, 2011. v. I, p. 616.

Assim, conclui que "estarão vinculados à cláusula compromissória estatutária todos os demais acionistas: os que votaram favoravelmente, os que se abstiveram e os que não compareceram à assembleia. Os acionistas titulares de ações preferenciais que não se manifestaram na assembleia geral contrariamente à clausula compromissória, ou a ela não compareceram, estarão vinculados ao compromisso arbitral".[10]

Outros autores, como Pedro Batista Martins, sustentavam, desde a inclusão do § 3º ao art. 109 pela Lei 10.303/2001, a vinculação irrestrita dos acionistas à cláusula compromissória estatutária. Segundo ele, o princípio majoritário constitui pedra de toque do direito societário, razão pela qual ao se tornar acionista o indivíduo deveria irrestritamente a ele se submeter e, consequentemente, estar vinculado a toda e qualquer deliberação que seja tomada em conformidade com tal princípio.

Paulo Cezar Aragão, por sua vez, analisou a questão sob a ótica da natureza jurídica das sociedades anônimas. Segundo o autor, deveria ser refutado o entendimento que atribui natureza contratual ao estatuto social, devendo prevalecer o caráter institucional da sociedade anônima. Em vista disso, o acionista, ao adentrar a sociedade, passa a integrá-la e a se submeter aos termos do instrumento que disciplina a vida dessa instituição, não podendo, por exemplo, escolher os dispositivos estatutários aos quais pretende ou não estar vinculado.[11]

Diversos outros autores se debruçaram sobre a questão, demonstrando haver significativa divergência a respeito da vinculação total e irrestrita dos acionistas à cláusula compromissória estatutária.[12]

Com a edição da Lei 13.129/2015, este debate foi, em parte, superado, pois o art. 136-A da Lei das S.A. passou a prever: "A aprovação da inserção de convenção de arbitragem no estatuto social, observado o *quorum* do art. 136, obriga a todos os acionistas, assegurado ao acionista dissidente o direito de retirar-se da companhia mediante o reembolso do valor de suas ações, nos termos do art. 45. § 1º A convenção somente terá eficácia após o decurso do prazo de 30 (trinta) dias, contado da publicação da ata da assembleia geral que a aprovou. § 2º O direito de

---

[10] EIZIRIK, Nelson. *A Lei das S.A. comentada*. Op. cit., p. 617.

[11] ARAGÃO, Paulo Cezar. *A arbitragem na Lei das Sociedades Anônimas*. Palestra proferida no âmbito do I Ciclo de Palestras sobre arbitragem, realizada pela Escola de Direito da FGV-Rio e pela Câmara de Arbitragem da FGV, ocorrida no dia 20.08.2003.

[12] VILELA, Marcelo Dias Gonçalves. *Arbitragem no direito societário*. Belo Horizonte: Mandamentos, 2004; LOBO, Carlos Augusto da Silveira. A cláusula compromissória estatutária. *Revista de Arbitragem e Mediação*, n. 22, p. 11-32, jul.-set. 2009; WALD, Arnoldo. A arbitrabilidade dos conflitos societários: considerações preliminares. *Revista de Arbitragem e Mediação*, n. 12, p. 22-28, jan.-mar. 2007; APRIGLIANO. Extensão da cláusula compromissória a partes não signatárias no Direito Societário. *Revista do Advogado*, n. 119, p. 140-151, abr. 2013.

Cap. 1 • A CLÁUSULA COMPROMISSÓRIA ESTATUTÁRIA E O DIREITO DE RECESSO | 7

retirada previsto no caput não será aplicável: I – caso a inclusão da convenção de arbitragem no estatuto social represente condição para que os valores mobiliários de emissão da companhia sejam admitidos à negociação em segmento de listagem de bolsa de valores ou de mercado de balcão organizado que exija dispersão acionária mínima de 25% (vinte e cinco por cento) das ações de cada espécie ou classe; II – caso a inclusão da convenção de arbitragem seja efetuada no estatuto social de companhia aberta cujas ações sejam dotadas de liquidez e dispersão no mercado, nos termos das alíneas 'a' e 'b' do inciso II do art. 137 desta Lei".

4. O ART. 136-A DA LEI DAS S.A.

O dispositivo transcrito tem por inspiração o direito italiano que disciplina de forma mais detalhada a vinculação dos acionistas a cláusulas compromissórias estatutárias.

Com efeito, naquele ordenamento, é conferido aos acionistas que não concordarem com a inclusão de cláusula compromissória no estatuto social o direito de não continuar nos quadros sociais, garantindo-se o pagamento do valor de suas ações ao se retirarem dos quadros sociais.[13]

A utilização do direito de recesso – como no direito italiano – pelo dispositivo incluído na lei societária brasileira foi a alternativa encontrada para compatibilizar o princípio da autonomia da vontade e o princípio majoritário das sociedades anônimas. Isso porque se assegurou ao acionista o direito de discordar da deliberação sobre a inclusão de cláusula compromissória no estatuto social, mas, ao mesmo tempo, reafirmou-se a força do princípio majoritário como o princípio central a orientar as deliberações sociais.

Ou seja, o acionista tem o direito de discordar da inclusão da cláusula compromissória, mas não possui poderes suficientes para se opor à maioria e não se vincular às decisões por ela aprovadas. A autonomia da vontade dos acionistas estará resguardada na medida em que lhes é assegurado, por meio da saída da sociedade, o direito de não se vincular.

Cabe ressaltar a preocupação do legislador em conferir legitimidade à deliberação sobre a inclusão da cláusula compromissória no estatuto social, ao exigir que tal aprovação somente ocorra se observado o *quorum* previsto no art. 136 da Lei 6.404/1976.

O referido artigo estabelece *quorum* qualificado para a aprovação de modificações em determinadas matérias que, por determinarem a alteração de direitos patrimoniais dos acionistas ou afetarem elementos primordiais da vida social,

---

[13]   Art. 34, nº 6, do Decreto Legislativo 5, de 17.01.2003.

estarão sujeitas, necessariamente, ao voto favorável de acionistas que representem metade, no mínimo, das ações com direito a voto, se maior *quorum* não for exigido pelo estatuto da companhia cujas ações não estejam admitidas à negociação em Bolsa de Valores ou no mercado de balcão.

Ao exigir a observância do *quorum* qualificado para a inclusão de cláusula compromissória no estatuto social, o legislador reconheceu a necessidade da manifestação de vontade de um grupo significativo de acionistas para a validação tal decisão. Há, no entanto, quem entenda que a inclusão de cláusula compromissória no estatuto social não constitui medida que tenha o condão de alterar significativamente a estrutura da sociedade, capaz de exigir *quorum* qualificado e conferir direito de recesso.

Para esses, o legislador não deveria ter concedido direito de recesso dos acionistas como solução do debate sobre a arbitrabilidade subjetiva.

A despeito de tal entendimento, de acordo com o dispositivo em vigor, uma vez aprovada pela maioria qualificada dos acionistas a inclusão da cláusula compromissória no estatuto social, todos os acionistas estarão a ela vinculados, inclusive aqueles que votarem contra, mas que decidirem permanecer na sociedade.

Os acionistas que discordarem da deliberação majoritária poderão exercer o seu direito de retirada.[14] Cabe ressaltar que, no conceito de acionista dissidente, estão incluídos os acionistas que (i) compareçam à assembleia geral e votam contra a deliberação; (ii) estiveram ausentes do conclave; ou (iii) se abstiveram de votar; e (iv) não têm direito de voto.[15]

Uma vez exercido o direito de recesso, cria-se para a companhia a obrigação de pagar o preço do reembolso das ações de sua emissão ao acionista dissidente, o qual, conforme o art. 137 da Lei das S.A. – e referendado pelo art. 136-A – deverá ser calculado nos termos do art. 45 da referida lei.

Genericamente, a doutrina informa que o direito de recesso tem por objetivo resguardar o direito dos acionistas em face de duas espécies de deliberações: (i) a primeira representada por decisões que afetam os direitos de participação de uma ou mais espécie ou classe de ações; e (ii) a segunda integrada por operações que alteram a própria estrutura da companhia à qual o acionista se associou.[16]

---

[14] Como noticia Nelson Eizirik, "Nos últimos anos, porém, vem se observando um ressurgimento do direito de recesso, principalmente na Alemanha, Espanha, Portugal, Estados Unidos e, mais notadamente na Itália" (*A Lei das S.A. comentada*. São Paulo: Quartier Latin, 2011. v. II, p. 201).

[15] EIZIRIK, Nelson. Op. cit., p. 206.

[16] EIZIRIK, Nelson. Op. cit., p. 207; LAMY FILHO, Alfredo; BULHÕES PEDREIRA, José Luiz. *A Lei das S.A.* Rio de Janeiro: Renovar, 1996. p. 340.

Na primeira hipótese, os efeitos da deliberação assemblear estarão restritos à esfera individual e patrimonial do acionista, exigindo-se, para o legítimo exercício do direito de recesso, a existência de efetivo prejuízo para o acionista minoritário.

Já na segunda hipótese, a decisão da assembleia geral produz efeitos na estrutura intrínseca da companhia, razão pela qual o exercício do direito de retirada não está condicionado à comprovação de qualquer dano pelo minoritário, uma vez que não se pode obrigá-lo a permanecer vinculado a uma sociedade cujas bases internas são diversas daquelas que existiam quando ele se associou.

Esta breve digressão é relevante, pois o direito de recesso conferido ao acionista que dissentir da deliberação favorável à inclusão de cláusula compromissória no estatuto social não cria qualquer requisito de demonstração de prejuízos por tal acionista. Na verdade, a inserção da cláusula compromissória, como consagrada pelo legislador, consiste em modificação na estrutura da companhia, em específico na forma e no meio pelo qual serão decididos os conflitos existentes entre ela e seus acionistas.

Em linha com o disposto no art. 137, II, da Lei 6.404/1976, o art. 136-A exclui a possibilidade do exercício do direito de recesso pelo acionista dissidente da deliberação que aprovar a inclusão da cláusula compromissória no estatuto social quando (i) tal inserção for condição para que "os valores mobiliários de emissão da companhia sejam admitidos à negociação em segmento de listagem de bolsa de valores ou de mercado de balcão organizado que exija dispersão acionária mínima de 25% das ações de cada espécie ou classe" e (ii) "ações de emissão da companhia sejam dotadas de liquidez e dispersão no mercado, nos termos das alíneas 'a' e 'b' do inciso II do art. 137 da Lei nº 6.404/1976".

As duas exceções previstas estão relacionadas ao fato de que, tanto quando há dispersão acionária de 25% das ações, quanto em casos de liquidez e dispersão, presume-se que o acionista discordante pode se retirar da sociedade por meio da venda de suas ações no mercado secundário, não sendo necessário, portanto, obrigar a companhia a se descapitalizar mediante o pagamento do valor de reembolso.

Ademais, na primeira hipótese prevista no art. 136-A o direito do acionista minoritário de se retirar da companhia foi ponderado em face de todos os benefícios que advêm com a listagem das ações de emissão da sociedade em um nível diferenciado de governança corporativa.

Cabe ressaltar, ainda, que os conceitos de liquidez e dispersão, presentes na segunda hipótese de exceção ao direito de retirada, são entendidos como (i) liquidez, quando a espécie ou a classe de ação integra índice geral representativo de carteira de ações admitido à negociação no mercado de valores mobiliários, no Brasil ou no exterior, definido pela Comissão de Valores Mobiliários; e (ii) dispersão, quando o grupo controlador detiver menos da metade das ações da mesma espécie ou classe.

ARBITRAGEM E MEDIAÇÃO

Cabe, finalmente, destacar que o art. 136-A contém previsão que modula os efeitos da inclusão da cláusula compromissória no estatuto social, estabelecendo a obrigatoriedade da resolução dos conflitos societários pela via arbitral somente após transcorrido o prazo de 30 dias contados da publicação da ata da assembleia geral que deliberou favoravelmente sobre esta inserção. Tal período de suspensão dos efeitos da cláusula estatutária pode gerar situações em que ações de anulação da deliberação assemblear sejam propostas no Poder Judiciário, mesmo a maioria dos acionistas tendo entendido ser a via arbitral a mais adequada para dirimir os litígios societários. Ainda que não se tenha notícia de tal hipótese ter ocorrido no caso concreto, há aí sérios riscos da prolação de decisões contraditórias e incompatíveis entre si.

5. QUESTÕES CONTROVERSAS

Embora o legislador tenha alterado a Lei 6.404/1976 visando à superar divergências a respeito da arbitrabilidade subjetiva dos litígios societários, há ainda diversas questões que merecem um exame mais apurado por parte da doutrina. Nesse sentido, a seguir nos dedicamos a analisar três importantes situações (i) arbitrabilidade objetiva dos litígios englobados por cláusula compromissória estatutária; (ii) vinculação dos administradores da sociedade anônima à cláusula compromissória estatutária; e (iii) a possibilidade de terceiros financiarem a defesa dos interesses de determinada parte em um procedimento arbitral.

5.1. Arbitrabilidade objetiva

Forte debate existe a respeito da arbitrabilidade objetiva dos litígios societários, que consiste no questionamento: "todo e qualquer litígio envolvendo a sociedade e seus acionistas pode ser resolvido pela via arbitral pela simples inclusão da cláusula compromissória no estatuto social?".

A lei societária não disciplina expressamente tal questão, sendo necessário recorrer-se à Lei 9.307/1996 para obter a orientação geral a respeito.

De acordo com o art. 1º da Lei de Arbitragem, poderão ser submetidos ao procedimento arbitral os litígios envolvendo direitos patrimoniais disponíveis. O art. 852 do Código Civil ratifica essa orientação ao estabelecer ser "vedado compromisso para solução de questões de estado, de direito pessoal de família e de outras que não tenham caráter estritamente patrimonial".

Ou seja, somente controvérsias que envolvam direitos em relação aos quais as partes possam dispor – ou transacionar – e que tenham apreciação econômica poderão ser submetidas à arbitragem.

Cap. 1 · A CLÁUSULA COMPROMISSÓRIA ESTATUTÁRIA E O DIREITO DE RECESSO | 11

Especificamente em relação ao direito societário, ainda que o objetivo primordial das companhias seja a produção de lucro, as relações jurídicas a elas inerentes nem sempre dizem respeito a direitos patrimoniais e, ainda, disponíveis.

De acordo com parte da doutrina italiana,[17] os limites arbitráveis dos conflitos societários seriam fixados a partir dos direitos individuais dos acionistas, os quais seriam arbitráveis. No entanto, esse entendimento não enfrenta a questão relativa, por exemplo, a decisões assembleares; ou seja, não seriam arbitráveis os pedidos de anulação de decisões colegiadas tomadas no âmbito da sociedade, seja por seus órgãos – conselho de administração ou diretoria – ou pela assembleia geral?

Tentando solucionar a questão, a lei italiana previu que podem ser submetidas à arbitragem as controvérsias entre sócios e entre estes e a sociedade que tenham por objeto direitos disponíveis atinentes à relação social.[18] Ademais, o legislador italiano expandiu o alcance da cláusula compromissória estatutária para conflitos que envolvam os administradores das companhias, estatuindo, ainda, a possibilidade de resolução por arbitragem de impugnações de deliberações sociais, permitindo que os árbitros decidam, por exemplo, sobre a suspensão da eficácia da deliberação.[19]

No Brasil, como visto, a questão não é disciplinada de forma pormenorizada, havendo ainda dúvidas sobre quais questões societárias podem ser consideradas patrimoniais e disponíveis e, consequentemente, solucionadas pela via arbitral. No entanto, a doutrina cita alguns exemplos que podem servir de norte para o exame mais específico da matéria:[20] "entendemos que se admite a arbitrabilidade, por exemplo, de: (i) impugnação de decisão de assembleia geral; (ii) impugnação de decisão dos outros órgãos societários, como a diretoria, o conselho de administração e o conselho fiscal; (iii) questões ligadas ao direito de recesso; (iv) interpretação de cláusulas estatutárias, inclusive aquelas fundadas em normas de ordem pública, desde que essas sejam respeitadas; (v) questões ligadas ao pagamento de dividendos; (vi) exercício do direito de voto em situações de conflito de interesses (art. 115 da Lei das S.A.); (vii) operações de reestruturação societária".

Como se verifica, é possível recorrer à arbitragem para que se decidam questões que transcendam a esfera individual de um acionista, por exemplo, para requerer a anulação de determinado laudo de avaliação e revisão de preço pago em determinada oferta pública de aquisição de ações para fechamento de capital. Nestas hipóteses em que há uma transcendência dos direitos discutidos na

---

[17] BIANCHI, Giorgio. *L'arbitrato nelle controversie societarie*. Padova: Cedam, 2000. p. 85.
[18] Art. 34, nº 3, do Decreto Legislativo 5, de 17.01.2003.
[19] Art. 35, nº 4, do Decreto Legislativo 5, de 17.01.2003.
[20] EIZIRIK, Nelson. Op. cit., p. 614-615.

ARBITRAGEM E MEDIAÇÃO

arbitragem, será colocada uma nova questão: a extensão dos efeitos da sentença arbitral a terceiros, tema que, contudo, merece um exame em maiores detalhes.[21]

5.2. Vinculação dos administradores à cláusula compromissória estatutária

Como anteriormente referido, a Lei 10.303/2001 previu a possibilidade de "divergências entre os acionistas e a companhia" ou "entre acionistas controladores e os acionistas minoritários" serem dirimidas por arbitragem com fundamento em cláusula compromissória estatutária.

Como se verifica o § 3º do art. 109 da Lei das S.A. não estabeleceu expressamente que conflitos envolvendo os administradores da sociedade – por exemplo, a ação de responsabilidade do art. 159 da Lei 6.404/1976 – poderiam ser objeto de procedimento arbitral.

Tal dúvida tem origem no mencionado princípio da autonomia da vontade, anteriormente referido. Com efeito, como seria possível falar em vinculação do administrador à cláusula compromissória estatutária se ele não participa do processo deliberativo que autoriza sua inclusão no estatuto social ou ainda se ele é nomeado para o desempenho do cargo em uma sociedade cujo estatuto já contenha a referida cláusula? Ou seja, seria possível extrair a vontade do administrador em se vincular e concordar em se submeter a eventual e futuro procedimento arbitral?

Tais questionamentos estão refletidos nos regulamentos dos níveis diferenciados de negociação de valores mobiliários da BM&FBovespa. Com efeito, os segmentos de governança corporativa do Nível II e do Novo Mercado preveem que disputas societárias envolvendo as sociedades cujas ações fossem neles listadas também poderiam envolver os administradores desde que estes, no momento da posse em seus cargos, firmassem instrumento de adesão expressa à cláusula compromissória estatutária.

> 4.7 Termo de Anuência dos Administradores. A Companhia deverá exigir que todos os novos membros do conselho de administração e da diretoria subscrevam o Termo de Anuência dos Administradores, condicionando a posse nos respectivos cargos à assinatura desse documento, que deverá ser protocolado na BM&FBOVESPA em até 15 (quinze) dias da data de posse dos eleitos.
>
> 'Termo de Anuência dos Administradores' significa o termo pelo qual os Administradores da Companhia se responsabilizam pessoalmente a se submeter e a agir em conformidade com o Contrato de Participação no Novo Mercado, com este Regulamento de Listagem, com o Regulamento de Sanções e com o Regula-

---

[21] MELO, Leonardo de Campos. *Extensão da cláusula compromissória e grupos de sociedades.* Rio de Janeiro: Forense, 2013.

Cap. 1 • A CLÁUSULA COMPROMISSÓRIA ESTATUTÁRIA E O DIREITO DE RECESSO | 13

mento de Arbitragem, valendo ainda este Termo como Cláusula Compromissória, conforme modelo constante do Anexo A deste Regulamento de Listagem.[22]

Ou seja, as normas regulamentares, aplicáveis às sociedades que as voluntariamente adotam, exigem uma manifestação específica da vontade do administrador para que ele seja considerado vinculado à cláusula compromissória estatutária.

Tal fato poderia levar à conclusão de que, diante da ausência de previsão expressa do § 3º do art. 109 da Lei das S.A., os administradores das companhias brasileiras não estão, a rigor, vinculados à cláusula compromissória estatutária.

No entanto, este não parece ser o melhor entendimento, pois leva em consideração tão somente o princípio da autonomia da vontade, sem atentar para elementos próprios das sociedades anônimas.

O direito societário brasileiro, desde a vigência do Decreto-lei 2.627/1940, regula a relação do administrador com a sociedade a partir dos parâmetros de teoria do órgão.

Com efeito, os administradores poderiam ser entendidos como mandatários da sociedade, que na qualidade de terceiros, alheios à companhia, deveriam seguir as orientações que essa lhes transmitisse.

No entanto, o legislador societário não definiu a relação entre administrador e sociedade com base no mandato, mas sim com base na representação orgânica. Com efeito, o administrador é a própria sociedade, pois ao integrar um órgão social, ele manifestará a vontade e exercerá a capacidade de agir pela companhia.[23]

Como consequência, uma vez nomeado e assinado o termo de posse, o administrador está apto a "presentar" a sociedade, devendo observar todos os deveres que a lei lhe impõe.

Evidentemente, se o administrador passa a ser responsável pela condução dos negócios sociais e pela consecução do interesse social, ele deverá zelar para que a sociedade e os *stakeholders* que com ela se relacionem também observem os ditames legais e estatutários.

Nesse sentido, o estatuto social constitui a norma superior[24] da companhia que regula as relações internas e constitui o norte para a efetivação do interesse social.

Em vista disso, o administrador, ao assumir suas funções, deve ter conhecimento das normas estatutárias, pois elas orientarão o desempenho de suas

---

[22] Regulamento de Listagem do Novo Mercado BM&FBovespa: em vigor desde 10.05.2011.

[23] LUCENA, José Waldecy. *Das sociedades anônimas* – Comentários à Lei. Rio de Janeiro: Renovar, 2009. v. 2, p. 271.

[24] CARVALHO DE MENDONÇA, José Xavier. *Tratado de direito comercial brasileiro*. 5. ed. São Paulo: Freitas Bastos, 1954. v. 3, livro 2, parte 3, p. 320.

atividades, assim como constituem normas cuja observância deve ser defendida pelos administradores.

Tratando-se, portanto, de instrumento normativo em relação ao qual o administrador não pode alegar desconhecimento, uma vez que ele assuma funções em companhia cujo estatuto contenha cláusula compromissória, é possível entender que ele está a ela vinculado.

Com efeito, alguns autores entendem que exigir a assinatura de um termo específico de vinculação do administrador à cláusula compromissória seria formalismo incompatível com a estrutura das sociedades anônimas brasileiras.[25]

De qualquer modo, tratando-se de uma sociedade anônima de capital fechado ou de companhia aberta cujas ações não sejam negociadas no Novo Mercado ou no Nível II da BM&FBovespa, a fim de que não restem dúvidas a respeito da arbitrabilidade subjetiva de litígio envolvendo os administradores é recomendável – evitando-se custos desnecessários com uma fase preliminar de discussões sobre a jurisdição do tribunal arbitral – que, no momento da posse, sejam firmados instrumentos por meio dos quais os administradores atestem o conhecimento e a concordância com a cláusula compromissória.

5.3. Custos da arbitragem societária

Como visto, o § 3º do art. 109 da Lei das S.A. autoriza a utilização da via arbitral para dirimir conflitos entre acionistas e a companhia e entre controlador e minoritário.

No conceito de acionista se enquadra qualquer titular de, no mínimo, uma ação de emissão da sociedade, independentemente de seu porte econômico.

Assim, a cláusula compromissória estatutária pode vincular o acionista que não tem grande capacidade financeira, mas que adquiriu ações de emissão daquela sociedade como modalidade de diversificação de seus investimentos.

Tal fato é utilizado por alguns autores como fundamento à tese da inaplicabilidade da arbitragem como meio para solucionar conflitos societários.

De fato, o procedimento arbitral é visto como altamente custoso, pois as partes terão que despender recursos com taxa de administração da câmara, honorários de árbitros ou eventuais peritos e assistentes técnicos, com a oitiva de testemunhas e, sobretudo, com honorários de advogados qualificados para a defesa de seus interesses.

---

[25] MARTINS, Pedro A. Batista. *Arbitragem no direito societário*. São Paulo: Quartier Latin, 2012. p. 131-141.

Nesse sentido, a Câmara de Arbitragem do Mercado, perante a qual são conduzidos os procedimentos que envolvam as companhias abertas com ações listadas nos segmentos do Novo Mercado e do Nível II da BM&FBovespa, cobra como taxa de administração mensal – desde o início do procedimento até a prolação da sentença arbitral ou decisão sobre pedidos de esclarecimentos – R$ 1.000,00 (mil reais) para causas até R$ 100.000,00 (cem mil reais) e R$ 3.000,00 (três mil reais) para procedimentos que envolvam montante superior a R$ 10.000.001,00 (dez milhões e um real).

Embora os custos sejam significativos para o homem médio que investe no mercado de capitais brasileiro e que pretenda litigar contra a companhia ou seu acionista controlador em um procedimento arbitral, o Tribunal de Justiça do Rio de Janeiro já entendeu que o custo da arbitragem não constitui causa para se afastar a eficácia de cláusula compromissória.[26] Ainda que não seja visto como um óbice, em tese, à utilização do procedimento arbitral, o custo envolvido tem sido fonte para que terceiros lucrem com a arbitragem e até viabilizem que pequenos investidores se utilizem desse meio de controvérsias.

Trata-se do denominado *Third Party Funding* que é conceituado pela doutrina "it's a scheme where a party unconnected to a claim finances all or part of one parties' arbitration costs, in most cases the claimant. The funder is remunerated by an agreed percentage of the proceeds of the award, a success fee, a combination of the two or through more sophisticated devices. In the case of an unfavourable award, the funder's investment is lost".[27]

Com efeito, a doutrina internacional aponta como aspectos positivos do financiamento por terceiros o "acesso à justiça àqueles que não dispõem de meios econômicos adequados para pleitear seus direitos, ou se defenderem nas demandas contra eles requeridas".[28]

Ainda que se trate de mecanismo de financiamento originalmente praticado em países da *common law*, tem sido observada a propagação de sua prática

---

[26] TJRJ, AC 0031996-20.2010.8.19.0209, 2ª Turma, Rel. Des. Alexandre Câmara, j. 11.06.2014.

[27] DERAINS, Yves apud CASADO FILHO, Napoleão. *Financiamento de arbitragens por terceiros*. Disponível em: <http://www.juristas.com.br/informacao/artigos/financiamento-de-arbitragens-por-terceiros/2022/>.

[28] CREMADIS, Bernardo. *Third Party Litigation Funding: investing in arbitration* apud FERRO, Marcelo Roberto. O financiamento de arbitragens por terceiro e a independência do árbitro. In: CASTRO, Rodrigo Rocha Monteiro de; WARDE JÚNIOR, Walfrido Jorge; GUERREIRO, Carolina Dias Tavares (coord.). *Direito empresarial e outros estudos de direito em homenagem ao Professor José Alexandre Tavares Guerreiro*. São Paulo: Quartier Latin, 2013. p. 624.

no Brasil, tendo alguns fundos de investimentos sido estruturados para aplicar recursos no financiamento de procedimentos arbitrais.[29]

A utilização do financiamento de terceiros como mecanismo para viabilizar o acesso de acionistas minoritários a procedimentos arbitrais decorrentes de cláusula compromissória estatutária deve, no entanto, ser analisado com cautela.

A presença do terceiro financiador pode gerar problemas em duas esferas: (i) a da imparcialidade do árbitro; e (ii) a da confidencialidade do procedimento.

Como dispõem os arts. 13, § 6º, 14, § 1º, e 21, § 2º, da Lei de Arbitragem, o árbitro deverá sempre observar a imparcialidade com relação às partes, seus procuradores e demais envolvidos.[30] Ainda que haja ampla discussão a respeito do conceito de imparcialidade, o que se tem assente é que o árbitro não deve ter qualquer relação de dependência com as partes envolvidas no procedimento, sinalizando ainda as IBA Guidelines on Conflict of Interest que esta isenção deve ser verificada quanto a controladores ou pessoas indiretamente interessadas na causa.

Em vista disso, se um terceiro concede a uma das partes os recursos para que ela possa participar de determinado procedimento arbitral, recebendo, em contrapartida, percentual do montante que lhe for reconhecido pelo tribunal, é evidente que este terceiro tem interesse direto na solução da controvérsia. Por consequência, qualquer relação entre o árbitro e o financiador poderá gerar dúvidas a respeito da imparcialidade do primeiro para conduzir o procedimento, pois a decisão do tribunal poderá eventualmente afetar esse terceiro.

Em vista disso, atualmente consta do General Standard 7(a) do IBA Guidelines: "A party shall inform an arbitrator, the Arbitral Tribunal, the other parties and the arbitration institution or other appointing authority (if any) of any relationship, direct or indirect, between the arbitrator and the party (or another company of the same group of companies, or an individual having a controlling influence on the party in the arbitration), or between the arbitrator and any person or entity with a direct economic interest in, or a duty to indemnify a party for, the award to be rendered in the arbitration. The party shall do so on its own initiative at the earliest opportunity".

Na Nota Explicativa do Princípio Geral 7(a), as IBA Guidelines afirmam que: "The parties are required to disclose any relationship with the arbitrator. Disclosure

---

[29] A autora tem conhecimento das seguintes instituições: (i) Lex Finance (<www.lex-finance.com>); (ii) Rationalis Third Party Funding (<www.rationalis.com.br>); e (iii) Leste Arbitration Fund (<www.leste.com>).

[30] ELIAS, Carlos Eduardo Stefen. *Imparcialidade dos Árbitros*. Tese apresentada ao Programa de Pós-Graduação em Direito Processual na Faculdade de Direito da Universidade de São Paulo, em 2014.

of such relationships should reduce the risk of an unmeritorious challenge of an arbitrator's impartiality or independence based on information learned after the appointment. The parties' duty of disclosure of any relationship, direct or indirect, between the arbitrator and the party (or another company of the same group of companies, or an individual having a controlling influence on the party in the arbitration) has been extended to relationships with persons or entities having a direct economic interest in the award to be rendered in the arbitration, such as an entity providing funding for the arbitration, or having a duty to indemnify a party for the award".

A doutrina nacional, em linha com tais recomendações, reconhece que "um árbitro só pode revelar aquilo que ele sabe, ou tem condições de saber mediante uma pesquisa razoável.[31] Consequentemente, para se evitar quaisquer questionamentos futuros é recomendável que as partes, em linha com o dever de colaboração e de boa-fé para com o procedimento, prestem todas as informações sobre eventual financiador.

Além de poder gerar questionamentos a respeito da imparcialidade do árbitro, a presença de um terceiro financiador faz com que seja necessária a reflexão a respeito da manutenção da confidencialidade da arbitragem.

Com efeito, para que a parte obtenha o financiamento ela terá, evidentemente, que compartilhar a tese a ser defendida e os documentos que lhes fundamenta. Além disso, uma vez obtido o financiamento, estando a contrapartida vinculada ao sucesso da arbitragem, o terceiro provavelmente demandará acesso às peças do procedimento e às decisões do tribunal.

Ainda que o sigilo da arbitragem não esteja previsto em lei, ele é previsto na maioria dos regulamentos das Câmaras arbitrais e muitas vezes é estabelecido na convenção de arbitragem ou na ata de missão.[32]

Em vista disso, para que a Parte não incorra em violação à obrigação de confidencialidade, ela deverá indicar aos árbitros e à contraparte que os seus custos no procedimento arbitral são suportados por um terceiro, que, pretende ter conhecimento.

Ciente de tal fato, poderá o Tribunal decidir sobre a forma de lidar com a figura do terceiro financiador, em especial, com relação à sua ciência dos atos e fatos deduzidos e praticados na arbitragem.

Esta preocupação com o financiamento por terceiros foi recentemente tratada pelo Centro de Arbitragem e Mediação da Câmara de Comércio Brasil-Canadá

---

[31] FERRO, Marcelo Roberto. Op. cit., p. 630.

[32] WEBER, Ana Carolina. Arbitragem e direito societário. In: MELO, Leonardo de Campos; BENEDUZI, Renato Resende (coord.). *A reforma da arbitragem*. Rio de Janeiro: Forense, 2016. p. 72-75.

que editou a Resolução Administrativa CAM-CCBC 18/2016 na primeira oportunidade possível, sendo tal financiamento definido como: "Art. 1º Considera-se financiamento de terceiro quando uma pessoa física ou jurídica, que não é parte no procedimento arbitral, provê recursos integrais ou parciais a uma das partes para possibilitar ou auxiliar o pagamento dos custos do procedimento arbitral, recebendo em contrapartida uma parcela ou porcentagem de eventuais benefícios auferidos com a sentença arbitral ou acordo".

Como se verifica, o *Third Party Funding* pode constituir uma alternativa capaz de facilitar o acesso de acionistas com baixo poder econômico a procedimentos arbitrais para a tutela de seus direitos em face da companhia ou de acionistas controladores. No entanto, a utilização desse mecanismo deve ser feita em cautela de modo a não representar ofensa a elementos tão essenciais à arbitragem, como a imparcialidade do árbitro e a confidencialidade do procedimento.

6. CONCLUSÕES E COMENTÁRIOS FINAIS

Não restam dúvidas de que, ao longo dos anos e das reformas legislativas, a arbitragem foi sendo consagrada como o meio de solução de controvérsias mais adequado aos conflitos societários.

O trabalho da Comissão de Juristas e a Lei 13.129/2015 referendaram esta tendência, tendo apresentado uma sugestão para o deslinde dos debates a respeito do alcance subjetivo da cláusula compromissória envolvendo disputas societárias.

No entanto, ainda existem questões a respeito do tema, como, por exemplo, a arbitrabilidade objetiva. Em tal hipótese, talvez não seja necessário que o legislador se dedique a resolver a questão, pois a definição do conteúdo das matérias que podem ser objeto de arbitragem diz respeito a inúmeros assuntos, sem que se possa – de forma taxativa e exaustiva – prever em lei o que deve ou não ser considerado como arbitrável.

Além disso, ponto relevante que não foi solucionado diz respeito ao sigilo dos procedimentos arbitrais e da não divulgação do conteúdo de suas decisões. Como visto, no direito societário, muitas questões afetam de forma uniforme os acionistas de determinada companhia, os quais podem não ter conhecimento de um procedimento arbitral iniciado por um deles para reclamar direito que os demais também fariam jus.

Por fim, vale mencionar que muitos acionistas advogam pela não previsão da arbitragem no estatuto social das sociedades anônimas em razão dos elevados custos dos procedimentos arbitrais e dos empecilhos que tais despesas podem representar para que eles recorram a tal mecanismo de solução de controvérsias para salvaguardar seus direitos.

Trata-se de tema extremamente delicado, pois os custos das arbitragens são elevados se considerarmos o homem médio que investe em ações. Sustentar que as companhias deveriam ficar responsáveis pelas custas dos procedimentos arbitrais em tais casos poderia dar margem para que acionistas minoritários beligerantes e aventureiros começassem a se valer da arbitragem para tentar suas mais criativas teses. O *Third Party Funding*, se praticado com as cautelas necessárias, pode constituir uma alternativa à questão.

REFERÊNCIAS BIBLIOGRÁFICAS

APRIGLIANO. Extensão da cláusula compromissória a partes não signatárias no Direito Societário. *Revista do Advogado*, n. 119, p. 140-151, abr. 2013.

ARAGÃO, Paulo Cezar. *A arbitragem na Lei das Sociedades Anônimas*. Palestra proferida no âmbito do I Ciclo de Palestras sobre arbitragem, realizada pela Escola de Direito da FGV-Rio e pela Câmara de Arbitragem da FGV, ocorrida no dia 20.08.2003.

BARBOSA, Marcelo. Direito dos acionistas. In: LAMY FILHO, Alfredo; PEDREIRA, José Luiz Bulhões (coord.). *Direito das companhias*. Rio de Janeiro: Forense, 2009. v. I.

BIANCHI, Giorgio. *L'arbitrato nelle controversie societarie*. Padova: Cedam, 2000.

CARVALHO DE MENDONÇA, José Xavier. *Tratado de direito comercial brasileiro*. 5. ed. São Paulo: Freitas Bastos, 1954. v. 3.

CARVALHOSA, Modesto. *A nova Lei das S/A*. São Paulo: Saraiva, 2002.

CASADO FILHO, Napoleão. *Financiamento de arbitragens por terceiros*. Disponível em: <http://www.juristas.com.br/informacao/artigos/financiamento-de--arbitragens-por-terceiros/2022/>.

DOLINGER, Jacob; TIBÚRCIO, Carmen. *Direito internacional privado:* arbitragem comercial internacional. Rio de Janeiro: Renovar, 2003.

EIZIRIK, Nelson. *A Lei das S.A. comentada*. São Paulo: Quartier Latin, 2011. v. I.

_____. *A Lei das S.A. comentada*. São Paulo: Quartier Latin, 2011. v. II.

ELIAS, Carlos Eduardo Stefen. *Imparcialidade dos Árbitros*. Tese apresentada ao Programa de Pós-Graduação em Direito Processual na Faculdade de Direito da Universidade de São Paulo, em 2014.

FERRO, Marcelo Roberto. O financiamento de arbitragens por terceiro e a independência do árbitro. In: CASTRO, Rodrigo Rocha Monteiro de; WARDE JÚNIOR, Walfrido Jorge; GUERREIRO, Carolina Dias Tavares (coord.). *Direito empresarial e outros estudos de direito em homenagem ao Professor José Alexandre Tavares Guerreiro*. São Paulo: Quartier Latin, 2013.

LAMY FILHO, Alfredo; BULHÕES PEDREIRA, José Luiz. *A Lei das S.A.* Rio de Janeiro: Renovar, 1996.

LOBO, Carlos Augusto da Silveira. A cláusula compromissória estatutária. *Revista de Arbitragem e Mediação*, n. 22, p. 11-32, jul.-set. 2009.

LUCENA, José Waldecy. *Das sociedades anônimas* – Comentários à Lei. Rio de Janeiro: Renovar, 2009. v. 2.

MARTINS, Pedro A. Batista. *Arbitragem no direito societário*. São Paulo: Quartier Latin, 2012.

MELO, Leonardo de Campos. *Extensão da cláusula compromissória e grupos de sociedades*. Rio de Janeiro: Forense, 2013.

MOREIRA, Daniela Bessone Barbosa. *A Convenção Arbitral em Estatutos e Contratos Sociais*: arbitragem interna e internacional (questões de doutrina e da prática). In: Almeida, Ricardo Ramalho (coord.). Rio de Janeiro: Renovar, 2003.

STEIN, Raquel. *Arbitrabilidade no direito societário*. Rio de Janeiro: Renovar, 2014.

TIMM, Luciano Benetti. *Arbitragem nos contratos empresariais, internacionais e governamentais*. Porto Alegre: Livraria do Advogado, 2009.

VILELA, Marcelo Dias Gonçalves. *Arbitragem no direito societário*. Belo Horizonte: Mandamentos, 2004.

WALD, Arnoldo. A arbitrabilidade dos conflitos societários: considerações preliminares. *Revista de Arbitragem e Mediação*, n. 12, p. 22-28, jan.-mar. 2007.

WEBER, Ana Carolina. Arbitragem e direito societário. In: MELO, Leonardo de Campos; BENEDUZI, Renato Resende (coord.). *A reforma da arbitragem*. Rio de Janeiro: Forense, 2016.

_____. O novo regulamento da câmara de arbitragem do mercado. *Revista de Arbitragem e Mediação*, n. 36, p. 139-157, jan.-mar. 2013.

2

A ADMINISTRAÇÃO PÚBLICA NA REFORMA DA LEI DE ARBITRAGEM

ANDRÉ CHATEAUBRIAND MARTINS[1]

Sumário: 1. Introdução – 2. Autorização legislativa – 3. Capacidade e competência para a celebração da cláusula compromissória – 4. Princípio da publicidade – 5. Regulamentação da arbitragem envolvendo entes públicos – Decreto 8.465/2015 – 6. Conclusão.

1. INTRODUÇÃO

Em 2015, a Lei Brasileira de Arbitragem ("LBA") foi objeto de importante reforma legislativa que resultou na elaboração da Lei 13.129, cuja entrada em vigor, em 25 de julho de 2015, se deu após intenso trabalho desenvolvido pela Comissão de Juristas instaurada pelo Senado Federal para redação de anteprojeto de lei, aprovado pelo Congresso Nacional sem qualquer mudança.[2] A Comissão

---

[1] Professor da Pontifícia Universidade Católica do Rio de Janeiro (PUC-Rio). Membro da Comissão do Senado Federal revisora da Lei de Arbitragem e Membro da I Jornada de "Prevenção e Solução Extrajudicial de Litígios" do Centro de Estudos Judiciários (CEJ) do Conselho da Justiça Federal. Advogado.

[2] *O autor agradece à Renata Auler Monteiro, Presidente do Comitê de Jovens Arbitralistas do Centro Brasileiro de Mediação e Arbitragem (CJA-CBMA), pela valiosa contribuição para a elaboração deste artigo.* Houve, apenas, veto Presidencial em relação a dois dispositivos do anteprojeto, que disciplinavam a arbitragem nas relações de consumo e nas relações de trabalho.

de Juristas teve a importante missão de preservar a LBA, limitando-se à sua atualização e aos ajustes necessários para o seu aperfeiçoamento.

Dentre as inovações da reforma, destaca-se a admissão da arbitragem envolvendo entes da administração pública direta, que, a despeito da existência de entendimentos doutrinários e jurisprudenciais favoráveis, ainda carecia de autorização legislativa capaz de preencher o princípio da legalidade em sentido estrito, segundo o qual o administrador público apenas pode fazer o que a lei expressamente lhe permite – questão tida por alguns como óbice instransponível à participação do Estado em arbitragens.

Nesse contexto, pode-se afirmar que a reforma da lei estabeleceu novo marco legal para a arbitragem no país, ampliando o seu escopo (arbitrabilidade) e introduzindo mudanças que resolvem questões processuais e procedimentais, tudo de modo a proporcionar a extensão do seu alcance material no âmbito do ordenamento jurídico brasileiro. O presente estudo analisará as implicações práticas da reforma da LBA, e, em especial, as expectativas geradas em relação à admissão da arbitragem envolvendo entes da administração pública.

2. AUTORIZAÇÃO LEGISLATIVA

A partir da promulgação da Lei 9.307/1996, iniciaram-se intensos debates no Brasil acerca da possibilidade de envolvimento da Administração Pública direta na arbitragem. Em decorrência da norma do art. 37 da Constituição Federal, a Administração Pública apenas pode fazer o que a lei lhe permite (princípio da legalidade em sentido estrito),[3] razão pela qual a autorização genérica do art. 1º da LBA,[4] sem fazer qualquer menção à Administração Pública, não seria suficiente para permitir a opção pela arbitragem em contratos administrativos, especialmente quando considerado o entendimento do Tribunal de Contas da União.[5] Alguns diplomas legais passaram a autorizar, em determinadas matérias, o envolvimento

---

[3]   Constituição Federal: "Art. 37. A administração pública direta e indireta de qualquer dos Poderes da União, dos Estados, do Distrito Federal e dos Municípios obedecerá aos princípios de legalidade, impessoalidade, moralidade, publicidade e eficiência (...)".

[4]   "Art. 1º As pessoas capazes de contratar poderão valer-se da arbitragem para dirimir litígios relativos a direitos patrimoniais disponíveis".

[5]   "(...) assiste razão à unidade técnica ao rejeitar a revisão contratual do mecanismo da arbitragem em contratos administrativos. Este tem sido, de fato, o entendimento predominante nesta Corte de Contas, que fundamenta sua crítica à previsão de arbitragem nos contratos administrativos na inexistência de expressa autorização legal para tanto, sem a qual não pode o administrador público, por simples juízo de oportunidade e conveniência, adotar tão relevante inovação" (TCU, Acórdão 1.271/2005, Plenário, Rel. Min. Marcos Benquerer Costa, j. 24.08.2005).

da Administração Pública na arbitragem.[6] No entanto, a ausência de autorização legislativa na lei brasileira de licitações (Lei 8.666/1993) e na LBA tornava a discussão restrita às situações tratadas pelos referidos diplomas legais. Enquanto a jurisprudência já havia admitido a utilização de cláusula compromissória por entes da Administração Pública indireta,[7] não havia solucionado a lacuna legislativa relativa à Administração Pública direta.

Por essa razão, o projeto de reforma da LBA propôs a inclusão de dois parágrafos ao art. 1º da Lei 9.307/1996, dispondo que "a administração pública direta e indireta poderá utilizar-se da arbitragem para dirimir conflitos relativos a direitos patrimoniais disponíveis", e "a autoridade ou o órgão competente da administração pública direta para a celebração de convenção de arbitragem é a mesma para a realização de acordos ou transações".

Com a aprovação dos referidos dispositivos na LBA foi definitivamente superada a discussão sobre a possibilidade de utilização da arbitragem pela Administração Pública direta, voltando-se as discussões para a delimitação dos contornos da arbitragem envolvendo entidades públicas, que, naturalmente, estão submetidas a maior controle da sociedade. Como se sabe, a Administração Pública age, por vezes, em nome próprio, isto é, em seu interesse secundário e, por vezes, em nome da coletividade, em seu interesse primário. O interesse secundário é manifestamente instrumental e tem como finalidade permitir com que a Administração Pública cumpra com o objetivo de agir em nome e para o bem da coletividade. Em outras palavras, enquanto os interesses primários dizem respeito àqueles interesses que promovem e concretizam os valores eleitos pela sociedade como um todo — segurança, saúde, educação, transporte público, proteção ao meio ambiente etc. —, os secundários dizem respeito aos interesses patrimoniais do Estado e de suas entidades. Portanto, ainda que haja autorização legislativa para a Administração Pública optar pela via arbitral, será sempre necessário identificar caso a caso a natureza disponível do conflito.

---

[6]   Lei 8.987/1995, art. 23-A (Lei de Concessões); Lei 11.079/2004, art. 11, III (Lei das PPP's); Lei 10.848/2004, art. 4º, §§ 4º e 5º (Lei de Comercialização de Energia Elétrica); Lei 10.233/2001, arts. 35, XVI, e 39, XI (Lei do Sistema Nacional de Viação); Lei 12.815/2013, art. 62, § 1º (Lei dos Portos); Lei 9.478/1997, art. 43, X (Lei do Petróleo); Lei 10.438/2002, art. 4º, § 5º, V (Lei de Incentivo às Fontes Alternativas de Energia Elétrica e Expansão de Oferta Emergencial).

[7]   "São válidos e eficazes os contratos firmados pelas sociedades de economia mista exploradoras de atividade econômica de produção ou comercialização de bens ou de prestação de serviços (CF, art. 173, § 1º) que estipulem cláusula compromissória submetendo à arbitragem eventuais litígios decorrentes do ajuste" (STJ, REsp 612.439/RS (2003/0212460-3), Rel. Min. João Otávio de Noronha, 14.09.2006).

Houve, ainda, na reforma da lei, a aprovação de dispositivos que criam parâmetros essenciais à realidade da Administração Pública, tais como a identificação da autoridade competente para a celebração da convenção de arbitragem, da necessidade de que a arbitragem seja de direito, bem como de que se observe o princípio da publicidade.

3. CAPACIDADE E COMPETÊNCIA PARA A CELEBRAÇÃO DA CLÁUSULA COMPROMISSÓRIA

O aspecto subjetivo da capacidade das partes para a celebração de convenção de arbitragem sempre esteve pautado pela previsão constante do art. 1º da LBA, cuja redação permite a celebração da convenção de arbitragem por qualquer pessoa capaz. Não há, nesta regra geral, qualquer outro limite à liberdade das partes de se submeterem à arbitragem. Por essa razão, e tendo em vista a necessidade de se observar o princípio da legalidade (CF, art. 37), que limita a liberdade de contratar do administrador público, foi incluído na lei dispositivo que previamente determina a autoridade que possui poderes para vincular a Administração Pública na arbitragem, nos seguintes termos: "a autoridade ou o órgão competente da Administração Pública direta para a celebração de convenção de arbitragem é a mesma para a realização de acordos ou transações".

Mesmo os diplomas legais anteriores, que continham autorização legislativa para determinadas matérias,[8] não possuíam a identificação da autoridade competente para a celebração da convenção de arbitragem, que, com a reforma da lei, passa a valer para todos os contratos celebrados pela Administração Pública direta. Tal exigência visa trazer maior segurança à opção pela via arbitral, na medida em que a autoridade responsável deverá estar atenta à real necessidade e aos benefícios que a escolha pela via arbitral trará para a Administração, tornando mais atraente o certame licitatório a potenciais partes interessadas.

No âmbito da Administração Pública federal é a Lei 9.469 de 10 de julho de 1997, recentemente alterada pela Lei 13.140, de 26 de junho de 2015, que indica a autoridade competente para a celebração de acordos. Segundo a norma referida acima, a competência para a realização da convenção de arbitragem será do Advogado-Geral da União, diretamente ou mediante delegação, assim como dos

---

[8] Lei 8.987/1995, art. 23-A (Lei de Concessões); Lei 11.079/2004, art. 11, III (Lei das PPP's); Lei 10.848/2004, art. 4º, §§ 4º e 5º (Lei de Comercialização de Energia Elétrica); Lei 10.233/2001, arts. 35, XVI, e 39, XI (Lei do Sistema Nacional de Viação); Lei 12.815/2013, art. 62, § 1º (Lei dos Portos); Lei 9.478/1997, art. 43, X (Lei do Petróleo); Lei 10.438/2002, art. 4º, § 5º, V (Lei de Incentivo às Fontes Alternativas de Energia Elétrica e Expansão de Oferta Emergencial).

Cap. 2 • A ADMINISTRAÇÃO PÚBLICA NA REFORMA DA LEI DE ARBITRAGEM | 25

dirigentes máximos das empresas públicas federais, em conjunto com o dirigente estatutário da área relacionada ao assunto. O mesmo regime também deve ser observado pelas administrações públicas estaduais e municipais, que são obrigadas a seguir regras específicas indicando a autoridade competente para celebração da convenção de arbitragem. A equiparação legislativa da autoridade competente para a celebração de acordos no âmbito da Administração Pública com a autoridade competente para a celebração da convenção de arbitragem[9] é adequada, na medida em que atribui responsabilidade ao agente da Administração que venha a fazer a opção pela arbitragem, considerando todas as suas repercussões para a Administração Pública. Tal regra garante, também, maior segurança e proteção à Administração Pública, que passa a estar menos sujeita a desvios de finalidade.

Por outro lado, o art. 44 da Lei 13.140/2015, que estabelece a autoridade competente para a celebração de acordos e, consequentemente, para a celebração de cláusula compromissória nos contratos administrativos, determina que "o Advogado-Geral da União, diretamente ou *mediante delegação*, e os dirigentes máximos das empresas públicas federais, em conjunto com o dirigente estatutário da área afeta ao assunto, poderão autorizar a realização de acordos ou transações para prevenir ou terminar litígios, inclusive os judiciais". Nesse contexto, poderá, por meio de delegação, ser indicada outra autoridade para celebração da cláusula compromissória em substituição do delegante, o que nos faz perquirir sobre as responsabilidades das autoridades delegante e delegada. Sobre o tema, impende destacar que a jurisprudência majoritária se inclina a imputar responsabilidade ao agente delegado, na medida em que é ele quem pratica o ato.[10] Todavia, desses

---

[9] Como bem destaca Eduardo Talamini em parecer publicado na Revista de Arbitragem e Mediação, "ao se submeter uma pretensão ao juízo arbitral não se está renunciando a ela, não se está abrindo mão do direito material que eventualmente existe. Apenas se está abdicando do direito de obter do Judiciário a solução para a questão. Mas isso também ocorre quando a solução é obtida diretamente pelas partes sem ingressar em Juízo – o que, reitere-se, é em regra possível também nas relações de direito público. (...) Por fim, não se ignora que há a possibilidade de a Administração vir a ser derrotada na arbitragem. Mas, mesmo quando isso ocorrer, não terá havido nenhuma renúncia ou ato de disposição por parte da Administração. Significará apenas que ela não tinha razão quanto ao que pretendia. Portanto, sua derrota no processo arbitral não representará afronta ou menoscabo ao interesse público. Simplesmente, o interesse público não estará presente. Se não há direito em favor da Administração, não há que se falar em interesse público. Ou melhor, o interesse público não estará presente em favor da Administração" (Sociedade de Economia Mista. Distribuição de Gás. Disponibilidade de Direitos. Especificidades Técnicas do Objeto Litigioso. Boa-fé e Moralidade Administrativa. *Revista de Arbitragem e Mediação*, n. 5, p. 146-147, 2005).

[10] "Mandado de Segurança: praticado o ato questionado mediante delegação de competência, é o delegado, não o delegante, a autoridade coatora. 2. Ato administrativo: delegação

julgados não se pode assumir que o delegante se encontra em posição de total isenção de responsabilidade, como se vê dos termos do Acórdão 2.300/2013 do Tribunal de Contas da União, relatado pela Ministra Ana Arraes:

> (...) a responsabilidade da autoridade delegante pelos atos delegados não é automática ou absoluta. (...) verifica-se que a análise das situações fáticas é imprescindível para definir essa responsabilidade. (...) É necessário verificar se existem condutas desabonadoras cometidas pela autoridade delegante. Enumeram-se, a seguir, três condutas que podem conduzir à responsabilidade da autoridade delegante pela ocorrência do ato delegado: (i) comprovado conhecimento da ilegalidade cometida pelo delegado, que caracteriza conivência do delegante; (ii) má escolha daquele a quem confiou a delegação, que configura culpa *in eligendo*; e (iii) falta de fiscalização dos procedimentos exercidos por outrem, que consubstancia culpa *in vigilando*.

O referido acórdão está alinhado ao entendimento emitido no Parecer de nº 005.147/95-6 do TCU, que asseverou que o delegante é responsável pela "parcela cuja concessão ele não podia ignorar", ou seja, "pela responsabilidade advinda da supervisão dos subordinados inerentes ao controle e ao poder hierárquico". Como se vê, existem exceções ao entendimento de que a autoridade delegante não responde por atos praticados pela autoridade delegada, devendo a delegação ser precedida por decisão fundamentada e atenta às particularidades do caso concreto que será submetido à via arbitral.

4. PRINCÍPIO DA PUBLICIDADE

A Lei Brasileira de Arbitragem não contempla a confidencialidade, mas assegura a privacidade dos procedimentos quando impõe aos árbitros o dever de discrição.[11] Pode-se afirmar que, no direito brasileiro, não há um dever implícito de confidencialidade na arbitragem, que apenas decorrerá da incidência de regra explícita, pactuada no contrato ou pela aplicação de determinado regulamento de instituição arbitral eleita pelas partes. Por essa razão, a fim de deixar claro que se trata de regra cogente, que não se submete ao livre arbítrio das partes, a reforma da lei de arbitragem inseriu dispositivo para que as arbitragens envolvendo a

---

de competência: sua revogação não infirma a validade da delegação, nem transfere ao delegante a responsabilidade do ato praticante" (STF, MS 23.411-AgR/DF, Rel. Min. Sepúlveda Pertence). "3. Na delegação de competência, o delegante não é responsável pelos atos praticados pelo delegado" (Processo 21000.000957/97-96. Parecer: 191-GQ).

[11] "Art. 13. (...) § 6º No desempenho de sua função, o árbitro deverá proceder com imparcialidade, independência, competência, diligência e discrição".

Administração Pública observem o princípio da publicidade, em consonância com o art. 37, *caput*, da CF.

O escopo da publicidade se mede pela necessidade dos entes públicos informarem aos Tribunais de Contas e aos órgãos de controle (BACEN, CVM, Agências Reguladoras, dentre outras) as suas atividades, nelas incluídas informações referentes a processos arbitrais,[12] o que não significa que a publicidade atinja toda e qualquer informação.[13] O dever de publicidade ao qual faz referência o § 3º do art. 2º da LBA deve ser interpretado de modo a delimitar o seu alcance aos atos e informações que sejam suficientes ao cumprimento da prestação de contas do que se discute na arbitragem, evitando-se, assim, a divulgação de informações sensíveis às partes — como, por exemplo, aquelas referentes à propriedade industrial, bancárias e concorrenciais.

A ausência de definição na reforma da LBA sobre as informações que devem ser objeto de divulgação na arbitragem demanda análise por parte da doutrina e da jurisprudência para construção do escopo do dever de publicidade. Nesse contexto, a I Jornada de "Prevenção e Solução Extrajudicial de Litígios" do Centro de Estudos Judiciários (CEJ) do Conselho da Justiça Federal, elaborou enunciado

---

[12] Para Carlos Alberto Carmona, que integrou as comissões de elaboração da LBA e de sua reforma, "é evidente que, diante dos diversos mecanismos de controle que o Estado estabelece para prestar contas aos cidadãos de tudo quanto foi feito para garantir o interesse público (a publicidade garante o maior de todos os controles, ou seja, o controle popular), não se pode garantir sigilo absoluto na arbitragem de que participe o Estado, sem que isso implique a impossibilidade de utilizar-se o mecanismo para resolver questões que possam interessar ao interesse público. A solução de compromisso, neste ponto, é de rigor: o princípio da transparência deve ser respeitado, dando-se acesso aos interessados à decisão e aos atos essenciais do processo arbitral (quando necessário), preservando-se, porém, o sigilo dos debates e a confidencialidade dos documentos que instruíram o processo arbitral" (*Arbitragem e processo*. 2. ed. São Paulo: Atlas, 2007. p. 67).

[13] No mesmo sentido, veja-se artigo de Gustavo Fernandes de Andrade (Algumas reflexões sobre as arbitragens e as regras das Câmaras de Comercialização de Energia – CCEE. In: LANDAU, Elena (coord.). *Regulação jurídica do setor elétrico*. t. II, p. 247). O mesmo autor faz paralelo da regra de publicidade nas arbitragens comerciais envolvendo entes públicos com as arbitragens de investimento administradas pelo Centro Internacional para a Arbitragem de Disputas sobre Investimentos, que é órgão vinculado ao Banco Mundial, ao destacar que "(...) pode-se dizer que a presença do Estado como parte da arbitragem, aliado ao interesse público no acompanhamento das decisões e na obtenção de informações divulgadas nesses procedimentos, levou ao completo afastamento do dever de confidencialidade. Nos casos Amco Corporation and other v. Republic of Indonesia, Metaclad Corporation v. Mexico e R Lowen & Lowen Corporation v. US, os tribunais arbitrais afastaram a pretensão à confidencialidade diante do dever das autoridades públicas e das partes envolvidas nesses procedimentos divulgar informações relativas aos casos e prestar contas do que ali se julgava" (op. cit., p. 246 e 248-249).

no seguinte sentido: "(n)a arbitragem, cabe à Administração Pública promover a publicidade prevista no art. 2º, § 3º, da Lei n. 9.307/1996, observado o disposto na Lei n. 12.527/2011, podendo ser mitigada nos casos de sigilo previstos em lei, a juízo do árbitro".

Como se vê, a primeira parte do Enunciado 4 remete à Administração Pública, e somente a ela, o dever de promover a publicidade, tanto por meio próprio, como em atenção à solicitação e requerimentos formulados por potenciais interessados no acesso e conhecimento de informações relativas à arbitragem. É acertada a orientação do referido Enunciado de limitar à Administração Pública a observância do dever de publicidade, eis que, sendo a arbitragem um procedimento de natureza privada, não competiria às demais partes ou mesmo à instituição de arbitragem ou ao tribunal arbitral atender à demanda de terceiros por acesso a informações sobre o litígio. Este foi o entendimento adotado por algumas instituições arbitrais, como, por exemplo, a Câmara de Comércio Brasil-Canadá (CAM-CCBC), que proferiu resolução administrativa limitando a sua responsabilidade ao fornecimento de informações básicas sobre o procedimento (tais como a data do requerimento de arbitragem e o nome das partes), e designando o ente da administração pública participante do litígio como responsável pela divulgação de documentos e informações complementares.[14]

O texto do Enunciado 4 ainda faz referência à Lei de Acesso à Informação (Lei 12.527/2011),[15] quando estabelece um limite ao dever de publicidade, que apenas poderá ocorrer em casos excepcionais, por decisão fundamentada e discricionária das autoridades mencionadas no art. 27. Muito embora a publicidade seja a regra, isso não significa que todo e qualquer ato ou documento deva ser tornado público sem uma justificativa razoável.[16] A decisão de uma autoridade que determina o

---

[14] Resolução Administrativa 15/2016 da Câmara de Comércio Brasil-Canadá (CAM-CCBC).

[15] Ao dispor sobre o direito fundamental de acesso à informação, o art. 3º, I, da Lei 12.527/2011 reafirma a necessidade de observância ao princípio da publicidade nos procedimentos envolvendo a Administração Pública, mas, cria, por outro lado, exceções à publicidade em casos excepcionais. A classificação do sigilo deve ser deliberada pelas autoridades competentes, por decisão discricionária e fundamentada, podendo ser estipulada em três graus: ultrassecreto, secreto e reservado (art. 27). Como forma de atender ao dever publicidade, o inciso III do art. 3º da lei, propõe a utilização dos meios de comunicação viabilizados pela tecnologia da informação.

[16] Como ensina José Emílio Nunes Pinto, "na esteira da defesa do interesse público, mais especificamente dos recursos arrecadados no mercado, a legislação brasileira impõe a divulgação de fatos que possam, de maneira positiva ou negativa, afetar os resultados e desempenho das companhias abertas. Surgem daí as obrigações de emissão dos denominados Fatos Relevantes e de inclusão de notas explicativas às demonstrações financeiras que venham a ser publicadas. O cumprimento desse dever legal específico, alinhado que está com a preservação da poupança popular e dos recursos de acionistas ou investido-

sigilo de determinada informação ou de procedimento arbitral, quando contraria o interesse de terceiros, pode dar início a uma lide, que precisará ser resolvida pela autoridade competente. De um lado, a Administração Pública, que tem o dever de observar a publicidade, mas que, por decisão ancorada na Lei de Acesso à Informação, decretou o sigilo da informação, e, de outro, um terceiro, que não integra a relação jurídico-processual, mas que entende indevida a classificação do sigilo da informação.

Nesse particular, o Enunciado 4 dispõe que a publicidade poderá "(...) ser mitigada nos casos de sigilo previstos em lei, a juízo do árbitro". Neste ponto, o referido enunciado parece ter atribuído ao árbitro uma competência que não lhe pertence. Se a disputa gira em torno do dever de publicidade *versus* a necessidade de decretação do sigilo da informação, por fundamento baseado no interesse público, entre a Administração Pública e um terceiro, que não integra a relação jurídico-material submetida à arbitragem, seria mais acertado direcionar ao Poder Judiciário competência para a solução da contenda. O terceiro, inconformado com a decisão que rejeita o acesso à informação, poderia, por exemplo, adotar a medida judicial cabível contra o ato da Administração Pública, levando ao órgão competente do Poder Judiciário uma disputa que, em última análise, tratará do interesse público, que transcende o interesse das partes e, principalmente, da disputa que foi submetida ao tribunal arbitral. Cabe, assim, ao órgão judicial competente analisar se a questão tratada na arbitragem é de interesse público, a fim de decidir sobre a mitigação – ou não – do princípio da publicidade, de acordo com as circunstâncias do caso concreto.[17]

As regras de confidencialidade constantes de regulamento de arbitragem escolhido pelas partes não vinculam a Administração Pública. Importante ressaltar, contudo, que a existência da regra de confidencialidade nesses documentos não gera a nulidade da convenção, mas apenas determina o afastamento da referida cláusula, quando necessário,[18] dando-se regular prosseguimento ao procedimento

---

res privados detentores de posições minoritárias, tem um caráter de interesse público a proteger, cabendo aos administradores e respectivos reguladores zelar, a um só tempo, pela divulgação da informação e preservação do dever de sigilo" (A confidencialidade na arbitragem. *RAM*, v. 6, p. 36, 2005).

[17] No mesmo sentido, veja-se TIBÚRCIO, Carmem. Arbitragem envolvendo a Administração Pública: notas sobre as alterações introduzidas pela Lei 13.129/2005. *Revista de Processo*, ano 41, vol. 254, p. 457-460, abr. 2016.

[18] Como ensina Carmem Tibúrcio: "Naturalmente, estando presentes os requisitos necessários à decretação do segredo de justiça, nada impede que isso seja feito, restringindo-se a publicidade do procedimento às partes e seus advogados" (Arbitragem envolvendo a Administração Pública: notas sobre as alterações introduzidas pela Lei 13.129/2005. *Revista de Processo*, ano 41, vol. 254, p. 457-460, abr. 2016).

arbitral.[19] Dessa forma, sempre que houver dever legal de divulgar determinada informação, a confidencialidade será afastada, inclusive entre particulares.[20] Do mesmo modo, a execução de sentença arbitral cessará a confidencialidade na medida em que for necessária para o cumprimento da decisão, salvo se o Poder Judiciário atribuir, em caráter excepcional, segredo de justiça à demanda.

Conclui-se, portanto, que a observância ao princípio da publicidade não significa que o ente público deva disponibilizar indiscriminadamente informações concernentes ao litígio. Significa que a Administração Pública deve revelar tudo o que for necessário para assegurar a prestação de contas aos órgãos de controle e dar transparência à sociedade a determinado litígio relevante, devendo eventuais divergências na relação com terceiros ser dirimidas pelo órgão judicial competente ou, no que se limitar à relação jurídico-material das partes vinculadas à convenção de arbitragem, pelo próprio tribunal arbitral.

5. REGULAMENTAÇÃO DA ARBITRAGEM ENVOLVENDO ENTES PÚBLICOS – DECRETO 8.465/2015

Ao analisar a redação dos arts. 1º e 2º da Lei 9.307/1996, que tratam dos procedimentos arbitrais envolvendo entes da Administração Pública, é possível perceber que o legislador optou por privilegiar a elaboração de normas genéricas, de modo a criar balizas amplas, sem, por outro lado, regulamentar demasiadamente o procedimento envolvendo uma entidade pública, o que permite às partes adequar as regras do procedimento ao caso concreto. Tal opção legislativa, contudo, foi alvo de proposta de emenda, que visava justamente alterar o regramento geral da arbitragem envolvendo a Administração Pública, ao condicionar a utilização da arbitragem aos termos do regulamento. O efeito prático de condicionar a arbitragem na Administração Pública a um regulamento seria de retirar a eficácia da

---

[19] Registre-se a discordância com o resultado do julgamento do caso *Guggenheim*, no qual a 13ª Câmara Cível do Tribunal de Justiça do Estado do Rio de Janeiro declarou nulo todo o contrato celebrado pelo Município do Rio de Janeiro com previsão de confidencialidade (AI 2003.002.07839, Rel. Des. Ademir Pimentel, j. 26.05.2003).

[20] No Processo Administrativo 2008/0713/RJ, a Comissão de Valores Mobiliários teve a oportunidade de destacar que o dever de confidencialidade não pode se estender a ponto de impedir a comunicação de fato relevante ao mercado, como se observa do voto do Diretor Otavio Yazbek: "não existe um direito à informação *in abstracto*, motivo pelo qual não vislumbro irregularidade nas disposições do Regimento Interno e do Regulamento da CAM ora atacadas. Irregularidade haveria se o sigilo neles previsto fosse impeditivo da prestação de informações obrigatórias ao mercado. Não é o que ocorre, porém: a rigor, o dever de sigilo não vigora – e nem poderia vigorar – se houver obrigação de efetuar comunicação ao mercado".

autorização legislativa até que o ente da administração editasse o tal regulamento, que seria obrigatório e poderia criar regras específicas sobre o procedimento.

Tal proposta de emenda acabou sendo rejeitada no Congresso Nacional. Quando considerada a prerrogativa da Administração Pública de definir as próprias regras por meio do edital de licitação – cuja adesão dependerá do interesse dos licitantes – ou por meio da elaboração de compromisso arbitral, fica muito claro o equívoco do condicionamento de toda e qualquer arbitragem a um regulamento. Nesse contexto, a criação de portarias ou decretos regulamentares serviria apenas para estabelecer diferenças entre a arbitragem disciplinada pela Lei 9.307/1996 e as "arbitragens reguladas", com grande possibilidade de alterar demasiadamente o equilíbrio de forças da relação jurídico-processual, em favorecimento do ente da Administração Pública.

Ressalte-se que a louvável intenção de trazer previsibilidade a eventuais disputas envolvendo entes públicos, traria, no caso da referida emenda, mais incertezas, pois a pendência da edição do regulamento e os possíveis questionamentos diante de regras incongruentes poderiam criar mais embaraços do que soluções. Mais adequado deixar que a Administração Pública, diante das peculiaridades do caso concreto, em atenção à sua própria conveniência, possa criar as regras que reputar mais adequadas para o certame licitatório, sem, obviamente, ir de encontro aos princípios gerais e regras cogentes que regem a arbitragem, consagrados pela LBA.

Portanto, a autorização legislativa hoje existente na Lei Brasileira de Arbitragem não depende da edição de qualquer regulamento ou regramento prévio, que pode naturalmente ser estabelecido no próprio edital, diante das peculiaridades do caso concreto. Por outro lado, iniciativas de entes da Administração Pública de criar regulamentos específicos podem existir, sem em nada alterar a eficácia dos dispositivos da LBA, como ocorreu com o Decreto 8.465/2015, que regulamenta o § 1º do art. 62 da Lei 12.815/13 (Lei dos Portos).[21]

Sem adentrar no mérito da discussão sobre a conveniência do referido Decreto, que visa trazer maior previsibilidade a determinadas disputas do setor portuário que foram submetidas à arbitragem,[22] cabe comentar algumas regras

---

[21] Lei dos Portos: "Art. 62. O inadimplemento, pelas concessionárias, arrendatárias, autorizatárias e operadoras portuárias no recolhimento de tarifas portuárias e outras obrigações financeiras perante a administração do porto e a Antaq, assim declarado em decisão final, impossibilita a inadimplente de celebrar ou prorrogar contratos de concessão e arrendamento, bem como obter novas autorizações. § 1º Para dirimir litígios relativos aos débitos a que se refere o caput, poderá ser utilizada a arbitragem, nos termos da Lei nº 9.307, de 23 de setembro de 1996 (...)".

[22] É pública e notória a constituição de tribunal arbitral em setembro de 2015, por meio de compromisso arbitral, para dirimir inúmeras ações judiciais que tratam de disputa travada entre o Grupo Libra com a Companhia de Docas do Estado de São Paulo (Codesp).

que parecem destoar dos princípios gerais da Lei 9.307/1996 e que não deveriam servir de referência para futuras e eventuais iniciativas semelhantes.

Dentre os pontos mais controvertidos trazidos pelo Decreto 8.465/2015, está a restrição do uso da arbitragem a questões relativas à inadimplência das partes privadas com a Administração Pública, de modo a limitar a sua aplicação à resolução de conflitos relativos ao equilíbrio econômico-financeiro do contrato, apenas se a autoridade portuária consentir (art. 6º, § 2º, II).[23] O que se criou, portanto, foi uma condição ao uso da arbitragem, que somente poderá ser adotada por meio de compromisso arbitral, posteriormente ao surgimento do litígio. Percebe-se que, ao impor tal condição, o referido decreto acaba por extrapolar a Lei Brasileira de Arbitragem, que estabelece, em seu art. 1º, que podem ser arbitrados quaisquer litígios relativos a direitos patrimoniais disponíveis. Ao inovar nesse sentido, o decreto restringe a arbitrabilidade das disputas do setor portuário, podendo, por exemplo, criar discussões acerca da validade da sentença arbitral, que eventualmente tenha tratado de matéria admitida pela LBA e pela própria convenção de arbitragem, mas conflitante com o art. 1º do Decreto dos Portos.

Outro ponto que merece críticas é o inciso VII do art. 3º, que determina que todas as despesas incorridas com a realização da arbitragem, incluindo honorários dos árbitros e custos periciais, deverão ser adiantadas pelo contratado quando da instauração do procedimento arbitral. Tal previsão fere os princípios da isonomia e da simetria do processo ao estabelecer que todos os ônus recaiam sobre uma única parte. Destaque-se que, durante o procedimento arbitral, a Administração Pública figura como contraparte e não como autoridade, não sendo, portanto, correta a disparidade de tratamento.

Quanto à escolha dos árbitros, o principal ponto controvertido diz respeito à afirmação contida no art. 3º, § 3º, do Decreto, que prevê que os árbitros deverão ser escolhidos de comum acordo entre as partes. É possível prever que essa norma será de difícil aplicação prática. Isso porque a natureza litigiosa do procedimento dificultará o consenso entre as partes para a escolha dos julgadores. Por essa razão, há quem interprete o dispositivo no sentido de que o consentimento entre as partes deverá ser sobre a forma de nomeação e não sobre a escolha dos

---

[23] Decreto dos Portos: "Art. 6º Os contratos de concessão, arrendamento e autorização de que trata a Lei nº 12.815, de 2013, poderão conter cláusula compromissória de arbitragem, desde que observadas as normas deste Decreto. (...) § 2º A cláusula compromissória de arbitragem, quando estipulada: (...) II – excluirá de sua abrangência as questões relacionadas à recomposição do equilíbrio econômico-financeiro dos contratos, sem prejuízo de posterior celebração de compromisso arbitral para a solução de litígios dessa natureza, observados os requisitos do art. 9º".

Cap. 2 • A ADMINISTRAÇÃO PÚBLICA NA REFORMA DA LEI DE ARBITRAGEM | 33

árbitros propriamente dita, especialmente para afastar qualquer intenção de criar embaraços à instituição do tribunal arbitral. Veja-se que o decreto ainda impõe, por meio do inciso V do art. 3º, que, nas causas que superem o valor de 20 milhões de reais, o tribunal arbitral deverá ser composto por um colegiado de, no mínimo, três árbitros. Caso interpretada literalmente a regra de que todos devem ser nomeados por consenso, a escolha de três árbitros seria uma tarefa ainda mais árdua, o que permite admitir que o consenso deve ser sobre o modo de escolha. Nunca é demais lembrar que o ônus imposto à parte de arcar, sozinha, com os custos da arbitragem, é significativamente maior quando há imposição de que o tribunal seja composto por um painel de três árbitros, tornando ainda mais gritante a dissimetria de tratamento entre as partes.

6. CONCLUSÃO

Ao suprir lacunas legislativas e consolidar a notável evolução da arbitragem ao longo dos aproximadamente 20 anos de vigência da lei, a reforma promovida pelo Congresso Nacional em maio de 2015, desempenhou importante papel de fortalecer o instituto, sobretudo no que diz respeito à autorização legislativa para que a Administração Pública figure como parte em procedimentos arbitrais. Conforme explicitado, os dispositivos legais aqui examinados inovaram o ordenamento jurídico ao possibilitar a superação definitiva da discussão sobre a possibilidade de utilização da arbitragem pela Administração Pública direta. Através desses dispositivos, buscou-se, ainda, garantir maior segurança jurídica à opção pela via arbitral, incorporando preceitos que ajustam o instituto da arbitragem à realidade da Administração Pública. Dentre eles, destaca-se a previsão de que a autoridade competente para a celebração da convenção de arbitragem é a mesma para a celebração de acordos e que tal competência pode ser delegada. Sobre a extensão da responsabilidade da autoridade delegante, ainda que existam divergências doutrinárias e jurisprudenciais a respeito, é possível afirmar que a ela pode, em determinadas situações, responder por atos praticados pela autoridade delegada por conduta que não se poderia ignorar quando da nomeação ou que poderia ser evitada pela supervisão advinda do poder hierárquico.

Outra disposição relevante diz respeito à previsão de que as arbitragens envolvendo a Administração Pública deverão ser de direito e respeitar o princípio da publicidade. Isso significa que caberá aos entes da Administração Pública submeter-se aos Órgãos de controle e fiscalização, disponibilizando todas as informações necessárias para prestar contas à população, com ressalvas às hipóteses legais que permitem a decretação do sigilo da informação.

Por fim, destaca-se o fato de que a autorização legislativa para que Administração Pública figure como parte em arbitragens, trazida pela reforma da LBA, independe da edição de qualquer regulamento prévio, sem prejuízo das iniciativas da edição de decretos específicos, como é o caso do Decreto 8.465/2015, que regulamenta o § 1º do art. 62 da Lei 12.815/2013 (Lei dos Portos). A despeito da sua finalidade normativa, tais regulamentos em nada alteraram a eficácia dos dispositivos da LBA, que devem ser observados como regras gerais, que não podem ser afastadas por atos regulamentares.

Enquanto a reforma da LBA estabeleceu novo marco legal para a arbitragem envolvendo entes públicos no país, ampliando o seu escopo e introduzindo alterações que tratam de questões relevantes, não deixou, por outro lado, de respeitar a autonomia das partes para regularem inúmeras outras matérias, que deverão constar da convenção de arbitragem.

3

MEDIDAS CAUTELARES E URGENTES NA ARBITRAGEM: NOVA DISCIPLINA NORMATIVA

CAIO CESAR VIEIRA ROCHA[1]

Sumário: 1. Introdução – 2. A redação do § 4º do art. 22 da Lei de Arbitragem: três problemas fundamentais – 3. Medidas cautelares e urgentes na arbitragem: interpretação doutrinária e jurisprudencial do § 4º do art. 22 da Lei 9.307/1996 – 4. Justificativa para atualização legislativa quanto às tutelas cautelares e de urgência na arbitragem – 5. Tutelas cautelares e de urgência: nova disciplina da Lei 13.129/2015 – 6. Problemas que persistem: 6.1. Remessa do processo cautelar do Judiciário para a arbitragem; 6.2. Antecipação de tutela; 6.3. Medidas cautelares e urgentes solicitadas ao Judiciário na fase arbitral – 7. Conclusões – Referências bibliográficas.

1. INTRODUÇÃO

É inegável que o advento da Lei de Arbitragem (Lei 9.307/1996) foi determinante para o fortalecimento, desenvolvimento e consolidação da arbitragem no Brasil. Por causa dela, a arbitragem deixou de ser um mecanismo insólito, cujo regramento obtuso, disposto no Código de Processo Civil, ao mesmo tempo que

---

[1] Doutor em Direito pela USP (Universidade de São Paulo). Mestre em Direito pela UFC (Universidade Federal do Ceará). *Visiting Scholar* na Universidade de Columbia. Conselheiro Federal da Ordem dos Advogados do Brasil. Presidente do Tribunal de Disciplina da CONMEBOL. Foi integrante da Comissão de Juristas do Senado Federal instituída com a finalidade de elaborar anteprojeto de Lei de Arbitragem e Mediação. Advogado.

ARBITRAGEM E MEDIAÇÃO

admitia a sua existência, tornava impossível a sua concretização prática. Se com uma mão o sistema anterior assegurava às partes a possibilidade de submissão de conflitos à arbitragem, com a outra retirava totalmente sua efetividade, ao não admitir a execução específica da cláusula arbitral[2] e ao condicionar a validade da sentença arbitral à homologação judicial.[3]

A Lei de Arbitragem implementou avanços fundamentais à concretização da via arbitral como alternativa eficaz à resolução judicial de litígios: admitiu a possibilidade da execução específica da cláusula arbitral (art. 7o[4]), dispensou a homologação judicial (art. 18[5]), igualou os efeitos da sentença arbitral à judicial (art. 31[6]) e garantiu autonomia à cláusula arbitral (art. 8o[7]), dentre outras mudanças.

O advento da norma, por mais importante que possa ter sido, não seria capaz de consagrar o instituto de forma tão rápida e definitiva, não fosse a aceitação ampla estimulada pela interpretação favorável dos tribunais nacionais. A Lei de Arbitragem, sem a proteção do Judiciário, poderia ter se tornado mais um diploma legislativo ineficaz.

Os preceitos inovadores da Lei de Arbitragem, que inegavelmente revolucionaram o microssistema da arbitragem então vigente no Brasil, foram recebidos com entusiasmo pelo Judiciário brasileiro, guiado especialmente por decisões

---

[2]   No sistema anteriormente vigente, a resistência à arbitragem se resolvia em perdas e danos.

[3]   Sobre as dificuldades que existiam antes da vigência da atual Lei de Arbitragem, Carlos Alberto Carmona, com a maestria costumeira, sustentou que: "Basicamente, eram dois os grandes obstáculos que a lei brasileira criava para a utilização da arbitragem: em primeiro, o legislador simplesmente ignorava a cláusula compromissória (o Código Civil de 1916 e o Código de Processo Civil de 1973 não exibiam qualquer dispositivo a esse respeito); ao depois, o diploma processual, seguindo a tradição de nosso direito, exigia homologação judicial do laudo arbitral" (CARMONA, Carlos Alberto. *Arbitragem e processo*: um comentário à Lei 9.307/1996. 3. ed. rev. e ampl. São Paulo: Atlas, 2009. p. 4).

[4]   "Art. 7o Existindo cláusula compromissória e havendo resistência quanto à instituição da arbitragem, poderá a parte interessada requerer a citação da outra parte para comparecer em juízo a fim de lavrar-se o compromisso, designando o juiz audiência especial para tal fim".

[5]   "Art. 18. O árbitro é juiz de fato e de direito, e a sentença que proferir não fica sujeita a recurso ou a homologação pelo Poder Judiciário".

[6]   "Art. 31. A sentença arbitral produz, entre as partes e seus sucessores, os mesmos efeitos da sentença proferida pelos órgãos do Poder Judiciário e, sendo condenatória, constitui título executivo".

[7]   "Art. 8o A cláusula compromissória é autônoma em relação ao contrato em que estiver inserta, de tal sorte que a nulidade deste não implica, necessariamente, a nulidade da cláusula compromissória".

Cap. 3 • MEDIDAS CAUTELARES E URGENTES NA ARBITRAGEM: NOVA DISCIPLINA NORMATIVA   **37**

assertivas proferidas pelo Superior Tribunal de Justiça no que concerne o fortalecimento do instituto.

Percebeu-se, com a aplicação prática da Lei de Arbitragem, que algumas questões que suscitavam dúvidas, ora por alguma imprecisão, ora por omissão, precisavam ser solucionadas, e coube à jurisprudência apontar o caminho adequado. E o fez prestigiando a arbitragem.

No tocante às medidas cautelares relacionadas à arbitragem não foi diferente. Em sua redação original, a Lei de Arbitragem dedicou poucas linhas ao tema das medidas cautelares e de urgência pertinentes às causas submetidas à arbitragem. De fato, a única menção que fazia constava do § 4º do art. 22. Como se observará em tópico posterior, referido dispositivo revelou-se insuficiente para orientar de forma precisa o processamento daquelas medidas, seja por ser omisso quanto às cautelares preparatórias, seja por ter redação relativamente imprecisa, ou ainda por estar situado em artigo cujo *caput* se referia à produção de provas.

Coube à jurisprudência dirimir as dúvidas e conferir soluções para que o processamento das medidas cautelares e de urgência garantissem às partes o acesso à jurisdição, sem, contudo, prejudicar ou esvaziar a própria arbitragem.

Para corrigir essas e outras imprecisões contidas na Lei de Arbitragem, o Senado Federal instituiu uma Comissão de Juristas[8] com a finalidade de revisar e modernizar a Lei. A Comissão, por meio da liderança ponderada do Ministro Luis Felipe Salomão, elegeu como premissa básica a ideia de reforçar e prestigiar o instituto, afastando a desconfiança inicial que pode ter sido despertada na comunidade arbitral brasileira de que a iniciativa legislativa representaria algum risco de retrocesso aos avanços alcançados em tão pouco tempo. Pelo contrário, as mudanças sugeridas pela Comissão foram pontuais, não alteraram a estrutura da Lei, e, na maior parte das vezes, pautou-se pela incorporação ao texto legal da interpretação favorável desenvolvida pela jurisprudência nacional, especialmente aquela emanada do STJ.

As alterações propostas pelos integrantes da Comissão de Juristas foram incorporadas ao Projeto de Lei do Senado 406/2013, que, em 26 de maio de 2015,

---

[8]   A comissão foi composta por 23 juristas. Além do Ministro Luis Felipe Salomão (STJ), integraram a comissão a Ministra Ellen Gracie (STF), o Ministro Walton Carneiro (TCU), o ex-Senador Marco Maciel e os advogados José Antônio Fichtner, Caio Cesar Rocha, José Rogério Cruz e Tucci, Marcelo Rossi Nobre, Francisco Antunes Maciel Müssnich, Tatiana Lacerda Prazeres, Adriana Braghetta, Carlos Alberto Carmona, Eleonora Coelho, Pedro Paulo Guerra Medeiros, Sílvia Rodrigues Pachikoski, Francisco Maia Neto, André Chateaubriand Martins, José Roberto Castro Neves, Marcelo Henriques de Oliveira, Roberta Rangel, Adacir Reis e Eduardo Arruda Alvim.

foi sancionado, com três vetos,[9] resultando na Lei 13.129/2015,[10] a qual reformou a redação originária da Lei de Arbitragem (Lei 9.307/1996).

Neste artigo, analisar-se-ão os dispositivos legais propostos pela Comissão de Juristas e positivados na Lei 13.129/2015, vigente desde 25 de julho de 2015, relativos às medidas cautelares e de urgência na órbita dos processos arbitrais. Antes, contudo, examinar-se-á a antiga redação da Lei de Arbitragem, e a evolução da interpretação jurisprudencial a respeito do tema em apreço, como forma de demonstrar o acerto da inovação legislativa.

2. A REDAÇÃO DO § 4º DO ART. 22 DA LEI DE ARBITRAGEM: TRÊS PROBLEMAS FUNDAMENTAIS

O único dispositivo da Lei de Arbitragem, em sua redação original, que tratava das "medidas cautelares ou coercitivas" era o § 4º do art. 22, que era assim redigido:

---

[9] Foram vetados os §§ 2º, 3º e 4º do art. 4º, que versavam sobre a arbitragem em litígios relacionados a contratos de adesão, para relações de consumo e para causas trabalhistas, nessa ordem ("§ 2º Nos contratos de adesão, a cláusula compromissória só terá eficácia se for redigida em negrito ou em documento apartado; § 3º Na relação de consumo estabelecida por meio de contrato de adesão, a cláusula compromissória só terá eficácia se o aderente tomar a iniciativa de instituir a arbitragem ou concordar expressamente com a sua instituição; § 4º Desde que o empregado ocupe ou venha a ocupar cargo ou função de administrador ou de diretor estatutário, nos contratos individuais de trabalho poderá ser pactuada cláusula compromissória, que só terá eficácia se o empregado tomar a iniciativa de instituir a arbitragem ou se concordar expressamente com a sua instituição"). Razões dos vetos dos §§ 2º e 3º, sugeridos pelo Ministério da Justiça: "Da forma prevista, os dispositivos alterariam as regras para arbitragem em contrato de adesão. Com isso, autorizariam, de forma ampla, a arbitragem nas relações de consumo, sem deixar claro que a manifestação de vontade do consumidor deva se dar também no momento posterior ao surgimento de eventual controvérsia e não apenas no momento inicial da assinatura do contrato. Em decorrência das garantias próprias do direito do consumidor, tal ampliação do espaço da arbitragem, sem os devidos recortes, poderia significar um retrocesso e ofensa ao princípio norteador de proteção do consumidor". Razões do veto do § 4º, sugerido pelo Ministério do Trabalho e Emprego: "O dispositivo autorizaria a previsão de cláusula de compromisso em contrato individual de trabalho. Para tal, realizaria, ainda, restrições de sua eficácia nas relações envolvendo determinados empregados, a depender de sua ocupação. Dessa forma, acabaria por realizar uma distinção indesejada entre empregados, além de recorrer a termo não definido tecnicamente na legislação trabalhista. Com isso, colocaria em risco a generalidade de trabalhadores que poderiam se ver submetidos ao processo arbitral".

[10] A respeito da reforma da Lei de Arbitragem, confira-se: WALD, Arnoldo. A reforma da Lei de Arbitragem. *Revista dos Tribunais*, v. 962, p. 195-216, dez. 2015.

Cap. 3 · MEDIDAS CAUTELARES E URGENTES NA ARBITRAGEM: NOVA DISCIPLINA NORMATIVA | 39

> Art. 22. Poderá o árbitro ou o tribunal arbitral tomar o depoimento das partes, ouvir testemunhas e determinar a realização de perícias ou outras provas que julgar necessárias, mediante requerimento das partes ou de ofício.
>
> (...)
>
> § 4º Ressalvado o disposto no § 2º, havendo necessidade de medidas coercitivas ou cautelares, os árbitros poderão solicitá-las ao órgão do Poder Judiciário que seria, originariamente, competente para julgar a causa.

Desde logo, percebe-se que ele falhava em três aspectos fundamentais: primeiro, não havia qualquer menção às cautelares ou medidas urgentes preparatórias; em segundo lugar, confundia quanto à posição em que era contextualizado no diploma legal; e, por fim, possuía redação ambígua quanto à qual autoridade seria competente para decidir.

A ausência de referência às cautelares preparatórias e outras medidas urgentes causou inicial perplexidade ao intérprete.[11] De um lado, em razão do princípio da inafastabilidade da jurisdição[12] (art. 5º, XXXV, da Constituição Federal de 1988[13] e art. 8º da Convenção Interamericana sobre Direitos Humanos[14]), tais situações

---

[11] Houve mesmo quem intepretasse tal dispositivo como verdadeira vedação à apreciação das medidas cautelares pelos árbitros, como indica Carlos Alberto Carmona. O renomeado arbitrabilista da USP faz menção às posições de Paulo Furtado e Uadi L. Bulos, que entende que a Lei verdadeiramente veda a concessão de medidas cautelares pelos árbitros (*Lei de Arbitragem comentada*. São Paulo: Saraiva, 1997. p. 93). Carlos Alberto Carmona faz menção ainda à posição de Paulo Cezar Pinheiro Carneiro, que defende a tese de que o árbitro somente poderia conceder medidas cautelares se assim estivesse disposto expressamente na convenção de arbitragem (Aspectos processuais da nova Lei de Arbitragem: a nova lei brasileira (9.307/96 e a praxe internacional. Coord. Paulo de Boraba Casella. São Paulo: Ed. LTr, 1997. p. 131-156, esp. p. 148). Ambas as citações acima constam de CARMONA, Carlos Alberto. *Arbitragem e processo*: um comentário à Lei 9.307/1996. 3. ed. rev. e ampl. São Paulo: Atlas, 2009. p. 324-325, nota de rodapé 54).

[12] Nas palavras de Luiz Guilherme Marinoni: "É de concluir, portanto, que o cidadão tem direito à adequada tutela jurisdicional (aí incluindo as liminares), como decorrência do princípio da inafastabilidade do controle jurisdicional. O direito à adequada tutela jurisdicional é princípio imanente a qualquer Estado de Direito. Suprimir o direito constitucional à liminar, *v.g.*, é o mesmo que legitimar a autotutela privada" (MARINONI, Luiz Guilherme. *Efetividade do processo e tutela de urgência*. Porto Alegre: Sergio Antonio Fabris, 1994. p. 68).

[13] "XXXV – a lei não excluirá da apreciação do Poder Judiciário lesão ou ameaça a direito".

[14] "1. Toda pessoa tem direito a ser ouvida, com as devidas garantias e dentro de um prazo razoável, por um juiz ou tribunal competente, independente e imparcial, estabelecido anteriormente por lei, na apuração de qualquer acusação penal formulada contra ela, ou para que se determinem seus direitos ou obrigações de natureza civil, trabalhista, fiscal ou de qualquer outra natureza".

urgentes não poderiam ficar sem solução, mas, por outro lado, a regra geral de que a ação acessória deve seguir a principal[15] não poderia ser aplicada, já que a arbitragem só é instaurada após a nomeação e investidura dos árbitros (art. 19 da Lei de Arbitragem).[16]

Não havia, tampouco, qualquer alusão à outras medidas urgentes, dentre as quais se destaca a antecipação de tutela, cujo direito é decorrente do princípio da inafastabilidade da jurisdição. A solução então encontrada para referido conflito, causado pela omissão do legislador, foi conferida primeiro pela doutrina, depois pela jurisprudência, como será explicado no tópico seguinte.

Além da omissão acima mencionada, o contexto em que o dispositivo que tratava das medidas cautelares estava situado confundia o intérprete. Isso porque o § 4º estava inserido no art. 22, que cuida da produção de provas no âmbito arbitral. Refere-se o *caput* à tomada de depoimentos, oitiva de testemunhas, realização de perícias ou outras provas que o árbitro entender necessárias. Ora, o parágrafo deve ser interpretado em contexto com o *caput*, e, neste caso específico poderia levar à conclusão (equivocada) de que só caberia o deferimento de medidas cautelares ou coercitivas nas hipóteses relacionadas à produção de provas (antecipação de provas, por exemplo). Tal interpretação era reforçada, ainda, pela menção a "medidas coercitivas" feita em precedência às medidas cautelares. Pela leitura contextualizada do art. 22 e seus parágrafos, pode-se concluir que as "medidas coercitivas" ali mencionadas referiam-se à coerção da parte ou testemunha a prestarem depoimento ao árbitro.

Por fim, a imprecisão da redação do § 4º do art. 22 causava estranheza, pois estabelecia somente que, "havendo necessidade", o árbitro "poderá solicitar" medidas coercitivas ou cautelares ao órgão do Poder Judiciário. O parágrafo não falava em solicitar *o cumprimento*, limitando a referência a "solicitar". Essa omissão, proposital ou não, poderia levar ao entendimento de que não caberia ao árbitro o exame do pedido cautelar, mas apenas a remessa burocrática da solicitação ao órgão competente do Poder Judiciário.[17] Ou, ainda, que o magistrado, ao receber a solicitação, poderia rever a análise sobre o pedido cautelar formulado ao árbitro, eventualmente rejulgando a questão. Referidos posicionamentos, como se verá,

---

[15] CPC/2015: "Art. 299. A tutela provisória será requerida ao juízo da causa e, quando antecedente, ao juízo competente para conhecer do pedido principal" (equivalente ao art. 800 do CPC/1973).

[16] "Art. 19. Considera-se instituída a arbitragem quando aceita a nomeação pelo árbitro, se for único, ou por todos, se forem vários".

[17] Esta a posição de Alexandre Freitas Câmara, conforme assinalado por Carlos Alberto Carmona (CARMONA, Carlos Alberto. *Arbitragem e processo*: um comentário à Lei 9.307/1996. 3. ed. ver. E ampl. São Paulo: Atlas, 2009. p. 324, nota de rodapé 54).

Cap. 3 · MEDIDAS CAUTELARES E URGENTES NA ARBITRAGEM: NOVA DISCIPLINA NORMATIVA | 41

eram equivocados, e foram afastados pelas soluções majoritárias encontradas pela doutrina e pela jurisprudência.

As falhas supracitadas, decorrentes da imprecisão ou omissão do legislador, ainda contribuem para o surgimento de um quarto problema: como resolver a forma de relação/comunicação entre o árbitro e o magistrado? Onde termina e onde começa a competência arbitral?

Mesmo com o desenvolvimento da jurisprudência sobre a questão, a ausência de regras claras sobre o processamento das medidas urgentes relacionadas à arbitragem contribuiu para situações de impasse, que causaram prejuízos ao desenvolvimento e à credibilidade do instituto da arbitragem.

3. MEDIDAS CAUTELARES E URGENTES NA ARBITRAGEM: INTERPRETAÇÃO DOUTRINÁRIA E JURISPRUDENCIAL DO § 4º DO ART. 22 DA LEI 9.307/1996

Não havia, como se observou acima, qualquer previsão quanto às medidas cautelares preparatórias à arbitragem na redação original da Lei de Arbitragem. Sobrepondo-se situação fática a demandar urgente provimento jurisdicional, antes da instauração da arbitragem, havia de ser encontrado algum desfecho satisfatório, sob pena de afronta ao princípio da inafastabilidade da jurisdição. Em tal caso, a solução mais adequada vislumbrada à época tanto pela doutrina[18] quanto pela

---

[18] "As medidas cautelares prévias à instauração do juízo arbitral, que encontram fundamento no princípio da efetividade da tutela jurisdicional, são, hoje, aceitas pela doutrina nacional e estrangeira e pela jurisprudência, sendo, ainda, expressamente previstas nas regras da UNCITRAL, eleitas pelas partes na cláusula compromissória constante do acordo de quotistas. Têm elas o objetivo precípuo de garantir a eficácia da futura arbitragem a ser instaurada" (WALD, Arnoldo. Cabimento de medida cautelar preparatória perante o Poder Judiciário antes de instaurado o juízo arbitral. *Revista de Direito Bancário e do Mercado de Capitais*, São Paulo, ano 8, n. 27, p. 160 e 163, jan.-mar. 2005). Em igual posicionamento: "Importante ressaltar que a competência exclusiva do árbitro para conceder medidas cautelares não poderá acarretar um vácuo de jurisdição quando ainda não instaurada a jurisdição arbitral (aceitação pelos árbitros e constituição do tribunal arbitral – art. 19 Lei 9.307/96). Identificada a necessidade de tutela de urgência para que se assegure o resultado útil (e com menor prejuízo às partes) da tutela principal a ser submetida à jurisdição arbitral, sempre será possível às partes requerer ao Poder Judiciário a concessão de medida cautelar urgente, demonstrada a presença do *periculum in mora*. Tal entendimento decorre de interpretação adequada do direito de ação assegurado constitucionalmente, pois se deve garantir ao cidadão o acesso à tutela jurisdicional tempestiva. Se ainda não constituído o juízo arbitral, é competente a jurisdição estatal para conhecer de medidas cautelares" (VILELA, Marcelo Dias Gonçalves. Ação cautelar inominada preparatória. Agravo de instrumento. Efeito ativo concedido. Ciência da Posterior Instauração do Juízo

jurisprudência era a de restituir provisoriamente a competência ao Poder Judiciário, com a finalidade específica de solucionar aquela demanda urgente.[19] Essa é a única interpretação sistemática possível, capaz de conciliar o princípio do direito de ação (ou inafastabilidade da jurisdição) com a escolha convencionada entre as partes de submissão do litígio à arbitragem.

O desenvolvimento dessa posição foi facilitado pelo fato de que, a despeito da imprecisão do legislador de 1996, que, nas palavras de Carlos Alberto Carmona, redigiu um dispositivo com determinação *elíptica*,[20] a Lei de Arbitragem retirou a proibição expressa constante do art. 1.086[21] do Código de Processo Civil de 1973, no sentido de que seria defeso ao árbitro "empregar medidas coercitivas" ou "decretar medidas cautelares". Assim, ao revogar referido artigo, deu ensejo à interpretação de que, apesar da ambiguidade do § 4ºdo art. 22, a partir da Lei 9.307/1996, a apreciação das cautelares passara a ser de competência dos árbitros.[22]

Resolvido o primeiro problema, relacionado às cautelares incidentais, permanecia o impasse quanto à competência para apreciação das medidas cautelares anteriores à instauração do procedimento arbitral. Desde sempre, Carlos Alberto Carmona, com a precisão que lhe é peculiar, defendeu a ideia de caber ao árbitro, preferencialmente, a competência para apreciar as medidas cautelares, restando ao Poder Judiciário a competência sobre as causas emergenciais, aplicando-se, na sua visão, o princípio de direito luso-brasileiro *quando est periculum in mora incompetentia non attenditur*,[23] segundo o qual as normas de competência podem ser relativizadas em casos urgentes, em que tutelas emergenciais precisem ser analisadas.

Arbitral. Incompetência superveniente da Justiça Estatal. Remessa dos autos ao árbitro para manutenção da tutela concedida. *Revista de Arbitragem e Mediação*, v. 19, p. 191, out. 2008).

[19] "Situações há em que a intervenção do Estado se revela paradoxalmente mais rápida e eficiente" (VALENÇA FILHO, Clávio de Melo. Tutela judicial de urgência e a lide objeto da convenção de arbitragem. *Revista Brasileira de Arbitragem*, Porto Alegre, v. 1, n. 1, p. 9, jul.-out. 2003).

[20] CARMONA, Carlos Alberto. *Arbitragem e processo*: um comentário à Lei 9.307/1996. 3. ed. rev. e ampl. São Paulo: Atlas, 2009. p. 323.

[21] "Art. 1.086. O juízo arbitral pode tomar depoimento das partes, ouvir testemunhas e ordenar a realização de perícia. Mas lhe é defeso: I – empregar medidas coercitivas, quer contra as partes, quer contra terceiros; II – decretar medidas cautelares".

[22] Esta posição já era defendida por Carlos Alberto Carmona, mesmo na égide do então vigente art. 1.086 do Código de Processo Civil. Para ele, o árbitro não podia determiner o cumprimento, mas poderia apreciar o pedido cautelar (CARMONA, Carlos Alberto. *A arbitragem no processo civil brasileiro*. São Paulo: Malheiros, 1993. p. 108-109).

[23] CARMONA, Carlos Alberto. *Arbitragem e processo*: um comentário à Lei 9.307/1996. 3. ed. rev. e ampl. São Paulo: Atlas, 2009. p. 325-327.

Cap. 3 • MEDIDAS CAUTELARES E URGENTES NA ARBITRAGEM: NOVA DISCIPLINA NORMATIVA | **43**

Segundo aquele doutrinador:

> a competência do juiz togado, portanto, ficará adstrita na hipótese vista acima apenas à análise da medida emergencial, passando a direção do processo na sequência aos árbitros, tão logo seja instituída a arbitragem (ou seja, tão logo os árbitros aceitem o encargo). Por conta disso, o autor deve, ao promover a demanda cautelar, informar sempre ao juiz togado acerca da sua incompetência, explicando que a demanda principal será arbitral.[24]

O Superior Tribunal de Justiça[25] possui marcante posicionamento a respeito do tema, conforme trecho de ementa transcrito a seguir:

> Direito processual civil. Arbitragem. Medida cautelar. Competência. Juízo arbitral não constituído. 1. O Tribunal Arbitral é competente para processar e julgar pedido cautelar formulado pelas partes, limitando-se, porém, ao deferimento da tutela, estando impedido de dar cumprimento às medidas de natureza coercitiva, as quais, havendo resistência da parte em acolher a determinação do(s) árbitro(s), deverão ser executadas pelo Poder Judiciário, a quem se reserva o poder de *imperium*. 2. Na pendência da constituição do Tribunal Arbitral, admite-se que a parte se socorra do Poder Judiciário, por intermédio de medida de natureza cautelar, para assegurar o resultado útil da arbitragem. 3. Superadas as circunstâncias temporárias que justificavam a intervenção contingencial do Poder Judiciário e considerando que a celebração do compromisso arbitral implica, como regra, a derrogação da jurisdição estatal, os autos devem ser prontamente encaminhados ao juízo arbitral, para que este assuma o processamento da ação e, se for o caso, reaprecie a tutela conferida, mantendo, alterando ou revogando a respectiva decisão. 4. Em situações nas quais o juízo arbitral esteja momentaneamente impedido de se manifestar, desatende-se provisoriamente as regras de competência, submetendo-se o pedido de tutela cautelar ao juízo estatal; mas essa competência é precária e não se prorroga, subsistindo apenas para a análise do pedido liminar. 5. Recurso especial provido (REsp 1.297.974/RJ, 3ª Turma, Rel. Min. Nancy Andrighi, j. 12.06.2012, *DJe* 19.06.2012).

Na situação analisada acima, quando do ajuizamento da ação cautelar ainda não havia sido instaurada a arbitragem, o que só veio a ocorrer após a prolação da sentença e antes do julgamento da apelação. Não obstante a instauração da arbitragem, o Tribunal de Justiça do Rio de Janeiro deu provimento à apelação

---

[24] CARMONA, Carlos Alberto. *Arbitragem e processo*: um comentário à Lei 9.307/1996. Op. cit., p. 331.

[25] No mesmo sentido: AgRg na MC 19.226/MS, 3ª Turma, Rel. Min. Massami Uyeda, Rel. p/ acórdão Min. Nancy Andrighi, j. 21.06.2012, *DJe* 29.06.2012.

para conceder a medida liminar pleiteada pela parte insurgente, o que ensejou a interposição de recurso especial pela parte adversa.

Afastando qualquer dúvida acerca da possibilidade do processamento de pedidos cautelares na via arbitral, bem como quanto ao deferimento de medidas cautelares pelo Judiciário para assegurar o resultado eficaz e útil da arbitragem, a Ministra Nancy Andrighi, relatora do recurso, destacou que a questão, na verdade, envolvia a definição do juízo competente para dar seguimento ao processo cautelar depois que o Tribunal Arbitral é instalado formalmente. Eis sua orientação consignada no voto:

> Nessa situação, superadas as circunstâncias temporárias que justificavam a intervenção contingencial do Poder Judiciário e considerando que a celebração do compromisso arbitral implica, como regra, a derrogação da jurisdição estatal, é razoável que os autos sejam prontamente encaminhados ao juízo arbitral, para que este assuma o processamento da ação e, se for o caso, reaprecie a tutela conferida, mantendo, alterando ou revogando a respectiva decisão.
>
> (...)
>
> Sendo assim, me parece suficiente que o Juiz, ao encaminhar os autos ao árbitro, consigne a ressalva de que sua decisão foi concedida em caráter precário, estando sujeita a ratificação pelo juízo arbitral, sob pena de perder eficácia. Com isso, e sem que haja qualquer usurpação de competência ou conflito de jurisdição, evita-se a prática de atos inúteis e o prolongamento desnecessário do processo.[26]

Desse modo, no exame do caso concreto acima indicado, o STJ firmou entendimento inovador naquele sodalício, prestigiando ainda mais a arbitragem: definiu que a competência provisoriamente restituída ao Poder Judiciário é, em tais casos, *precária*, já que válida somente em face da impossibilidade de análise da demanda urgente pelo Tribunal Arbitral, e cessa a partir do momento que a arbitragem é instaurada.

A competência do Poder Judiciário para analisar as medidas liminares subsiste, portanto, apenas enquanto não instaurado o procedimento arbitral. Daí a sua natureza precária. Uma vez constituída a arbitragem, os autos devem ser encaminhados para que o(s) árbitro(s) ratifique(m) ou não a decisão liminar eventualmente concedida.

Esse precedente possui importância ímpar, pois decidiu de forma clara e didática que pode o Judiciário, em caráter precário, substituir a jurisdição arbitral antes de sua instalação, estabelecendo, assim, mais uma forma de cooperação do

---

[26] REsp 1.297.974/RJ, 3ª Turma, Rel. Min. Nancy Andrighi, j. 12.06.2012, *DJe* 19.06.2012.

Judiciário para com a arbitragem, como também dispõe sobre como se operacionaliza tal cooperação, do ponto de vista prático.[27]

4. JUSTIFICATIVA PARA ATUALIZAÇÃO LEGISLATIVA QUANTO ÀS TUTELAS CAUTELARES E DE URGÊNCIA NA ARBITRAGEM

Se a doutrina e a jurisprudência majoritárias, por meio de interpretação favorável, adotaram soluções satisfatórias para os problemas das medidas cautelares e de urgência na arbitragem, seria legítimo questionar por que, então, a necessidade de atualizar a Lei.

A resposta não é difícil de se encontrar. Apesar dos avanços alcançados pela interpretação benéfica da Lei de Arbitragem, no que diz respeito às tutelas cautelares e de urgência, tanto no âmbito doutrinário como, especialmente, na

---

[27] Já antes do precedente acima citado, julgado pelo STJ, outros tribunais haviam se posicionado em igual sentido. Como exemplo, cita-se ementa de julgado do TJMG: "Agravo inominado em agravo de instrumento. Ação cautelar inominada preparatória. Cláusula arbitral. Ajuizamento no juízo estadual. Possibilidade. Indeferimento da medida. Agravo de instrumento. Efeito ativo concedido. Ciência da posterior instauração do juízo arbitral – incompetência superveniente da justiça estatal. Remessa dos autos ao árbitro para manutenção ou não da tutela concedida. É da competência plena do juízo arbitral, ao qual se submete o exame da causa, a cognição sobre a oportunidade da medida antecipatória ou acautelatória, ficando apenas sua execução afeta ao juiz estatal, mediante seu poder de *coertio* e *executio*, caso a parte resista em cumpri-la espontaneamente. Hipótese excepcional, que enseja a competência do juízo estatal, todavia, é quando, antes da instauração do juízo arbitral, com a aceitação da nomeação pelo árbitro, haja necessidade de alguma dessas *medidas cautelares* ou de urgência. Nesses casos, admite-se que o requerimento seja feito diretamente ao juiz togado competente para o conhecimento da causa, sujeitando-se, todavia, à ratificação pelo juízo arbitral, assim que instaurado, remetendo-lhe os autos, de forma a preservar a competência plena da jurisdição privada sobre o litígio" (Ag (art. 557, § 1º, CPC (LGL\1973\5)) 1.0024.07.600275-7/002 em Ag 1.0024.07.600275-7/001 – Comarca de Belo Horizonte. Belo Horizonte, 17 de janeiro de 2008).Neste sentido, de ser admissível o processamento de medida cautelar perante o Poder Judiciário anterior à instauração de procedimento arbitral, citem-se os seguintes julgados: Agravo de Instrumento 472.438-4/1-00 da 3ª Câmara de Direito Privado do TJSP, Rel. Des. Beretta da Silveira; Agravo de Instrumento 388.797/1-00, da 10ª Câmara de Direito Privado do TJSP, Rel. Des. Testa Marchi; Agravo de Instrumento 384.896.4/4-00 da 9ª Câmara de Direito Privado do TJSP, Rel. Des. Sérgio Gomes – todos mencionados no estudo realizado pelo CBAr e FGV (ROBALINHO, Fabiano; FRAGATA, Octávio (coords.). Parceria institucional acadêmico-científica Escola de Direito de São Paulo da Fundação Getúlio Vargas (DIREITOGV) e Comitê Brasileiro de Arbitragem (CBAr), 2ª Fase da Pesquisa Arbitragem e Poder Judiciário, Relatório do Tema: Medidas de Urgência e Coercitivas, cit.). (Todas as numerações são anteriores ao atual sistema de numerações estabelecido pelo CNJ).

seara jurisprudencial, verifica-se que ainda persistiam problemas causados pela imprecisão do texto do § 4º do art. 22 da Lei 9.307/1996.

A ausência de normas claras permitia que o intérprete menos atento aos avanços da jurisprudência, ou menos esclarecido sobre a doutrina específica, seguisse interpretação diversa daquela mais adequada.

Há situações concretas de desrespeito, pelo juiz togado, da competência do árbitro. O próprio precedente do STJ acima mencionado ilustra situação na qual órgão do Poder Judiciário entendeu que permaneceria sob sua competência o julgamento de cautelar aforada antes de instaurada a arbitragem, mesmo após sua instalação. Ou seja, sua competência seria prorrogada, independentemente da convenção das partes. O prejuízo no caso concreto foi, sem dúvida, muito grande, tendo em conta que a parte sucumbente teve de recorrer ao STJ para dirimir a interpretação errônea.[28]

Sobre o assunto, já tive a oportunidade de escrever:

> O conflito entre jurisdição arbitral e estatal não é tão raro quanto se imagina em primeira análise. Observa-se com relativa frequência na situação de ajuizamento, ainda na fase pré-arbitral, de medida de urgência (cautelar por exemplo) que, na ausência de jurisdição arbitral devidamente instaurada, será direcionada a órgão do Poder Judiciário. O juiz togado será competente subsidiariamente, detentor de jurisdição que será meramente provisória, a ser extinta tão logo seja materialmente possível a instauração da arbitragem com a constituição dos árbitros (*receptum arbitrii*). Talvez por desconhecimento das minúcias particulares que envolvem as regras da arbitragem, é relativamente comum, no entanto, que o juiz togado se recuse a remeter o processo para o juízo arbitral, especialmente quando e se, o árbitro, exercendo a sua jurisdição após a instauração da arbitragem, revogar ou modificar a decisão proferida pelo juiz togado.[29]

A dificuldade de interpretação, gerada pela imprecisão e falta de clareza da norma, é percebida até mesmo em locais cuja prática da arbitragem é bastante difundida, tais como nos estados de São Paulo e do Rio de Janeiro. Ora, se os juízes mais habituados ao trato da arbitragem também adotam interpretações equivocadas, que dirá dos magistrados de localidades onde a submissão dos litígios à resolução arbitral é ainda bastante rara. Tal constatação, decorrente

---

[28] Há muitos outros casos semelhantes. Alguns até ensejaram a proposituura de Conflito de Competência, instaurado entre árbitro e magistrado, como ocorrido nos seguintes casos julgados pelo STJ: CC 111.230/DF e CC 116.395/RO.

[29] ROCHA, Caio Cesar Vieira. Conflito positivo de competência entre árbitro e magistrado. *Revista de Mediação e Arbitragem*, São Paulo, v. 34, p. 263, jul. 2012.

da realidade socioeconômica[30] dinâmica atualmente vivenciada, poderia causar algum impacto negativo a potenciais investidores estrangeiros, na medida em que a interferência imprópria do Judiciário brasileiro nos litígios encaminhados à arbitragem acarreta insegurança jurídica.

A intenção da Comissão de Juristas criada pelo Senado, ao sugerir novo regramento para as tutelas cautelares e de urgência, foi de incorporar ao texto legal os avanços da doutrina e da jurisprudência, garantindo, assim, maior prestígio ao instituto da arbitragem. A adoção de regras claras e simples certamente contribuirá para que o intérprete, mesmo aquele mais distante dos centros de arbitragem, compreenda que o papel do Judiciário em relação à arbitragem deve ser de apoio, garantindo o regular desenvolvimento do processo arbitral, sem interferir indevidamente.

5. TUTELAS CAUTELARES E DE URGÊNCIA: NOVA DISCIPLINA DA LEI 13.129/2015

De acordo com a proposta do Projeto de Lei 406/2013, a Lei 13.129/2015 revogou o confuso § 4º do art. 22 e inseriu na Lei de Arbitragem o Capítulo IV-A, intitulado "Das Tutelas Cautelares e de Urgência",[31] que compreende os arts. 22-A e 22-B.

---

[30] José Emílio Nunes Pinto traça um paralelo entre a arbitragem e o desenvolvimento econômico: PINTO, José Emílio Nunes. Arbitragem e desenvolvimento econômico. *Revista de Arbitragem e Mediação*, v. 4, p. 291-298, set. 2014.

[31] Sobre a denominação do Capítulo IV-A e a possibilidade de concessão de tutela de evidência em sede de arbitragem, confira-se: "Por outro lado, embora resulte dos dispositivos legais a urgência como requisito inafastável à provisória atuação do Judiciário para concessão de tutelas de urgência, a Lei não foi completamente feliz ao denominar o capítulo em questão como 'Tutelas Cautelares e de Urgência', podendo levar a técnica positivada a errôneas interpretações, contrárias a sua própria *ratio*. Isso porque, da forma como redigido, o texto sugere uma total desvinculação entre o requisito da urgência e a tutela cautelar, quando se sabe que a regra é justamente o contrário. É o requisito da urgência que justifica, na maior parte das vezes, a utilização da técnica da tutela cautelar. Justamente por isso, a doutrina tradicionalmente classifica as tutelas de urgência em tutelas cautelares e antecipatórias, sendo estas espécies daquela. Para além de inadequado, o texto pode levar o intérprete a aceitar a interferência do Judiciário para pleitos provisórios sem o requisito da urgência, o que deve ser afastado. É, repita-se, somente a urgência que autoriza tal intromissão judicial. Por isso, não há como se admitir a concessão da denominada tutela de evidência pelo Poder Judiciário, tal como, por exemplo, a liminar possessória requerida com base nos arts. 927 e 928 do CPC/1973 (arts. 561 e 562 do CPC/2015). Válido lembrar que o novo Código de Processo Civil amplia e generaliza as hipóteses de 'tutela de evidência', o que justifica atenção redobrada ao quanto aqui exposto" (YARSHELL, Flávio Luiz; MEJIAS, Lucas Britto. Tutelas de urgência e produção antecipada da prova à luz da Lei n.

O art. 22-A da atual Lei de Arbitragem assim dispõe:

> Art. 22-A. Antes de instituída a arbitragem, as partes poderão recorrer ao Poder Judiciário para a concessão de medidas cautelares ou de urgência.
>
> Parágrafo único. Cessa a eficácia da medida cautelar ou de urgência se a parte interessada não requerer a instituição da arbitragem no prazo de trinta dias, contados da data da efetivação da respectiva decisão.

O citado dispositivo trata a respeito da concessão de medidas cautelares ou urgentes antes de instituída a arbitragem. Em regra, havendo convenção de arbitragem, a competência exclusiva para apreciar as medidas cautelares ou de urgência será do árbitro. Todavia, a parte interessada poderá, antes da instauração do procedimento arbitral, socorrer-se do poder jurisdicional estatal para obter medidas cautelares ou urgentes. Admite-se, excepcionalmente, que a parte interessada ingresse no Judiciário para submeter ao juiz competente – aquele que originariamente conheceria do litígio – o exame do pleito cautelar ou urgente.

Com isso, estabelece-se a *competência subsidiária* do Poder Judiciário com relação ao juízo arbitral, de modo a limitar o âmbito de atuação da jurisdição estatal e conciliar o direito de ação constitucionalmente assegurado aos cidadãos com o pacto de submissão do litígio à arbitragem.[32]

O parágrafo único do art. 22-A versa sobre o prazo de trinta dias para a propositura da ação principal perante o juízo arbitral.[33] Deverá a parte interessada comprovar, ao juízo estatal que apreciou a cautelar pré-arbitral, o requerimento

---

13.129/2015. In: CAHALI, Francisco José; RODOVALHO, Thiago; FREIRE, Alexandre (coord.). *Arbitragem*: estudos sobre a Lei n. 13.129, de 26-5-2015. São Paulo: Saraiva. 2016, p. 242-243).

[32] Essa também foi a solução adotada pelo legislador inglês. O *Arbitration Act* inglês de 1996, quanto ao tema, possui a seguinte redação: "Art. 44. (...) (5) In any case the court shall act only if or to the extent that the arbitral tribunal, and any arbitral or other institutions or persons vested by the parties with power in that regard, has no power or is unable for the time being to act effectively. (6) If the court so orders, an order made by it under this section shall cease to have effect in whole or in part on the order of the tribunal or of any such arbitral or other institution or person having power to act in relation to the subject-matter of the order".

[33] CPC/2015: "Art. 308. Efetivada a tutela cautelar, o pedido principal terá de ser formulado pelo autor no prazo de 30 (trinta) dias, caso em que será apresentado nos mesmos autos em que deduzido o pedido de tutela cautelar, não dependendo do adiantamento de novas custas processuais. § 1º O pedido principal pode ser formulado conjuntamente com o pedido de tutela cautelar. § 2º A causa de pedir poderá ser aditada no momento de formulação do pedido principal. § 3º Apresentado o pedido principal, as partes serão intimadas para a audiência de conciliação ou de mediação, na forma do art. 334, por seus

de instauração de arbitragem em até trinta dias contados a partir da efetivação da medida liminar, caso seja deferida. Não cumprido esse requisito, cessará a eficácia da eventual tutela concedida.[34]

Essa inovação é de extrema relevância, pois adequa o tradicional trintídio legal à realidade arbitral, já que, diferentemente do litígio judicial, a instauração da arbitragem não depende unicamente do requerente, mas também do requerido (que pode resistir, o que demandaria a propositura da execução específica da cláusula compromissória – art. 7º da Lei de Arbitragem) e dos próprios árbitros, tendo em vista que a arbitragem só se considera instituída quando da sua aceitação por estes.

Em relação à competência para apreciar as medidas cautelares ou urgentes preparatórias à arbitragem, deverão ser aplicadas as regras gerais de competência a fim de definir a qual órgão do Poder Judiciário será submetida a demanda. Será competente aquele que originariamente poderia apreciar e julgar a ação, caso não houvesse convenção de arbitragem. Existindo cláusula compromissória decorrente de contrato firmado com cláusula de eleição de foro, a competência será do foro ali indicado, se houver.[35]

A respeito das características das medidas cautelares e de urgência preparatórias à arbitragem, pude escrever:

> Referida restituição provisória da jurisdição arbitral à estatal, por ser excepcional, será assinalada pelas características da subsidiariedade, precariedade e sumariedade, já que a princípio contrária às intenções das partes pronunciadas na convenção de arbitragem, só justificável por imposição fática.
>
> É subsidiária, porque só se justifica ante a impossibilidade do árbitro de proferir decisão – pois, na fase pré-arbitral, normalmente sequer há árbitro nomeado

---

advogados ou pessoalmente, sem necessidade de nova citação do réu. § 4º Não havendo autocomposição, o prazo para contestação será contado na forma do art. 335".

[34] "O que importa, deste modo, é que haja a ação da parte autora da cautelar no sentido de: (a), adotar as providências necessárias para a instauração do procedimento de arbitragem, e, (b), comprovar ao juízo togado que assim procedeu. Caso não haja demonstração da adoção, pela parte autora, das medidas retromencionadas, a cautelar perderá sua eficácia após o decurso do prazo de trinta dias" (ROCHA, Caio Cesar Vieira. *Limites do controle judicial sobre a jurisdição arbitral no Brasil*. Tese (Doutorado em Processo Civil) – Universidade de São Paulo, p. 119).

[35] Em geral, coexistem nos contratos cláusula compromissória e cláusula de eleição de foro. Isso não importa em contradição, já que mesmo na hipótese de haver arbitragem, pode ser necessário o ajuizamento de alguma demanda judicial, seja para assegurar a instauração da arbitragem em caso de resistência (art. 7º da Lei de Arbitragem), seja para futura execução de sentença arbitral, ou, como aqui examinado, para ajuizamento de medidas cautelares antes de instaurada a arbitragem.

(salvo disposição contratual, nos casos de arbitragem *ad hoc*). Antes de firmado o compromisso ou proferida sentença que o substitua (arts. 6º e 7º da Lei de Arbitragem), ausente está, ainda que momentaneamente, o poder jurisdicional do árbitro, o que justifica o aforamento da medida perante o Poder Judiciário.

Caracteriza-se pelo caráter sumário porque somente ao árbitro caberá a análise de mérito com o completo exaurimento da cognição. Isso não significa, porém, que à jurisdição permanente seja absolutamente vedado qualquer estudo do mérito da questão. Pelo contrário, caberá ao juiz togado exercer um ainda que superficial juízo de delibação sobre a questão meritória. Admitir o oposto seria afirmar bastante a verificação do periculum in mora para a concessão da medida cautelar pelo juiz estatal, o que afrontaria os princípios elementares do processo. Em tais situações excepcionais, não há, na análise do *fumus boni iuris* e na verossimilhança do direito alegado, nenhuma invasão indevida à esfera da jurisdição arbitral.

A precariedade decorre da necessidade de verificação do *periculum in mora* composto.[36] Ou seja, o juiz togado somente poderá deferir medida urgente relativa a matéria submetida à arbitragem quando verificar, primeiro, a impossibilidade de seu deferimento pelo juízo arbitral, e, segundo, a existência do perigo de dano irreparável caso não seja concedida a medida. Não será suficiente a mera alusão ao segundo se não for demonstrado o primeiro. Nos casos de tutela de urgência pré-arbitral, a demonstração do primeiro requisito será fácil, uma vez que não constituído o juízo ainda. Discutível é, por outro lado, se depois de instaurada a arbitagem, poderia a parte requerer medida cautelar ao juiz togado, alegando impossibilidade de análise pelo árbitro com a celeridade adequada ao caso.[37]

Por consequência da precariedade, uma vez havendo possibilidade do árbitro apreciar a tutela de urgência, esvai-se a jurisdição estatal. Assim, sendo necessário o ajuizamento de medida de urgência antes de instaurada a arbitragem, ela será submetida ao órgão do Poder Judiciário, mas deverá ser imediatamente remetida ao juízo arbitral tão logo este seja constituído. Após a instauração da instância arbitral, a tutela de urgência poderá ser revista, tanto para deferir o que foi negado no âmbito estatal, como para revogar o que fora ali concedido, ou ainda para confirmação do decidido na esfera judicial.[38]

Por sua vez, o art. 22-B da Lei de Arbitragem, com a redação dada pela Lei 13.129/2015, aborda a questão atinente à possibilidade do árbitro ou Tribunal

---

[36] Clávio Valença Filho: "Trata-se do *periculum in mora composto*, feito de dois elementos: o tradicional risco de dano irreversível e a impossibilidade de efetiva tutela arbitral de urgência" (VALENÇA FILHO, Clávio de Melo. *Tutela judicial de urgência e a lide objeto da Convenção de Arbitragem*. Op. cit., p. 9).

[37] Este tema é enfrentado no item 6.3 deste artigo.

[38] ROCHA, Caio Cesar Vieira; ROCHA, Caio Cesar Vieira. *Limites do controle judicial sobre a jurisdição arbitral no Brasil*. Op. cit., p. 116.

Arbitral manter, modificar ou revogar a tutela cautelar ou de urgência anteriormente outorgada pelo Judiciário:

> Art. 22-B. Instituída a arbitragem, caberá aos árbitros manter, modificar ou revogar a medida cautelar ou de urgência concedida pelo Poder Judiciário.
>
> Parágrafo único. Estando já instituída a arbitragem, as medidas cautelares ou de urgência serão requeridas diretamente aos árbitros.

Instituída a arbitragem, na forma do *caput* do art. 19 da Lei de Arbitragem, cessa a competência subsidiária do Poder Judiciário para apreciar as medidas cautelares ou urgentes. Nessa ocasião, os autos serão remetidos pelo juízo estatal ao juízo arbitral, a quem caberá a manutenção, modificação ou revogação da decisão do Judiciário.[39]

Embora o *caput* conduza ao entendimento de que apenas medidas cautelares ou urgentes *efetivamente concedidas* pelo Poder Judiciário podem ser reconsideradas em sede de arbitragem, a melhor exegese é a de que também as medidas antes *negadas* pelo poder estatal podem ser reapreciadas pelo juízo arbitral.[40]

---

[39] Esse entendimento já foi aplicado pelo Tribunal de Justiça do Estado de São Paulo, em caso cuja ementa foi assim redigida: "Apelação. Medida cautelar inominada preparatória do juízo arbitral. Falta de interesse processual. Litígio acerca de cumprimento de contrato de transporte ferroviário. Concessão de medida liminar judicial, com fixação de astreintes. Precariedade da medida. Derrogação da jurisdição estatal com a instauração do Tribunal Arbitral. Ratificação, suspensão e posterior revigoramento parcial da medida liminar precariamente concedida pelo Poder Judiciário, com modulação dos efeitos, pelo Tribunal Arbitral. Competência exclusiva do Tribunal Arbitral para decidir sobre a manutenção, modificação e revogação das tutelas de urgência concedidas pelo Poder Judiciário. Inteligência dos arts. 22-A e 22-B da Lei nº Lei 9.703/96. Extinção da medida cautelar judicial que deve ser mantida, por perda superveniente do interesse recursal. Sentença mantida (...)" (TJSP, Apelação Cível 9000017-20.2013.8.26.0100, 12ª Câmara de Direito Privado, Rel. Des. Tasso Duarte de Melo, j. 18.11.2015, *DJe* 30.01.2016).

[40] Essa possibilidade já era sustentada antes da reforma da Lei de Arbitragem: "Concedida ou negada uma medida urgente pelo juiz estatal, uma vez instaurada a arbitragem devolve-se aos árbitros a competência para reapreciar o que naquela decisão se contém, aplicando-se quanto a isso as regras ordinárias estabelecidas no Código de Processo Civil. Ser-lhes-á lícito, tanto quanto àquele juiz e conforme o caso, revogar, mediante decisão fundamentada, a medida concedida (...) ou conceder medida antes negada pelo Poder Judiciário. Poderão também, sempre em vista do caso concreto, substituir a medida concedida por outra igualmente eficaz e menos gravosa, ou pela caução que vierem a estipular (art. 805). Tudo isso constitui decorrência da transferência da jurisdição ao árbitro por ato voluntário das partes, passando ele a ser o juiz da causa e tendo o poder, tanto quanto o juiz togado, de conceder, revogar ou modificar as decisões urgentes proferidas por ele próprio ou pelo juiz anterior no caso, o togado. Em decisão recentíssima o Superior Tribunal de Justiça adotou essa posição, afirmando a competência dos árbitros para suspender os efeitos de

Sendo a provisoriedade inerente à essência das medidas cautelares e urgentes, como já dito neste trabalho, é coerente, para se dizer o mínimo, que o árbitro – dotado de jurisdição para decidir controvérsias de forma definitiva e irrecorrível – possa, igualmente, apreciar a medida cautelar ou urgente decidida pelo Judiciário. Nesse sentido, Paulo Osternack Amaral[41] bem destaca que

> [s]ustentar o contrário seria admitir que a decisão proferida em ação cautelar antecedente ao processo arbitral definiria o destino do processo. Pois se o árbitro não pode rever a decisão liminar lançada pelo Judiciário, também não poderá sentenciar no sentido oposto ao daquela decisão estatal, sob pena de estar modificando (revendo) a decisão anteriormente proferida.

De outra sorte, se a arbitragem já estiver instituída, caberá à parte interessada deduzir o pleito cautelar ou de urgência diretamente ao árbitro ou ao Tribunal Arbitral, conforme disposto no parágrafo único do art. 22-B.

Além disso, a Lei 13.129/2015 trouxe previsão expressa quanto ao cumprimento das medidas cautelares e de urgência incidentais deferidas pelo árbitro. Dispõe o art. 22-C o seguinte:

> Art. 22-C. O árbitro ou o tribunal arbitral poderá expedir carta arbitral para que o órgão jurisdicional nacional pratique ou determine o cumprimento, na área de sua competência territorial, de ato solicitado pelo árbitro.
>
> Parágrafo único. No cumprimento da carta arbitral será observado o segredo de justiça, desde que comprovada a confidencialidade estipulada na arbitragem.

Trata-se de salutar dispositivo, pois regulamenta o regime de *cooperação* entre árbitro e juiz togado.[42] Segundo o *caput* do art. 22-C, o juízo arbitral poderá expedir

---

medidas urgentes concedidas pelo juiz estatal, apesar de já haverem sido parcialmente efetivadas" (DINAMARCO, Cândido Rangel. *A arbitragem na teoria geral do processo.* São Paulo: Malheiros, 2013. p. 225).

[41] AMARAL, Paulo Osternack. O regime das medidas de urgência no processo arbitral. In: CAHALI, Francisco José; RODOVALHO, Thiago; FREIRE, Alexandre (coords.). *Arbitragem*: estudos sobre a Lei n. 13.129, de 26-5-2015. São Paulo: Saraiva, 2016. p. 471.

[42] O CPC/2015 tratou sobre o tema no art. 69, *in verbis*: "Art. 69. O pedido de cooperação jurisdicional deve ser prontamente atendido, prescinde de forma específica e pode ser executado como: I – auxílio direto; II – reunião ou apensamento de processos; III – prestação de informações; IV – atos concertados entre os juízes cooperantes. § 1º As cartas de ordem, precatória e arbitral seguirão o regime previsto neste Código. § 2º Os atos concertados entre os juízes cooperantes poderão consistir, além de outros, no estabelecimento de procedimento para: I – a prática de citação, intimação ou notificação de ato; II – a obtenção e apresentação de provas e a coleta de depoimentos; III – a efetivação de tutela provisória; IV – a efetivação de medidas e providências para recuperação e preservação de

Cap. 3 · MEDIDAS CAUTELARES E URGENTES NA ARBITRAGEM: NOVA DISCIPLINA NORMATIVA | 53

carta arbitral direcionada ao Judiciário para que o órgão competente determine o cumprimento, na área de sua competência territorial, de ato solicitado pelo árbitro. Esse expediente assegura o cumprimento de eventual medida concedida no curso do procedimento arbitral. Carecendo o árbitro do *poder de império*,[43] não pode ele efetivar, por exemplo, medidas patrimoniais constritivas, nada obstante esteja apto a decidir sobre a necessidade de tais medidas, de modo que incumbe ao Poder Judiciário impor o cumprimento das providências emanadas do juízo arbitral.

A arbitragem e o processo judicial devem caminhar juntos, em harmonia, sendo forçosa a relação de cooperação entre o juízo arbitral e o juízo estatal. Foi com esse espírito cooperativo que o Código de Processo Civil de 2015 (Lei 13.105/2015) disciplinou a carta arbitral no âmbito processual, como se infere pela leitura dos seus arts. 189, IV,[44] 237, IV,[45] 260, § 3º,[46] e 267.[47]

---

empresas; V – a facilitação de habilitação de créditos na falência e na recuperação judicial; VI – a centralização de processos repetitivos; VII – a execução de decisão jurisdicional. § 3º O pedido de cooperação judiciária pode ser realizado entre órgãos jurisdicionais de diferentes ramos do Poder Judiciário".

[43] No ponto, vale o esclarecimento de Clávio de Melo Valença Filho e João Bosco Lee: "(...) Ademais, erra equm afirma que o árbitro não detém *imperium*. O árbitro o detém, na modalidade *imperium mixtum*, mas não possui o *imperium merum*; significa que pode ordenar atos de execução indireta, mas não os de execução direta. Eis a primeira linha demarcatória entre as funções do árbitro e as do juiz nacional na distribuição da tutela jurisdicional de urgência. Na prática, toda medida de urgência arbitral cuja eficácia dependa de atos de execução direta requer a participação do juiz nacional, o que evidencia a necessária complementariedade entre a jurisdição do árbitro e a do juiz nacional na distribuição da tutela de urgência. Incide, neste aspecto, uma das principais contribuições da Lei 13.129, de 26.05.2015, cujo texto regulamenta a necessária comunicação árbitro-juiz para a promoção da execução compulsória de tutela de urgência outorgada pelo árbitro, por intermédio da carta arbitral prevista no art. 22-C (...)" (VALENÇA FILHO, Clávio de Melo; LEE, João Bosco. O árbitro, o juiz e a distribuição da tutela de urgência. In: MELO, Leonardo Campos de; BENEDUZI, Renato Resende (coords.). *A reforma da arbitragem*. Rio de Janeiro: Forense, 2016. p. 650-652.

[44] "Art. 189. Os atos processuais são públicos, todavia tramitam em segredo de justiça os processos: (...) IV – que versem sobre arbitragem, inclusive sobre cumprimento de carta arbitral, desde que a confidencialidade estipulada na arbitragem seja comprovada perante o juízo".

[45] "Art. 237. Será expedida carta: (...) IV – arbitral, para que órgão do Poder Judiciário pratique ou determine o cumprimento, na área de sua competência territorial, de ato objeto de pedido de cooperação judiciária formulado por juízo arbitral, inclusive os que importem efetivação de tutela provisória".

[46] "Art. 260. São requisitos das cartas de ordem, precatória e rogatória: (...) § 3º A carta arbitral atenderá, no que couber, aos requisitos a que se refere o caput e será instruída com a convenção de arbitragem e com as provas da nomeação do árbitro e de sua aceitação da função".

[47] "Art. 267. O juiz recusará cumprimento a carta precatória ou arbitral, devolvendo-a com decisão motivada quando: I – a carta não estiver revestida dos requisitos legais; II – faltar

O juiz, ao receber a carta arbitral, que funcionará como uma espécie de carta precatória, deverá dar cumprimento ao solicitado pelo árbitro, sem realizar novo exame de mérito da questão, podendo, contudo, avaliar os aspectos formais da solicitação.[48] Caso negue o cumprimento, o que somente será admitido se feito por *decisão fundamentada*, a parte interessada poderá recorrer. Caberá, ainda, em circunstâncias específicas, solicitar a instauração de procedimento disciplinar contra o magistrado que desatender, sem justificativa, o pedido de auxílio feito pelo árbirto.

6. PROBLEMAS QUE PERSISTEM

A realidade fática é muito mais rica do que qualquer previsão legal. Por isso, apesar da clareza dos dispositivos legais trazidos pela Lei 13.129/2015, eles provavelmente não serão capazes de regulamentar todas as situações que podem surgir relacionadas à matéria debatida neste estudo.

À vista disso, destacam-se três problemas não solucionados pela Lei 13.129/2015 no tocante às tutelas cautelares e de urgência na arbitragem, que certamente demandarão solução jurisprudencial e doutrinária. O primeiro, de natureza mais prática do que teórica, diz respeito à comunicação de atos entre o Poder Judiciário e a arbitragem (já que entre a arbitragem e o Poder Judiciário há a previsão da carta arbitral). O segundo, diz respeito a saber se o magistrado pode, além das medidas cautelares, analisar pedido de antecipação de tutela antes de instaurada a arbitragem. O terceiro, mas não menos importante, é saber se pode ser solicitado ao Poder Judiciário medidas cautelares ou de urgência no curso do processo arbitral, quando verificada concretamente a impossibilidade de análise pelo árbitro.

Analisar-se-á cada uma dessas situações:

---

ao juiz competência em razão da matéria ou da hierarquia; III – o juiz tiver dúvida acerca de sua autenticidade. Parágrafo único. No caso de incompetência em razão da matéria ou da hierarquia, o juiz deprecado, conforme o ato a ser praticado, poderá remeter a carta ao juiz ou ao tribunal competente".

[48] Carlos Alberto Carmona, antes da reforma da Lei de Arbitragem, defendia que: "Recebido o ofício e os documentos, o juiz verificará se a convenção arbitral é regular e se os dados recebidos permitem-lhe avaliar (sempre formalmente) se a solicitação preenche os requisitos que levarão ao seu cumprimento. Em caso positivo, determina as providências deprecadas (solicitadas, pedidas, rogadas) pelo árbitro; em caso negative, informará ao árbitro o motive da recusa de cumprimento, devolvendo o ofício recebido" (CARMONA, Carlos Alberto. *Arbitragem e processo*: um comentário à Lei 9.307/1996. Op. cit., p. 325-326).

6.1. Remessa do processo cautelar do Judiciário para a arbitragem

A primeira situação, de ordem prática, diz respeito a como proceder após eventual concessão de medida cautelar por órgão do Judiciário, uma vez instaurada a arbitragem. Como se daria referida remessa? A Lei 13.129/2015 é omissa quanto a esse ponto.

Sobre o assunto, já escrevi antes:

> É importante frisar que esta remessa da medida cautelar proposta no foro judicial à esfera arbitral após a sua instauração deve ser respeitada com o mais absoluto rigor. A autoridade judiciária em questão não deve opor nenhum obstáculo a essa transferência, sob pena de atentar contra a jurisdição arbitral, o que importaria indevida intervenção, contrária aos princípios que norteiam a arbitragem. Por outro lado, deve cuidar para que a mesma não acarrete o perecimento do direito em análise.
>
> Há, no âmbito jurisprudencial, diversificada gama de decisões quanto a como deve se operacionalizar esse envio. Em ampla pesquisa jurisprudencial dedicada ao tema, realizada em parceria pelo Comitê Brasileiro de Arbitragem – CBAr e a Fundação Getúlio Vargas, foram encontrados tanto casos em que o juiz togado determinou a remessa física dos autos ao tribunal arbitral, como hipóteses em que se concluiu pela extinção da medida, ou ainda ocasiões em que se determinou a suspensão do processo, como se o procedimento arbitral fosse questão prejudicial à demanda cautelar (com base no art. 265, IV, *a*, do Código de Processo Civil).[49]
>
> Do ponto de vista prático, apesar das variadas soluções aplicadas pelos tribunais, o mais adequado é que a transferência da medida cautelar ao juízo arbitral obedeça rito semelhante ao que sucedia em relação às execuções provisórias no regime anterior à Lei 11.232/2005, ou seja, com a extração de carta de sentença, que deverá conter, preferencialmente, a cópia integral do processo cautelar, da petição inicial até a fase em que se encontrar. A remessa das cópias deverá ser feita pelo juiz, por ofício dirigido ao órgão arbitral, tão logo este tome conhecimento da existência do procedimento arbitral devidamente instaurado. Na hipótese de o juiz não remeter, poderá(ão) a(s) parte(s) interessada(s) providenciar cópias a fim de apresentá-las ao árbitro, e requerer o que for de seu interesse.
>
> A solução há pouco encontrada evitaria tanto o perigo de perecimento do direito (que poderia ocorrer caso se entendesse simplesmente pela extinção da medida),

---

[49] ROBALINHO, Fabiano; FRAGATA, Octávio (coords.). Parceria institucional acadêmico--científica Escola de Direito de São Paulo da Fundação Getulio Vargas (DIREITOGV) e Comitê Brasileiro de Arbitragem (CBAr), 2ª Fase da Pesquisa Arbitragem e Poder Judiciário, Relatório do Tema: Medidas de Urgência e Coercitivas. Op. cit., p. 50.

quanto o de eventual extravio dos autos (que poderia decorrer da remessa). Por fim, se mostra tecnicamente mais adequado do que a suspensão do processo com base no art. 265 do Código de Processo Civil, já que, após instaurada a arbitragem, a jurisdição para apreciar a medida é do árbitro.[50]

6.2. Antecipação de tutela

Questão mais tormentosa é saber se a parte pode, em determindas circunstâncias, direcionar pedido de antecipação de tutela a órgão do Poder Judiciário. Uma interpretação literal dos arts. 22-A e 22-B da novel legislação poderia apontar para uma conclusão negativa. Isto porque não há menção expressa à possibilidade de apreciação de pedido de antecipação de tutela pelo Judiciário.

Assim, num primeiro momento, pode parecer que o legislador quis abrir às partes o acesso ao Judiciário apenas em ocasião anterior à instauração da arbitragem e somente em relação às cautelares. Essa é a posição de Carlos Alberto Carmona, pelo menos na vigência da redação originária da Lei de Arbitragem, sem as alterações da Lei 13.129/2015.

O renomado professor da USP sustenta que:

> (...) o que importa nestes comentários é frisar – ainda que à exaustão – que qualquer decisão relativa a eventual antecipação de tutela somente poderá ser tomada pelo árbitro, cabendo ao juiz togado, se for necessário, as providências de execução e cumprimento. (...) Se apenas o árbitro está autorizado a proferir o provimento final, toca também a ele – e apenas a ele – decidir se antecipará ou não algum, alguns ou todos os efeitos que sua decisão irá produzir![51]

---

[50] ROCHA, Caio Cesar Vieira. *Limites do controle judicial sobre a jurisdição arbitral no Brasil.* Op. cit., p. 116-117.

[51] CARMONA, Carlos Alberto. *Arbitragem e processo*: um comentário à Lei 9.307/1996. Op. cit., p. 329-330. Posição também defendida por Clávio Valença Filho, ao sustentar que "De se excluir, finalmente, o instituto da antecipação judicial da tutela, pois, se a decisão antecipatória e a final de mérito devem ser proferidas por um único juízo, e em sendo o árbitro o único juiz para o mérito de questões objeto de convenção de arbitragem, somente ele tem poderes para a antecipação de tutela. É proibido ao juiz estatal aplicar os arts. 273, I, 461 do CPC e 86 do Código do Consumidor para antecipar a tutela em litígio objeto de convenção de arbitragem" (VALENÇA FILHO, Clávio de Melo. *Tutela judicial de urgência e a lide objeto da Convenção de Arbitragem.* Op. cit., p. 9). Apesar da pertinência da colocação, a situação é muito parecida com a competência para julgamento das medidas cautelares. Estas, também em regra, devem ser apreciadas pelo mesmo juiz competente para a causa principal, que em matéria de arbitragem é o árbitro. A diferença de serem as medidas cautelares analisadas num processo à parte não é argumento suficiente, já que

Cap. 3 • MEDIDAS CAUTELARES E URGENTES NA ARBITRAGEM: NOVA DISCIPLINA NORMATIVA | 57

A Lei 13.129/2015, apesar de aparentemente restringir o acesso ao Judiciário apenas em relação às cautelares, também dispõe sobre *medidas urgentes*. Ora, as cautelares são espécies de medidas urgentes, mas não as únicas. Dentre outras medidas urgentes, encontra-se a antecipação de tutela. Se o legislador propôs tal inovação, não é de se afastar, de antemão, a possibilidade de postulação de antecipação de tutela a órgão do Poder Judiciário.

Ademais, referida restrição constituiria afronta ao princípio da inafastabilidade da jurisdição, já que a instituição da arbitragem é condicionada a muitos fatores alheios à vontade das partes, tais como a concordância da parte adversa e a aceitação, pelos árbitros, do seu múnus. Desse modo, em circunstâncias especiais de risco de perecimento de direito, é de ser admitido o pedido de antecipação de tutela feito a órgão do Poder Judiciário. De outra forma, dar-se-ia à parte adversa a possibilidade de resistir indevidamente à instauração da arbitragem, obrigando a propositura da execução específica prevista no art. 7º da Lei de Arbitragem, podendo, com isso, causar a perda do objeto do bem da vida em litígio.

Afirma-se, contudo, que a admissão de pedido de antecipação de tutela formulado ao Judiciário sobre causa a ser decidida via arbitragem é absolutamente excepcional e eventual. Sobre o tema, escrevi oportunamente:

> a antecipação de tutela só poderá ser conhecida pelo juiz estatal quando o perigo de dano for não só de difícil reparação, mas mesmo irreparável. Além disso, deve o juiz tomar medidas a fim de assegurar a possibilidade de reversão da situação fática a *status* anterior, caso a medida antecipatória seja posteriormente revogada pelo juízo arbitral – nestes casos também após a instauração do procedimento arbitral deve haver remessa do processo à arbitragem.
>
> (...) Será, assim, prescindível a presença de um periculum in mora em intensidade superior ao que justificaria o deferimento de medida cautelar pelo juiz togado. De fato, o perigo deve ser de irreversibilidade, e não só de custosa reparação. De igual modo, não basta a presença do *fumus boni iuris*, mas de verossimilhança das alegações.
>
> Assim, verifica-se que na fase pré-arbitral, sendo necessário, o Poder Judiciário pode ser acionado para satisfação de demandas urgentes, em situações excepcionais. Agirá, assim, em verdadeiro complemento à jurisdição arbitral, que, nesta fase, ainda não existe materialmente – apenas na previsão contratual. O controle do órgão judicial sobre a jurisdição arbitral, aqui, se manifesta na forma de assistência, já que materializa uma prestação jurisdicional que, de outra forma, restaria desatendida. Pela ausência de condições materiais fica justificada

---

atualmente é possível obter-se cautelar por meio de simples petição nos autos. As situações fáticas são imprevisíveis, portanto, a necessidade do uso do instituto na fase pré-arbitral não pode ser descartada peremptoriamente.

a restituição, apenas provisoriamente, da jurisdição estatal. Uma vez instituída materialmente a arbitragem, cessa a jurisdição estatal, e deve o processo cautelar ou antecipatório seguir seu curso no seio do processo arbitral.[52]

Ainda sobre o tema:

> Quanto ao instituto da tutela antecipada, é importante notar que a antecipação de tutela relacionada à arbitragem é, via de regra, apenas aquela disposta no art. 273, inciso I, do Código de Processo Civil (que prevê a hipótese de fundado receio de dano irreparável). Isso porque esta hipótese de antecipação se coaduna com os princípios constitucionais do processo, em especial o princípio do devido processo legal, no qual se inclui a garantia de inafastabilidade da jurisdição, que, por seu turno, privilegia em si o princípio da garantia de obtenção de provimento jurisdicional célere. Ainda que as partes queiram convencionar pelo afastamento do instituto da antecipação de tutela numa determinada arbitragem, tal estipulação será nula, pois que afrontará o devido processo legal. Quanto à hipótese do inciso II do mesmo artigo (abuso de direito de defesa ou propósito protelatório), esta só se aplicará no âmbito da arbitragem se for reproduzida na convenção pelas partes, ou contiver das regras institucionais do órgão arbitral em questão, ou ainda quando houver sido expressamente disposta a aplicação subsidiária do Código de Processo Civil. Independentemente de haver escolha subsidiária pelas regras do CPC, é de se admitir que os pressupostos básicos que justificam a concessão da antecipação de tutela (*fumus boni iuris* – ou verossimilhança das alegações – e *periculum in mora*) constituem fundamentos decorrentes do princípio do devido processo legal.[53]

6.3. Medidas cautelares e urgentes solicitadas ao Judiciário na fase arbitral

Por fim, resta analisar o terceiro problema que certamente decorrerá da nova disciplina legal das medidas cautelares e urgentes relacionadas à arbitragem. Este tema parece ser de solução ainda mais complexa, uma vez que o art. 22-A especificamente se refere à possibilidade de direcionamento ao Judiciário das medidas cautelares e urgentes "antes de instituída a arbitragem". Bem assim, o parágrafo único do art. 22-B estabelece que, "estando já instituída a arbitragem, a medida cautelar ou de urgência será requerida diretamente aos árbitros".

---

[52] ROCHA, Caio Cesar Vieira. *Limites do controle judicial sobre a jurisdição arbitral no Brasil.* Op. cit., p. 120-122.

[53] ROCHA, Caio Cesar Vieira. *Limites do controle judicial sobre a jurisdição arbitral no Brasil.* Op. cit., p. 176-177.

Cap. 3 • MEDIDAS CAUTELARES E URGENTES NA ARBITRAGEM: NOVA DISCIPLINA NORMATIVA | **59**

Restará ao intérprete analisar se a intepretação meramente literal é realmente a melhor. Antes da vigência da Lei 13.129/2015, Carlos Alberto Carmona defendia caber o acesso ao Judiciário, mesmo depois de instaurada a arbitragem, quando se tratasse de situação emergencial, em que os árbitros estivessem impedidos materialmente de analisar a tutela pretendida.[54]

A posição defendida pelo ilustre professor da USP parece realmente ser a mais adequada. Ela decorre de uma necessária construção sistêmica, que leva em conta, sobretudo, o princípio constitucional da inafastabilidade da jurisdição.

A análise das medidas cautelares e urgentes postuladas na fase arbitral são, via de regra, de competência dos árbitros, cabendo aos magistrados apenas a assistência na implementação da medida, caso a situação fática assim o requeira. Pode, apesar disso, ocorrer situações excepcionais em que o árbitro não esteja apto a atender a demanda de urgência, hipótese restrita na qual poder-se-ia admitir o processamento provisório de medidas cautelares e de urgência na esfera judicial.

Tais situações são extremas,[55] e o ideal seria que fossem evitadas. Mas a realidade fática, no entanto, impõe solução que atenda ao mandamento constitucional da inafastabilidade da jurisdição.[56]

Ocorreria, em tais hipóteses, o mesmo que sucede em relação às cautelares preparatórias postuladas na fase pré-arbitral: a restituição provisória da jurisdição arbitral à jurisdição estatal. Aqui, com maior razão ainda, será necessária a inequívoca demonstração do *periculum in mora composto*, caracterizado pela necessidade de comprovação de impossibilidade absoluta do árbitro examinar

---

[54] CARMONA, Carlos Alberto. *Arbitragem e processo*: um comentário à Lei 9.307/1996. Op. cit., p. 328.

[55] No mesmo sentido: "A falta ocasional e incomum de acesso à jurisdição arbitral, já aparelhada a arbitragem (em sentido amplo), autoriza, então, a utilização do Poder Judiciário para a apreciação de medidas urgentes, conferindo a eficácia e celeridade necessária à preservação de um direito. Porém, advirta-se com merecida ênfase: a situação represente exceção que, na prática, será por certo extremamente rara" (NANNI, Giovanni Ettore; GUILHARDI, Pedro. Medidas cautelares depois de instituída a arbitragem: reflexões à luz da reforma da Lei de Arbitragem. *Revista de Arbitragem e Mediação*, v. 45, p. 123-153, abr.-jun. 2015).

[56] "Seriam exemplos de situações que justificariam a medida extrema de direcionamento da cautelar diretamente ao juiz: se, pelas regras da instituição em que se processa a arbitragem, determine-se que as cautelares só possam ser tomadas pelos árbitros em conjunto e haja calendário predefinido de tais encontros que não contemple a possibilidade de análise da medida a tempo; se o árbitro estiver ausente (acometido por uma doença, ou ainda viajando); se a medida tiver sido proposta perante a arbitragem e, transcorrido tempo razoável, não tiver sido apreciada injustificadamente (...)" (ROCHA, Caio Cesar Vieira. *Limites do controle judicial sobre a jurisdição arbitral no Brasil. Op. cit., p. 178).

a medida, além da exigência do perigo de dano irreparável. A necessidade de demonstração comprovada da impossibilidade do árbitro seria mais essencial do que a demonstração do *periculum in mora*, embora, por óbvio, esse não seja dispensável.

Sobre o tema, tive a oportunidade de escrever:

> Viu-se, portanto, que há, no que toca às tutelas de urgência manifestadas durante a fase arbitral, verdadeira simbiose entre a jurisdição arbitral e o Poder Judiciário. De fato, caberá ao árbitro contar com a assistência e o apoio do juiz togado para fazer cumprir o mandamento do que decidir. Trata-se de uma atuação de controle sistemático, a garantir a efetivação da medida de urgência que, de outro modo, poderia restar inócua.
>
> Por outro lado, aos juízes será permitido, ainda que muito excepcionalmente, exercer um mínimo de controle de qualidade sobre a arbitragem no momento em que lhe for solicitado o cumprimento de alguma medida coercitiva. De fato, havendo teratologia perceptível prima facie, o magistrado poderá se negar a implementar a decisão proferida em urgência.
>
> A par disso, cabe ao Judiciário a jurisdição subsidiária, caso o árbitro se encontrar temporariamente ausente, indisponível ou impossibilitado de apreciar a medida de urgência requerida pela parte na arbitragem. Desta forma, além do essencial papel de complementaridade, o juiz togado atuará, em tais circunstâncias, novamente como elemento avalizador da jurisdição arbitral, seja porque garantirá que a parte solicitante não fique desprovida de tutela jurisdicional (garantindo assim a observância constitucional da inafastabilidade jurisdicional), seja porque, ao devolver a medida cautelar ou antecipatória que lhe foi provisoriamente apresentada, age no sentido de garantir o desenvolvimento do processo de arbitragem.[57]

7. CONCLUSÕES

Verificou-se que a antiga redação da Lei de Arbitragem dispunha de forma insuficiente e pouco clara sobre o processamento de medidas cautelares e de urgência relacionadas a litígios submetidos à arbitragem.

De fato, o § 4º do art. 22, único dispositivo que regulamentava o tema, possuía redação imprecisa, pois não estabelecia com clareza os limites entre a competência do árbitro e do magistrado; era, ainda, insuficiente, porque silenciava quanto às medidas preparatórias anteriores à instituição da arbitragem; e, por fim, confundia

---

[57] ROCHA, Caio Cesar Vieira. *Limites do controle judicial sobre a jurisdição arbitral no Brasil.* Op. cit., p. 179-180.

Cap. 3 · MEDIDAS CAUTELARES E URGENTES NA ARBITRAGEM: NOVA DISCIPLINA NORMATIVA | 61

o intérprete, eis que se encontrava situado em artigo que dispõe sobre a produção probatória na arbitragem.

A jurisprudência e a doutrina majoritárias, apesar da imprecisão da Lei, evoluíram no sentido de definir que: (1) cabe o ajuizamento de medidas cautelares anteriores à arbitragem no órgão do Poder Judiciário; (2) após instaurada a arbitragem, cessa a competência subsidiária do Poder Judiciário, que se transfere para os árbitros, os quais poderão manter ou reformar a decisão tomada pelo juiz togado; (3) quando se tratar de medidas cautelares incidentais à arbitragem, a competência será dos árbitros, que deverão apenas solicitar ao Judiciário auxílio no cumprimento da medida, quando o caso assim o requisitar.

Apesar do avanço da doutrina e da jurisprudência, vislumbram-se, ainda, casos de interpretação equivocada, gerados principalmente pela obscuridade do texto legal. Tal fato, aliado à necessidade de prestigiar-se ainda mais o instituto da arbitragem, motivou a Comissão de Juristas do Senado a prever nova disciplina, de forma clara e simples, sobre as tutelas cautelares e de urgência no âmbito da jurisdição arbitral.

A Lei 13.129/2015, que conferiu nova redação à Lei de Arbitragem, adotando quase a totalidade das propostas apresentadas no Projeto de Lei 406/2013, à exceção de três vetos, incorpora os principais avanços da jurisprudência e da doutrina no que toca às medidas cautelares e urgentes requeridas antes e/ou durante a arbitragem. Além disso, cria o instituto da carta arbitral, que concretiza a comunicação entre os árbitros e os magistrados, servindo, inclusive, para auxiliar no cumprimento de medidas cautelares ou de urgência eventualmente deferidas pelos árbitros.

A nova Lei, todavia, é silente quanto a três aspectos cuja solução deverá ser encontrada por construção hermenêutica a ser desenvolvida pela doutrina e, principalmente, pela jurisprudência.

De início, nada diz sobre a forma de comunicação entre o juiz togado e o árbitro, já que a carta arbitral apenas disciplina a relação inversa entre árbitro e juiz. A solução a ser encontrada será a remessa pelo Judiciário, tão logo for instituída a arbitragem, de uma espécie de carta de sentença, contendo a cópia integral dos autos. Com isso, assegura-se a jurisdição arbitral, sem correr-se o risco de extravio de peças ou perecimento da medida. O Novo Código de Processo Civil, embora regulamente a matéria, parece tampouco solucionar o imbróglio.

Uma indagação um pouco mais complexa diz respeito à possibilidade do Poder Judiciário analisar pedido de antecipação de tutela pretendido pela parte, antes de instaurada a arbitragem. A nova redação da Lei de Arbitragem não faz menção expressa à antecipação de tutela, mas a melhor hermenêutica, considerando o mandamento constitucional do direito de ação, impõe que a resposta a tal indagação seja positiva. O juiz deverá, contudo, refletir sobre o *periculum in*

ARBITRAGEM E MEDIAÇÃO

mora composto, cabendo a ele apurar, além do risco de perecimento do direito, se não há jurisdição arbitral materializada competente para analisar o requerimento. Além disso, deverá exigir caução equivalente ao pedido, especialmente se a medida pleiteada tiver caráter satisfativo.

Por último, deve-se analisar a admissibilidade ou não do ajuizamento de medida cautelar ou de urgência no Judiciário, mesmo que já instaurada a arbitragem, mas estando o árbitro ou árbitros impossibilitado(s) de apreciar a medida com a celeridade necessária. Em tais situações o juiz deve considerar se há real perigo de irreversibilidade, avaliando com critério a alegação de impossibilidade de análise pelo árbitro, e restituindo a medida de urgência à arbitragem tão logo que possível. Por isso que, em situações extremamente excepcionais, pode ser admitida tal análise, também por força do princípio da inafastabilidade da jurisdição.

De mais a mais, a Lei 13.129/2015, no que toca às tutelas cautelares e de urgência, propõe-se a corrigir imprecisões que dificultavam o desenvolvimento da arbitragem no âmbito doméstico. É medida positiva, que deve ser vista com bons olhos pela comunidade jurídica, pois seguramente trará (e já vem trazendo, frise-se) importantes avanços à prática arbitral brasileira.

Importante, contudo, que a jurisprudência continue atenta, não só para definir a solução mais apropriada para aquelas hipóteses-problema acima indicadas, mas também como forma de continuar prestigiando, como sempre tem feito, o instituto da arbitragem, garantindo ao Brasil posição de destaque no cenário arbirtabilista internacional.

REFERÊNCIAS BIBLIOGRÁFICAS

AMARAL, Paulo Osternack. O regime das medidas de urgência no processo arbitral. In: CAHALI, Francisco José; RODOVALHO, Thiago; FREIRE, Alexandre (coords.). *Arbitragem*: estudos sobre a Lei n. 13.129, de 26-5-2015. São Paulo: Saraiva, 2016.

ARMELIN, Donaldo. A arbitragem, a falência e a liquidação extrajudicial. *Revista de Arbitragem e Mediação*, v. 13, p. 16, abr. 2007.

BASÍLIO, Ana Teresa Palhares; FONTES, André R. C. Notas introdutórias sobre a natureza jurídica da arbitragem. *Revista de Arbitragem e Mediação*, São Paulo, v. 4, n. 14, p. 48-51, jul.-set. 2007.

CARMONA, Carlos Alberto. *A arbitragem no processo civil brasileiro*. São Paulo: Malheiros, 1993.

_____. *Arbitragem e processo*: um comentário à Lei 9.307/1996. 3. ed. rev. e ampl. São Paulo: Atlas, 2009.

_____. Em torno do árbitro. *Revista de Arbitragem e Mediação*, São Paulo, v. 28, jan. 2011.

DINAMARCO, Cândido Rangel. *A arbitragem na teoria geral do processo*. São Paulo: Malheiros, 2013.

GAILLARD, Emmanuel; SAVAGE, John (eds.). *Fouchard Gaillard Goldman on international commercial arbitration*. The Hague, Netherlands: Kluwer Law International, 1999.

GONÇALVES, Eduardo Damião. *Arbitrabilidade objetiva*. 2008. Tese (Doutorado) – Faculdade de Direito, Universidade de São Paulo, 2008.

LEW, Julian D. M.; MISTELIS, Loukas A.; KRÖL, Stefan. *Comparative international commercial arbitration*. The Hague: Netherlands: Kluwer Law International, 2003.

MARINONI, Luiz Guilherme. *Efetividade do processo e tutela de urgência*. Porto Alegre: Sergio Antonio Fabris, 1994.

MISTELIS, Loukas A.; BREKOULAKIS, Stavros L. *Arbitrability* – international and comparative perspectives. The Netherlands: Kluwer Law International.

NANNI, Giovanni Ettore; GUILHARDI, Pedro. Medidas cautelares depois de instituída a arbitragem: reflexões à luz da reforma da Lei de Arbitragem. *Revista de Arbitragem e Mediação*, v. 45, abr.-jun. 2015.

NERY JR., Nelson; NERY, Rosa Maria de Andrade. *Código de Processo Civil comentado e legislação extravagante*. 10. ed. rev., ampl. e atual. até 1º.10.2007. São Paulo: RT, 2007.

PINTO, José Emílio Nunes. A arbitragem na recuperação de empresas. *Revista de Arbitragem e Mediação*, v. 7, p. 79, out. 2005.

_____. Arbitragem e desenvolvimento econômico. *Revista de Arbitragem e Mediação*, v. 4, set. 2014.

ROBALINHO, Fabiano; FRAGATA, Octávio (coords.). Parceria institucional acadêmico-científica Escola de Direito de São Paulo da Fundação Getulio Vargas (DIREITOGV) e Comitê Brasileiro de Arbitragem (CBAr), 2ª Fase da Pesquisa Arbitragem e Poder Judiciário, Relatório do Tema: Medidas de Urgência e Coercitivas.

ROCHA, Caio Cesar Vieira. Conflito positivo de competência entre árbitro e magistrado. *Revista de Arbitragem e Mediação*, São Paulo, v. 34, jul. 2012.

_____. *Limites do controle judicial sobre a jurisdição arbitral no Brasil*. Tese (Doutorado em Processo Civil) – Universidade de São Paulo.

VALENÇA FILHO, Clávio de Melo. *Poder Judiciário e sentença arbitral*: de acordo com a nova jurisprudência constitucional. Curitiba: Juruá, 2008.

_____. Tutela judicial de urgência e a lide objeto da Convenção de Arbitragem. *Revista Brasileira de Arbitragem*, Porto Alegre, v. 1, n. 1, jul.-out. 2003.

_____; LEE, João Bosco. O árbitro, o juiz e a distribuição da tutela de urgência. In: MELO, Leonardo Campos de; BENEDUZI, Renato Resende (coords.). *A reforma da arbitragem*. Rio de Janeiro: Forense, 2016.

VILELA, Marcelo Dias Gonçalves. Ação cautelar inominada preparatória. Agravo de instrumento. Efeito ativo concedido. Ciência da Posterior Instauração do Juízo Arbitral. Incompetência superveniente da Justiça Estatal. Remessa dos autos ao árbitro para manutenção da tutela concedida. *Revista de Arbitragem e Mediação*, São Paulo, v. 19, out. 2008.

WALD, Arnoldo. A patologia da arbitragem. *Revista de Arbitragem e Mediação*, São Paulo, v. 27, out.-dez. 2010.

_____. A reforma da Lei de Arbitragem. *Revista dos Tribunais*, v. 962, dez. 2015.

_____. Cabimento de medida cautelar preparatória perante o Poder Judiciário antes de instaurado o juízo arbitral. *Revista de Direito Bancário e do Mercado de Capitais*, São Paulo, ano 8, n. 27, jan.-mar. 2005.

YARSHELL, Flávio Luiz; MEJIAS, Lucas Britto. Tutelas de urgência e produção antecipada da prova à luz da Lei n. 13.129/2015. In: CAHALI, Francisco José; RODOVALHO, Thiago; FREIRE, Alexandre (coords.). *Arbitragem*: estudos sobre a Lei n. 13.129, de 26-5-2015. São Paulo: Saraiva, 2016.

4

AS LISTAS DE ÁRBITROS

CARLOS ALBERTO CARMONA[1]

A Lei de Arbitragem – Lei 9.307/1996 – preocupou-se em criar o ambiente necessário para o desenvolvimento de entidades aptas a administrar processos arbitrais (câmaras e centros de arbitragem). A ideia do legislador era a de favorecer o desenvolvimento de entidades que oferecessem instalações, estrutura e regras que facilitassem o manuseio de um mecanismo de solução de litígios que, nos idos de 1990, ainda era desconhecido dos operadores brasileiros.

Por conta desta previsão legal genérica e ampla, não houve regramento específico que orientasse a formação de entidades arbitrais,[2] que resultaram da vontade e da livre iniciativa de agremiações sindicais, federações (ou confederações) do comércio e da indústria, câmaras de comércio ou até mesmo de empreendedores privados, todos interessados em desenvolver centros e câmaras arbitrais.

As câmaras arbitrais imaginadas pelo legislador de 1996 não precisavam sequer ter personalidade jurídica própria, poderiam estar agregadas a outras entidades (como um sindicato, um órgão de classe, uma câmara de comércio ou uma federação de indústrias), ou poderiam adotar as formas próprias das entidades prestadoras de serviços (sociedades civis ou comerciais). Não havia (como não há) impedimento,

---

[1] Professor Doutor do Departamento de Direito Processual da Faculdade de Direito da Universidade de São Paulo Advogado em São Paulo.

[2] Com efeito, não há dispositivo algum na Lei de Arbitragem que trate da criação ou do controle de centros ou câmaras de arbitragem no Brasil. Não estabeleceu o legislador nenhuma forma de controle ou registro de regulamentos nem impôs estruturas e fórmulas engessantes ou limitadoras. A arbitragem nasceu livre de peias e amarras, como convém. Daí – quem sabe? – seu grande sucesso entre nossa gente.

sequer, para a formação de uma sociedade anônima que preste serviços na área de arbitragem, sendo certo que muitos destes centros – hoje bastante desenvolvidos – organizam eventos que vão muito além da administração de procedimentos. Algumas destas agremiações decidiram exercer um controle mais próximo dos processos arbitrais que pretendiam administrar, utilizando – entre outros critérios para atingir tal objetivo – o de estipular lista de árbitros, determinando que pelo menos o presidente do painel deve ser escolhido entre os integrantes daquele elenco; outras preferiram direcionar a escolha de árbitros, sem caráter vinculativo, como forma de sugerir aos litigantes que indicassem árbitros constantes de lista adrede preparada; outros simplesmente não quiseram utilizar o critério de oferecer listas de árbitros, deixando ao alvedrio das partes a escolha de seus juízes (reservando-se, eventualmente, o direito de controlar as escolhas para evitar nomeação de pessoas inidôneas). O mote da Lei de Arbitragem, portanto, era (*e ainda é!*) "liberdade com responsabilidade".

Tomo como exemplo do que estou dizendo três destes centros, que floresceram depois da edição da Lei de Arbitragem, a saber, o Centro de Mediação e Arbitragem da Câmara de Comércio Brasil-Canadá (CAM/CCBC), a Câmara de Conciliação, Mediação e Arbitragem CIESP/FIESP (Câmara CIESP/FIESP) e o Centro de Arbitragem da Amcham (CENTRO AMCHAM), todos de São Paulo.[3]

O CAM/CCBC foi criado bem antes da Lei de Arbitragem: sua história remonta a 1979, ano em que um grupo de juristas organizou uma comissão de arbitragem abrigada pela Câmara de Comércio Brasil-Canadá, que percebeu o interesse de desenvolver um centro de referência para a incipiente arbitragem no Brasil. A aposta do grupo deu certo: embora até o advento da Lei 9.307/1996 o centro tenha administrado apenas duas arbitragens, hoje o CAM/CCBC é uma das câmaras arbitrais mais importantes, organizadas e ativas do Brasil, gerenciando algo em torno de 100 casos novos por ano, cujos valores são bastante expressivos. Esta trajetória vitoriosa foi fortemente incentivada após 1996: considerando a grande liberdade concedida pela Lei de Arbitragem, que não estabelecia regras, limitações ou interferências na organização de entidades que se dispunham a oferecer serviços de administração de processos arbitrais, o CAM/CCBC pôde editar regramento consistente e eficaz, criando ambiente seguro e adequado para desenvolver sua atividade.[4]

---

[3] Há outros centros arbitrais de sucesso Brasil afora (no Rio de Janeiro, em Belo Horizonte, em Curitiba). Escolhi os de São Paulo, é claro, para fazer pirraça aos meus queridos colegas cariocas, mineiros e paranaenses!

[4] A preocupação do CAM/CCBC com a qualidade de seus serviços levou a entidade a submeter seus procedimentos a criterioso exame, a fim de obter a certificação de seu Sistema de Gestão e Qualidade com base na norma ISO 9001 em 2004 (e vem renovando tal certificação desde então, com auditorias anuais realizadas pela SGS, organismo certificador independente).

Desde sua criação, esta entidade apostava na necessidade de cercar-se de especialistas capazes de aplicar de modo adequado um regulamento sofisticado. O CAM/CCBC tomou a iniciativa de apresentar – ao lado de seu regulamento – uma lista com o nome daqueles que, em sua ótica, seriam capazes de aplicar de forma consistente o seu regulamento, produzindo decisões de qualidade que fortaleceriam o renome da entidade. Estas listas serviriam de orientação para as partes litigantes quando tivessem que indicar árbitros; a presidência do painel, porém, deveria recair sobre um dos nomes constantes da lista. Este critério, mesmo depois das modificações sofridas pelo regulamento da entidade durante seus mais de 25 anos de existência, continua a prevalecer.[5]

A Câmara CIESP/FIESP foi criada pouco antes de ser promulgada a Lei de Arbitragem. A operosa Confederação das Indústrias do Estado de São Paulo, com o apoio da Federação das Indústrias do Estado de São Paulo, percebendo que se avizinhavam novos tempos no que se refere aos meios adequados de solução de litígios, criou em maio de 1995, uma entidade com gestão autônoma e independente, apta a administrar mediações e arbitragens. Com o agigantamento do centro arbitral – que hoje administra pouco mais de 40 novos casos por ano (desde sua criação, em 1995, já passaram pela Câmara mais de 380 processos arbitrais) – tornou-se necessário dotá-lo de estrutura administrativa mais complexa, de modo que ao lado de sua diretoria atua um Conselho Consultivo, encarregado de aconselhar a direção sobre o melhor desenvolvimento dos trabalhos de assessoramento e assistência que a entidade presta no desenvolvimento dos processos arbitrais. Entre as diretrizes discutidas no Conselho está a edição de uma lista de árbitros, que forma um quadro para orientação das partes na indicação de árbitros para a formação dos painéis. Os árbitros, no entanto, podem ser nomeados livremente pelas partes: o quadro de árbitros é meramente indicativo, apontando pessoas que a Câmara CIESP/FIESP julga aptas a aplicar de modo conveniente e eficaz seu regulamento, podendo porém os litigantes escolher para integrar o painel quem bem entenderem (o nome será submetido à direção da Câmara para aprovação).[6]

---

[5] O atual regulamento do CAM/CCBC (vigente a partir de 1º de janeiro de 2012) prevê, no art. 4.9: "Decorrido os prazos dos artigos 4.7 e 4.8, a Secretaria do CAM/CCBC notificará os árbitros indicados pelas partes que deverão, no prazo de 15 (quinze) dias, escolher o terceiro árbitro dentre os membros integrantes do Corpo de Árbitros, o qual presidirá o Tribunal Arbitral". E prossegue o art. 4.9.2: "Em caráter excepcional e mediante fundamentada justificativa e aprovação do Presidente do CAM/CCBC, os árbitros escolhidos pelas partes poderão indicar como Presidente do Tribunal, nome que não integre o Corpo de Árbitros". Até onde sei, este último dispositivo não foi usado até hoje.

[6] O Regimento Interno da Câmara CIESP/FIESP prevê, em seu art. 12, que "[O]s conciliadores, mediadores e árbitros serão integrantes do respectivo quadro permanente e deverão ter reputação ilibada e reconhecido saber jurídico ou técnico, mediante designação pelo

A Câmara de Comércio Americana em São Paulo também criou seu centro arbitral: o comitê de legislação tomou a iniciativa, em 2000, de organizar uma entidade capaz de gerenciar procedimentos arbitrais, com regulamento próprio (atualizado em 2014) e inserido na estrutura de uma entidade tradicional em São Paulo. O CENTRO AMCHAM conta com um comitê gestor, que orienta as atividades do órgão, que não possui lista de árbitros: a entidade limitava-se a divulgar o nome daqueles que já atuaram em procedimentos arbitrais, como forma de dar alguma orientação àqueles que precisam escolher um árbitro, sem explicitar experiências profissionais e sem fornecer currículos;[7] a partir da atualização do Regulamento (2014) não há mais qualquer tipo de divulgação.[8]

Percebe-se assim que, nos três exemplos que escolhi para observar e discutir a questão – tormentosa – da lista de árbitros, o tema é tratado de forma diferente: no CAM/CCBC o nome do presidente deverá (salvo caso excepcional, que até agora não ocorreu) ser escolhido entre os integrantes da relação fornecida pela entidade; na Câmara CIESP/FIESP a lista é informativa, tendo as partes a liber-

---

Presidente da Câmara e homologação pelo Conselho Superior". O Regulamento de Arbitragem, por sua vez, dispõe, no art. 7º, que "[P]oderão ser nomeados árbitros pessoas de ilibada reputação", que não precisam, portanto, fazer parte da lista de árbitros. Se houver impugnação a qualquer dos árbitros por conta de suspeição ou impedimento, porém, a matéria será decidida por um comitê, formado por três integrantes do quadro de árbitros da câmara (art. 7.3 do Regulamento).

[7] Na antiga brochura institucional distribuída pelo CENTRO AMCHAM constava, na pág. 26, uma lista dos "árbitros que atuaram em procedimentos da AMCHAM". Curiosamente, a entidade, a partir de determinado período, retirou esta última página (que consta do índice). A explicação, que obtive junto à Secretaria do órgão, é que o quadro em questão gerava alguma confusão: alguns entendiam que esta simples enumeração daqueles que já integraram algum painel arbitral constituiria de alguma forma uma lista de árbitros (embora o texto seja claro no sentido de indicar coisa bem diversa). Na nova brochura elaborada a partir da atualização do Regulamento (2014) não há qualquer indicação de árbitros que já atuaram em arbitragens administradas pelo Centro.

[8] É curioso notar que a Corte de Arbitragem Internacional da Câmara Internacional de Comércio (CCI), que não trabalha com lista de árbitros determinou, em 17 de dezembro de 2015, que a partir de 2016 serão publicados no seu *website* os nomes dos árbitros que participem de painéis administrados pela entidade, sua nacionalidade e a informação de quem os indicou (partes, coárbitros ou a própria Corte). Trata-se não só de medida que objetiva aumentar a transparência dos serviços prestados como também informar os usuários do serviço acerca de quem está atuando sob os auspícios da entidade. Segundo o *press release* publicado pela CCI, "a informação publicada mostrará a qualidade de nossos tribunais e dará um incentivo adicional para promover a diversidade regional, de gerações e de gênero na indicação de árbitros" (tradução livre). Para maiores informações, ver<http://www.iccwbo.org/News/Articles/2016/ICC-Court-announces-new-policies-to--foster-transparency-and-ensure-greater-efficiency/>.

dade de fazer indicações fora da relação fornecida pela entidade;[9] e no CENTRO AMCHAM não há lista alguma, podendo as partes escolher livremente os árbitros, que estarão sujeitos apenas à ratificação pelo Conselho Consultivo.[10] Três métodos diferentes, todos oriundos da mesma fonte, qual seja, a plena liberdade de escolher os critérios organizacionais da entidade que administrará o procedimento arbitral.

A questão da nomeação de árbitros é assunto que vem ocupando os arbitralistas do mundo todo há décadas. O debate entre as vantagens e desvantagens dos sistemas de listas é interminável, da mesma forma que o confronto entre aqueles que entendem que a nomeação de árbitros pelos próprios contendentes compromete inexoravelmente a independência e imparcialidade dos julgadores. Jan Paulsson chega ao exagero de sugerir que, nas arbitragens administradas por instituições arbitrais, todos os árbitros sejam nomeados por um órgão independente, o que garantiria maior dose de equidistância dos julgadores em relação aos litigantes.[11] A opinião do conhecido jurista, a meu ver, contraria o que de melhor existe na arbitragem, ou seja, a possibilidade de os contendentes participarem da administração da justiça, contribuindo para a formação dos juízes que decidirão o litígio. Acredito piamente que quanto maior for a participação dos litigantes na formação do tribunal, mais legitimidade terá a sentença arbitral. Mas esta participação terá necessariamente que respeitar as regras escolhidas pelos litigantes e os limites que eles próprios, consensualmente, estabeleceram.

Exageros à parte – e deixando de lado as arbitragens *ad hoc*, que podem criar regras particulares para a indicação de árbitros ou manter uma grande liberdade de escolha, a critério das partes – o fato é que nos órgãos arbitrais institucionais está sempre presente a preocupação da entidade que administra o procedimento em relação àqueles que funcionarão, sob a capa da instituição arbitral, como julgadores.

Embora a instituição arbitral não seja responsável pelo julgamento da causa, é evidente que o árbitro que atuar sob seus auspícios pode comprometer a instituição:

---

[9]   Há muitas câmaras arbitrais internacionais que trabalham com o sistema de listas de árbitros meramente informativas. Cito, a título de mera exemplificação, o Vienna International Arbitration Center, o International Center for Dispute Resolution (ICDR) e o Singapore International Arbitration Center.

[10]   Muitas entidades arbitrais nacionais e internacionais não utilizam o método de listas de árbitros: a Corte Internacional de Arbitragem da CCI, a Câmara Arbitral de Milão e a *German Institution of Arbitration* (DIS) são bons exemplos de entidades arbitrais que não organizam quadro de árbitros. Veja-se, porém, mais abaixo, a novidade introduzida pela CCI para 2016 (divulgação do nome de integrantes dos painéis arbitrais).

[11]   Jan Paulsson, "Moral Hazard in International Dispute Resolution", aula inaugural proferida na Faculdade de Direito da Universidade de Miami em 29 de abril de 2010 (Disponível em: <http://www.arbitration-icca.org/media/0/1277374999920/paulsson moral hazard. pdf>. Acesso em: 10 mar. 2014).

um julgador indolente, despreparado, destemperado ou desatento certamente provocará reflexos negativos em relação ao órgão arbitral sob cuja égide a arbitragem esteja sendo processada. Embora não haja norma sobre eventual responsabilidade civil da agremiação arbitral pela desídia de árbitros, certamente haverá (no mínimo) repercussão quanto à credibilidade da instituição. Por tal razão, ainda que a entidade não trabalhe com lista de árbitros, é esperado que faça algum tipo de triagem quanto aos árbitros indicados pelas partes (ou pelos coárbitros, quando for o caso, para presidir o painel). Esta triagem – nos órgãos que trabalham com *listas abertas* (meramente indicativas) ou naqueles que não possuam lista alguma – é feita normalmente por conselhos, por comitês de gestão ou pelo dirigente da entidade, tudo a evitar que possam atuar nas arbitragens pessoas inidôneas ou que não detenham as qualidades necessárias para bem decidir.

A seleção de árbitros, como se percebe, é facilitada com a elaboração de listas meramente indicativas (como aquela usada pela Câmara CIESP/FIESP), em que constam nomes já testados pela entidade, abreviando-se inclusive a necessidade de submeter indicações aos conselhos, aos comitês ou à direção das câmaras. Da mesma forma, a publicação do nome daqueles que já atuaram em arbitragens anteriores (outra vez mera indicação para aqueles que usarão os serviços da câmara, sistema que passou a ser adotado pela CCI) abrevia tempos e procedimentos para analisar a viabilidade de indicações formuladas pelos litigantes para composição de painéis arbitrais. A adoção de *listas fechadas* (todos os árbitros que comporão o painel devem ser escolhidos dentre aqueles constantes de uma lista pré-aprovada pelo órgão que administra o processo), por fim, torna desnecessário este trabalho prévio de investigação, já que as partes deverão obrigatoriamente escolher julgadores que constam de um rol já anteriormente aprovado pela entidade gerenciadora da arbitragem, o que naturalmente abrevia o tempo necessário para a instauração da arbitragem (aceitação pelos árbitros do encargo).

Sob a perspectiva de credibilidade e eficiência, a utilização de listas fechadas pela entidade arbitral é certamente o critério mais confortável: a câmara trabalhará apenas com os árbitros de sua confiança, já testados, capazes de proferir boas decisões em prazos razoáveis. Neste sistema fechado, naturalmente o órgão arbitral terá maior controle sobre os árbitros, no sentido de poder melhor administrar os custos, a qualidade da decisão e a duração do processo arbitral, o que contentará as partes e funcionará como eficiente *marketing*, seja porque as partes divulgarão no mercado a qualidade e a eficiência do serviço prestado, seja porque as estatísticas que serão publicadas pela entidade mostrarão a capacidade de administrar procedimento com celeridade e com custo controlado. Teoricamente, pode ser uma boa perspectiva; na prática, porém, poucas entidades conseguirão sucesso com tal fórmula, na medida em que não será fácil convencer os litigantes sobre as vantagens de permitir-lhes uma escolha muito limitada de julgadores.

Cap. 4 · AS LISTAS DE ÁRBITROS | 71

Não conheço câmara arbitral brasileira que funcione com corpo fechado de árbitros, onde todos os componentes do painel necessariamente tenham que ser escolhidos entre os integrantes de uma lista de árbitros ligados à entidade; no entanto, existem instituições estrangeiras que atuam desta forma e com sucesso, por razões bastante fáceis de entender. Tomo como exemplo a International Cotton Association Ltd. (ICA),[12] que mantém um serviço de administração de arbitragens focado na solução de questões ligadas ao mercado de compra e venda de algodão. Segundo o art. 304 do estatuto daquele órgão, os árbitros devem ser sempre membros da entidade, devendo ainda ostentar determinadas qualificações estipuladas pela diretoria. No caso específico, o bom funcionamento da entidade está baseado exatamente na necessidade de que os árbitros (sempre membros da ICA) detenham conhecimento específico e imprescindível do mercado algodoeiro, especialmente dos usos e costumes ligados a tais transações internacionais. A nomeação de um árbitro estranho ao grupo poderia romper a expectativa da ICA de um julgamento adequado, técnico e ágil.

Assim, a criação de um órgão arbitral especializado em determinado tipo de controvérsia ou ligado a um mercado específico pode funcionar muito bem com um corpo fechado de árbitros. Vou além: em tais órgãos arbitrais especializados, a existência de um corpo estável de árbitros pode até mesmo criar orientação jurisprudencial útil, norteando os operadores de certo mercado.[13]

É claro que um sistema como este, de lista fechada, criará alguns inconvenientes. Um corpo estável de árbitros que se revezam nos diversos julgamentos naturalmente permitirá às partes escolher julgadores cujas decisões já sejam conhecidas. Explico: em alguns mercados, as questões submetidas a julgamento acabam, de certa forma, se repetindo, de modo que um determinado árbitro poderá ser indicado para integrar um painel exatamente por conta de opinião que já tenha anteriormente manifestado em julgamentos pregressos. Os julgamentos, portanto, poderiam transformar-se num verdadeiro jogo de cartas marcadas, o que poria em risco, no limite, a própria imparcialidade dos árbitros.

---

[12] A ICA – The International Cotton Association – é uma associação comercial internacional, fundada em 1841 em Liverpool, Reino Unido, quando um grupo de corretores de algodão criou um conjunto de regras para facilitar o comércio de algodão cru. A entidade conta hoje com mais de 500 membros ao redor do mundo, representando todos os setores da cadeia de suprimentos algodoeiros.

[13] Sou cético acerca da jurisprudência arbitral: na maior parte dos órgãos arbitrais, cujos painéis terão composição muito variável, as decisões das causas terão escasso interesse como precedentes jurisprudenciais (pelo menos quanto ao mérito das decisões). Nos órgãos arbitrais especializados, porém, a jurisprudência adquirirá uma relevância bem maior, dada a estabilidade do corpo de julgadores, a provável repetição de determinado tipo de controvérsia e a especialização do corpo de árbitros.

Mas não é só: um órgão arbitral que funcione exclusivamente à base de uma lista de árbitros precisaria ter um corpo muitíssimo qualificado e que se renovasse periodicamente: os operadores certamente não desejam submeter suas causas a um órgão que lhes ofereça poucas escolhas no momento de selecionar um árbitro para suas desavenças, muito menos confiariam num corpo de árbitros que envelhecesse a olhos vistos, estratificando decisões, sem o arejamento necessário advindo da periódica reciclagem, especialmente quando o órgão arbitral estiver ligado a mercados dinâmicos, onde fervilham novas operações e novos costumes comerciais.

Já os órgãos arbitrais que mantêm *listas semiabertas* (ou seja, apenas o presidente do painel arbitral deve ser escolhido entre os integrantes de uma lista) não padeceriam dos mesmos inconvenientes, pois o natural revezamento dos componentes dos painéis não permitiria com tanta facilidade a previsão de resultados. Embora os presidentes dos painéis sejam sempre aqueles constantes de uma lista, a composição dos tribunais seria normalmente variada, de modo que o inconveniente do "jogo de cartas marcadas" seria provavelmente evitado (ou pelo menos mitigado).

A formação de listas, de qualquer forma, gera sempre a sensação de criação de clubes, de grupos seletos, e tal fenômeno provoca desconforto de alguns (mormente daqueles que não são admitidos nestes exclusivos "country clubs"). Creio que o tema mereça reflexão.[14]

É natural que as entidades que administram arbitragens utilizando o método de listas (fechadas ou semiabertas) queiram cercar-se de um corpo impressionante de pessoas, capaz de atrair a atenção do seu público-alvo: com efeito, os advogados (*são eles o público-alvo, alguém duvida?*) que deverão escolher uma entidade para arbitrar futuros conflitos oriundos dos contratos que redigem, serão atraídos por entidades que tenham o respaldo de juristas de escol, de engenheiros de elite, de arquitetos famosos, de médicos renomados, de professores das melhores universidades. Se o advogado-alvo perceber que a lista da instituição é bastante ampla, e que tal lista contempla um grupo de profissionais de nomeada, certamente não hesitará em escolher tal instituição para administrar futuras e eventuais controvérsias. Uma lista de árbitros capaz de atrair a atenção de advogados que estão redigindo cláusula compromissória deve ser, portanto, ampla e diversificada, agregando profissionais de reconhecida experiência, que pertençam a diversos setores de atividade, que falem vários idiomas (multiplicam-se entre nós as arbi-

---

[14] Ugo Draetta (Il Rovescio dell'Arbitrato, Giuffrè, 2010, p. 141), mostrando seu ceticismo a respeito das listas de árbitros, afirma que tais listas acabam por constituir uma espécie de "concurso de beleza" para os árbitros: "[N]ão necessariamente os árbitros veem vantagens substanciais resultantes de sua inserção em tais listas, mas temem possíveis desvantagens implícitas em serem delas excluídos" (tradução livre).

tragens em idioma inglês, ainda que seja aplicado o direito brasileiro), que estejam situados em diversas faixas etárias, que pertençam a diversas nacionalidades e que conheçam razoavelmente mais de um sistema jurídico.

Estas observações que faço têm orientado a chamada "internacionalização" de diversas entidades brasileiras: em São Paulo, para focar nos centros arbitrais que escolhi, o CAM/CCBC (lista semiaberta) e a Câmara CIESP/FIESP (lista aberta) têm ampliado seus quadros de árbitros utilizando exatamente os parâmetros que mencionei, focando ultimamente a atenção na diversidade de nacionalidades. A mesma preocupação orientou a elaboração da lista de árbitros da recém-criada CAMITAL (Câmara de Mediação e Arbitragem da Italcam, Câmara Italiana de Comércio de São Paulo), cuja lista de árbitros (sistema da lista aberta) inclui uma quantidade considerável de profissionais italianos, mostrando a vocação da nova entidade de administrar controvérsias entre nacionais do Brasil e da Itália.

Mas quem escolhe os árbitros que devem integrar as listas confeccionadas pelos órgãos arbitrais que trabalham com este método? Os critérios são os mais díspares: há órgãos arbitrais que escolhem os integrantes da lista aleatoriamente, segundo o interesse de seus dirigentes; outros, de maior visibilidade, preferem seleção mais ponderada, analisando currículos e submetendo-os ao crivo de um colegiado (assim procedem, por exemplo, o CAM/CCBC e a Câmara CIESP/FIESP).

Vale aqui o velho ditado: a arbitragem vale pelo que valerem os árbitros! Portanto, ao oferecer listas ao público-alvo, as entidades arbitrais procuram seguir aqueles critérios que tentei equacionar acima. Não é por acaso que, nas entidades brasileiras que trabalham com listas, veem-se cada vez mais integrantes estrangeiros (notadamente advogados estrangeiros de reconhecida capacidade em seus países e fora deles), bem como professores universitários que lograram sucesso em suas respectivas cátedras (e fora delas!).

Isso não elimina algumas idiossincrasias próprias dos sistemas de formulação de listas. É natural que alguns ingredientes menos técnicos possam atuar na elaboração dos quadros dos "clubes" de árbitros: amizade, inimizade, inveja, preconceito, misoginia e outros sentimentos (mais ou menos vis) certamente terão papel importante na admissão (ou não) de novos integrantes das listas. São os males naturais do sistema de cooptação,[15] sendo certo que atuação de colégios (na elaboração das listas) poderá diminuir a influência dessas interferências (mais ou menos melífluas), mas jamais as anulará.

---

[15] Creio que as mesmas críticas possam ser feitas ao sistema de recrutamento de juízes naqueles países em que a escolha dos novos integrantes de um tribunal é feita pelos seus próprios membros.

A observação da renovação das listas de árbitros nas mais diversas entidades arbitrais (e especialmente em duas das câmaras paulistas que utilizei como paradigmas) pode trazer elementos importantes para este ensaio: durante anos era comum verificar que as listas das entidades brasileiras ostentavam um grande número de professores renomados, todos (ou quase isso) com idade superior aos 50 anos de idade, de nacionalidade brasileira. Nos últimos cinco anos é perceptível a modificação do panorama: as listas passaram a incluir profissionais na faixa dos 40 anos de idade, bem como muitos estrangeiros. O mercado ditou a necessidade de mudanças, prontamente atendida pelas entidades que trabalham com listas.[16]

Todas estas observações que fiz, o leitor já deve ter compreendido, formam o pano de fundo da acalorada discussão que tiveram os membros da Comissão de Reforma da Lei de Arbitragem,[17] que culminou com a edição da Lei 13.129/2015 que, entre outras modificações, alterou a redação do art. 13 da Lei de Arbitragem, cujo § 4º passou a permitir que as partes, de comum acordo, afastassem a aplicação de dispositivo regulamentar que vinculasse a nomeação de árbitros a alguma lista institucional. De fato, a discussão mais ácida que travamos no âmbito da Comissão foi exatamente essa ligada à lista de árbitros.

Tudo começou com uma proposta no sentido de que fosse acrescido ao art. 13 da Lei de Arbitragem um parágrafo que tivesse a seguinte redação:[18]

> As partes poderão, de comum acordo, estabelecer o processo de escolha dos árbitros, ou adotar as regras de um órgão arbitral institucional ou entidade especializada. No caso de adoção das regras de um órgão arbitral institucional ou entidade especializada será sempre respeitada a livre nomeação das partes ou dos árbitros, seja para a escolha do árbitro único, coárbitros ou presidente do tribunal.

A proposta partia de uma visão bastante particular: sendo a arbitragem produto da autonomia da vontade, não seria razoável obrigar as partes a escolherem árbitros de uma lista oferecida pela entidade que organiza a arbitragem,

---

[16] Tanto o CAM/CCBC quanto a Câmara CIESP/FIESP estão passando por amplo processo de atualização (e internacionalização, como já disse acima) de seu quadro de árbitros. Nos últimos anos, essas duas entidades não só aumentaram consideravelmente o número de integrantes do rol de árbitros como também refinaram os critérios de admissão, de modo a apresentar um quadro de árbitros cada vez mais atraente para o público-alvo.

[17] O nome oficial de nosso grupo de trabalho era, na verdade, "Comissão de Juristas criada pelo Requerimento nº 702, de 2012, do Senador Renan Calheiros, aprovado em 29.08.2012, com a finalidade de elaborar, em 180 dias, anteprojeto de lei de arbitragem e mediação". Doravante vou me referir ao grupo apenas como "Comissão".

[18] Trata-se de texto embrionário, proposto para discussão inicial, que deveria ser refinado.

Cap. 4 · AS LISTAS DE ÁRBITROS | 75

de modo que tais listas não poderiam ser impostas aos litigantes, que – segundo a proposta – estariam autorizados a simplesmente ignorar a regra da entidade arbitral neste sentido. Em outros termos: as listas de árbitros seriam sempre mera sugestão, sem caráter obrigatório, ainda que o regulamento do órgão arbitral dissesse exatamente o contrário.

O texto transcrito acima, se aprovado, criaria inadmissível intervenção nos órgãos arbitrais, que nasceram livres de entraves e regramentos, obrigando-os a tolerar, por exemplo, um árbitro que, segundo suas regras, seus interesses e seus critérios de controle, ser-lhes-ia intragável. O renome da instituição poderia ser arranhado, os critérios de controle do procedimento poderiam ser prejudicados e o resultado da arbitragem poderia restar comprometido pelo simples fato de ficar destruída a pedra de toque cuidadosamente escolhida pela entidade responsável pela administração do procedimento, qual seja, que os árbitros (ou o presidente do painel) devessem ser escolhidos entre aqueles previamente apontados na sua lista.

A proposta gerou imediatamente dissenso no âmbito da Comissão. Os que a apoiavam diziam-se liberais, querendo libertar a arbitragem da prisão criada por alguns órgãos arbitrais por meio de suas listas (sistema fechado ou semiaberto); os que a verberavam acusavam a proposta de intervencionista. Ficamos divididos na Comissão (e eu, em particular, fiquei perplexo pelo simples fato de estarmos discutindo proposta com tal conteúdo!).

Agreguei-me imediatamente – como não poderia deixar de ser – aos opositores da iniciativa intervencionista. Sempre fui contrário a qualquer restrição estatal em relação à constituição dos órgãos arbitrais, que devem ser livres para escolher o critério organizacional que quiserem. Quanto mais variados forem estes critérios, melhor. O Brasil ficará engrandecido se puderem ser criados órgãos arbitrais com listas fechadas, com listas semiabertas, com listas meramente indicativas (abertas) ou sem lista alguma. Mas quem aderir a qualquer destas entidades deverá observar os ditames das regras escolhidas. *Pacta sunt servanda!*

Parece-me intuitivo que a escolha, pelas partes, de uma instituição arbitral leva em conta exatamente a sua organização, seu regulamento, suas instalações. O serviço prestado pela entidade que administrará a arbitragem forma um conjunto, que é escolhido espontaneamente pelas partes para que administre o procedimento exatamente da forma prescrita no regulamento. A escolha da arbitragem institucional está longe de ser obrigatória. As partes podem evidentemente optar pela arbitragem *ad hoc*, hipótese em que estabelecerão o procedimento que lhes interessar (ou não estabelecerão procedimento algum) e escolherão os árbitros do modo que melhor lhes aprouver. Mas se escolherem um determinado órgão arbitral, isto significa que verificaram e aprovaram de antemão suas regras, suas fórmulas, sua organização. E se elegeram uma entidade que trabalha com listas (fechadas ou semiabertas) os árbitros hão de ser escolhidos da forma previamente estabelecida pelo órgão arbitral. A escolha da entidade (e respectivo regulamento) é livre, mas uma vez exercida a prerrogativa de selecionar, obrigam-se as partes às regras a que consensualmente aderiram. E o órgão arbitral, que oferece ao público serviço de administração de procedimentos arbitrais, não estaria obrigado a curvar-se a um capricho dos litigantes (ou dos coárbitros por estes escolhidos, quando for o caso) no sentido de exigir a nomeação de membro do painel fora dos parâmetros estipulados nas regras.[19]

Percebo que a discussão a respeito da conveniência ou não do sistema de listas de árbitros costuma gravitar fora do seu eixo central. Alguns entendem que sendo o árbitro pessoa de confiança da parte, não seria razoável que a entidade que administra a arbitragem impusesse a escolha entre os nomes constantes de uma lista. Tal afirmação decorre de interpretação pobre e literal do art. 13 da Lei de Arbitragem (que, na verdade, determina nas entrelinhas que pode ser árbitro qualquer pessoa capaz, *de quem as partes não desconfiem!*).[20] O art. 5º da mesma Lei adverte, de qualquer modo, que "[R]eportando-se as partes, na cláusula compromissória, às regras de algum órgão arbitral institucional ou entidade especializada, a arbitragem será instituída e processada de acordo com tais regras, podendo, igualmente, as partes estabelecer na própria cláusula, ou em outro documento, a forma convencionada para a instituição da arbitragem". Assim, deixa claro o legislador que as partes – querendo – podem submeter-se aos ditames de um regulamento. Trata-se de faculdade, exercício de liberdade, portanto. O exercício da faculdade produzirá natural responsabilidade. Se as partes tomarem tal iniciativa, o pactuado será cumprido, as partes estarão vinculadas ao que contrataram. Se escolheram órgão arbitral que trabalha com lista fechada ou semiaberta – exercendo, portanto, o direito de livre escolha – a arbitragem será instituída da forma contratada. As partes podem, é claro, mudar de ideia e podem decidir que não querem mais fazer resolver uma controvérsia (presente ou

---

[19] José Antonio Fichtner, membro da Comissão, apresentou bem elaborada "declaração de voto em separado" (26 de setembro de 2013), onde afirma, com razão: "Certamente cabe às próprias instituições arbitrais zelar pela qualidade de seus serviços e têm elas direito a escolher os parâmetros suficientes e necessários para a composição dos seus quadros de prestadores de serviços. Afinal, se elas alcançam reconhecimento e são objeto de escolha por parte dos consumidores dos serviços de arbitragem, não se pode descartar que tal sucesso derive diretamente do controle de qualidade aplicado ao sistema como um todo, notadamente no que se refere à escolha ou certificação dos árbitros ou, pelo menos, do Presidente do Tribunal arbitral".

[20] Num sistema em que cada um dos litigantes indica um árbitro e estes (coárbitros) nomeiam o presidente do painel, um dos árbitros poderá até ter a confiança da parte que o indicou, enquanto os outros dois – que não serão escolhidos por ele – não serão pessoas em quem a parte necessariamente confie, mas sim pessoas a respeito das quais não possa o litigante apresentar motivo justificado para desconfiar.

futura) por determinado órgão arbitral. Neste caso, é justo que façam nova opção, escolhendo uma câmara arbitral que aceite a modificação; não podem, porém, obrigar a entidade a aceitar – contrariamente a seus princípios, seus estatutos ou seus interesses – uma fórmula que não é a sua. Em poucas palavras: ou as partes – que escolheram a instituição arbitral – instauram a arbitragem nos termos das regras escolhidas, ou não instauram a arbitragem perante tal órgão arbitral.

Tamanha foi a reação adversa à proposta inicial – inclusive com manifestação ácida (e lúcida!) de alguns órgãos arbitrais nacionais[21] – que o grupo proponente ofereceu uma nova redação, menos contundente, para sua moção intervencionista:

> As partes, de comum acordo, poderão afastar a aplicação de dispositivo do regulamento do órgão arbitral institucional ou entidade especializada que limite a escolha do árbitro único, coárbitro ou presidente do tribunal arbitral à respectiva lista de árbitros, autorizado o controle da escolha pelos órgãos competentes da instituição. Nos casos de impasse e arbitragem multiparte deverá ser observado o que dispuser o regulamento aplicável.

Este foi o texto aprovado pela Comissão (por maioria de votos), com manifestações contrárias de diversos arbitralistas, que fizeram registrar seus votos vencidos (o meu ficou gravado) para controle da posteridade. O texto transcrito passou a figurar como proposta de *nova redação* para o § 4º do art. 13, o que constituía um equívoco de premissa. Explico: o parágrafo em questão tratava, originariamente, da eleição do presidente do painel, de modo que, rigorosamente, não se tratava de proposta de *nova redação* de parágrafo (como proposto, majoritariamente, pela Comissão), mas sim de inclusão de *novo dispositivo*. Seja como for, o parágrafo foi aprovado tanto no Senado quanto na Câmara e foi incorporado ao texto da Lei de Arbitragem.

O segundo texto que transcrevi (que acabou, como já disse, encampado pela Lei de Arbitragem), foi apresentado como uma fórmula de conciliação entre o grupo que protestava veementemente contra qualquer tentativa de intervenção nos órgãos arbitrais e aquele que pretendia exercer controle sobre a liberdade das câmaras arbitrais. O novo parágrafo inserido na Lei de Arbitragem, em subs-

---

[21] Algumas das mais representativas entidades arbitrais brasileiras (Câmara de Arbitragem do Mercado, CAM/CCBC, CENTRO AMCHAM, CBMA, IASP, CAMARB e ARBITAC, além do CONIMA) apresentaram a todos os membros da Comissão uma carta veemente, datada de 19 de setembro de 2013, onde manifestavam preocupação com a informação "de que haveria a intenção de promover a alteração na Lei de Arbitragem, para incluir dispositivo que regule a questão do corpo de árbitros existente em determinadas Câmaras Arbitrais, no sentido de obrigá-las a eliminar as listas de árbitros, ou, ainda, de vedar a inclusão de regra prevendo que ao menos o presidente do tribunal seja integrante do corpo de árbitros da câmara em seus Regulamentos de Arbitragem".

tância, prega que as partes possam, mesmo tendo escolhido um órgão arbitral que determine a indicação de árbitros constantes de lista própria, simplesmente ignorar tal determinação, estabelecendo – desde que haja acordo entre elas neste sentido – que não seria respeitada a determinação da entidade administradora da arbitragem. A esta última resta, entretanto, o *poder de controlar* (segundo seus próprios critérios) a escolha do árbitro indicado pelas partes ou pelos coárbitros.

A bem pensar, o texto é inócuo, servindo apenas para gerar desnecessária polêmica que poderia perfeitamente ter sido evitada. Se o órgão arbitral não tiver interesse em admitir a escolha de terceiro não integrante de sua lista de árbitros, poderá simplesmente – exercendo seu *poder de controle* – recusar a indicação de quem não integre o quadro de árbitros. Mais que isso: considerando-se que os órgãos arbitrais institucionais são entidades que formulam oferta pública de serviço, é natural que não estejam obrigados a administrar uma arbitragem de forma diversa daquela oferecida. Portanto, o atual texto do § 4º do art. 13 da Lei de Arbitragem não tem o condão de obrigar a entidade a submeter-se à vontade das partes: ficará sempre reservado à entidade o direito de *simplesmente* recusar-se a nomear para integrar o painel arbitral árbitro que não faça parte de sua lista quando tal requisito constar do regulamento. O uso do advérbio – *simplesmente* – não é casual: entendo que o centro arbitral não está obrigado a justificar sua eventual recusa em admitir que Cicrano ou Beltrano integre painel sob seus auspícios. O controle a que se refere o criticado parágrafo não está sujeito a revisão, de modo que os parâmetros serão aqueles que a entidade quiser adotar.

Reforça este entendimento o enunciado, constante no novo § 4º do art. 13 da Lei de Arbitragem, de que em caso de impasse (ou no caso de arbitragem multiparte) a questão será resolvida com a aplicação do regulamento adequado. O argumento, bem se vê, é circular: as partes resolvem violar o regulamento, indicando nome para compor o painel que não figure da lista; o centro arbitral não aceita, criando impasse; aplica-se, como regra de fechamento, o regulamento (que determinará a nomeação de árbitro constante da lista, o que permitirá à entidade fazer a nomeação segundo seus critérios).

Alguns criticaram tal entendimento, afirmando que em última análise a Lei de Arbitragem não teria mudado, já que a entidade arbitral teria o poder de rejeitar o árbitro escolhido pelas partes (fora da lista de árbitros) sem qualquer motivação. Sugerem, portanto, uma interpretação singular do texto, afirmando que a entidade administradora da arbitragem teria que justificar claramente o motivo que a teria levado a rejeitar o nome proposto pelas partes.[22] Mas a quem seria dirigida esta

---

[22]   Assim pensam, por exemplo, MAIA NETO, Francisco; RENNÓ, Leandro; CREMASCO, Suzana Santi. *Reforma da Lei de Arbitragem* – Comentários ao texto completo. Aldemar Motta Júnior *et al*. Edição dos Autores. Belo Horizonte, 2015. p. 58-62.

justificativa? Quem teria o condão de aferir se a justificativa é adequada, clara ou correta? O Poder Judiciário? Parece-me que tal interpretação – não autorizada pelo texto inovado da Lei de Arbitragem – levaria a uma inaceitável judicialização da arbitragem, totalmente contrária ao próprio espírito da lei.

Tudo somado, em minha avaliação não faz sentido discutir se os critérios de adoção de listas (listas fechadas ou semiabertas) são melhores ou piores do que um sistema que não o faça (ou que utilize as listas como mera sugestão), hipótese em que as partes podem livremente indicar os árbitros que pretendam fazer integrar os painéis arbitrais. Todos os critérios – como penso ter demonstrado – têm vantagens e desvantagens. Cabe às partes, no momento de estipular uma cláusula compromissória, fazer a verificação de seus interesses, escolhendo o modelo que melhor lhes convenha. É importante, de qualquer modo, que o critério escolhido não possa ser alterado pelas partes (sem o consentimento do órgão que administre o processo arbitral). Mas acima de tudo, importa não cercear as entidades que pretendam organizar arbitragens no Brasil, impondo-lhes um paradigma que – segundo alguns – seria o melhor. Quem escolher arbitragens administradas por órgãos arbitrais que trabalhem com listas (fechadas ou semiabertas) sabe exatamente o que está contratando e não pode querer impor a tais entidades uma mudança em sua estrutura.

Tenho insistido muito na necessidade de não se criarem no Brasil excentricidades e bizarrices que deem ares exóticos ao país no cenário internacional. Este dispositivo acrescentado à Lei de Arbitragem pertence à infeliz categoria da extravagância e só não causa maior dano por conta do antídoto que contém, no sentido de permitir que a entidade que administre a arbitragem impeça que as partes nomeiem para compor o painel julgador alguém que, segundo os insondáveis critérios da própria entidade, não preencheria os seus critérios de qualidade e excelência. Em resumo, encerro este ensaio com uma saudação à diversidade (mas não ao exotismo!), repetindo algo que os brasileiros precisam lembrar, sob pena de nosso país derivar para o caos e para a desordem: *pacta sunt servanda*!

5

SENTENÇA PARCIAL E ARBITRAGEM – INOVAÇÕES DA LEI 13.129/2015

EDUARDO ARRUDA ALVIM[1]

Sumário: 1. Introdução – 2. Função jurisdicional e arbitragem – 3. Alguns apontamentos sobre a Lei 9.307/1996 – 4. A Lei 13.129/2015 – 5. A sentença arbitral e a possibilidade de trânsito em julgado parcial – Referências bibliográficas.

1. INTRODUÇÃO

A forma de resolução dos conflitos entre as pessoas, paralelamente ao desenvolvimento do próprio Estado, passou da autotutela, em tempos primitivos, à (quase) completa assunção de tal função pelo Estado (monopólio da jurisdição).

A função jurisdicional é aquela que, por força da tripartição dos Poderes, coube ao Poder Judiciário. Compreende não apenas a tarefa de dizer o direito

---

[1] Doutor e Mestre em Direito Processual Civil pela Pontifícia Universidade Católica de São Paulo. Professor dos cursos de doutorado, mestrado, especialização e bacharelado da Pontifícia Universidade Católica de São Paulo – PUC/SP e da Faculdade Autônoma de Direito – FADISP. Acadêmico titular da Cadeira nº 20 da Academia Paulista de Direito. Membro do Instituto Brasileiro de Direito Processual. Membro do Instituto Iberoamericano de Derecho Procesal. Membro da Comissão de Juristas do Senado Federal, incumbida da elaboração de Anteprojeto de Nova Lei de Arbitragem e Mediação. Presidente da Comissão Permanente de Estudos de Processo Civil do Instituto dos Advogados de São Paulo – IASP. Diretor da Revista Forense. Advogado.

aplicável ao caso concreto, mas de realizá-lo coativamente (o que se faz através da execução ou da fase de cumprimento de sentença). Tem em vista, antes de qualquer coisa, a preservação da ordem jurídica e da paz social.

Nem sempre a função jurisdicional teve a amplitude que hoje lhe é reconhecida, mercê da extensão do princípio da ubiquidade, tal como este hoje vem encampado no inc. XXXV do art. 5º da CF. Por exemplo, na vigência da Constituição Federal de 1969, após o advento da Emenda Constitucional 7/1977, previu-se o chamado *contencioso administrativo* (embora este não tenha sido regulamentado); na vigência do AI-5 estabeleceram-se diversas exceções ao acesso ao Judiciário.

O que efetivamente distingue a atividade jurisdicional é que as decisões se revestem da autoridade de coisa julgada. Ou seja, esgotados os recursos cabíveis no processo em que são proferidas, desde que tenha havido resolução do mérito, tornam-se imutáveis, não podendo, em linha de princípio, ser rediscutidas, nem naquele, nem em outros processos.

2. FUNÇÃO JURISDICIONAL E ARBITRAGEM

O exercício da jurisdição constitui atividade eminentemente pública. Aliás, é o que vem expresso no art. 5º, XXXV, do texto constitucional: "A lei não excluirá da apreciação do Poder Judiciário lesão ou ameaça a direito", que consubstancia o princípio constitucional da inafastabilidade do Poder Judiciário.

Quanto à arbitragem, tem-se que a possibilidade de as partes submeterem determinados conflitos à apreciação de um árbitro, ou de tribunal arbitral, revela-se plenamente compatível com a garantia insculpida no art. 5º, XXXV, da Constituição Federal. Deveras, são os interessados que resolvem não acudir ao Judiciário, desde que estejam em pauta direitos patrimoniais disponíveis (art. 1º da Lei 9.307/1996).

Muito embora a arbitragem tenha natureza privada, temos que há efetivo exercício da jurisdição.

Joel Dias Figueira Jr., em posição que acompanhamos, defende o caráter jurisdicional da arbitragem. Afirma mencionado autor que não existe qualquer óbice para que o Estado delegue aos juízes privados parcela do poder que detém para dirimir conflitos, ressalvadas as hipóteses vedadas por lei, que se referem à natureza da lide ou à qualidade das pessoas e à ausência de vontade e convenção das partes.[2]

Paulo Furtado e Uadi Lammêgo Bulos entendem que a atividade do árbitro constitui verdadeira atividade jurisdicional, tomada a jurisdição como um conceito

---

[2] FIGUEIRA JR., Joel Dias. *Manual da arbitragem*. São Paulo: RT, 1997. p. 96-97.

abstrato. Dessa forma, esses dois autores rechaçam a corrente que pretende dar ao juízo arbitral caráter meramente contratual (corrente privatista ou contratualista).[3]

É importante observar, ademais, que o CPC/2015, em seu art. 3º, reforçou tal entendimento. Isto, pois em seu caput trata do princípio da inafastabilidade da tutela jurisdicional, albergado constitucionalmente no art. 5º, XXXV. Contudo, o dispositivo legal dispõe que "não se excluirá da apreciação jurisdicional ameaça ou lesão a direito", dando maior abrangência à previsão constitucional de que "a lei não excluirá da apreciação do Poder Judiciário lesão ou ameaça a direito". Ou seja, o art. 3º do CPC/2015, ao referir-se à "apreciação jurisdicional", deixa claro que não apenas ao Poder Judiciário é dado exercer a jurisdição. Acrescente-se, então, que o § 1º do art. 3º do CPC/2015 trata expressamente da arbitragem, admitindo-a na forma da lei.

Com isso, nota-se que o caput do art. 3º não limita o exercício da jurisdição pelo Poder Judiciário, seguindo-se a previsão de seu § 1º, que admite expressamente a arbitragem, inserindo-a no próprio contexto da jurisdição. Por tais razões, pensamos não subsistirem quaisquer discussões a respeito da natureza jurisdicional da arbitragem.

Neste diapasão, tendo em vista a magnitude do princípio do juiz natural, resta indagar como se compatibilizaria com mencionada regra a opção das partes pelo juízo arbitral. Em nosso sentir, existe perfeita compatibilidade da arbitragem, com o perfil que lhe foi conferido pela Lei 9.307/1996, com o texto constitucional. Pertinente a lição de Nelson Nery Jr. a propósito da matéria, para quem: "Com a celebração do compromisso, as partes não estão renunciando ao direito de ação nem ao juiz natural. Apenas estão transferindo, deslocando a jurisdição que, de ordinário, é exercida por órgão estatal, para um destinatário privado. Como o compromisso só pode versar sobre matéria de direito disponível, é lícito às partes assim proceder".[4] Em outro trecho da mesma obra, ensina ainda o autor: "O compromisso arbitral, pelo qual as partes instituem a jurisdição privada, deve ser respeitado pela jurisdição estatal, como qualquer convenção privada".[5]

3. ALGUNS APONTAMENTOS SOBRE A LEI 9.307/1996

A opção pelo juízo arbitral (Lei 9.307, de 23 de setembro de 1996, que disciplina integralmente a arbitragem) implica renúncia das partes à via judiciária

---

[3]   FURTADO, Paulo; BOULOS, Uadi Lammêgo. *Lei da arbitragem comentada*. São Paulo: Saraiva, 1997. p. 19.

[4]   NERY JR., Nelson. *Princípios do processo civil na Constituição Federal*. 8. ed. *São Paulo: RT, 2004*. p. 119-120.

[5]   Idem, p. 119.

84 ARBITRAGEM E MEDIAÇÃO

estatal, confiando a solução a pessoas desinteressadas, cuja decisão produz, "entre as partes e seus sucessores, os mesmos efeitos da sentença proferida pelos órgãos do Poder Judiciário e, sendo condenatória, constitui título executivo" (art. 31 da Lei 9.307/1996). Pressupõe, também, estejam em disputa bens patrimoniais ou direitos disponíveis e que as pessoas sejam "capazes de contratar" (art. 1º da Lei 9.307/1996).

Com a edição da Lei 9.307/1996, a simples cláusula compromissória passou a ter força coativa. Representou, pois, referido diploma legal, um grande avanço em relação à precedente disciplina da arbitragem.

A cláusula compromissória, prevista no art. 4º da Lei 9.307/1996, conduz à necessidade de que eventuais conflitos surgidos daquela relação contratual sejam submetidos ao juízo arbitral. Trata-se de uma renúncia prévia à jurisdição estatal.

O compromisso arbitral (art. 9º da Lei 9.307/1996), diferentemente, refere-se a um conflito já existente sobre o qual as partes acordam que será solucionado pelo juízo arbitral.

A adoção, entre nós, de maneira ampla, da arbitragem, tal como prevista na Lei 9.307/1996, ou seja, com regras que conferem efetividade ao procedimento arbitral, sem necessidade de homologação judicial, representa grande inovação e, em nosso sentir, ostenta diversas vantagens que se sobrepõem a qualquer possível inconveniente desse sistema. Aliás, o STJ veio a sumular entendimento no sentido de que a "lei de arbitragem aplica-se aos contratos que contenham cláusula arbitral, ainda que celebrados antes da sua edição" (Súmula 485 do STJ).

Houve quem interpretasse ditas inovações trazidas pela Lei 9.307/1996 como incompatíveis com a garantia constitucional expressa no art. 5º, XXXV.

Este entendimento, contudo, não prosperou, e o Supremo Tribunal Federal, em 12 de dezembro de 2001, ao julgar o pedido de homologação de sentença estrangeira SE 5.206-7-Espanha, vencidos, em parte, os Ministros Sepúlveda Pertence, Moreira Alves, Neri da Silveira e Sydney Sanches, que entendiam que alguns dispositivos de referido diploma – Lei 9.307/1996 – afrontavam o art. 5º, XXXV, do texto constitucional, reconheceu a constitucionalidade da Lei de Arbitragem.[6]

Segundo informações que constam do acórdão proferido no STF, trata-se de procedimento instaurado em 1995, objetivando a homologação de sentença arbitral proferida na Espanha, para que pudesse surtir efeitos no Brasil. Em princípio, o pedido foi indeferido. Entretanto, em 1996, foi promulgada a Lei 9.307/1996, que dispensaria a homologação dessa sentença na justiça do país de

---

[6] STF, Plenário, AgRg na SE 5.206/Espanha, Rel. Min. Sepúlveda Pertence, j. 12.12.2001, *DJ* 30.04.2004.

origem. Durante o julgamento, contudo, o Min. Moreira Alves suscitou a questão da constitucionalidade da nova lei.[7]

Ainda, de acordo com o que consta de aludido acórdão, apesar de todos os ministros terem votado pelo provimento do recurso (de agravo regimental contra decisão que indeferiu pedido de homologação de sentença arbitral), no sentido de homologar a sentença arbitral espanhola no Brasil, houve discordância quanto ao incidente de inconstitucionalidade. O Ministro Sepúlveda Pertence, relator do recurso, bem como os Ministros Sydney Sanches, Néri da Silveira e Moreira Alves, entendeu que a lei de arbitragem, em alguns de seus dispositivos, dificulta o acesso ao Judiciário, direito fundamental previsto pelo art. 5º, XXXV, da Constituição Federal. A maioria votante, no entanto, considerou que a lei de arbitragem é um "grande avanço" e não viu nela nenhuma ofensa à Carta Magna.

O Ministro Carlos Velloso, em seu voto, salientou que a lei só é aplicável quando estejam em pauta direitos patrimoniais e, portanto, disponíveis. Segundo ele, as partes têm a faculdade de renunciar a seu direito de recorrer à Justiça. "Direito de ação não quer dizer dever de ação judicial, segundo consta de seu voto-vista".[8] Mais recentemente, a constitucionalidade da Lei 9.307/1996 veio a ser ressaltada pelo STJ, referindo-se esse tribunal ao julgamento pelo STF do pedido de homologação de sentença estrangeira SE 5.206-7-Espanha.[9]

---

[7]   Veja-se, a propósito, o teor do pronunciamento do Min. Moreira Alves: "proponho que o julgamento seja convertido em diligência, a fim de ser ouvido o Ministério Público Federal sobre o problema de saber se a lei em causa [Lei 9.307/96], que disciplina a arbitragem, contraria, ou não, o princípio, que se insere entre os direitos fundamentais, do livre acesso ao Poder Judiciário. Trata-se de problema delicado, pois pode envolver a questão da renúncia de direito fundamental, que, em princípio, são irrenunciáveis por sua própria natureza. Proponho, assim, a remessa dos autos à Procuradoria-Geral da República, para o exame incidente da inconstitucionalidade da Lei 9.307/96".

[8]   Consta ainda do voto do Min. Carlos Velloso: "a lei não institui a arbitragem em termos obrigatórios, caso em que ocorreria ofensa ao inciso XXXV do art. 5º da Constituição Federal, mas, simplesmente, faculta às partes prevenirem ou terminarem o litígio mediante a arbitragem".

[9]   "Processual civil. Embargos de declaração. Art. 535 do CPC. Ausência dos pressupostos. Homologação de sentença arbitral estrangeira. Lei 9.307/96. Aplicação imediata. Constitucionalidade. Utilização da arbitragem como solução de conflitos. Ausência de violação à ordem pública. Impossibilidade de análise do mérito da relação de direito material. Ofensa ao contraditório e à ampla defesa. Inexistência. Fixação da verba honorária. Art. 20, § 4º, do CPC. Embargos de declaração rejeitados. I. Os embargos de declaração devem atender aos seus requisitos, quais sejam, suprir omissão, contradição ou obscuridade, não havendo qualquer um desses pressupostos, rejeitam-se os mesmos. II. A sentença arbitral e sua homologação é regida no Brasil pela Lei 9.307/96, sendo a referida Lei de aplicação imediata e constitucional, nos moldes como já decidido pelo Supremo Tribunal Federal. III. Consoante entendimento desta Corte, não viola a ordem pública brasileira a utilização

86 ARBITRAGEM E MEDIAÇÃO

Observe-se que o art. 7º da Lei 9.307/1996 prevê, inclusive, a possibilidade de o Judiciário estatal ser acionado para fazer valer cláusula compromissória, dispondo em seu § 7º que "a sentença que julgar procedente o pedido valerá como compromisso arbitral".

4. A LEI 13.129/2015

Após anos de experiência com a Lei 9.307/1996, no ano de 2013, por iniciativa do Eminente Senador Federal Renan Calheiros, houve a criação de Comissão composta por inúmeros juristas de elevado renome, a qual tivemos o privilégio de integrar, com a importante missão de preparar Anteprojeto de Lei tendo por escopo a promoção de alterações na vigente Lei de Arbitragem.

Aludida Comissão foi presidida pelo Eminente Ministro do Superior Tribunal de Justiça, Luis Felipe Salomão, tendo como membros os ilustres juristas: Adacir Reis, Adriana Braghetta, André Chateaubriand Pereira Diniz Martins, Caio Cesar Rocha, Carlos Alberto Carmona, Eduardo Pellegrini de Arruda Alvim, Eleonora Coelho, Ellen Gracie Northfleet, Francisco Antunes Maciel Müssnich, Francisco Maia Neto, José Antônio Fichtner, José Roberto de Castro Neves, José Rogério Cruz e Tucci, Marcelo Henrique Ribeiro de Oliveira, Marcelo Rossi Nobre, Marco Maciel, Pedro Paulo Guerra de Medeiros, Roberta Maria Rangel, Silvia Rodrigues Pereira Pachikoski, Tatiana Lacerda Prazeres e Walton Alencar Rodrigues.

Após meses de debates, audiências públicas e reuniões, o Anteprojeto de Lei veio a ser entregue ao Senador Renan Calheiros em 2 de outubro de 2013, vindo a tornar-se o Projeto de Lei 406/2013, do Senado Federal. Após regular tramitação no Congresso Nacional, foi o Projeto aprovado, tornando-se a Lei 13.129/2015, de 26 de maio de 2015.

Referida lei não teve por escopo revogar a lei de arbitragem (Lei 9.307/1996). O que foi feito, fundamentalmente, foi aperfeiçoar os institutos lá vigentes, de modo a tentar solucionar, muitas vezes por meio de verdadeiras e saudáveis inovações, questões bastante debatidas a respeito da arbitragem.

---

de arbitragem como meio de solução de conflitos. IV. O controle judicial da homologação da sentença arbitral estrangeira está limitado aos aspectos previstos nos arts. 38 e 39 da Lei 9.307/96, não podendo ser apreciado o mérito da relação de direito material afeto ao objeto da sentença homologanda. Precedentes. V. Não resta configurada a ofensa ao contraditório e à ampla defesa se as requeridas aderiram livremente aos contratos que continham expressamente a cláusula compromissória, bem como tiveram amplo conhecimento da instauração do procedimento arbitral, com a apresentação de considerações preliminares e defesa" (STJ, EDcl na SEC .507/GB, Corte Especial, Rel. Min. Gilson Dipp, j. 06.12.2006, *DJ* 05.02.2007).

Entre mencionadas inovações, cumpre-nos, mais de perto, analisar aquela constante do § 1º do art. 23 da Lei 9.307/1996, alterada pela tratada Lei 13.129/2015, que dispõe que "os árbitros poderão proferir sentenças parciais".

5. A SENTENÇA ARBITRAL E A POSSIBILIDADE DE TRÂNSITO EM JULGADO PARCIAL

A sentença proferida pelo juízo arbitral não fica sujeita a recurso ou homologação do Poder Judiciário (art. 18 da Lei 9.307/1996), o que lhe confere inteira autonomia e eficácia *de per se*. Tanto é assim que o art. 515, VII, do CPC/2015 e art. 31 da Lei 9.907/1996, dispõem que a sentença arbitral constitui modalidade de título executivo judicial.

Há, todavia, previsão legal de ação objetivando o reconhecimento da nulidade da sentença arbitral. A lei prevê diversas hipóteses de nulidade da sentença arbitral (art. 32, I *a* VIII, da Lei 9.307/1996, com alterações dadas pela Lei 13.129/2015), devendo referida ação ser ajuizada perante o Poder Judiciário (art. 33), seguindo o procedimento comum (§ 1º do art. 33 da Lei 9.307/1996, também alterado pela lei de 2015), podendo, ainda, ser alegada em impugnação ao cumprimento de sentença (§ 3º do art. 33 da Lei 9.307/1996). De qualquer sorte, deve-se ter presente que a sentença que vier a julgar procedente o pedido "determinará que o árbitro ou o tribunal arbitral profira novo laudo" (§ 2º do art. 33 da Lei 9.307/1996, também alterado pela Lei 13.129/2015).

Conforme dissemos no item precedente, houve importante modificação na vigente lei de arbitragem, operada pela Lei 13.129/2015. Trata-se da alteração do § 1º do art. 23, que admite o julgamento parcial na arbitragem, prevendo o dispositivo que "os árbitros poderão proferir sentenças parciais".

Utilizamo-nos da expressão *importante modificação* de forma proposital. Para que se demonstre a importância da previsão legal, mostra-se necessária uma breve análise do julgamento parcial até o advento do CPC/2015.

Antes da promulgação do Código de Processo Civil de 2015 (Lei 13.105/2015), eram reticentes a doutrina e a jurisprudência em admitir a possibilidade de haver o trânsito em julgado parcial. É como o Superior Tribunal de Justiça chegou a se posicionar em diversas ocasiões.

Nesse período, portanto, grande controvérsia envolvia o problema da fixação do momento em que a sentença transitava em julgado no âmbito do processo judicial. Não se tratava, ademais, de problema de âmbito apenas acadêmico, senão que envolvia importantíssimas consequências de ordem prática, eis que é do momento do trânsito em julgado que, em regra, há de ser computado o biênio decadencial para ajuizamento de ação rescisória.

O primeiro ponto que nos parece de extrema relevância para a análise da questão consiste em saber se há possibilidade de trânsito em julgado por capítulos. Imagine-se que o autor tenha formulado pedido de indenização por danos materiais e por danos morais. Julgados improcedentes os pedidos, o autor interpõe recurso apenas no que toca aos danos materiais. Indaga-se se é possível dizer que em tal hipótese terá transitado em julgado a decisão denegatória do pleito de indenização por danos morais.

Temos para nós, inquestionavelmente, que sim. Tratam-se dois pedidos perfeitamente independentes entre si, de modo que, não interposto recurso contra a decisão denegatória de indenização por danos morais, há trânsito em julgado. Essa a bem exposta posição de Cândido Dinamarco,[10] que nos servimos de acompanhar.

O STJ já decidiu nesse sentido, em acórdão prolatado pelo Min. Sálvio de Figueiredo Teixeira:

> Processo civil. Sentença. Divisão em capítulos. Possibilidade. Impugnação parcial. Princípio *tantum devolutum quantum appellatum*. Trânsito em julgado dos demais capítulos, não impugnados. Nulidade. Julgamento *extra petita*. Fundamentos autônomos e independentes. Anulação parcial. Doutrina. Recurso provido. 1. A sentença pode ser dividida em capítulos distintos e estanques, na medida em que a cada parte do pedido inicial atribui-se um capítulo correspondente na decisão. 2. Limitado o recurso contra parte da sentença, não pode o tribunal adentrar no exame das questões que não foram objeto de impugnação, sob pena de violação do princípio *tantum devolutum quantum appellatum*. 3. No caso, a sentença foi dividida em capítulos, e para cada um foi adotada fundamentação específica, autônoma e independente. 4. Assim, a nulidade da sentença, por julgamento *extra petita*, deve ser apenas parcial, limitada à parte contaminada, mormente porque tal vício não guarda, e nem interfere, na rejeição das demais postulações, que não foram objeto de recurso pela parte interessada (a autora desistiu de seu recurso). 5. Outra seria a situação, a meu ver, se a sentença tivesse adotado fundamento único, para todos os pedidos. Nesse caso, o vício teria o condão de contaminar o ato como um todo (REsp 203.132/SP, 4ª Turma, Rel. Min. Sálvio de Figueiredo Teixeira, j. 25.03.2003, *DJ* 28.04.2003).

Todavia, o STJ, por meio de sua Corte Especial, por maioria votante (seis votos a quatro), já decidiu de modo diferente, ao admitir que, "sendo a ação una e indivisível, não há que se falar em fracionamento da sentença/acórdão, o que

---

[10] A propósito, afirma Cândido Rangel Dinamarco que, "se dentro do prazo um dos capítulos recorríveis vier a ser efetivamente impugnado por recurso, não o sendo o outro, ou outros, é claro que passam em julgado estes e não passa aquele" (Capítulos de sentença, item 57, p. 119).

Cap. 5 · SENTENÇA PARCIAL E ARBITRAGEM | **89**

afasta a possibilidade do seu trânsito em julgado parcial".[11] Releva notar, todavia, que o entendimento desse acórdão tem sido repetido em outros arestos do STJ, parecendo indicar uma linha jurisprudencial seguida por esse tribunal.[12]

Convém destacar, contudo, que o legislador tomou posição em relação ao antigo debate existente na doutrina, relativo à admissibilidade do julgamento parcial do mérito. O art. 273, § 6º, do CPC/1973 previa a possibilidade de concessão de tutela antecipada quando um ou mais dos pedidos formulados mostrasse-se incontroverso. Para nós, já àquele tempo estava-se diante de hipótese típica de julgamento antecipado parcial da lide, o que, para relevante setor da doutrina, importava em rompimento com o princípio da unidade da sentença.[13]

Com o advento do CPC/2015, referida questão pacificou-se, tendo em vista que o art. 356, caput, passou a claramente admitir o julgamento antecipado parcial do mérito: "O juiz decidirá parcialmente o mérito quando um ou mais dos pedidos formulados ou parcela deles".

Com efeito, não mais subsistem as discussões a respeito da admissibilidade do fracionamento do julgamento, afinal se um pedido já se acha maduro o bastante para julgamento, seria invariavelmente atentatório à razoável duração do processo submetê-lo ao tempo necessário para que outro pedido, com o qual não guarda relação de prejudicialidade, esteja apto a ser julgado.

Admitido de maneira expressa o julgamento antecipado parcial do mérito, é de se dizer, também, que o trânsito em julgado dar-se-á tão logo não seja interposto recurso contra a decisão que julgar parcialmente o mérito, havendo, portanto, o fracionamento também do trânsito em julgado.

De outro lado, é de se notar que parte do problema relativo ao momento do trânsito em julgado diz respeito ao prazo para ajuizamento de ação rescisória, o que certamente passa pela questão envolvendo a decisão de não conhecimento

---

[11] EREsp 404.777/DF, Corte Especial, Rel. Min. Fontes de Alencar, Rel. p/ acórdão Min. Francisco Peçanha Martins, j. 03.12.2003, *DJ* 11.04.2005.

[12] Nessa linha: REsp 1.353.473/PR, 2ª Turma, Rel. Min. Mauro Campbell Marques, j. 21.05.2013, *DJe* 28.05.2013; STJ, AR 3.809/AL, 3ª Seção, Rel. Min. Maria Thereza de Assis Moura, j. 15.12.2008, *DJe* 06.02.2009; STJ, AgRg no REsp 886.575/RJ, 2ª Turma, Rel. Min. Mauro Campbell Marques, j. 06.08.2009, *DJe* 19.08.2009; STJ, EREsp 441.252/CE, Corte Especial, Rel. Min. Gilson Dipp, j. 29.06.2005, *DJ* 18.12.2006; STJ, REsp 639.233/DF, 1ª Turma, Rel. Min. José Delgado, j. 06.12.2005, *DJ* 14.09.2006; STJ, REsp 336.301/SC, 5ª Turma, Rel. Min. Arnaldo Esteves Lima, j. 16.03.2006, *DJ* 24.04.2006.

[13] Nesse sentido, ver CARNEIRO, Athos Gusmão. *Da antecipação de tutela*. 6. ed. Rio de Janeiro: Forense, 2005. p. 66-67; WAMBIER, Luiz Rodrigues; WAMBIER; Teresa Arruda Alvim; MEDINA, José Miguel Garcia. *Breves comentários à nova sistemática processual civil*. 3. ed. São Paulo: RT, 2005. p. 170-171; FERREIRA, William Santos. *Aspectos polêmicos e práticos da nova reforma processual civil*. Rio de Janeiro: Forense, 2002. p. 204.

de um recurso, que tem natureza declaratória (declara que o recurso não reunia condições de admissibilidade quando de sua interposição), o que em princípio impõe a conclusão de que os seus efeitos serão ex tunc, isto é, retroativos.

Essa questão ganha maior dimensão tendo em vista que os recursos ditos extraordinários possuem requisitos de admissibilidade bastante complexos. E, ao lado disso, é cediço que, entre o momento da interposição do recurso, junto ao tribunal *a quo*, e o instante da prolação da decisão de não conhecimento, pela instância *ad quem*, transcorrem, usualmente, prazos relativamente longos, eventualmente até superiores ao prazo para ajuizamento da ação rescisória.

Ora, se a decisão de não conhecimento do recurso tem natureza declaratória negativa, poder-se-ia vir a concluir que o momento do trânsito em julgado ocorria quando esgotados os prazos dos recursos interponíveis contra a decisão do tribunal local, eis que o recurso interposto veio a ser tido por não cabível (por isso não foi conhecido). Há autores, dos mais notáveis, que defendem enfaticamente essa posição, como é o caso do Prof. Barbosa Moreira.[14] É também o caso do Prof. Nelson Nery Jr., que afirma:

> O recurso não conhecido, por lhe faltar alguma das condições de admissibilidade, faz com que se tenha a decisão impugnada como transitada em julgado no momento em que se verificou a causa do não conhecimento do recurso (eficácia *ex tunc*) e não no momento em que o tribunal ad quem proferiu o juízo de admissibilidade.[15]

Também é essa a opinião de Ada Pellegrini Grinover.[16]

A conclusão de que o prazo para ajuizamento da rescisória não deve ser contado da decisão que, por exemplo, não tenha admitido o recurso especial, tendo em vista a sua natureza declaratória a respeito do juízo de admissibilidade, em nosso entender, atrita com o princípio da segurança jurídica e, além disso, ainda que por via reflexa, inibe a própria interposição de recursos, o que, em

---

[14] Nos dizeres de Barbosa Moreira, "a coisa julgada exsurge a partir da configuração da inadmissibilidade. Note-se bem: *não a partir da decisão que a pronuncia*, pois esta, como já se assinalou, é declaratória; limita-se a proclamar, a manifestar, a certificar algo que lhe preexiste" (*Comentários ao Código de Processo Civil*. 13. ed. Rio de Janeiro: Forense, 2006. v. 5, item 174, p. 265-266).

[15] NERY JR., Nelson. *Teoria geral dos recursos*. 6. ed. São Paulo: RT, 2004. p. 267.

[16] Para Ada Pellegrini Grinover, "o recurso inadmissível não tem a virtude de obstar à coisa julgada: nunca teve, de modo que a coisa julgada exsurge a partir da configuração da inadmissibilidade. Não a partir da decisão que a pronuncia, que só é declaratória, limitando-se a certificar algo que lhe preexiste" (Um enfoque constitucional da teoria geral dos recursos. O processo em evolução. 2. ed. Rio de Janeiro: Forense, 1998. item 4.4, p. 79).

última análise, conflita com o princípio do amplo e incondicionado acesso ao Poder Judiciário.[17] Há autores que chegam à mesma conclusão, porém partindo de diferentes premissas. Nessa linha, defende Fredie Didier Júnior que o juízo de admissibilidade é constitutivo negativo, tendo, portanto, eficácia *ex nunc*.[18]

Temos por correto o entendimento de que o momento do trânsito em julgado é adiado até o instante em que o tribunal destinatário do recurso profere decisão negativa a respeito dos requisitos de admissibilidade do recurso interposto, salvo se se tratar de intempestividade manifesta do recurso.

Neste sentido é a orientação remansosa do Supremo Tribunal Federal, consoante se infere das ementas a seguir transcritas:

> A contagem do prazo de decadência da ação rescisória começa a correr da data do trânsito em julgado da decisão originária; a interposição de recurso cabível, inclusive extraordinário, salvo se indeferido por intempestivo, afasta o *dies a quo* da decadência.[19]

> O prazo para propor a ação rescisória começa a correr da data do trânsito em julgado da decisão rescindenda, quando não mais exercitável ou não exercitado recurso ordinário ou extraordinário, princípio que não se invalida pelo não conhecimento do recurso na instância *ad quem*.[20]

O Superior Tribunal de Justiça[21] também tem trilhado por esse caminho:

> Processual civil. Ação rescisória. Decadência. Ajuizamento no prazo. Impossibilidade de citação. Ausência de culpa da autora. Falha da máquina judiciária. Termo inicial. Primeiro dia após o trânsito em julgado da última decisão. Boa-fé do recorrente. Recurso especial inadmitido. Agravo interposto. Decisão

---

[17] Para Teresa Arruda Alvim Wambier e José Miguel Garcia Medina, a "eventual adoção dessa solução se chocaria frontalmente com o princípio do acesso à justiça e obrigaria a parte a exercer certo tipo de 'projeção mental' sobre a decisão do Tribunal, de certo modo tentando 'prever' se seu recurso seria, ou não, admitido, previsibilidade esta que, na verdade, só é possível, praticamente sem margem de erro, em caso de *intempestividade evidente, que beira a má-fé*" (O *dogma da coisa julgada*. São Paulo: RT, 2003. p. 205-206).

[18] Cf. DIDIER JR., Fredie; CUNHA, Leonardo Carneiro da. *Curso de direito processual civil*. 9. ed. Salvador: JusPodivm, 2011. v. 3, p. 73.

[19] STF, RE 97.450-4/RJ, 1ª Turma, Rel. Min. Pedro Soares Muñoz, j. 17.08.1982, v.u., *DJU* 03.09.1982 – *RTJ* 104/1.265.

[20] STF, RE 94.055-3/RJ, 1ª Turma, Rel. Min. Luiz Rafael Meyer, j. 03.11.1981, v.u., *DJU* 04.12.1981 – *RT* 559/263.

[21] Nesse sentido: "O prazo da decadência da ação rescisória começa a fluir do trânsito em julgado da decisão proferida no recurso extraordinário não conhecido" (REsp 34.014/RJ, 4ª Turma, Rel. Min. Ruy Rosado Aguiar, j. 12.09.1994, *DJ* 07.11.1994).

monocrática negando-lhe seguimento. *Dies a quo*. Evolução jurisprudencial. Precedentes. Recurso provido. I – Nos termos da jurisprudência sumulada desta Corte (Enunciado 106), o obstáculo da máquina judiciária não pode prejudicar a parte autora que ajuizou a ação rescisória no prazo e não teve culpa de a citação ter ocorrido intempestivamente. II – Segundo entendimento que veio a prevalecer no Tribunal, o termo inicial para o prazo decadencial da ação rescisória é o primeiro dia após o trânsito em julgado da última decisão proferida no processo, salvo se se provar que o recurso foi interposto por má-fé do recorrente (REsp 62.353/RJ, 4ª Turma, Rel. Min. Sálvio de Figueiredo Teixeira, j. 26.08.1997).

Mais recentemente, o STJ chegou a sumular dita orientação. Deveras, nos termos do entendimento plasmado na Súmula 401 daquele tribunal, "o prazo decadencial da ação rescisória só se inicia quando não for cabível qualquer recurso do último pronunciamento judicial".

Tínhamos para nós, ainda ao tempo do Código de Processo Civil de 1973, que à exceção dos casos de recurso extemporaneamente apresentado ou evidente má-fé da parte que recorre, a coisa julgada se formava no instante em que houver sido prolatada a última decisão no processo, iniciando, a partir de então, o prazo decadencial de dois anos para propositura da ação rescisória.[22]

---

[22] Nesse sentido: "Processual civil. Recurso especial. Ação rescisória. Decadência. Biênio legal. Termo *a quo*. Recurso notoriamente intempestivo. 1. Ação rescisória em que se busca desconstituir julgado que considerou devidos os índices de correção monetária das contas vinculadas do FGTS relativos aos planos econômicos Bresser e Collor II, em dissonância com o que foi decidido pela Suprema Corte no RE 226.855/RS. O TRF-4ª Região extinguiu o processo com julgamento do mérito, com fulcro no art. 269, IV, do CPC, reconhecendo a decadência do direito à ação rescisória. Recurso especial no qual se intenta demonstrar que o prazo decadencial para a propositura da ação rescisória deve ter o seu *dies a quo* fixado no momento em que transita em julgado a decisão do último recurso interposto em face do *decisum* rescindendo. 2. O cerne da questão reside em se determinar o termo *a quo* da contagem do prazo decadencial para a propositura da ação rescisória quando interposto recurso notoriamente intempestivo em face da decisão rescindenda. 3. Situações existem em que o eventual não conhecimento do recurso não é facilmente deduzível, o que poderia decorrer em prejuízo muitas vezes insanável para a parte, ante a dificuldade de atuação do patrono da causa. Com efeito, supondo-se que o exame do recurso se prolongue por mais de dois anos, criar-se-ia a possibilidade de que, ao ser declarado o seu não conhecimento, já se tenha exaurido o biênio ensejador do juízo rescisório. Portanto, para que seja evitada essa consequência indesejada, tem--se que o trânsito em julgado a ser observado deve mesmo ser o da derradeira decisão, que examinará eventual recurso que esteja pendente. 4. Excepcionam-se dessa regra, tão somente, as hipóteses em que o recurso é extemporaneamente apresentado ou que haja evidenciada má-fé da parte que recorre. 5. No caso dos autos, a sentença que se pretende rescindir foi publicada em 19.03.1999, tendo o recurso de apelação sido interposto apenas em 09.04.1999, portanto, após o decurso do prazo. A recorrente, ao ajuizar a ação rescisória,

Referida posição foi encampada pelo legislador, prevendo o art. 975 do CPC/2015 que "O direito à rescisão se extingue em 2 (dois) anos contados do trânsito em julgado da última decisão proferida no processo".

É preciso destacar, nesse passo, que muito embora sejam bastante semelhantes o caput do art. 975 do CPC/2015 e o enunciado da Súmula 401 do STJ, uma importante questão as distingue. Pela redação da sobredita súmula, cuida-se do termo inicial para ajuizamento da ação rescisória. De outro lado, o caput do art. 975 do CPC/2015 prevê que o termo final para o ajuizamento de referida ação é alcançado dois anos após a prolação da última decisão no processo. Com isso, o dispositivo legal trata apenas do momento até o qual será dado a parte o ajuizamento da ação rescisória, sem que se diga que o trânsito em julgado se dá tão somente após a prolação da última decisão do processo.

Dessa forma, o fato de o prazo para ajuizamento da ação rescisória findar-se após dois anos da última decisão do processo não quer significar que apenas após a última decisão é que ocorrerá o trânsito em julgado. Pensamos, como já afirmamos anteriormente, que sendo possível o fracionamento da decisão (recurso que trata de apenas um capítulo da decisão recorrida, por exemplo) haverá, desde logo, trânsito em julgado de parte da decisão, momento a partir do qual já é lícito à parte se valer da ação rescisória. O destaque é para o fato de que o termo final, repita-se, corresponderá ao momento em que completarem-se dois anos após a prolação da última decisão do processo.

Convém observar, apenas, que não se há de falar em extemporaneidade no ajuizamento da ação rescisória, quando o processo ainda estiver em curso, mas logicamente após o trânsito em julgado de algum dos capítulos da sentença, por exemplo. Isto, pois mesmo que não se admita que o art. 975 do CPC/2015, como cremos, apenas estabeleça o termo final para propositura da ação, deve-se valer o jurisdicionado da regra geral prevista no art. 218, § 4º, do CPC/2015, que considera tempestivamente praticado o ato processual quando realizado antes de seu termo inicial.

Diante dos argumentos acima destacados, é de se concluir que o processo civil já admitia, antes do advento do CPC/2015, o julgamento parcial do mérito. Quanto a isso, ademais, não devem mais surgir questionamentos, na medida em que o art. 356 do novo diploma prevê expressamente a possibilidade de julgamento antecipado parcial do mérito, ocorrendo o trânsito em julgado tão logo não seja

---

deveria ter observado o trânsito em julgado que se deu com o término do prazo para o manejo da apelação, qual seja o dia 05.04.1999. Tendo a ação sido proposta somente em 16.01.2002, não há como afastar a decadência do direito rescisório. 6. Recurso especial não provido" (STJ, REsp 770.335/RS, 1ª Turma, Rel. Min. José Delgado, j. 01.09.2005, DJ 26.09.2005).

interposto recurso contra tal decisão, ou quando não for mais cabível qualquer espécie recursal. Deve-se ressaltar, nesse ponto, que mesmo diante da previsão do art. 975 do CPC/2015, que prevê o termo final para propositura de ação rescisória, certo é que o trânsito em julgado, propriamente dito, terá ocorrido após a prolação da decisão de mérito, ainda que o prazo para ajuizamento da ação rescisória só vá extinguir-se dois anos após a prolação de outra decisão, isto é, aquela que for considerada a última do processo.

Inquestionável, por tais argumentos, que no processo civil brasileiro é admissível o trânsito em julgado parcial.

Assim, na toada do que se fez prever no art. 356 do CPC/2015, foi inserida na Lei 9.307/1996, pela Lei 13.129/2015, o art. 23, § 1º, que autoriza expressamente o julgamento parcial do mérito na arbitragem e, por consequência, o trânsito em julgado parcial. Assim prevê o dispositivo: "os árbitros poderão proferir sentenças parciais".

Basta imaginar uma hipótese em que haja cumulação de pedidos na arbitragem, sendo que um deles prescinde de qualquer dilação probatória. Nesse caso, nada obsta que o tribunal arbitral julgue desde logo o pedido que estiver em condições de imediato julgamento, postergando o julgamento do outro pedido cumulado para o momento posterior à produção das provas.

Em outros termos, poderá a parte beneficiária de aludida sentença executá-la desde logo, pois a sentença arbitral, ainda que parcial, constitui título executivo judicial (art. 515, VII, do CPC/2015 e art. 31 da Lei 9.307/1996).

Coerentemente com essa proposta, a Lei 9.307/1996, com a alteração promovida pela Lei 13.129/2015, ainda dispõe que a ação declaratória de nulidade da sentença arbitral poderá ser ajuizada contra sentenças arbitrais parciais, de modo que terá como termo *a quo* o recebimento da notificação dessa sentença parcial ou da decisão do pedido de esclarecimento, quando for o caso (art. 33, § 1º).

Trata-se, em nosso sentir, de excelente inovação, completamente afinada com o CPC/2015 e bem assim, com a própria Constituição Federal, ao prever o acesso efetivo à Justiça (art. 5º, XXXV) e a razoável duração do processo (art. 5º, LXXVIII). Deveras, seria totalmente desarrazoado fazer com que a parte tivesse que aguardar o final do procedimento arbitral, com o julgamento de todos os pedidos formulados para, somente então, dar início ao cumprimento de sentença arbitral, ainda que um dos pedidos já tivesse sido julgado enquanto o outro demandasse instrução probatória.

REFERÊNCIAS BIBLIOGRÁFICAS

BARBOSA MOREIRA, José Carlos. *Comentários ao Código de Processo Civil*. 13. ed. Rio de Janeiro: Forense, 2006. v. V.

CARNEIRO, Athos Gusmão. *Da antecipação de tutela*. 6. ed. Rio de Janeiro: Forense, 2005.

DIDIER JR., Fredie; CUNHA, Leonardo José Carneiro da. *Curso de direito processual civil*. 9. ed. Salvador: JusPodivm, 2011. v. 3.

DINAMARCO, Cândido Rangel. *Capítulos de sentença*. São Paulo: Malheiros, 2004.

FERREIRA, William Santos. Aspectos polêmicos e práticos da nova reforma processual civil. Rio de Janeiro: Forense, 2002.

FIGUEIRA JR., Joel Dias. *Manual da arbitragem*. São Paulo: RT, 1997.

FURTADO, Paulo; BOULOS, Uadi Lammêgo. *Lei da Arbitragem comentada*. São Paulo: Saraiva, 1997.

GRINOVER, Ada Pellegrini. *O processo em evolução*. 2. ed. Rio de Janeiro: Forense, 1998.

NERY JR., Nelson. *Princípios do processo civil na Constituição Federal*. 8. ed. São Paulo: RT, 2004.

_____. *Teoria geral dos recursos*. 6. ed. São Paulo: RT, 2004.

WAMBIER, Luiz Rodrigues; WAMBIER; Teresa Arruda Alvim; MEDINA, José Miguel Garcia. *Breves comentários à nova sistemática processual civil*. 3. ed. São Paulo: RT, 2005.

WAMBIER, Teresa Arruda Alvim; MEDINA, José Miguel Garcia. *O dogma da coisa julgada*. São Paulo: RT, 2003.

6

DESENVOLVIMENTO DA CULTURA DOS MÉTODOS ADEQUADOS DE SOLUÇÃO DE CONFLITOS: UMA URGÊNCIA PARA O BRASIL

ELEONORA COELHO[1]

> **Sumário:** 1. Introdução: a transformação da "cultura do litígio" como fator essencial para o desenvolvimento dos ADRS no Brasil – 2. Recente evolução dos ADRS no Brasil – 3. Fatores que contribuem para a criação da cultura dos ADRS: 3.1. Arcabouço legal eficaz; 3.2. Renovação do ensino jurídico e da educação em geral: 3.2.1. Competições de arbitragem e de mediação – 3.3. Cooperação do Poder Judiciário; 3.4. Cooperação da iniciativa privada – 4. Conclusão – Referências bibliográficas.

1. INTRODUÇÃO: A TRANSFORMAÇÃO DA "CULTURA DO LITÍGIO" COMO FATOR ESSENCIAL PARA O DESENVOLVIMENTO DOS ADRS NO BRASIL

A arbitragem,[2] a mediação e a conciliação[3] são três exemplos do que se convencionou chamar "métodos alternativos de solução de conflitos" (em inglês,

---

[1] Advogada em São Paulo, sócia-fundadora do escritório Eleonora Coelho Advogados, Mestre em Arbitragem, Contencioso e Modos Alternativos de Solução de Conflitos pela Universidade Paris II – Panthéon Assas.

[2] "A arbitragem – meio alternativo de solução de controvérsias através da intervenção de uma ou mais pessoas que recebem seus poderes de uma convenção privada, decidindo com base nela, sem intervenção estatal, sendo a decisão destinada a assumir a mesma eficácia

"alternative dispute resolution" ou "ADR"). O termo *alternativo* diz respeito ao fato de serem opções ao método tradicional de solução de conflitos: o Poder Judiciário.

Hodiernamente, a expressão *métodos alternativos* vem cedendo espaço para o termo *métodos adequados* (ou "adequate/appropriate dispute resolution") a partir da constatação de que os conflitos são diferentes entre si, tanto em complexidade, quanto em peculiaridade – e, assim, requerem ferramentas distintas para serem solucionados.

Ademais, os ADRs não são simples alternativas ao Judiciário,[4] e tampouco este deveria ser a única e ou a principal via de solução dos conflitos, como acontece em nosso país e na maior parte dos países de tradição civilista. Os ADRs são mecanismos baseados na especialização e adequação de cada método a certo tipo de disputa.

Assim, muito embora a chamada "crise do Judiciário" tenha sido, recentemente, a propulsora para incentivo e divulgação dos ADRs no Brasil, sua efetivação busca proporcionar um acesso à justiça adequado e eficiente, promovendo a coe-

---

da sentença judicial – é colocada à disposição de quem quer que seja, para solução de conflitos relativos a direitos patrimoniais acerca dos quais os litigantes possam dispor. (...) Esta característica impositiva da solução arbitral (meio heterocompositivo de solução de controvérsias) a distancia da mediação e da conciliação, que são meios autocompositivos de solução de litígios" (CARMONA, Carlos Alberto. *Arbitragem e processo*: um comentário à Lei 9.307/96. 3. ed. São Paulo: Atlas, 2009. p. 31).

[3] "A falta de tradição, nestes países, de soluções negociadas para os conflitos leva a compreensões equivocadas do que são os institutos da mediação e da conciliação. (...) A distinção entre ambos passa, inicialmente, pela abordagem do conflito. A conciliação é um procedimento mais célere e, na maioria dos casos, restringe-se a uma reunião entre as partes e o conciliador. Trata-se de mecanismo muito eficaz para conflitos em que inexiste entre as partes relacionamento significativo no passado ou contínuo a futuro, portanto, preferem buscar um acordo de forma imediata para pôr fim à controvérsia ou ao processo judicial. (...) A mediação difere da conciliação em diversos aspectos. Nela o que está em jogo são meses, anos ou mesmo décadas de relacionamento, razão pela qual demanda que o terceiro tenha conhecimento mais profundo sobre a inter-relação entre as partes. É bom lembrar que a mediação, entretanto, não visa pura e simplesmente o acordo, mas a atingir a satisfação dos interesses e das necessidades dos envolvidos no conflito. (...) E um dos seus objetivos é estimular o diálogo cooperativo entre elas para que alcancem a solução das controvérsias em que estão envolvidas" (SAMPAIO, Lia Regina Castaldi; BRAGA NETO, Adolfo. *O que é mediação de conflitos*. São Paulo: Brasiliense, 2007. p. 20-22).

[4] De fato, a utilização da palavra *alternativa* traria a ideia da existência de uma via "oficial" (o Poder Judiciário), com a qual os ADRs seriam concorrentes – concepção que se nega.

xistência e a pacificação social.[5] Até porque o direito universalmente consagrado é o direito a um julgador, que não deve ser necessariamente público.[6]

Trata-se, assim, de implementar o chamado sistema multiportas,[7] introduzindo e desenvolvendo no país a mediação, a conciliação, a arbitragem, a negociação, a avaliação de terceiro neutro, as práticas colaborativas, os *dispute boards* e outras diversas formas específicas de solução de litígios.[8]

Para que tais mecanismos passem a ser realidade no Brasil, o que se considera uma urgência, é indispensável a mudança da "cultura do litígio" hoje vigente.

De acordo com Miguel Reale, as chamadas normas culturais – que não necessariamente são normas jurídicas – caracterizam-se por se referirem a valores, ou, mais especificamente, por adequarem meios à realização de fins próprios ao homem (natureza teleológica).[9]

---

[5] Importante consignar que o desenvolvimento dos ADRs no Brasil faz parte de uma tendência mundial, conforme leciona Lia Sampaio e Adolfo Braga: "Os métodos aqui abordados são frutos de uma tendência liberal em todo o mundo, pois vários países, indistintamente e de modo muito peculiar, perceberam as dificuldades do formalismo judicial estatal e sua pouca aspiração diante do dinamismo exigido pelas diversas áreas do inter-relacionamento afetivo, profissional ou comercial entre pessoas físicas e jurídicas (...). Há que se notar que essa tendência liberal mantém estreita relação com a retirada cada vez maior do Estado dos assuntos dos interesses dos particulares, situando-se no bojo do reconhecimento da plenitude do cidadão como objeto de deveres e direitos, que por si só pode melhor administrar, transformar ou resolver seus próprios conflitos" (SAMPAIO, Lia Regina Castaldi; BRAGA NETO, Adolfo. *O que é mediação de conflitos*. São Paulo: Brasiliense, 2007. p. 11).

[6] "C'est d'abbord la Cour européenne des droits de l'homme qui, à propos de l'article 6, paragraphe 1er, de la Convention, a énoncé que 'le principe selon lequel une contestation civil droit pouvoir être portée devant un juge compte au nombre des principes fondamentaux de droit universellement reconnus' (...) Le juge privé, qui ne peut se prévaloir comme le juge public de l'insertion dans l'appareil d'Etat au nom duquel il dit le droit et tranche les litiges, puise dans son aptitude à juger une légitimité propre, fondée sur le capital symbolique que représentent sa capacité de jugement, sa compétence et sa neutralité: l'adhésion volontaire du justiciable se substitue à l'effet d'autorité que connaît seule la justice publique" (OPPETIT, Bruno. *Theorie de l'Arbitrage*, Paris: Presses Universitaires de France, 1998. p. 21-22).

[7] O conceito de "multi-door courthouse" foi sugerido pela primeira vez em 1976 por Frank E. A. Sander, professor de Harvard, cujas ideias foram posteriormente publicadas em SANDER, Frank. *Varieties of dispute process*. Minnesota: West Publishing, 1979.

[8] Para os fins do presente artigo, iremos abordar principalmente a arbitragem, a conciliação e a mediação, sem, contudo, pretender reduzir o amplo conceito de ADRs a essas três formas.

[9] "Pois bem, 'cultura' é o conjunto de tudo aquilo que, nos planos material e espiritual, o homem constrói sobre a base da natureza, quer para modificá-la, quer para modificar-se a si mesmo. É desse modo, o conjunto de utensílios e instrumentos, das obras e

No tocante à resolução de conflitos, portanto, as normas culturais são aquelas que ditam quais seriam os meios apropriados para se atingir a finalidade de pacificar conflitos, permitindo uma melhor convivência em sociedade.[10]

Atualmente no Brasil, a cultura de solução de litígios envolve quase sempre delegar essa tarefa ao Poder Judiciário – e, na maioria dos casos, a intervenção do juiz togado é buscada como meio de impor a vontade de uma parte à outra e não como meio de auxiliar o diálogo.

Uma vez estabelecido o litígio no âmbito do Poder Judiciário, há extrema litigiosidade entre as partes, sem que haja oportunidade de diálogo,[11] sendo comum a prática do "recurso pelo recurso", com a mobilização das instâncias superiores mesmo quando há remota chance de êxito. Tal prática é inerente à cultura difundida nas faculdades de Direito e também pelo próprio Estado que obriga seus prepostos – por meio de lei – a recursos obrigatórios,[12] mesmo sem

---

serviços, assim como das atitudes espirituais e formas de comportamento que o homem veio formando e aperfeiçoando, através da história, como cabedal ou patrimônio da espécie humana. Não vivemos no mundo de maneira indiferente, sem rumos ou sem fins. Ao contrário, a vida humana é sempre uma procura de valores. (...) O conceito de fim é básico para caracterizar o mundo da cultura. A cultura existe exatamente porque o homem, em busca da realização de fins que lhe são próprios, altera aquilo que lhe é 'dado', alterando-se a si próprio" (REALE, Miguel. *Lições preliminares de direito*. 2. ed. São Paulo: Bushatsky, 1974. p. 30).

[10] "Cada sociedade desenha o quadro de métodos de resolução de conflitos conforme as suas expectativas acerca do que seja ou não formal, o que seja ou não seguro, o que seja ou não violento e, principalmente, o que seja ou não justo. E, no último século, as sociedades contemporâneas tem demonstrado atravessar um estado de crise com seus conceitos de forma, segurança, violência e justiça. Naturalmente, isso compromete a hegemonia da jurisdição e do processo judicial e abre flancos para o ressurgimento de métodos 'alternativos' de solução de controvérsias" (SILVA, Paulo Eduardo Alves da. Solução de controvérsias: métodos adequados para resultados possíveis e métodos possíveis para resultados adequados. In: SALLES, Carlos Alberto; LORENCINI, Marco Antônio Garcia; SILVA, Paulo Eduardo Alves (coords.) *Negociação, mediação e arbitragem*: curso para programas de graduação em Direito. São Paulo: Método, 2012. p. 3).

[11] "Embora esse fenômeno revele uma dimensão positiva ao expressar a consciência dos cidadãos em relação aos seus direitos, o culto ao litígio, porém, parece refletir a ausência de espaços – estatais ou não – voltados à comunicação de pessoas em conflito. Com raras exceções, não há, no Brasil, serviços públicos que ofereçam oportunidade e técnicas apropriadas para o diálogo entre partes em litígio" (ANDRIGHI, Nancy; FOLEY, Gláucia Falsarella. Sistema multiportas: o Judiciário e o consenso. *Folha de S. Paulo*, São Paulo, 24 jun. 2008, Tendências e Debates).

[12] O chamado reexame necessário é previsto no art. 496 do Código de Processo Civil e obriga a União, o Estado, o Distrito Federal, o Município, e as respectivas autarquias e fundações de direito público a recorrerem de decisões que lhe forem desfavoráveis.

Cap. 6 • DESENVOLVIMENTO DA CULTURA DOS MÉTODOS ADEQUADOS DE SOLUÇÃO DE CONFLITOS | **101**

qualquer chance de sucesso, sendo, assim, o maior responsável pelo assoberbamento do Poder Judiciário.[13]

Os ADR, por sua vez, são baseados na autonomia da vontade das partes e pressupõem convivência cordial e diálogo entre elas.

Na arbitragem, embora método heterocompositivo de solução de conflitos, não se coaduna postura belicosa e pouco cooperativa que lamentável e invariavelmente acabam adotando as partes perante o Poder Judiciário.[14] Além disso, a inexistência de recurso à sentença arbitral é elemento que, *per se*, evita a procrastinação. A mediação, de outro lado, tem como pré-requisito o diálogo entre as partes, vez que a solução será construída por elas, sendo vedado ao mediador impor qualquer acordo.

É evidente, portanto, a necessidade de se construir uma nova cultura em nossa sociedade para que seja possível o desenvolvimento dos ADRs. A grande dúvida, contudo, é como desenvolvê-la e implementá-la.

O presente artigo busca apontar alguns fatores que, a nosso ver, poderiam contribuir para que o Brasil supere a "cultura do litígio" para dar lugar a métodos consensuais de resolução de disputas, heterocompositivos ou não.

Antes, porém, será feito um breve histórico de sua recente evolução e das novas medidas que estão sendo tomadas para sua consolidação.

2. RECENTE EVOLUÇÃO DOS ADRS NO BRASIL

Os ADRs são métodos que existem antes mesmo da estatização da solução de conflitos por meio do Poder Judiciário.[15] Ocorre que, depois que o Estado cha-

---

[13] De acordo com relatório da pesquisa "Justiça em Números", elaborada pelo CNJ, em 2013, 29,2 milhões de processos de execução fiscal tramitam no Poder Judiciário, o que representa 32% de todos os processos em tramitação. Na execução fiscal, a taxa de congestionamento é de 89%, ou seja, de cada 100 processos, apenas 11 são baixados ao longo de um único ano. Íntegra da pesquisa disponível em: <http://www.cnj.jus.br/noticias/cnj/26625-numero-de-processos-em-tramite-no-judiciario-cresce-10-em-quatro-anos>. Acesso em: 31 jan. 2014.

[14] "O profissional do direito que desejar atuar em arbitragem, como já mencionamos em trabalhos pregressos, deve deixar a armadura de gladiador para o foro e utilizar a vestimenta de cavalheiro do século XXI. Este profissional deve, preponderantemente, focar a negociação e a pacificação do litígio. Compete ao profissional um papel de colaboração efetiva na obtenção da rápida solução da demanda arbitral. Enfim, não se afeiçoa à prática arbitral o advogado extremamente beligerante; este, logo perceberá que está em descompasso com o ambiente arbitral, que prima pelo diálogo e consenso constante" (LEMES, Selma Ferreira. A arbitragem e o Estudante de Direito. *Revista Direito ao Ponto*, n. 4, maio 2009, p. 26-28).

[15] "No arco da história, os denominados meios alternativos foram a fonte primária para solucionar uma controvérsia. Não é por outro motivo que, nos países de civil law da Europa

102 | ARBITRAGEM E MEDIAÇÃO

mou para si o monopólio da jurisdição, a mediação, a conciliação e a arbitragem (dentre outros ADRs) perderam espaço em nosso país durante longo tempo,[16] muito embora continuassem a serem previstos na nossa legislação.[17]

Apenas recentemente, houve o ressurgimento de tais métodos no Brasil, motivado principalmente pela impossibilidade de o Poder Judiciário resolver satisfatoriamente todos os litígios que a ele se apresentam.[18]

Ocidental, ver a conciliação como forma alternativa ao processo judicial gera estranheza" (LORENCINI, Marco Antonio Garcia Lopes. A contribuição dos meios alternativos para a solução de controvérsias. In: SALLES, Carlos Alberto (coord.) *As grandes transformações do processo civil brasileiro*: homenagem ao professor Kazuo Watanabe. São Paulo: Quartier Latin, 2009. p. 601).

Com relação à arbitragem, conforme leciona Lia Sampaio e Adolfo Braga, "trata-se de um instituto milenar, pois há registros de seu emprego no ano de 3000 a.C. na Babilônia, onde era utilizada para dirimir conflitos entre Estados soberanos. Historiadores relatam seu uso na Grécia e na Roma antigas. Na Idade Média seu emprego foi amplo, sobretudo entre os cristãos, que não confiavam na justiça laica, recorrendo à arbitragem para dirimir conflitos entre seus seguidores, o que também pôde ser verificado no período da Revolução Francesa" (SAMPAIO, Lia Regina Castaldi; BRAGA NETO, Adolfo. *O que é mediação de conflitos*. São Paulo: Brasiliense, 2007. p. 17).

[16] "É como se, ao chamar para si o monopólio da jurisdição, e o reforço de seu aspecto como manifestação de poder, o Poder Judiciário, órgão estatal cuja razão de ser envolve a solução de controvérsias, não tolerasse mais nenhuma outra forma de solução de controvérsia, seja de direito disponível ou não, de modo que toda e qualquer controvérsia a ele submetida tivesse como desfecho único a sentença; O objetivo de pacificar, prometido pela jurisdição, seria atingido apenas por intermédio dela" (LORENCINI, Marco Antonio Garcia Lopes. A contribuição dos meios alternativos para a solução de controvérsias In: SALLES, Carlos Alberto (coord.) *As grandes transformações do processo civil brasileiro*: *homenagem ao professor Kazuo Watanabe. São Paulo: Quartier Latin, 2009. p. 603*).

[17] A conciliação, por exemplo, era prevista na Constituição de 1824, realizadas pelos juízes de paz (art. 162); assim como a arbitragem (embora não com as características atuais) já era prevista no Decreto 737, de 1850, tendo sido também prevista no Código Comercial de 1850, no Código Civil de 1916 e no Código de Processo Civil de 1939. Para mais informações sobre o histórico da conciliação e mediação na legislação pátria: WATANABE, Kazuo. Política pública do poder judiciário nacional para tratamento adequado dos conflitos de interesses. *Revista de Processo*, v. 36, 2011, p. 385-387.

[18] "A raiz da oscilação recente em prol das ADR remonta ao início do século XX, também nos EUA. Na época, também era observada a crescente insatisfação popular com as instituições legais e a intensificação do uso da conciliação e da arbitragem, anunciados como menos demorados, menos custosos e menos beligerantes que o processo judicial. O marco teórico parece situado nas críticas de Roscoe Pound ao caráter adversarial da justiça. (...) No Brasil, a história da versão recente dos ADR tem uma defasagem temporal de duas décadas em relação à experiência norte-americana, mas se desenvolve de forma relativamente semelhante: inicialmente ancorada na arbitragem para, mais tarde, disserminar-se pela conciliação e mediação" (SILVA, Paulo Eduardo Alves da. Solução

Cap. 6 · DESENVOLVIMENTO DA CULTURA DOS MÉTODOS ADEQUADOS DE SOLUÇÃO DE CONFLITOS | 103

Nessa esteira, o próprio Estado passou a incentivar a adoção de outros métodos e procedimentos para pacificação de conflitos, em um movimento de descentralização, que ocorre tanto dentro como fora da estrutura judicial.

No Brasil, a primeira medida de relevância nesse sentido foi a criação dos Juizados Especiais de Pequenas Causas (Lei 7.244/1984), posteriormente substituídos pelos Juizados Especiais Cíveis e Criminais em âmbito Estadual (Lei 9.099/1995) e Federal (Lei 10.259/2001), os quais objetivam ser um mecanismo mais adequado para solucionar causas de valor e complexidade reduzidos, pois contam com um procedimento simplificado (em que há incentivo à conciliação, privilégio da informalidade, concentração de atos etc.). A criação dos Juizados teve grande aceitação da sociedade, o que já demonstrava o anseio por meios mais ágeis e eficazes para a solução de seus conflitos. Contudo, não tardou para que tais órgãos também ficassem saturados.[19]

Outro marco relevante desse processo foi a edição da Lei de Arbitragem em 1996 (Lei 9.307/1996), que trouxe mudanças estruturais na legislação, possibilitando o "pontapé" inicial do desenvolvimento da arbitragem no Brasil. Tal mudança significou a criação de um novo centro de solução de litígios, fora das estruturas do Poder do Judiciário. Em 2001, a declaração de constitucionalidade da Lei de Arbitragem[20] contribuiu para a consolidação desse instituto, que, desde então, vem crescendo vertiginosamente.[21]

---

de controvérsias: métodos adequados para resultados possíveis e métodos possíveis para resultados adequados. In: SALLES, Carlos Alberto; LORENCINI, Marco Antônio Garcia; SILVA, Paulo Eduardo Alves (coords.). *Negociação, mediação e arbitragem*: curso para programas de graduação em Direito. São Paulo: Método, 2012. p. 5-7).

[19] "Deste modo, apercebeu-se que a pretensa solução iniciada com a Lei 7.244/84 tinha sido um paliativo, não se afigurando como solução duradoura para a problemática da solução rápida de litígios, tornando necessária uma outra alternativa" (CUNHA, Cícero Luiz Botelho da. A luta pela credibilidade da arbitragem como condição de eficácia do sistema de auto-solução de conflitos. In: GUILHERME, Luiz Fernando do Vale de Almeida (coord.). *Novos rumos da arbitragem no Brasil*. São Paulo: Fiuza, 2003. p. 91).

[20] STF, SE 5.206 – Espanha, Rel. Min. Sepúlveda Pertence, j. 12.12.2001.

[21] Em pesquisa realizada anualmente por Selma Ferreira Lemes, ficou comprovado que, em 2015, as cinco principais câmaras arbitrais do país administraram 556 processos arbitrais, envolvendo um valor total de aproximadamente R$ 11 bilhões (Disponível em: <http://selmalemes.adv.br/noticias/An%C3%A1lise%20da%20pesquisa%20arbitragens%20em%20n%C3%BAmeros%20_2010%20a%202015_-final-SelmaLemes.pdf>. Acesso em: 22 jul. 2016). Em 2005, por sua vez, o número de procedimentos era apenas 21, envolvendo um valor de R$ 247 milhões (Fonte: Arbitragens envolveram R$ 3 bilhões em 2013. *Valor Econômico*. São Paulo, 27 jan. 2014. Disponível em: <http://www.valor.com.br/legislacao/3407430/arbitragens-envolveram-r-3-bilhoes-em-2013>. Acesso em: 27 jan. 2014).

104 | ARBITRAGEM E MEDIAÇÃO

Em seguida, especificamente no ramo do Direito do Trabalho, podemos citar a criação das Comissões de Conciliação Prévia em 2000 (Lei 9.958/2000), que realizavam conciliações pré-processuais – apenas se frustrada a tentativa de conciliação, era possível lançar mão do Poder Judiciário. Todavia, essa obrigatoriedade foi reiteradamente rechaçada pelos juízes trabalhistas, sob a alegação de violação do princípio da inafastabilidade do Poder Judiciário, de modo que hoje em dia as comissões caíram em desuso.

Uma das medidas mais importantes tomadas pelo Poder Judiciário quanto ao incentivo aos métodos adequados de solução de litígio foi, sem dúvidas, a edição da Resolução 125 do Conselho Nacional de Justiça (CNJ), em 2010 que teve o condão de alçar à categoria de política nacional de justiça a utilização de métodos adequados de solução de conflitos.[22]

Referida resolução sofreu alterações em 2013 (Emenda 1, de 31 de janeiro de 2013), com o aumento do rol de princípios e garantias,[23] a supressão da previsão de remuneração ao conciliador e mediador[24] e a retirada da obrigatoriedade de instalação dos Centros Judiciários de Solução de Conflitos e Cidadania (CEJUSC) em locais com até quatro Juízos, Juizados ou Varas cíveis, fazendárias, previdenciárias ou de família.[25]

Em março de 2016, a Resolução 125 foi novamente alterada (Emenda 2, de 8 de março de 2016), com medidas para fortalecer o instituto da mediação, exigindo que órgãos judiciais ofereçam mecanismos de soluções de controvérsias antes da

---

[22] Entre outras importantes previsões, a Resolução determinou a criação, pelos tribunais, dos Núcleos Permanentes de Métodos Consensuais de Solução de Conflitos, composto por magistrados ativos aposentados e por servidores, encarregados de (i) desenvolver e implementar a Política Judiciária e as ações nela previstas; (ii) instalar Centros Judiciários de Solução de Conflitos e Cidadania (CEJUSC), para a realização das sessões de conciliação e mediação; (iii) incentivar ou promover a capacitação, treinamento e atualização de magistrados, servidores, conciliadores e mediadores etc.

[23] Inclusão dos princípios de decisão informada, empoderamento individual e validação, no rol do art. 1º do Código Ética (Anexo III da Resolução).

[24] Em sua redação original, a Resolução previa: "Art. 7º Os Tribunais deverão criar, no prazo de 30 dias, Núcleos Permanentes de Métodos Consensuais de Solução de Conflitos, compostos por magistrados da ativa ou aposentados e servidores, preferencialmente atuantes na área, com as seguintes atribuições, entre outras: (...) VII – regulamentar, se for o caso, a remuneração de conciliadores e mediadores, nos termos da legislação específica".

[25] Antes da Emenda, o art. 8º, § 2º, estipulava que os CEJUSC "deverão ser instalados nos locais onde exista mais de um Juízo, Juizado ou Vara com pelo menos uma das competências referidas no *caput*". Após a emenda, a redação do art. 8º ficou: "Os Centros poderão ser instalados nos locais onde exista mais de uma unidade jurisdicional com pelo menos uma das competências referidas no caput e, obrigatoriamente, serão instalados a partir de 5 (cinco) unidades jurisdicionais".

solução adjudicatória, e criem um sistema de mediação e conciliação digital ou à distância. Além disso, trouxe alterações de cunho prático, em especial relacionadas à capacitação e credenciamento de mediadores e conciliadores.

Assim, atualmente, os pilares da Resolução são: (i) o desenvolvimento da conciliação e da mediação associadas à estrutura do Judiciário; (ii) a adequada formação e treinamento dos conciliadores e mediadores (tendo sido criado inclusive um código de ética); e (iii) o acompanhamento estatístico.

A Resolução, de acordo com o Prof. Kazuo Watanabe, tem o relevante papel de uniformizar, nos órgãos do Poder Judiciário de todo o país, o uso da mediação e da conciliação, e "além de criar um importante filtro da litigiosidade", estimular, "em nível nacional o nascimento de uma nova cultura, não somente entre os profissionais do direito, como também entre os próprios jurisdicionados, de solução negociada e amigável de conflito".[26]

Todavia, apesar de a Resolução ter tornado obrigatória a implementação dos CEJUSC nas Comarcas das capitais dos Estados e nas Comarcas de maior movimentação forense,[27] até hoje essa determinação não foi cumprida em sua integralidade, não tendo sido criados todos os CEJUSC conforme estipulado. Por outro lado, o Estado de São Paulo já conta com 195 CEJUSC instalados, sendo 9 na capital e 186 no interior".[28]

Em virtude de recente esforço do Poder Estatal, a conciliação no Brasil tem sido gradativamente adotada e disseminada, quase sempre associada ao Poder Judiciário. Isso porque (i) há previsão legal da conciliação na legislação processual brasileira,[29] podendo o juiz tentar a conciliação a qualquer momento do processo;[30] e (ii) a conciliação envolve casos menos complexos, exige menos tempo e o con-

---

[26] WATANABE, Kazuo. Política pública do poder judiciário nacional para tratamento adequado dos conflitos de interesses. *Revista de Processo*, v. 36, 2011, p. 385.

[27] Os prazos para a criação dos CEJUSC foram (i) de quatro meses para as Comarcas das Capitais dos Estados e nas sedes das Seções e Regiões Judiciárias, bem como Subseções e Regiões Judiciárias de maior movimento forense e (ii) 12 meses para as demais (art. 8º, §§ 3º e 4º), a contar do início da vigência da Resolução.

[28] A lista completa de CEJUSC no Estado de São Paulo pode ser conferida em: <http://www.tjsp.jus.br/Download/Conciliacao/Nucleo/Enderecos_Cejusc.pdf>. Acesso em: 14 jun. 2017.

[29] Muito embora não haja uma conceituação legal de conciliação, ela é prevista em diversos dispositivos do Código de Processo Civil, como o art. 139, V; art. 334; art. 359; arts. 694 a 697, e nas Leis 9.099/1995, 10.259/2001, 9.957/2000 e 9.958/2000.

[30] Art. 139 do Código de Processo Civil: "O juiz dirigirá o processo conforme as disposições deste Código, incumbindo-lhe: (...) V – promover, a qualquer tempo, a autocomposição, preferencialmente com auxílio de conciliadores e mediadores judiciais".

ciliador pode sugerir soluções para pôr fim ao conflito, sendo mais facilmente adaptada à estrutura e aos anseios do Poder Judiciário.

A mediação, por sua vez, embora também praticada no âmbito do Poder Judiciário, ainda não alcançou grau de utilização satisfatório em nosso país. A par da ausência de uma cultura do consenso, um dos principais motivos para a ausência de desenvolvimento da mediação era a falta de regulamentação legal, inobstante a apresentação de Projetos de Leis (PL) sobre o tema em 1998 (PL 4.837/1998)[31] e 2011 (PL 517/2011).[32]

A inexistência de coordenação política fez com que os projetos apresentados à época não fossem aprovados. Todavia, o recente e crescente interesse do Poder Público em incentivar o uso de métodos adequados de solução de conflito culminou com a criação pelo Senado, em 2013, de uma Comissão de juristas para reformar a Lei de Arbitragem e criar um marco legal para a mediação em nosso país.[33] Em seguida, o Ministério da Justiça designou outra comissão de especialistas para que apresentasse também um projeto de lei de mediação.[34]

---

[31] Trata-se do Projeto de Lei 4.837, de 1998, originário na Câmara dos Deputados, de autoria da Deputada Zulaiê Cobra Ribeiro. Tratava-se de um projeto simples, composto de sete artigos, abrangendo a mediação judicial e a extrajudicial. Após sua aprovação pelo plenário da Câmara dos Deputados, foi encaminhado ao Senado (PL 94, de 2002), oportunidade em que o projeto passou a ter 47 artigos. Referido projeto ficou sem movimentação durante muito tempo, até que em 4 de julho de 2013 foi publicado parecer da Comissão de Constituição e Justiça e de Cidadania, aprovando o Substitutivo do Senado Federal. Atualmente, o projeto aguarda votação no plenário.

[32] Projeto apresentado pelo Senador Ricardo Ferraço, o qual dispunha sobre a mediação judicial e extrajudicial.

[33] Comissão Especial Externa do Senado Federal, criada através do Requerimento 702, de 2012, do Senador Renan Calheiros, com finalidade de "elaborar anteprojeto de Lei de Arbitragem e Mediação, no prazo de 180 (cento e oitenta) dias". A Comissão foi presidida pelo Ministro Luís Felipe Salomão e formada pelos seguintes membros: Marco Maciel; José Antônio Fichtner; Caio Cesar Rocha; José Rogério Cruz e Tucci; Marcelo Rossi Nobre; Francisco Antunes Maciel Müssnich; Tatiana Lacerda Prazeres; Adriana Braghetta; Carlos Alberto Carmona; Eleonora Coelho; Pedro Paulo Guerra de Medeiros; Silvia Rodrigues Pereira Pachikoski; Francisco Maia Neto; Ellen Gracie Northfleet; André Chateaubriand Pereira Diniz Martins; José Roberto de Castro Neves; Marcelo Henrique Ribeiro de Oliveira; Walton Alencar Rodrigues; Roberta Maria Rangel; Eduardo Pellegrini de Arruda Alvim, e Adacir Reis.

[34] Portaria do Ministério da Justiça 2.148, de 29.05.2013, publicada no *DOU* em 31.05.2013: "Institui a Comissão de Especialistas para discutir o marco legal da mediação e conciliação no Brasil, com o objetivo de avaliar, debater e elaborar propostas para subsidiar os devidos Ministérios e órgãos do Governo Federal". A Comissão foi presidida pelo Secretário da Reforma do Judiciário, Sr. Flávio Crocce Caetano e pelos seguintes membros: Min. Marco Aurélio Gastaldi Buzzi; Min. Fátima Nancy Andrighi; Helena Dias Leão Costa; José Roberto Neves Amorim; Cláudia Chagas; Vanderlei Terezinha; Amélia Soares da Rocha;

Cap. 6 • DESENVOLVIMENTO DA CULTURA DOS MÉTODOS ADEQUADOS DE SOLUÇÃO DE CONFLITOS | 107

A Comissão do Senado apresentou o PL 405/2013, que dispõe sobre a mediação extrajudicial, e o PL 406/2013, que traz alterações pontuais à Lei de Arbitragem. A Comissão criada pelo Ministério da Justiça elaborou o PL 434/2013, que dispõe sobre a mediação judicial e a extrajudicial.

Ambos os projetos sobre mediação apresentados em 2013 foram apensados ao PL 517/2011. Em 18 de dezembro de 2013, foi aprovado o substitutivo do Relator Senador Vital do Rêgo, da Comissão de Constituição, Justiça e Cidadania do Senado (que manteve o número do PL 517/2011), que unificou os projetos.

Em junho de 2015, a Lei de Mediação (Lei 13.140, de 26 de junho de 2015) foi aprovada. Marco na regulamentação da matéria, trouxe os elementos essenciais para o desenvolvimento da mediação, tais como conceituação, princípios orientadores, força vinculante da cláusula de mediação, objeto, confidencialidade, regras gerais de procedimento, além de modo de escolha e capacitação do mediador. Com efeito, referida lei trouxe relevantes normas que conferem segurança jurídica, tais como: (i) proteção ao sigilo de informações/documentos obtidos e tratativas havidas no curso da mediação; (ii) regulação da atuação e da responsabilidade do mediador; (iii) estabelecimento de regras procedimentais, como a suspensão da prescrição; e (iv) execução facilitada do acordo em caso de descumprimento.

A edição da Lei de Mediação foi importante passo para o incentivo de sua aplicação no país, mas sua plena eficácia dependerá ainda de iniciativas de diversos setores da sociedade, como veremos adiante.

De se destacar, ainda, a promulgação do Novo Código de Processo Civil – Lei 13.105, de 16 de março de 2015 –, o qual contém disposições sobre a mediação e a conciliação a serem realizadas em âmbito judicial e uma proposta sistematizadora. Tais novas disposições legislativas tratam da atuação do mediador e do conciliador (arts. 165 a 175); enumeram princípios formadores; diferenciam os tipos de litígios adequados a cada método,[35] além de buscarem dar eficácia às disposições da Resolução 125 do CNJ.[36]

Tereza Arruda Alvim; Humberto Dalla; André Gomma de Azevedo; Carlos Eduardo Vasconcelos; Carlos Araújo; Tânia Almeida; Eugênia Zarenczanski; e Kazuo Watanabe.

[35] "Art. 165. (...) § 2º O conciliador, que atuará preferencialmente nos casos em que não houver vínculo anterior entre as partes, poderá sugerir soluções para o litígio, sendo vedada a utilização de qualquer tipo de constrangimento ou intimidação para que as partes conciliem. § 3º O mediador, que atuará preferencialmente nos casos em que houver vínculo anterior entre as partes, auxiliará aos interessados a compreender as questões e os interesses em conflito, de modo que eles possam, pelo restabelecimento da comunicação, identificar, por si próprios, soluções consensuais que gerem benefícios mútuos".

[36] "Art. 165. Os tribunais criarão centros judiciários de solução consensual de conflitos, responsáveis pela realização de sessões e audiências de conciliação e mediação e pelo

A alteração mais relevante, porém, foi a inserção da mediação como fase processual, iniciativa benéfica à disseminação do uso da mediação e do incentivo à cultura da solução pacífica dos litígios. Nos termos do art. 334,[37] iniciado o processo e não sendo caso de improcedência liminar, haverá audiência de mediação antes da contestação do réu, a menos que ambas as partes se manifestem contrariamente ou se tratar de litígio que não se admita autocomposição. A parte que não comparecer à audiência injustificadamente cometerá ato atentatório à dignidade da justiça e deverá pagar multa.[38]

3. FATORES QUE CONTRIBUEM PARA A CRIAÇÃO DA CULTURA DOS ADRS

As normas culturais de solução de conflito são modificadas durante o tempo, dado que a sociedade, para atingir determinado fim, pode passar a eleger valores e meios que não eram adotados anteriormente. A cultura, assim como a sociedade, está em permanente mudança.

Essa transformação pode ocorrer por diversos fatores, como a evolução natural da sociedade, imposição da autoridade ou por fatores exógenos, como crises etc.

No caso específico da transformação da chamada "cultura do litígio", objetivando a promoção e incentivo ao uso de métodos adequados de solução de conflitos, são considerados fatores essenciais para a mudança: (i) arcabouço legal eficaz; (ii) a renovação do ensino jurídico e da educação em geral; (iii) a cooperação do Poder Judiciário; e (iv) a cooperação da iniciativa privada.

---

desenvolvimento de programas destinados a auxiliar, orientar e estimular a autocomposição".

[37] "Art. 334. Se a petição inicial preencher os requisitos essenciais e não for o caso de improcedência liminar do pedido, o juiz designará audiência de conciliação ou de mediação com antecedência mínima de 30 (trinta) dias, devendo ser citado o réu com pelo menos 20 (vinte) dias de antecedência. (...) § 4º A audiência não será realizada: I – se ambas as partes manifestarem, expressamente, desinteresse na composição consensual; II – quando não se admitir a autocomposição".

[38] "Art. 334. (...) § 8º O não comparecimento injustificado do autor ou do réu à audiência de conciliação é considerado ato atentatório à dignidade da justiça e será sancionado com multa de até dois por cento da vantagem econômica pretendida ou do valor da causa, revertida em favor da União ou do Estado".

Cap. 6 · DESENVOLVIMENTO DA CULTURA DOS MÉTODOS ADEQUADOS DE SOLUÇÃO DE CONFLITOS | **109**

3.1. Arcabouço legal eficaz

O Direito nasce da sociedade, isto é, todo ordenamento jurídico se inspira em certos valores[39] e características[40] do conjunto social. Ao mesmo tempo, o Direito é importante instrumento de criação de comportamento social, já que detém o poder de coação.

Para que o ordenamento jurídico seja efetivamente capaz de induzir certas condutas na sociedade, é indispensável que as normas jurídicas sejam não só válidas e vigentes,[41] mas também dotadas de eficácia – isto é, sejam reconhecidas e cumpridas pela comunidade.

A gestão consensual de conflitos – como a mediação e a conciliação – ou, ainda, a resolução de conflito por terceiro que não o juiz togado – como a arbitragem – não eram práticas historicamente presentes em nossa recente cultura.[42] Como se sabe, até a alguns anos atrás inexistia previsão legal eficaz acerca da

---

[39] "Isto é, procuram assegurar o respeito efetivo àqueles valores que os membros da sociedade aceitam como válidos e consideram necessários à convivência social, tais como a justiça, o bem comum, a segurança, o interesse público, etc. Esses valores em suas múltiplas manifestações, atuam permanentemente sobre a legislação, os costumes, a jurisprudência e a doutrina. (...) Esses valores ou convicções coletivas são, na realidade, fatos sociais que estão influindo diretamente na formulação das normas jurídicas e sua aplicação pelos tribunais" (MONTORO, André Franco. *Introdução à ciência do direito*. 24. ed. São Paulo: Revista dos Tribunais, 1997. p. 582).

[40] Características econômicas, religiosas, políticas, geográficas, históricas etc. influenciam, em maior ou menor grau, o direito de determinada sociedade.

[41] "Para a dogmática jurídica, para reconhecermos a validade de uma norma, precisamos em princípio e de início, que a norma seja integrada no ordenamento. Exige-se, pois, que seja cumprido o processo de formação ou produção normativa em conformidade com os requisitos próprios do ordenamento. Cumprido esse processo, temos uma norma válida. (...) Publicada a norma, diz-se então, que a norma é vigente. Vigência é, pois, um termo com o qual se demarca o tempo de validade de uma norma (cf. Vasconcelos, 1978:316). Vigente, portanto, é a norma válida (pertencente ao ordenamento) cuja autoridade já pode ser considerada imunizada, sendo exigíveis os comportamentos prescritos" (FERRAZ JR., Tércio Sampaio. *Introdução ao estudo do direito*: técnica, decisão, dominação. 6. ed. São Paulo: Atlas, 2008. p. 165-166).

[42] Para o autor José Maria Rossani Garcez, esse histórico é característico da cultura ocidental, a qual "empresta maior ênfase ao aspecto adversarial da resolução do conflito porque as relações comerciais nessa cultura se baseiam na precisão da documentação e na aplicação do princípio da legalidade". Por outro lado, a cultura oriental "prefere as consultas mútuas e negociações em contraposição ao litígio, porque as relações comerciais entre os orientais são baseadas na boa-fé das partes, com forte ênfase no consenso social e na busca de harmonia entre as relações humanas". Ainda, de acordo com referido autor, "talvez devêssemos tentar absorver essas tendências com os orientais, sendo menos arrogantes e abrindo mão da rigidez e empáfia ocidentais em relação ao litígio" (GARCEZ, José Maria

arbitragem, da conciliação e da mediação. Trata-se, assim, de raciocínio vicioso e circular: a inexistência de certo comportamento social levava à ausência de previsão legal eficaz; e a ausência de previsão legal eficaz dificultava a criação de dado comportamento social.

Muito embora possa causar espécie a conclusão de que as leis sejam capazes de transformar a cultura, existem diversos exemplos de como a atividade legislativa foi capaz de induzir comportamentos. A edição de leis específicas sobre direitos difusos e coletivos, possibilitando a sua defesa em juízo, demonstrou tal fato.[43]

Outro ótimo exemplo de tal constatação é a arbitragem. A legislação anterior à Lei 9.307/1996 não só era ineficaz, como trazia disposições que impediam o desenvolvimento do instituto no país.

Isso porque a cláusula compromissória, por si só, não bastava para afastar a jurisdição do Poder Judiciário[44] – era indispensável que fosse firmado compromisso arbitral. Mas esse não era o único obstáculo. Ainda que as partes lograssem êxito em instalar o procedimento arbitral, a sentença arbitral deveria obrigatoriamente ser homologada pelo Poder Judiciário para ser executada. Da mesma forma, não se reconheciam nem executavam no país sentenças arbitrais estrangeiras que não tivessem sido previamente homologadas pelo Poder Judiciário de onde foram proferidas.

Felizmente, a Lei de Arbitragem eliminou os obstáculos acima e, ao definir os direitos e deveres das partes e dos árbitros, conferiu maior segurança jurídica a estes, possibilitando, assim, a efetiva utilização do instituto.

Interessante notar, ademais, que o uso da arbitragem levou a construções doutrinárias e jurisprudenciais que culminaram, em 2013, na reforma da Lei de

---

Rossani. *Técnicas de negociação*. Resolução alternativa de conflitos: ADRs, mediação, conciliação e arbitragem. Rio de Janeiro: Lumen Juris, 2002. p. 9-10).

[43] "Pode parecer exagero querer depositar nas reformas e na lei um poder que elas não aparentam ter. Ainda mais que o que se propugna é uma interação entre sociedade e Estado que pressupõe um pouco de espontaneidade por parte da sociedade. Mas é preciso reconhecer que os movimentos, tanto sociais, quanto legislativos ocorrem de uma forma dialética. Para ficar nos exemplos mais próximos, assim ocorreu nas legislações que cuidaram das duas primeiras ondas renovatórias mais de perto. Era latente a necessidade de um corpo legislativo para cuidar das causas de baixa complexidade. E isso ganhou corpo com a lei respectiva. Assim também ocorreu com os interesses difusos e coletivos" (LORENCINI, Marco Antonio Garcia Lopes. A contribuição dos meios alternativos para a solução de controvérsias. In: SALLES, Carlos Alberto (coord.) *As grandes transformações do processo civil brasileiro*: homenagem ao professor Kazuo Watanabe. São Paulo: Quartier Latin, 2009. p. 612).

[44] O desrespeito à cláusula compromissória não induzia em obrigação específica de fazer, como dispõe atualmente o art. 7º da Lei de Arbitragem, mas gerava somente o dever de indenização.

Cap. 6 • DESENVOLVIMENTO DA CULTURA DOS MÉTODOS ADEQUADOS DE SOLUÇÃO DE CONFLITOS 111

Arbitragem, de modo a solucionar lacunas e atualizá-la. Assim, em 26 de maio de 2015, promulgou-se a Lei 13.129, que confirmou o posicionamento doutrinário e jurisprudencial e trouxe disposições acerca (i) da participação da administração pública em arbitragens; (ii) da forma que se dá a interrupção da prescrição no âmbito do procedimento arbitral; (iii) da concessão de medidas cautelares ou de urgência; e (iv) da carta arbitral como meio de cooperação entre os árbitros e o Poder Judiciário, dentre outras.

A exemplo do sucesso da arbitragem, espera-se que a recém-editada Lei de Mediação e as novas disposições do Novo Código de Processo Civil acerca do tema contribuam para fomentar sua utilização, assim como criem um ambiente em que a sociedade se sinta mais segura para utilizá-la.

Todavia, a mera edição de normas jurídicas não é suficiente para a criação de uma nova cultura. Indispensável que tais normas sejam também socialmente eficazes.[45]

Assim, para encontrar condições de produzir efeitos na realidade, é imprescindível disseminar o conhecimento a respeito dos ADRs. De fato, grande motivo para o desuso desses métodos ainda é a falta de conhecimento a seu respeito.

Mais uma vez, o exemplo do que ocorreu com a arbitragem é didático. Embora a lei exista há quase 20 anos, o que se vê é que a informação e familiarização com o instituto vêm sendo ampliado gradualmente, graças a esforços dos profissionais e instituições na divulgação e ensino da arbitragem.

Assim sendo, o ensino de tais métodos é outro fato de enorme relevância para se promover uma mudança na nossa cultura de solução de litígios, conforme se passa a analisar em maiores detalhes.

3.2. Renovação do ensino jurídico e da educação em geral

Considerando-se que os métodos adequados de solução de litígios ficaram adormecidos durante muito tempo em nosso país, a renovação do ensino jurídico é medida de urgência, inserindo o ensino de tais métodos nas grades curriculares das universidades de Direito em todo o país.[46]

---

[45] "Uma norma se diz socialmente eficaz quando encontra na realidade condições adequadas para produzir seus efeitos" (FERRAZ JR., Tércio Sampaio. *Introdução ao estudo do direito: técnica, decisão, dominação.* 6. ed. São Paulo: Atlas, 2008. p. 165-166).

[46] "Por muito tempo cultivamos a ideia de que só a solução adversarial seria legítima e que a autocomposição seria instrumento próprio de sociedades primitivas, que não haviam desenvolvido seu aparelho estatal. Retomar, porém de forma estruturada, o uso da auto-composição, exige a promoção da mudança da cultura e da nossa educação" (ANDRIGHI, Fátima Nancy. A mediação, um propósito de transcendência para o ensino. In: BRAGA

De fato, a extrema litigiosidade presente hoje em foro judicial nasce nas cadeiras das faculdades de Direito. Desde o primeiro ano, ao estudante é apresentado somente o processo adversarial judicial, como se fosse o único remédio para todos os males. Não se estuda e não se incentiva a criação de uma cultura da paz.[47]

Dessa forma, recomenda-se que a inserção de tais matérias se dê logo nos primeiros anos da faculdade,[48] para que os alunos não sejam formados apenas para o processo judicial.

A preocupação com o ensino dos ADRs foi, inclusive, refletida nos PL 406 e 405, de 2013, elaborados pela Comissão de Juristas designada pelo Senado para reforma da Lei de Arbitragem e criação de uma lei de mediação. Seus artigos finais[49] previam que (i) o Ministério da Educação deveria incentivar as instituições de ensino superior a incluírem em seus currículos a disciplina sobre arbitragem e mediação e (ii) que o CNJ e o Conselho Nacional do Ministério Público (CNMP) deveriam incluir matérias relacionadas à mediação e à arbitragem nos conteúdos programáticos de concursos públicos para o ingresso nas carreiras do Poder Judiciário e do Ministério Público.

Todavia, foi acolhida a emenda apresentada pelo Senador Pedro Taques de supressão de referidos artigos, sob o fundamento de que padeceriam de vício

---

NETO, Adolfo; SALES, Lilia Maia de Morais (orgs.). *Aspectos atuais sobre a mediação e outros métodos extra e judiciais de resolução de conflitos*. Rio de Janeiro: GZ, 2012. p. 83).

[47] "As academias ainda perfilham grades curriculares utilizadas na formação do bacharel de 50 anos atrás, que não se coadunam com as necessidades atuais. Urge mudança estrutural que preserva a herança jurídica existente, mas adaptada aos novos tempos. É justamente na academia jurídica que devem encontrar paragens o diálogo da renovação e da mudança de paradigmas, da ciência conformadora para a ciência transformadora apregoadas pelo sociólogo português Boaventura de Souza Santos" (LEMES, Selma Ferreira. Os procedimentos arbitrais e as funções dos advogados. *Valor Econômico*. São Paulo, 2 set. 2003, Caderno de Legislação e Tributos, p. E-2. Disponível em: <www.selmalemes.com.br>. Acesso em: 24 jan. 2014).

[48] "Arbitragem, conciliação, negociação, mediação, avaliação neutra, etc. são diferentes entre si e possuem lógicas próprias. Provavelmente, o que permite uni-los em uma única categoria seja a contraposição ao método de resolução clássico, que é o processo judicial operado pela jurisdição estatal, o que torna mais difícil o seu estudo e o seu ensino e mais lento o processo de assimilação na construção da formação jurídica. Por essas razões, é forte a recomendação de que se trabalhe com os métodos de resolução de conflitos na base da formação jurídica, antes do condicionamento do aluno aos padrões formais da litigância judicial" (Nota dos Autores. In: SALLES, Carlos Alberto; LORENCINI, Marco Antônio Garcia; SILVA, Paulo Eduardo Alves (coords.). *Negociação, mediação e arbitragem*: curso para programas de graduação em direito. São Paulo: Método, 2012. p. XI-XII).

[49] Arts. 40-A e 40-B da redação original do PL 406/2013 e arts. 26 e 27 da redação original do PL 405/2013.

formal, vez que somente lei de iniciativa do Poder Executivo poderia criar atribuições a órgãos públicos.

Felizmente, porém, em agosto de 2016, no âmbito da I Jornada de Prevenção e Solução Extrajudicial de Litígios, organizada pelo Conselho da Justiça Federal, foi aprovado o Enunciado 24, que trouxe a sugestão de que as Faculdades de Direito instituam disciplinas autônomas e obrigatórias e projetos de extensão destinadas à arbitragem, à mediação e à conciliação.

Assim sendo, a edição de uma diretriz nacional que inclua matérias relativas aos métodos adequados de solução de disputa nos currículos das universidades, como matéria obrigatória, é medida que deveria ser tomada. Algumas universidades já oferecem tais matérias, mesmo que optativas.[50] No entanto, tais instituições ainda representam uma parcela ínfima, se considerarmos o número de cursos jurídicos existentes hoje no país.

O ensino de tais métodos não deve visar apenas informar a respeito de sua existência aos futuros bacharéis de Direito, mas, principalmente, ensinar suas peculiaridades e técnicas adequadas para sua utilização, gerando uma efetiva mudança de mentalidade. Assim, os futuros advogados estarão melhor preparados, tanto para apresentarem aos seus clientes outras opções além do litígio judicial,[51-52]

---

[50] A título de exemplo, cita-se a Fundação Getulio Vargas – FGV e a Universidade Federal de Pernambuco – UFPE que possuem a matéria de ADR em suas grades curriculares como obrigatória. Outras universidades, como a Universidade Federal de Santa Catarina – UFSC e a Fundação Armando Álvares Penteado – FAAP e a Pontifícia Universidade Católica de São Paulo – PUC, oferecem a matéria como disciplina facultativa. Ainda, a Faculdade de Direito do Largo São Francisco, da Universidade de São Paulo – USP possui posição de destaque, na medida em que leciona a matéria já há muitos anos, tanto na área de Direito Internacional, como matéria optativa de Direito Processual Civil, possuindo, ainda, grupo de estudos específico na área (Núcleo de Estudo de Métodos Alternativos de Solução de Conflitos – NEMESC). Fonte: CAHALI, Francisco José; RODOVALHO, Thiago. Mediação nos cursos de Direito estimulará mudança. *Revista Consultor Jurídico*, 12 dez. 2013. Disponível em: <http://www.conjur.com.br/2013-dez-12/mediacao-cursos--direito-estimulara-mudanca-cultura-litigio>.

[51] "É inconteste que o estudante de direito não poderá pensar e agir como futuro profissional de direito, que a única opção que terá a oferecer ao seu cliente, ao jurisdicionado, para solucionar conflitos que digam respeito a direitos patrimoniais disponíveis será propor uma demanda judicial" (LEMES, Selma Ferreira. A arbitragem e o estudante de direito. *Revista Direito ao Ponto*, n. 04, maio 2009, p. 26-28).

[52] "Essa cultura terá inúmeros reflexos imediatos em termos de maior coesão social e determinará, com toda a certeza, mudanças importantes na organização da sociedade, influindo decisivamente na mudança do conteúdo e orientação do ensino universitário na área do Direito, que passará a formar profissionais com visão mais ampla e social, com plena consciência de que lhes cabe atuar muito mais na orientação, pacificação, prevenção e composição amigável, do que na solução contenciosa dos conflitos de interesse" (WATANABE, Kazuo.

como para atuarem dentro do procedimento arbitral (seja como advogado[53] ou árbitro), de mediação ou de conciliação.[54]

A esse respeito, há que se consignar a importância das competições universitárias de arbitragem e mediação, que são atualmente uma das principais responsáveis por levarem ao conhecimento dos alunos a existência e a técnica adequada de tais métodos, conforme se verá melhor adiante.

O ensino dos ADRs na universidade também capacitará melhor os futuros magistrados para a realização de audiências, nas quais poderão se valer de técnicas de conciliação ou mediação e recomendar aos jurisdicionados a utilização de tais métodos. Além disso, proporcionará conhecimento para aplicação da Lei de Arbitragem ou, ainda, para cooperação com tribunais arbitrais, quando assim for necessário. Seria, portanto, muito bem-vindo que seu ensino ocorresse nas escolas de magistratura.[55]

Política pública do Poder Judiciário nacional para tratamento adequado dos conflitos de interesses. *Revista de Processo*, v. 36, p. 385, 2011).

[53] Para Selma Lemes, a arbitragem requer do advogado uma nova ótica a respeito da lide jurídica, principalmente sob dois aspectos. O primeiro seria relativo às peculiaridades do processo arbitral, "o qual não encontra correspondência no processo judicial, em muitas situações". O segundo diz respeito à necessidade de se fazer uma análise econômica do litígio, determinando o custo-benefício da inclusão de cláusula compromissória no contrato. Dessa forma, indispensável que tenha uma formação específica para atuar em procedimentos arbitrais (LEMES, Selma Ferreira. Arbitragem: visão pragmática do presente e futuro. *Migalhas*, 11 ago. 2005. Disponível em: <www.selmalemes.com.br>. Acesso em: 24 jan. 2014).

[54] "Os profissionais do direito nem sempre dispõem de habilidades específicas para a condução do processo de construção do consenso. Ao contrário, o que se verifica, em geral, é a aplicação de técnicas excessivamente persuasivas, comprometendo a qualidade dos acordos obtidos" (ANDRIGHI, Fátima Nancy; FOLEY, Gláucia Falsarella. Sistema multiportas: o Judiciário e o consenso. *Folha de S. Paulo*, São Paulo, 24 jun. 2008, Tendências e Debates).

[55] A Resolução 125 prevê que cabe ao CNJ: (i) desenvolver parâmetro curricular e ações voltadas à capacitação em métodos consensuais de solução de conflitos para servidores, mediadores, conciliadores e demais facilitadores da solução consensual de controvérsias, nos termos do art. 167, § 1º, do Novo Código de Processo Civil (art. 6º, II); (ii) providenciar que as atividades relacionadas à conciliação, mediação e outros métodos sejam consideradas nas promoções e remoções de magistrados pelo critério do merecimento (art. 6º, III); e (iii) buscar a cooperação de órgãos e instituições públicos e privados da área de ensino, para a criação de disciplinas que propiciem o surgimento da cultura da solução pacífica dos conflitos, bem como que, nas Escolas de Magistratura, haja módulo voltado aos métodos consensuais de solução de conflitos, no curso de iniciação funcional e no curso de aperfeiçoamento (art. 6º, V).

Ademais, o seu conhecimento deveria ser exigido nos exames da Ordem dos Advogados do Brasil[56] e nas provas de concursos públicos da área jurídica.

Outra consequência benéfica do ensino de tais métodos seria a abertura de novas oportunidades de carreira para os estudantes de Direito: mediadores, conciliadores etc.

Em suma, a mudança na formação dos profissionais do Direito é de fundamental importância para a transformação da cultura do litígio.

Além disso, seria muito relevante uma mudança ampla na nossa sociedade – além das cadeiras universitárias – de modo que fosse implementado o ensino desses instrumentos desde um estágio inicial da nossa formação pessoal. Para atingir essa finalidade, a promoção da mediação escolar seria de enorme relevância, conforme nos ensina a Ministra Fátima Nancy Andrighi:

> Uma reengenharia na mentalidade dos que prestam serviços judiciais é imprescindível, mas a mudança é mais estrutural e clama pela participação da sociedade, na qual é preciso que se plante a semente do diálogo. Para tanto, não há solo mais rico e fértil que as mentes argutas das futuras gerações. É nas escolas, desde a mais tenra idade, que serão encontradas as melhores condições de se desenvolver, no ser humano, a capacidade de encontrar suas próprias soluções para os problemas que lhe serão apresentados ao longo da vida pessoal e acadêmica.[57]

Na nossa atual cultura, desde nossa infância, aprendemos a delegar a um terceiro a solução dos nossos conflitos: seja aos nossos pais, aos nossos professores, ou aos nossos superiores. A mediação, por outro lado, traz a proposta de solução dos litígios pelos próprios envolvidos, por meio do diálogo e da reconstrução da relação.

O uso da mediação, além de solucionar disputas, tem efeitos educativos, na medida em que promove o empoderamento individual, dando consciência às pessoas da sua própria autonomia e promove a consciência a respeito do outro,

---

[56] Em fevereiro de 2013, foi divulgada notícia de requerimento feito ao presidente nacional da Ordem dos Advogados do Brasil de inserção das matérias de mediação, conciliação e arbitragem nos exames da Ordem. Disponível em: <http://www.oab.org.br/noticia/25169/oab-estudara-insercao-da-mediacao-conciliacao-e-arbitragem-no-exame>. Acesso em: 26 jan. 2014.
O edital do XII Exame da Ordem Unificado, divulgado em novembro de 2013, contém a previsão de tais matérias como conteúdo exigido na prova prático-profissional (2ª fase do Exame) nas áreas de Direito Processual Civil, Direito do Trabalho e Direito Empresarial.

[57] ANDRIGHI, Fátima Nancy. A mediação, um propósito de transcendência para o ensino. In: BRAGA NETO, Adolfo; SALES, Lilia Maia de Morais (orgs.). *Aspectos atuais sobre a mediação e outros métodos extra e judiciais de resolução de conflitos*. Rio de Janeiro: GZ, 2012. p. 84.

ensinando a respeitar as necessidades e interesses dos que estão à nossa volta. A mediação melhora a comunicação entre as pessoas, tornando mais harmônica a convivência em sociedade, o que, ao fim, gera coesão social e previne litígios.

Portanto, embora medida de efeito a longo prazo[58] – o ensino do diálogo desde um estágio inicial na educação escolar –, ajudaria a criar melhores cidadãos e, consequentemente, promover a cultura da paz.

3.2.1. Competições de arbitragem e de mediação

Atualmente, tendo em vista o déficit do ensino dos ADRs nas universidades de Direito, os alunos que possuem interesse na área têm buscado formas criativas de aprender, como as competições universitárias de arbitragem e mediação.

As competições são baseadas em casos fictícios, nos quais se simula uma controvérsia que será dirimida por meio da arbitragem ou de mediação. Nas competições de arbitragem, os alunos desempenham o papel de advogados, devendo submeter alegações escritas e, posteriormente, defender seus argumentos oralmente perante um tribunal arbitral. Nas competições nacionais de mediação, os alunos atuam como mediadores e nas competições internacionais, como partes e advogados.

As competições de arbitragem internacionais mais famosas são *The Willem C. Vis International Commercial Arbitration Moot*, que ocorre em Viena, e *Willem C. Vis (East) International Commercial Arbitration Moot*, que se passa em Hong Kong. Na edição de 2014-2015, a competição realizada em Viena reuniu 298 faculdades de Direito de 72 países, tendo contado com cerca de 2.000 estudantes.[59] As universidades brasileiras têm obtido ótimo desempenho na competição de Viena.[60]

---

[58] "Tendo em conta as ponderações aqui esposas, podemos inferir que a implementação de programa de mediação nas instituições de ensino é um longo e complexo processo, que depende de uma profunda mudança de mentalidade de todos os entes que formam a comunidade escolar (professores, diretores, orientadores, alunos, pais dos alunos). São muitos, portanto, os obstáculos a serem vencidos" (ANDRIGHI, Fátima Nancy. A mediação, um propósito de transcendência para o ensino. In: BRAGA NETO, Adolfo; SALES, Lilia Maia de Morais (orgs.). *Aspectos atuais sobre a mediação e outros métodos extra e judiciais de resolução de conflitos*. Rio de Janeiro: GZ, 2012. p. 85).

[59] Regulamento da competição. Disponível em: <https://vismoot.pace.edu/media/site/23rd--vis-moot/the-rules/23rdVisMootRules.pdf>. Acesso em: 22 jul. 2016.

[60] Na edição de 2014-2015, quatro representantes brasileiras receberam menções honrosas ao prêmio Frédéric Eisemann (dedicado às equipes de melhor desempenho nas rodadas orais da competição): a Universidade de São Paulo, a Escola de Direito da Fundação Getúlio Vargas (Rio de Janeiro), a Pontifícia Universidade Católica (Rio de Janeiro) e a Pontifícia Universidade Católica (Rio Grande do Sul). Site da competição. Disponível em: <https://vismoot.pace.edu/site/previous-moots/22nd-vis-moot>. Acesso em: 22 jul. 2016.

Cap. 6 · DESENVOLVIMENTO DA CULTURA DOS MÉTODOS ADEQUADOS DE SOLUÇÃO DE CONFLITOS | 117

Corroborando a posição de destaque do Brasil, a organização de tais competições anunciou que o regulamento do Centro de Arbitragem e Mediação da Câmara de Comércio Brasil – Canadá (CAM-CCBC) será utilizado nas competições internacionais de 2016/2017.[61]

Em âmbito nacional, existe a Competição Brasileira de Arbitragem Petrônio Muniz. Criada em 2010, a primeira edição contou com 14 equipes.[62] Em apenas cinco anos, o número de equipes saltou para 33, envolvendo cerca de 300 estudantes de uma dezena de estados brasileiros.[63] Dentre as competições internacionais de mediação, destaca-se a *International Commercial Mediation Competition*, que ocorre em Paris e é organizada pela *International Chamber of Commerce* (ICC). Dela participam cerca de 500 estudantes das faculdades de Direito e ou de Administração, provenientes de mais de 40 países.[64-65]

As simulações realizadas, tanto nas competições de arbitragem como de mediação, se assemelham muito à prática, servindo como ótimo aprendizado. Ademais, é notória a oportunidade de crescimento dos participantes, os quais, além de se familiarizarem com as peculiaridades dos procedimentos, desenvolvem diversas habilidades como técnicas de autocomposição, raciocínio jurídico, redação de peças, pesquisas doutrinária e jurisprudencial, aprendizado de língua estrangeira, oratória etc.

---

[61] Notícia do CAM-CCBC. Em decisão inédita, Vis Moot terá regras do CAM-CCBC. Disponível em: <http://www.ccbc.org.br/default.asp?pag=news&entrada=1912>. Acesso em: 27 jan. 2014.

[62] Site oficial da competição. Disponível em: <http://competicao.camarb.com.br/files/evento/I-Muniz-Resultados.pdf>. Acesso em: 22 jul. 2016.

[63] Siteoficialdacompetição.Disponívelem:<http://competicao.camarb.com.br/files/evento/VI-Muniz-Resultados.pdf>. Acesso em: 22 jul. 2016.

[64] Site oficial da competição. Disponível em: <http://www.iccwbo.org/Data/Documents/Training-and-Events/Competition-and-Awards/Mediation-Competition/Featured--Publications/12th-ICC-International-Commercial-Mediation-Competition-Flyer>. Acesso em: 22 jul. 2016.

[65] Em 2015, figuravam no pódio da competição dois representantes brasileiros: a equipe da Universidade de São Paulo, em 1º lugar, e a Escola de Direito da Fundação Getúlio Vargas, em 3º lugar (Site oficial da competição. Disponível em: <http://www.iccwbo.org/Data/Documents/Training-and-Events/Competition-and-Awards/Mediation-Competition/2015--first-33-Universities-after-the-Preliminary-Rounds/>. Acesso em: 22 jul. 2016). Em 2016, as equipes da Universidade de São Paulo, Escola de Direito da Fundação Getúlio Vargas e Pontifícia Universidade Católica de São Paulo ficaram entre as 22 melhores do mundo (Site oficial da competição. Disponível em: <http://www.iccwbo.org/Data/Documents/Training-and-Events/Competition-and-Awards/Mediation-Competition/2016-first-33--Universities-after-the-Preliminary-Rounds/>. Acesso em: 22 jul. 2016).

118 | ARBITRAGEM E MEDIAÇÃO

Mas não só, o que se percebe é que tais competições passaram a proporcionar oportunidades de emprego aos estudantes, vez que os alunos entram em contato com advogados, árbitros, mediadores e pessoas influentes do ramo, que são chamadas às competições para julgar os participantes. Por sua vez, os profissionais na área enxergam nas competições a oportunidade de conhecer futuros estagiários e advogados que já tenham familiaridade com a matéria.

Dentro das universidades, a procura por tais competições vem crescendo exponencialmente, o que, somado aos ótimos resultados obtidos, expõe o crescente interesse dos estudantes brasileiros pelos ADRs.

Falta às universidades acompanhar o interesse dos alunos, dando maior atenção a esse novo e promissor ramo do Direito e proporcionando maior apoio aos competidores.

Ademais, o grande número de estudantes envolvidos demonstra a efetividade dessas competições na disseminação dos métodos adequados de solução de conflito, ao mesmo tempo em que indica a insuficiência das disciplinais tradicionais lecionadas nas universidades.

É cristalino, portanto, a urgência das universidades brasileiras em transformar suas grades curriculares, atendendo aos anseios dos estudantes e do novo paradigma da solução de conflitos.

3.3. Cooperação do Poder Judiciário

Além da existência de uma legislação eficaz e da renovação da educação, é, ainda, indispensável a cooperação do Poder Judiciário para a transformação da "cultura do litígio" em nosso país.

Tal cooperação envolve, principalmente, dois aspectos: (i) a correta aplicação e interpretação das legislações sobre arbitragem, conciliação e mediação, e (ii) o constante incentivo à sua utilização, dentro e fora de sua estrutura.

Com relação à aplicação e interpretação da legislação, a pesquisa sobre "Arbitragem e Poder Judiciário", realizada pelo Comitê Brasileiro de Arbitragem em parceria com a Fundação Getulio Vargas em 2008 já demonstrava o acolhimento da arbitragem pelos tribunais, que vêm majoritariamente aplicando a lei de forma correta.[66] A partir de 2014, a pesquisa vem sido atualizada pelo

---

[66] "O percurso para a criação e consolidação de uma cultura arbitral no país foi de certa forma revelado através da pesquisa, que examinou decisões desde a promulgação da lei, em 1996, moderna para o seu tempo e em conexão com os conceitos internacionais em que se espelhou, até o ano de 2008, um lapso temporal de mais de 10 anos em que houve avanços, resistências, equívocos e acertos, que, somados, simbolizam claramente o acolhimento da

Comitê, em parceria com a Associação Brasileira dos Estudantes de Arbitragem (ABEArb).[67]

A compreensão dos institutos e a aplicação correta da lei pelo Poder Judiciário são importantes também no que toca à formação de jurisprudência, a qual, muito embora não seja vinculante, é também fonte do Direito.

Nesse ponto, o papel dos Tribunais Superiores é de especial importância. Felizmente, o Superior Tribunal de Justiça vem prestando grande colaboração na interpretação da Lei de Arbitragem.[68]

Com relação à mediação e à conciliação, o apoio do Poder Judiciário é muito importante na implementação e divulgação da Resolução 125 do CNJ, da Lei de Mediação, e das novas disposições do Código de Processo Civil de 2015, que visam efetivar política pública de tratamento adequado dos conflitos de interesses no âmbito judicial. Para a efetividade dessa política pública, é indispensável a destinação de recursos suficientes para a implementação das diversas medidas previstas, como a implementação de CEJUSC, de sistemas digitais, bancos de dados e centros de treinamento e capacitação de conciliadores e mediadores, entre outras.

Com efeito, esforços vêm sido feitos para a divulgação da mediação e da conciliação e a formação dos julgadores a respeito de tais mecanismos. A título de exemplo, o Conselho da Justiça Federal organizou, com apoio do Superior Tribunal de Justiça, a I Jornada sobre Prevenção e Solução Extrajudicial de Litígios, realizada em agosto de 2016.[69] Inicialmente programada para um único dia, o número de propostas de enunciados foi tal que fixaram um dia extra para os debates.[70]

Lei de Arbitragem pelos Tribunais Brasileiros. Paulatinamente, os conceitos da lei de arbitragem foram sendo assimilados e seu emprego efetuado de forma técnica e adequada pela jurisprudência, destacando-se neste interregno a decisão do STF sobre constitucionalidade da lei de arbitragem em 2001" (Conclusão do relatório do tema "Validade, Eficácia e Existência da Convenção Arbitral". Disponível em: <http://cbar.org.br/site/pesquisa-fgv-cbar>. Acesso em: 26 jan. 2014).

[67] Site oficial do Comitê Brasileiro de Arbitragem. Disponível em: <http://cbar.org.br/site/pesquisa-cbar-abearb-2014>. Acesso em: 12 set. 2016.

[68] *STJ ajuda o Brasil a consolidar confiança na arbitragem*, notícia publicada no site do STJ em 30.09.2012. Disponível em: <http://www.stj.jus.br/portal_stj/publicacao/engine.wsp?tmp.area=398&tmp.texto=107162>. Acesso em: 26 jan. 2014.

[69] Site oficial do CJF. Disponível em: <http://www.cjf.jus.br/cjf/corregedoria-da-justica-federal/centro-de-estudos-judiciarios-1/eventos/eventos-especiais-1/eventos-em-andamento/jornada-prevencao-e-solucao-extrajudicial-de-litigios>. Acesso em: 18 ago. 2016.

[70] *Jornada sobre solução extrajudicial de litígios tem 231 propostas de enunciados*, notícia publicada no site Migalhas em 20 de julho de 2016. Disponível em: <http://www.migalhas.com.br/Quentes/17,MI242619,91041-Jornada+sobre+solucao+extrajudicial+de+litigios+tem+231+propostas+de>. Acesso em: 18 ago. 2016.

Na Jornada, foram aprovados 87 enunciados, sendo 13 sobre arbitragem, 34 sobre mediação, e 40 sobre outras formas de solução de conflitos.[71]

Dentre os enunciados sobre arbitragem, foram abordados os temas da sentença arbitral e a ação de nulidade, arbitragens envolvendo a Administração Pública, efeitos da convenção de arbitragem, processamento da carta arbitral, efeitos da recuperação judicial ou falência na arbitragem, e vedações às instituições de arbitragem e mediação.

Já os enunciados sobre mediação trataram do dever do Estado de incentivo à mediação e da mediação envolvendo entes públicos, dos efeitos da cláusula de mediação, do ensino de mediação, conciliação e arbitragem nas faculdades de direito e, de maneira mais ampla, da disseminação da mediação como cultura e política pública, incluindo a criação de câmaras, a capacitação e atuação dos profissionais, a condução do procedimento e seus efeitos no processo judicial.

Por fim, os enunciados sobre outras formas de solução de conflitos trouxeram medidas a serem tomadas pelos órgãos públicos para incentivo das soluções consensuais de conflitos, e, inclusive, o uso de tais meios pela Administração Pública; as interfaces entre os institutos e o processo judicial, o uso das novas tecnologias e o uso de *dispute boards*.

Entretanto, a despeito de iniciativas de cunho acadêmico e informativo, na prática muitos juízes têm dispensado a audiência de conciliação ou mediação, ignorando o texto legal[72] em virtude da "razoável duração do processo" e da "falta de estrutura" para tal, ainda que se saiba que o que motiva tais decisões é, primariamente, a cultura do litígio e a falta de confiança nos institutos não-adversariais.[73] Tal postura, ainda que incorreta, reflete a realidade da imagem que os ADRs ainda têm em certos círculos do país.

Por outro lado, como a mediação não tem como finalidade a realização de um acordo, mas "atingir a satisfação dos interesses e das necessidades dos envol-

---

[71] Site oficial do Conselho da Justiça Federal. Disponível em: <http://www.cjf.jus.br/cjf/ corregedoria-da-justica-federal/centro-de-estudos-judiciarios-1/prevencao-e-solucao- -extrajudicial-de-litigios/enunciados-aprovados/@@download/arquivo>. Acesso em: 12 set. 2016.

[72] "Art. 334. Se a petição inicial preencher os requisitos essenciais e não for o caso de improcedência liminar do pedido, o juiz designará audiência de conciliação ou de mediação com antecedência mínima de 30 (trinta) dias, devendo ser citado o réu com pelo menos 20 (vinte) dias de antecedência".

[73] *Juízes ignoram fase de conciliação e descumprem novo código*, notícia publicada no site G1 em 15.08.2016. Disponível em: <http://g1.globo.com/politica/noticia/2016/08/juizes-ignoram- -fase-de-conciliacao-e-descumprem-novo-codigo.html?utm_source=whatsapp&utm_ medium=share-bar-desktop&utm_campaign=share-bar>. Acesso em: 17 ago. 2016.

Cap. 6 • DESENVOLVIMENTO DA CULTURA DOS MÉTODOS ADEQUADOS DE SOLUÇÃO DE CONFLITOS | 121

vidos no conflito", buscando "estimular o diálogo cooperativo entre elas para que alcancem a solução das controvérsias em que estão envolvidas",[74] um bom acordo é aquele sustentável, o qual as partes cumprem espontaneamente, exatamente porque estão satisfeitos com a solução.

Nesse sentido, importante que o Poder Judiciário também tenha a percepção de que nada adianta pressionar a celebração de acordos, retirando ações de conhecimento do Poder Judiciário, mas que posteriormente serão descumpridos e voltarão a ele em forma de ação de execução.[75]

Assim, o apoio do Poder Judiciário é de fundamental importância, cabendo treinar devidamente seus funcionários, magistrados, conciliadores e mediadores, para que as sessões de conciliação e mediação não só sejam realizadas, como respeitem os princípios a elas inerentes e sejam efetivamente frutíferas, celebrando acordos que coloquem fim aos conflitos e não somente à pilha de processos.

3.4. Cooperação da iniciativa privada

Ao lado da cooperação do Poder Público, mostra-se de extrema importância a cooperação da iniciativa privada no fomento aos ADRs e no incentivo ao desenvolvimento da cultura da paz. Isto porque, além de ser tema afeto ao escopo público de pacificação social, o desenvolvimento dos ADRs representa uma nova atividade econômica. De fato, além dos serviços de mediação e conciliação prestados publicamente e associados ao Poder Judiciário, é possível a sua utilização no meio privado, assim como já ocorre com a arbitragem.

Nesse sentido, é inegável a relevância da participação de instituições privadas na difusão da mediação e conciliação no país, destacando-se entre elas o Comitê Brasileiro de Arbitragem (CBAr) e o Conselho Nacional de Instituições de Me-

---

[74] SAMPAIO, Lia Regina Castaldi; BRAGA NETO, Adolfo. *O que é mediação de conflitos.* São Paulo: Brasiliense, 2007. p. 22.

[75] O Centro Brasileiro de Estudos e Pesquisas Judiciais (CEBEPEJ) realizou estudo sobre os Juizados Especiais Cíveis, tendo analisado diversas unidades de nove cidades brasileiras, no período de dezembro de 2004 a fevereiro de 2006. Do estudo concluiu-se que: "o índice de acordos está aquém do esperado, e muitos dos acordos celebrados não são cumpridos espontaneamente, exigindo a sua execução, o que sugere a necessidade de urgente e decisivo investimento na melhoria do recrutamento, qualificação, treinamento e aperfeiçoamento permanente dos conciliadores/mediadores" (p. 3 do Relatório Final). De fato, dos acordos compreendidos na pesquisa, apenas 45,7% foram espontaneamente cumpridos. Isto é, mais da metade dos acordos celebrados não são cumpridos, e voltam ao Judiciário na forma de processos de execução. Ainda, das execuções movidas, somente em 33% delas houve penhora positiva, demonstrando sua baixa efetividade. Disponível em: <http://www.cebepej.org.br/>. Acesso em: 28 jan. 2014.

diação e Arbitragem (CONIMA), cuja principal atividade é divulgar e aprimorar a utilização de tais métodos no país.

Com relação ao ensino dos ADRs, se por um lado, inexiste uma diretriz geral para universidades públicas incluírem em seus currículos matérias sobre tais métodos, diversas instituições particulares reconhecidas já ofertam cursos especializados na área, como por exemplo a Escola de Direito de São Paulo da Fundação Getulio Vargas,[76] a Coordenadoria Geral de Especialização, Aperfeiçoamento e Extensão da Pontifícia Universidade Católica (COGEAE – PUC-SP),[77] a Associação dos Advogados de São Paulo,[78] o CEU-IICS Escola de Direito.[79] Assim, já há disponíveis no mercado cursos de pós-graduação lato sensu, cursos de formação e capacitação de mediadores e conciliadores e cursos direcionados a outros profissionais, tais como gestores, psicólogos, e afins, que tenham interesse em se familiarizar com os novos institutos.

O apoio de organizações como as aqui mencionadas, além de contribuírem para a mudança da percepção dos alunos que frequentam os cursos em si, possuem, ainda, o papel de difundir e reforçar a respeitabilidade dos métodos perante a sociedade como um todo.

Ainda, importante ressaltar o papel das instituições privadas que ofertam os serviços de mediação, conciliação e arbitragem ao público. Aquelas que ainda não previam regulamentação específica direcionada à tais métodos, com a edição da Lei de Mediação em 2015, passaram a criar ou atualizar suas regras. Instituições como a Câmara de Arbitragem Empresarial – Brasil (CAMARB) e a Câmara de Arbitragem e Mediação da FGV foram algumas das que lançaram Regulamentos de Mediação recentemente.

Ainda, o Centro de Arbitragem e Mediação da Câmara de Comércio Brasil--Canadá (CAM-CCBC), instituição que já possuía disposições acerca de mediação desde 1998, atualizou seu Regulamento em agosto de 2016, para adequá-lo aos dispositivos legais.[80] Dentre as mudanças mais significativas estão (i) a retirada do Regulamento das exigências de capacitação dos mediadores; (ii) a edição de

---

[76] Site oficial da Fundação Getulio Vargas. Disponível em: <http://direitosp.fgv.br/cursos/formacao-mediacao>. Acesso em: 16 ago. 2016.

[77] Site oficial da COGEAE PUC. Disponível em: <http://www.pucsp.br/pos-graduacao/especializacao-e-mba/arbitragem>. Acesso em: 9 set. 2016.

[78] Site oficial da Associação dos Advogados de São Paulo. Disponível em: <http://www.aasp.org.br/curso-conciliadores/>. Acesso em: 16 ago. 2016.

[79] Site oficial do CEU-IICS Escola de Direito. Disponível em: <http://www.escoladedireito.org/sobre-os-cursos/>. Acesso em: 9 set. 2016.

[80] Site oficial do CAM-CCBC. Disponível em: <http://www.ccbc.org.br/Materia/2895/regulamento>. Acesso em: 12 set. 2016.

Código de Ética e Conduta para os Mediadores; e (iii) a inclusão de item que prevê que o mediador, a Presidência e a Secretaria do CAM-CCBC são isentos de responsabilidade perante os participantes por qualquer ato ou omissão em conformidade com o Regulamento.

A multiplicação das instituições que ofertam tais serviços só tem a contribuir à difusão dos métodos consensuais; aumentando as opções disponíveis aos usuários, que podem escolher a instituição que lhes parece mais adequada à disputa e a seu perfil.

Em suma, sem o apoio das instituições privadas, a implementação e difusão dos métodos autocompositivos ficaria extremamente defasada no país. As organizações especializadas atingem uma enorme gama de profissionais, conferindo respeitabilidade e impulsionando a confiança nos institutos e sua utilização, em especial no Brasil em que o Poder Público demorou a perceber a relevância e a de fato impulsionar tais métodos.

4. CONCLUSÃO

Conclui-se, pois, que a adoção dos ADRs em nosso país é uma urgência e, para tanto, são necessárias várias medidas.

Se, por um lado, a legislação tem o condão de alterar e difundir certos comportamentos, por outro, é imprescindível a correspondente mudança na mentalidade dos jurisdicionados e respectivo apoio do Poder Judiciário e da iniciativa privada.

Esses quatro elementos – a lei, a mudança de mentalidade, o apoio do Judiciário e o apoio da iniciativa privada – são complementares e devem estar presentes concomitantemente para o desenvolvimento dos ADRs no Brasil.

Assim, o recente marco legal da mediação e as novas disposições do Novo Código de Processo Civil não são suficientes, sendo necessário patrocinar o ensino desse método, tanto em cursos jurídicos, como na educação fundamental de modo mais amplo.

No caso da conciliação, espera-se que, com o Novo Código de Processo Civil, o seu uso passe a ser mais disseminado e, principalmente, mais eficiente.

Quanto à arbitragem, apesar de já se encontrar mais desenvolvida no país, ainda é necessário muito trabalho de divulgação e, sobretudo, de educação dos profissionais do Direito para sua correta utilização – deixando de lado as idiossincrasias e a litigiosidade do processo judicial.

A concretização da desejada cultura da paz depende não só do Poder Estatal, mas também do esforço pessoal de cada cidadão. E isso importa em mudanças tanto na vida pessoal, promovendo o diálogo nos nossos próprios conflitos, como na vida profissional. Como são métodos considerados "novos", os profissionais dessa área devem prestar permanentes esclarecimentos a seu respeito.

Por fim, especificamente na nossa função de advogados, devemos abandonar uma postura extremamente beligerante e agir como pacificadores, como nos ensinou Abraham Lincoln em 1850:[81]

> Discourage litigation. Persuade your neighbors to compromise whenever you can. Point out to them how the nominal winner is often a real loser – in fees, expenses, and waste of time. As a peacemaker the lawyer has a superior opportunity of being a good man. There will still be business enough.

REFERÊNCIAS BIBLIOGRÁFICAS

ANDRIGHI, Fátima Nancy. A mediação, um propósito de transcendência para o ensino. In: BRAGA NETO, Adolfo; SALES, Lilia Maia de Morais (orgs.). *Aspectos atuais sobre a mediação e outros métodos extra e judiciais de resolução de conflitos*. Rio de Janeiro: GZ, 2012.

_____; FOLEY, Gláucia Falsarella. Sistema multiportas: o Judiciário e o consenso. *Folha de S. Paulo*, São Paulo, 24 jun. 2008. Tendências e Debates.

CAHALI, Francisco José; RODOVALHO, Thiago. Mediação nos cursos de Direito estimulará mudança. *Revista Consultor Jurídico*, 12 dez. 2013. Disponível em: <http://www.conjur.com.br/2013-dez-12/mediacao-cursos-direito-estimulara--mudanca-cultura-litigio>. Acesso em: 26 jan. 2014.

CARMONA, Carlos Alberto. *Arbitragem e processo*: um comentário à Lei 9.307/96. 3. ed. São Paulo: Atlas, 2009.

CUNHA, Cícero Luiz Botelho da. A luta pela credibilidade da arbitragem como condição de eficácia do sistema de auto-solução de conflitos. In: GUILHERME, Luiz Fernando do Vale de Almeida (coord.) *Novos rumos da arbitragem no Brasil*. São Paulo: Fiuza, 2003.

FERRAZ JR., Tércio Sampaio. *Introdução ao estudo do direito*: técnica, decisão, dominação. 6. ed. São Paulo: Atlas, 2008.

GARCEZ, José Maria Rossani. *Técnicas de negociação*. Resolução alternativa de conflitos: ADRS, mediação, conciliação e arbitragem. Rio de Janeiro: Lumen Juris, 2002.

LEMES, Selma Ferreira. A arbitragem e o estudante de Direito. *Revista Direito ao Ponto*, n. 4, maio 2009.

---

[81] Abraham Lincoln's Notes for a Law Lecture. In: BASLER, Roy P. *Collected works of Abraham Lincoln*. Abraham Lincoln Association. Fragmento, jul. 1850. Texto completo disponível em: <http://www.abrahamlincolnonline.org>. Acesso em: 28 jan. 2014.

Cap. 6 • DESENVOLVIMENTO DA CULTURA DOS MÉTODOS ADEQUADOS DE SOLUÇÃO DE CONFLITOS | 125

_____. Arbitragem: visão pragmática do presente e futuro. *Informativo Migalhas*, 11 ago. 2005. Disponível em: <www.selmalemes.com.br>. Acesso em: 24 jan. 2014.

_____. Os procedimentos arbitrais e as funções dos advogados. *Valor Econômico*, São Paulo, 2 set. 2003, Legislação e Tributos, p. E-2. Disponível em: <www.selmalemes.com.br>. Acesso em: 24 jan. 2014.

LORENCINI, Marco Antonio Garcia Lopes. A contribuição dos meios alternativos para a solução de controvérsias. In: SALLES, Carlos Alberto (coord.). *As grandes transformações do processo civil brasileiro*: homenagem ao professor Kazuo Watanabe. São Paulo: Quartier Latin, 2009.

MONTORO, André Franco. *Introdução à ciência do direito*. 24. ed. São Paulo: Revista dos Tribunais, 1997.

OPPETIT, Bruno. *Théorie de l'arbitrage*. Paris: Presses universitaires de France, 1998.

REALE, Miguel. *Lições preliminares de direito*. 2. ed. São Paulo: Bushatsky, 1974.

SAMPAIO, Lia Regina Castaldi; BRAGA NETO, Adolfo Braga. *O que é mediação de conflitos*. São Paulo: Brasiliense, 2007.

SANDER, Frank. *Varieties of dispute process*. Minnesota: West Publishing, 1979.

SILVA, Paulo Eduardo Alves da. Solução de controvérsias: métodos adequados para resultados possíveis e métodos possíveis para resultados adequados. In: SALLES, Carlos Alberto; LORENCINI, Marco Antônio Garcia; SILVA, Paulo Eduardo Alves (coords.). *Negociação, mediação e arbitragem*: curso para programas de graduação em Direito. São Paulo: Método, 2012.

WATANABE, Kazuo. Política pública do poder judiciário nacional para tratamento adequado dos conflitos de interesses. *Revista de Processo*, v. 36, 2011.

7

A CLÁUSULA COMPROMISSÓRIA NO DIREITO SOCIETÁRIO

Francisco Antunes Maciel Müssnich[1]

Sumário: 1. Introdução – 2. Cláusula compromissória estatutária e o seu alcance subjetivo: 2.1. Os acionistas ingressantes; 2.2. Acionistas ausentes e silentes; 2.3. Acionista dissidente: por uma nova hipótese de direito de recesso; 2.4. Administradores – 3. Cláusula compromissória na sociedade limitada e o seu alcance subjetivo – 4. Tratamento da questão em outras jurisdições selecionadas: 4.1. Experiência italiana; 4.2. Experiência francesa; 4.3. Experiência alemã; 4.4. Experiência espanhola; 4.5. Experiência norte-americana; 4.6. Experiência inglesa – 5. Conclusão – Referências bibliográficas.

1. INTRODUÇÃO

Em outubro de 2013, a Comissão de Juristas presidida pelo Ministro do Superior Tribunal de Justiça, Luis Felipe Salomão, a qual com muito orgulho tive a honra de integrar, apresentou ao Senado Federal o Anteprojeto de Lei (PL 406, de 2013) propondo modificações à lei de arbitragem (Lei 9.307/1996 – Lei de Arbitragem). Em vigor desde 1996, indubitavelmente essa lei tornou-se um

---

[1] Advogado no Rio de Janeiro e São Paulo. Professor de Direito Societário da PUC – RJ. Autor do Livro: *cartas a um jovem advogado*. Sócio do Barbosa, Müssnich & Aragão Advogados.

marco legal para a arbitragem no direito brasileiro, após o julgamento do Supremo Tribunal Federal reconhecendo sua validade, em 2001.[2]

Porém, com o passar do tempo e o incremento da arbitragem no Brasil, tornou-se necessário, na opinião amplamente majoritária dos advogados com experiência na matéria, diversos ajustes ao texto legal original, tendo sido este, precisamente, o objetivo principal da Comissão Revisora.

O Anteprojeto de Lei deu origem à Lei 13.129/2015, responsável pela reforma da Lei de Arbitragem. A proposta revisional teve como foco sugerir modificações que refletissem não só o pensamento dos advogados, mas e principalmente da doutrina e dos tribunais brasileiros sobre questões relevantes, tais como: a possibilidade de as partes afastarem a aplicação de alguns dispositivos do regulamento do órgão arbitral institucional ou entidade especializada que limite a livre escolha dos árbitros; a permissão aos árbitros de proferir sentenças parciais e determinar que as partes e os árbitros, de comum acordo, possam prorrogar o prazo estipulado para proferir a sentença final; regrou com maior clareza o direito da parte interessada de pleitear ao órgão do Poder Judiciário competente a declaração de nulidade da sentença arbitral; a determinação de que, para ser reconhecida ou executada no Brasil, a sentença arbitral estrangeira está sujeita, unicamente, à homologação do STJ; a instituição da arbitragem como causa interruptiva da prescrição; melhor disciplinou as tutelas cautelares e de urgência no processo de arbitragem e a Carta Arbitral; e previu a alteração da Lei 6.404/1976 para estabelecer que a aprovação da inserção de convenção de arbitragem no estatuto social obriga a todos os acionistas da companhia, assegurado ao acionista dissidente o direito de retirar-se da companhia mediante reembolso do valor de suas ações.

Uma das preocupações da Comissão Revisora foi justamente prever e disciplinar as questões de Direito Societário na arbitragem, pois, a rigor, é o Direito Societário um personagem central da vida arbitral. Como afirma Arnaldo Wald, o século XXI instaurou a *ditadura da urgência*,[3] o que se reflete nas aspirações da sociedade, especialmente no âmbito de grandes transações. O mercado, tanto interno quanto internacional, reclama por meios ágeis, respostas imediatas aos litígios, não sendo admissível a morosidade que, normalmente, caracteriza a tramitação de processos junto ao Poder Judiciário brasileiro.

A arbitragem se apresenta, assim, como o meio cada vez mais adequado para a solução de divergências, atendendo aos anseios do mercado, a saber: segurança

---

[2] STF, Tribunal Pleno, SE 5.206 AgR, Rel. Min. Sepúlveda Pertence, j. 12.12.2001, *DJ* 30.04.2004.

[3] WALD, Arnoldo. As novas regras de arbitragem: maior eficiência e transparência. *Revista de Arbitragem e Mediação*, São Paulo, n. 2, p. 240, abr.-jun. 2012.

Cap. 7 · A CLÁUSULA COMPROMISSÓRIA NO DIREITO SOCIETÁRIO | **129**

jurídica, previsibilidade das decisões e uma justiça ágil.[4] Desse modo, tem razão Pedro Batista Martins quando afirma que esta combinação (arbitragem – direito societário) confere "maior segurança ao ingresso de capitais estrangeiros em atividades essenciais ao incremento e à melhoria da competitividade em mercados marcados pela globalização e intensa competição".[5]

Em vista dessas diretivas, este texto teve por escopo examinar as alterações projetadas atinentes ao direito de recesso nas companhias quando, por deliberação assemblear, é inserida convenção de arbitragem no estatuto social (art. 3º da Lei 13.129/2015,[6] que acrescentou o art. 136-A da Lei 6.404/1976).

O direito de retirada exerce a função de limite ao exercício do princípio da maioria nas deliberações de Assembleia Geral, e a tendência dominante nas legislações modernas é de se reduzir a sua previsão – como se vê, a título exemplificativo, no direito italiano –, ou mesmo extirpá-lo – *e.g.* Alemanha e Suíça. Isso porque, como em outra oportunidade mencionei, este direito "freq[u]entemente t[e]m impedido o crescimento empresarial pela ameaça que o pagamento do

---

[4] O Superior Tribunal de Justiça também tem reiterado sua posição de valorização do juízo arbitral e da segurança jurídica. Nesse sentido, em recente julgado, entendeu-se que, em sede de embargos à execução, haverá limitação material do objeto de apreciação se o título executivo extrajudicial que embasar a execução for contrato com cláusula arbitral, de modo que não haverá competência do juízo estatal para resolver as controvérsias que dizem respeito ao mérito do embargos, uma vez que tais matérias foram eleitas para serem solucionadas pela instância arbitral (STJ, Tribunal Pleno, REsp 1.465.535/SP, Rel. Min. Luis Felipe Salomão, j. 21.06.2016, *DJ* 22.08.2016).

[5] MARTINS, Pedro A. Batista. Arbitragem no direito societário. *Revista de Arbitragem e Mediação*, São Paulo, n. 39, p. 56, out.-dez. 2013.

[6] Art. 3º: "A Lei nº 6.404, de 15 de dezembro de 1976, passa a vigorar acrescida do seguinte art. 136-A na Subseção 'Direito de Retirada' da Seção III do Capítulo XI: 'Art. 136-A. A aprovação da inserção de convenção de arbitragem no estatuto social, observado o quorum do art. 136, obriga a todos os acionistas, assegurado ao acionista dissidente o direito de retirar-se da companhia mediante o reembolso do valor de suas ações, nos termos do art. 45.

§ 1º A convenção somente terá eficácia após o decurso do prazo de 30 (trinta) dias, contado da publicação da ata da Assembleia Geral que a aprovou.

§ 2º O direito de retirada previsto acima não será aplicável:

I – caso a inclusão da convenção de arbitragem no estatuto social represente condição para que os valores mobiliários de emissão da companhia sejam admitidos à negociação em segmento de listagem de bolsa de valores ou de mercado de balcão organizado que exija dispersão acionária mínima de 25% (vinte e cinco por cento) das ações de cada espécie ou classe;

II – caso a inclusão da convenção de arbitragem seja efetuada no estatuto social de companhia aberta cujas ações sejam dotadas de liquidez e dispersão no mercado, nos termos das alíneas 'a' e 'b' do inciso II do art. 137 desta Lei'".

valor de reembolso pode representar"[7] e, ainda, muitas vezes, decorrem fraudes e manipulações, por falsos dissidentes e simples aproveitadores de situações economicamente vantajosas, fenômeno conhecido como "indústria do recesso". Observa, nesse sentido, o Professor Alfredo Lamy Filho:[8]

> Nos juristas contemporâneos, as restrições ao direito de retirada subsistem e têm crescido, na medida em que todos se dão conta do interesse social em defender a empresa, o que levou Galgano a assinalar a prevalência da progressiva afirmação da empresa, da classe empresarial, sobre as demais classes detentoras de riqueza.

Na mesma linha, seguem as impressões de Luiz Antonio de Sampaio Campos:[9]

> Ainda é preciso especificar que o recesso não é uma oportunidade de negócio. Ao contrário, é um direito especialíssimo conferido aos acionistas de uma companhia, exclusivamente porque divirjam de determinada deliberação adotada pela assembleia geral, permitindo-lhe se retirar da companhia, sem o ônus de ter de encontrar um adquirente para suas ações.
>
> A este respeito, já se deixou muito claro que o exercício do direito de retirada deve ter por fundamento exclusivo o descontentamento com uma decisão assemblear, não uma oportunidade de ganho.
>
> Por isso que as iniciativas legislativas têm sido sempre no sentido de se coarctar o exercício abusivo do direito de recesso.

Embora a excepcionalidade do direito de recesso seja a tendência dominante e a firme convicção do subscritor deste trabalho, a Comissão considerou pertinente a previsão dessa nova hipótese, por representar uma solução para uma aparente controversa questão, relativa ao alcance subjetivo da cláusula compromissória estatutária. Acreditou-se que essa escolha compatibiliza o princípio da maioria com a vontade divergente do acionista.

---

[7] MÜSSNICH, Francisco Antes Maciel. Reflexões sobre o direito de recesso na Lei das Sociedades por Ações. In: LOBO, Jorge (coord.). *Reforma da Lei das Sociedades Anônimas*: inovações e questões controvertidas da Lei nº 10.303, de 31.10.2001. Rio de Janeiro: Forense, 2002. p. 285-306.

[8] LAMY FILHO, Alfredo. O direito de retirada no Brasil. *Revista de Direito Renovar*, Rio de Janeiro, n. 2, p. 16, maio-ago. 1995.

[9] CAMPOS, Luiz Antonio de Sampaio. Notas sobre o direito de recesso e a exigência de titularidade ininterrupta (art. 137, § 1º). In: CASTRO, Rodrigo Rocha Monteiro de; WARDE JÚNIOR, Walfrido Jorge; GUERREIRO, Carolina Dias Tavares (coords.). *Direito empresarial e outros estudos em homenagem ao professor José Alexandre Tavares Guerreiro*. São Paulo: Quartier Latin, 2013. p. 243.

Cap. 7 • A CLÁUSULA COMPROMISSÓRIA NO DIREITO SOCIETÁRIO | **131**

Foi proposto, então, o direito de retirar-se da companhia ao acionista dissidente, a ser exercido no prazo de 30 dias, contados da publicação da ata da assembleia geral, quando aprovada a inserção de convenção de arbitragem no estatuto social. Após o transcurso do prazo, os acionistas que permanecerem na sociedade estarão automática e definitivamente vinculados à cláusula compromissória.

De fato, com a previsão do direito de retirada, a lei conferiu uma importante opção ao acionista dissidente da deliberação que autoriza a inserção da cláusula compromissória, sobretudo porque o exercício de recesso pode ser inclusive consideravelmente oneroso para a companhia.

2. CLÁUSULA COMPROMISSÓRIA ESTATUTÁRIA E O SEU ALCANCE SUBJETIVO

Um dos temas mais controversos em matéria de arbitragem no Direito Societário é a verificação dos requisitos de validade, alcance e efeitos da cláusula compromissória incluída no estatuto social das companhias submetendo à arbitragem as divergências entre os acionistas e a companhia, ou entre os acionistas controladores e os acionistas minoritários.

Quanto à vinculação dos acionistas fundadores, não há grandes discussões: estão eles atrelados aos ditames da cláusula arbitral, assim como estão as companhias.[10] Debate-se, contudo, na doutrina brasileira, a extensão dos efeitos

---

[10] Na doutrina, percebem-se as seguintes razões para a vinculação dos acionistas fundadores à cláusula compromissória estatutária, a saber: Luís Loria Flaks observa que as formalidades necessárias à constituição de uma companhia (arts. 88 e 95 da Lei Societária) são suficientes para vincular todos os fundadores a todas as disposições do estatuo social, inclusive à cláusula compromissória estatutária (FLAKS, Luís Loria. A arbitragem na forma da Lei das S.A. *Revista de Direito Mercantil*, São Paulo: Malheiros, n. 131, p. 101, jul.-set. 2003); Carvalhosa explica que: "São partes, para efeitos da celebração da cláusula compromissória estatutária, a própria sociedade e os acionistas que expressamente concordaram com essa substituição do foro judicial pelo arbitral. Assim, no momento de constituição da sociedade (arts. 80 e ss. da Lei nº 6.404, de 1976) estarão vinculados à cláusula compromissória todos os fundadores que subscreveram o capital social. São aqueles que fundam a sociedade e aprovam o estatuto. Pode-se dizer, portanto, que os fundadores-subscritores da sociedade não aderem ao estatuto, mas efetivamente o aprovam. Fique bem clara aqui a distinção: No caso, os atos constitutivos e, dentre eles, a aprovação do estatuto são tractatus entre os fundadores não dictatus" (CARVALHOSA, Modesto. *Comentários à Lei de Sociedades Anônimas*. 5. ed. São Paulo: Saraiva, 2011. v. II, p. 358). Carlos Augusto da Silveira Lobo atentamente observa que na hipótese da inclusão da clausula compromissória quando da constituição da companhia pode ser que não ocorra deliberação por unanimidade, consoante o § 3º do art. 87 da Lei Societária. Neste caso, o autor defende, com o que concordo, que em razão do princípio da maioria, os subscritores que votaram contra a constituição

da cláusula compromissória prevista no estatuto social ao novo acionista, bem como para o acionista que não compareceu à assembleia que instituiu a cláusula, absteve-se de votar ou proferiu voto dissidente.

2.1. Os acionistas ingressantes

Em relação ao acionista *a posteriori*, há dois posicionamentos opostos sobre a questão: um, majoritário,[11] capitaneado por Pedro Batista Martins e previsto no recente Enunciado 16 da I Jornada de Direito Comercial promovida pelo Centro de Estudos Judiciários do Conselho da Justiça Federal,[12] em prol da vinculação automática à cláusula compromissória estatutária, sem necessidade de manifestação específica sobre a matéria; e outro,[13] liderado por Modesto Carvalhosa, que exige autorização expressa para que aqueles estejam vinculados à referida cláusula.

Após a aprovação da reforma à Lei de Arbitragem, não se sustenta, sob qualquer ângulo, o argumento segundo o qual se deve exigir a autorização para que o novo acionista se vincule a cláusula compromissória prevista no estatuto social. Seja como for, importante ainda recordar os fundamentos dos posicionamentos existentes sobre a vinculação, ou não, do novo acionista à cláusula compromissória, sobretudo para enfatizar as razões pelas quais a exigência de

---

da companhia também estarão vinculados à mesma (LOBO, Carlos Augusto da Silveira. A cláusula compromissória II (anotações adicionais). *Revista de Arbitragem e Mediação*, São Paulo, n. 27, p. 55, out.-dez. 2010).

[11] EIZIRIK, Nelson. *A Lei das S/A comentada*. 2. ed. São Paulo: Quartier Latin, 2015. v. II, p. 172; ENEI, José Virgílio Lopes. A arbitragem nas sociedades anônimas. *Revista de Direito Mercantil*, São Paulo, v. 129, jan.-mar. 2003; MARTINS, Pedro A. Batista. *Arbitragem no Direito Societário*. São Paulo: Quartier Latin, 2012; CAHALI, Francisco José. A vinculação dos adquirentes de cotas ou ações à cláusula compromisso estabelecida em contrato social ou estatuto. *Revista Brasileira de Arbitragem e Mediação*, São Paulo: RT, n. 36, p. 159-167, mar. 2013; LOBO, Carlos Augusto da Silveira. A cláusula compromissória estatutária (I). *Revista de Arbitragem e Mediação*, São Paulo: RT, n. 22, jul.-set. 2009; e CÂMARA, Alexandre Freitas. Os efeitos processuais da inclusão da cláusula compromissória nos estatutos sociais das companhias. *Revista Brasileira de Arbitragem*, São Paulo: IOB, n. 28, p. 30-40, out.-dez. 2010.

[12] Enunciado 16: "O adquirente de cotas ou ações adere ao contrato social ou estatuto no que se refere à cláusula compromissória (cláusula de arbitragem) nele existente; assim, estará vinculado à previsão da opção da jurisdição arbitral, independentemente de assinatura e/ou manifestação específica a esse respeito".

[13] LUCENA, José Waldecy. *Das sociedades anônimas*. Rio de Janeiro: Renovar, 2009. v. I, p. 1.016-1.017; e CANTIDIANO, Luiz Leonardo. *Reforma da Lei das S.A. comentada*. Rio de Janeiro: Renovar, 2002. p. 118-119.

Cap. 7 · A CLÁUSULA COMPROMISSÓRIA NO DIREITO SOCIETÁRIO | **133**

expressa autorização – que já não se justificava por ausência de previsão legal – poderia continuar prevalecendo.

Os que defendem a não vinculação automática fundamentam tal conclusão baseando-se nas seguintes premissas: (i) a expressa aprovação da cláusula compromissória constitui requisito de sua validade; (ii) a possibilidade de instituição de cláusula compromissória é um direito subjetivo do acionista; (iii) a cláusula tem natureza jurídica de pacto parassocial, necessitando para sua eficácia o requisito aludido no § 2º do art. 4º da Lei 9.307/1996.

Em primeiro lugar, com respeito à expressa aprovação da cláusula compromissória como requisito de sua validade, argumentam que a sua inobservância implica abdicação ao direito de acesso ao Poder Judiciário (arts. 5º, XXXV, e 60, § 4º, IV, da CF e § 2º deste art. 109 da Lei 6.404), o qual, sendo direito essencial e personalíssimo do acionista, não pode ser renunciado tacitamente.[14]

Ocorre que tais dispositivos legislativos não podem ser interpretados de modo restrito. O art. 5º, XXXV, da CF/1988, como reconhecido pelo Supremo Tribunal Federal[15] não se refere necessariamente ao Poder Judiciário, mas à *jurisdição*, a qual pode ser estatal ou privada. É reconhecido hoje, majoritariamente, o caráter jurisdicional da arbitragem, pois sendo o árbitro (art. 18 da Lei de Arbitragem) "juiz de fato e de direito" exerce uma função jurisdicional, num sentido abrangente, voltada a eliminar e solucionar litígios com justiça.[16] Por outros termos, a arbitragem é uma alternativa voluntária e convencionada pelas partes para resolver seu conflito, conferindo a terceiro particular o poder jurisdicional para solucionar o processo. Além disso, a escolha pela arbitragem não exclui de todo o Judiciário, pelas seguintes razões: (i) as partes poderão ingressar no Judiciário

---

[14] Modesto Carvalhosa: "[A] renúncia ao direito essencial de valer-se do Poder Judiciário para dirimir divergências e litígios de natureza societária (arts. 5º, XXXV, e 60, § 4º, IV, da CF e § 2º deste art. 109) é personalíssima, não se podendo, sob nenhum pretexto, ainda que contratual, convencionar a sua sucessão. Em hipótese alguma a cláusula compromissória pode impor-se aos novos sócios, ainda que herdeiros ou sucessores por aquisição ou a qualquer título" (*Comentários à Lei de Sociedades Anônimas*. 5. ed. São Paulo: Saraiva, 2011. v. II, p. 365).

[15] STF, Tribunal Pleno, SE 5.206 AgR, Rel. Min. Sepúlveda Pertence, j. 12.12.2001, *DJ* 30.04.2004.

[16] NERY JUNIOR, Nelson. *Princípios do processo na Constituição Federal*. 10. ed. São Paulo: RT, 2010. p. 15; LEMES, Selma. O papel do árbitro. *Revista do Direito da Energia*, São Paulo: Instituto Brasileiro de Estudos do Direito da Energia, n. 4, p. 119-120, 2006. Ainda antes da vigência da Lei da Arbitragem opinava Clóvis Couto e Silva: "árbitro exerce uma jurisdição como qualquer outra, muito embora não se lhe faculte a execução de medidas coercitivas" (*Comentários ao Código de Processo Civil*. São Paulo: RT, 1982. v. XI, t. 2, p. 588).

para declarar a nulidade da sentença arbitral (art. 33); (ii) há a possibilidade de interpor embargos à execução (art. 33, § 3º); (iii) a execução coativa da decisão arbitral somente poderá ocorrer perante o Judiciário, ao se constituir a sentença arbitral título executivo judicial (art. 31 da Lei de Arbitragem); (iv) ao Judiciário cabe decidir por sentença acerca da instituição da arbitragem na hipótese de resistência de uma das partes signatárias da cláusula compromissória (art. 7º da Lei de arbitragem).

Mesmo se não fosse reconhecido o caráter jurisdicional da arbitragem, não haveria, em meu modo de ver, qualquer lesão ao § 2º do art. 109 da Lei Societária, pois este dispositivo não se refere aos meios, processos ou ações *de caráter judicial*. Antes e para corrigir desde já esta equivocada interpretação, compõem os "meios, processos ou ações que a lei confere ao acionista para assegurar os seus direitos". Assim, acredito que somente uma construção enganada conseguiria ver na arbitragem uma violação daquele dispositivo constitucional. O que ocorre efetivamente na adoção da arbitragem é a escolha prévia da jurisdição do tribunal que irá julgar o eventual litígio.

Ainda mais, tecnicamente nem mesmo poderíamos falar em renúncia a direito de acesso ao Poder Judiciário. Como observa Pedro A. Batista Martins,[17] o acionista ao ingressar na sociedade não renuncia a direitos em razão de o voto majoritário preponderar nas deliberações, o que ocorre é a sua subordinação perante a maioria.[18] Em seguida, o mesmo autor explica que renúncia é um ato de

---

[17] MARTINS, Pedro A. Batista. *Arbitragem no direito societário*. São Paulo: Quartier Latin, 2012. p. 104-105.

[18] O princípio majoritário foi incorporado pelo ordenamento jurídico brasileiro em 1940, primeiro pelo Decreto-lei 2.627/1940 e mantido pela Lei 6.404/1976. Constituiu verdadeira ruptura com o princípio que até então vigorava em que se exigia unanimidade para as deliberações da assembleia.

Essa modificação se fundamenta na percepção de que a exigência de unanimidade engessa e paralisa em excesso o processo decisório, em dissintonia com o dinamismo requerido pelo mundo dos negócios. Além disso, atribui poder excessivo a segmentos minoritários, que passam a dispor de poder desproporcional na decisão dos rumos da sociedade. Sobre o tema, ver: BULHÕES, José Luiz Pedreira; LAMY FILHO, Alfredo. In: BULHÕES, José Luiz Pedreira; LAMY FILHO, Alfredo (coords.). *Direito das companhias*. Rio de Janeiro: Forense, 2009. v. I, p. 809-810; LUCENA, José Waldecy. *Das sociedades anônimas*: comentários à lei (arts. 121 a 188). Rio de Janeiro: Renovar, 2009. v. II, p. 118-121.

Embora seja de vital importância, o princípio majoritário é excepcionado em alguns casos específicos, nos quais determinada deliberação possa afetar "adversamente" a companhia. Pode-se, assim, adotar tanto o requisito da maioria qualificada ou até a exigência da unanimidade. Por seu caráter excepcional, estes quóruns especiais só se aplicam às hipóteses expressamente previstas na Lei Societária, a saber: (i) *quorum* qualificado de pelo menos metade das ações com direito a voto: Lei 6.404/1976, art. 136; (ii) *quorum*

autonomia que tem como efeito imediato e típico a separação do direito subjetivo do sujeito, assim ocorre a extinção do direito renunciado. Situação muito diferente é a que ocorre com o acionista que ingressa na sociedade: ele estabelece um liame jurídico de dependência com os sócios majoritários. Por outras palavras, o que ocorre é uma "subordinação legal de interesses, e não uma renúncia a direitos".[19]

Em segundo lugar, os que não reconhecem a obrigação do novo acionista perante a cláusula compromissória catalogam como *direito subjetivo* do acionista a possibilidade de instituição de cláusula compromissória, e não como *dever jurídico* do acionista de vincular-se ao juízo arbitral.[20] A razão desta conclusão se atém à topografia legislativa: a matéria está inserida no art. 109, que trata dos "direitos subjetivos especiais dos acionistas". Interpretando-se sistematicamente o art. 109, de pronto concluir-se-á que os direitos essenciais a que se refere são os indicados nos incisos; os parágrafos são instruções relacionadas às matérias. Especificamente em relação ao § 3º do referido artigo, sem dúvida se está perante um *dever jurídico* imposto aos acionistas e à companhia de respeitar a cláusula compromissória, se adotada pelo estatuto social. Assim, ao ser estipulada a cláusula, o que ocorre é uma escolha prévia sobre o procedimento adotado de como será exercido o *direito subjetivo* de acesso ao Poder Judiciário. Uma vez convencionada, nascido o *dever jurídico* de respeitar a cláusula compromissória.

Ao afirmar que a cláusula compromissória impõe um *dever jurídico*, consequentemente a classifico Lei 6.404/1976, como uma norma de direito objetivo da companhia. Tal conclusão nos levará a examinar o último argumento suscitado pelos defensores da não vinculação da referida cláusula aos novos acionistas: que ela goza de natureza jurídica de pacto parassocial, independente e fora do contexto do estatuto social, necessitando, para sua eficácia, o atendimento do disposto no § 2º do art. 4º da Lei 9.307/1996, a saber, adesão expressa, por escrito e em documento anexo ou em negrito, com assinatura ou visto especial.[21] Por outros termos,

---

qualificado de 90% no mínimo das ações: Lei 6.404/1976, art. 215, § 1º; (iii) unanimidade: Lei 6.404/1976, arts. 87, § 2º, 221, 229, § 5º, 294, § 2º, 300 combinado com o art. 72 do Decreto-lei 2.627/1940.

[19] MARTINS, Pedro A. Batista. *Arbitragem no direito societário*. São Paulo: Quartier Latin, 2012. p. 105.

[20] CARVALHOSA, Modesto. *Comentários à Lei de Sociedades Anônimas*. 5. ed. São Paulo: Saraiva, 2011. v. II, p. 347.

[21] Nesse sentido, afirma Modesto Carvalhosa: "[A] cláusula compromissória constituiu verdadeiro pacto parassocial inserido no estatuto, e não cláusula organizativa, não sendo oponível aos que não a pactuarem. O Princípio de igualdade de tratamento para todos os acionistas aplica-se no que tange às cláusulas organizativas do estatuto. Tem a mesma natureza e produz os mesmos efeitos da cláusula estatutária limitativa da circulação de ações (art. 36) e do acordo de acionistas (art. 118), como referido. O pacto compromissório

acreditam que a cláusula compromissória não se confundiria com as cláusulas organizativas constantes no estatuto social, por não haver uma unidade jurídica entre ela e as normas organizativas constantes do estatuto social.

A discussão, então, refere-se à relação entre a cláusula compromissória e o estatuto social. Como dito, acredito constituir ela uma norma de direito objetivo constante no sistema jurídico da companhia. Este sistema é representado pelos atos constitutivos da companhia composto por normas que regulam as relações jurídicas, sejam internas ou externas, conexas com eles. Essas normas têm natureza de "direito objetivo, no sentido de que são obrigatórias e permanentes, somente podendo ser modificadas, ou deixarem de existir, com observância de outras normas jurídicas – que regulam sua produção, vigência e eficácia".[22] Assim, a cláusula compromissória prevista no estatuto social dispõe sobre um dever jurídico vinculativo a todo aquele titular de ação, pois esta representa o conjunto dos direitos e obrigações da posição jurídica do acionista perante a companhia.

Não se pode negar ainda haver uma íntima ligação entre a cláusula compromissória estatutária e a organização da sociedade por ações; a cláusula regula o modo pelo qual as divergências entre os acionistas e a companhia, ou entre os acionistas controladores e os acionistas minoritários serão solucionadas. Tanto é assim que os relevantes instrumentos de práticas de governo interno, que impõem meios pelos quais a empresa cria sinergias e administra conflitos entre os diversos participantes da atividade empresarial têm determinado a adoção de cláusulas

---

não rege a organização da sociedade, da mesma forma como o acordo de acionistas (art. 118) e a cláusula limitativa de circulação (art. 36) também não o fazem, pois constituem, os três, pactos parassociais. Por sua vez, estará a sociedade sempre vinculada à cláusula compromissória estatutária, já que originada da vontade por ela manifestada pela maioria dos acionistas votantes, *uti soci*. Em consequência da natureza parassocial da cláusula compromissória estão estabelecidos os pressupostos da plena aplicação do referido § 2º do art. 4º da Lei n. 9.307, de 1996" (CARVALHOSA, Modesto. *Comentários à Lei de Sociedades Anônimas*. 5. ed. São Paulo: Saraiva, 2011. v. II, p. 366). Também Waldecy Lucena: "Para a eficácia da cláusula compromissória, relativamente aos acionistas aderentes, há de se atender ao disposto no parágrafo 2º, do artigo 4º, da Lei n. 9.307, de 23 de setembro de 1996, *verbis*: 'Nos contratos de adesão, a cláusula compromissória só terá eficácia se o aderente tomar a iniciativa de instituir a arbitragem ou concordar, expressamente, com a sua instituição, desde que por escrito em documento anexo ou em negrito, com a assinatura ou visto especialmente para essa cláusula'. Ou seja, nesse caso, a eficácia da cláusula, inclusive em relação aos demais acionistas, depende de que a adesão se formalize em documento escrito, devidamente assinado, e que seja arquivado na sede da companhia depois de averbado nos livros e registros e nos certificados de ações, se emitidos" (LUCENA, José Waldecy. *Das sociedades anônimas*. Rio de Janeiro: Renovar, 2009. v. I, p. 1.018).

[22] BULHÕES, José Luiz Pedreira. In: LAMY FILHO, Alfredo; PEDREIRA, José Luiz Bulhões (coords.). *Direito das companhias*. Rio de Janeiro: Forense, 2009. v. I, p. 164.

compromissórias estatutárias, a saber: Regulamento de Listagem do Novo Mercado da Bovespa (8.4 e seção XIII), Regulamento de Listagem do Nível 2 (8.4 e seção XIII), Regulamento do Bovespa Mais (8.4 e seção XIII), Código de Melhores Práticas de Governança Corporativa do Instituto Brasileiro de Governança Corporativa (1.8), Cartilha de Governança Corporativa da CVM Junho de 2002 (iii.6), Regulamento da Câmara de Arbitragem do Mercado.

Ressalta-se ainda que os estatutos sociais são públicos, sendo necessariamente registrados junto a órgãos que lhes dão necessária divulgação, além de gozar de presunção *jure et jure* de que o novo acionista inteirou-se do seu conteúdo, tendo concordado com a cláusula compromissória. Essa presunção deve ser absoluta, não aceitando prova em contrário. Como se sabe, no direito brasileiro "o silêncio importa anuência, quando as circunstâncias e os usos o autorizarem, e não for necessária a declaração de vontade expressa" (art. 111 do Código Civil de 2002). O silêncio qualificado leva à aceitação pelo convencimento. Além disso, o Código Civil contém norma de interpretação e integração negocial (art. 113) pela qual os usos do lugar da contratação atuam como norma integrativa, preenchendo o conteúdo do negócio jurídico, e, como tal, possuindo força jurígena.[23] De fato, no contexto societário, usos do setor, práticas (ou comportamento habitual das partes) e costumes mercantis tem força hermenêutica e normativa.[24] Não havendo nenhuma exigência de declaração expressa na Lei Societária (especificamente no § 3º do art. 109), a interpretação soa simples: não há razões para se impor a exigência da anuência do novo acionista. Desse modo, o novo acionista ao adquirir as ações da companhia está automaticamente ratificando o estatuto social e anuindo, tacitamente, com todos os seus termos.

Igualmente não concordo com a possibilidade de qualificar a companhia como um contrato de adesão. A sua natureza jurídica, como está em antiga e autorizada lição de Ascarelli, é de contrato plurilateral. É característica do contrato plurilateral a abertura,[25] possibilitando o fluxo de participantes, sem que seja necessária a sua reforma. Embora haja uma certa semelhança entre o contrato de

---

[23] Ver: MOSER, Luiz Gustavo Meira. A cláusula compromissória, a conduta das partes e a força jurígena dos usos e costumes: comentário da Sentença Estrangeira Contestada 855-EX. *Revista de Arbitragem e Mediação*, São Paulo, n. 35, p. 317-340, out.-dez. 2012.

[24] Nesse sentido, dispõe a Lei 6.404/1976 no *caput* e no § 1º do art. 2º: "*Pode ser objeto da companhia qualquer empresa de fim lucrativo, não contrário à lei, à ordem pública e aos bons costumes. § 1º Qualquer que seja o objeto, a companhia é mercantil e se rege pelas leis e usos do comércio*".

[25] ASCARELLI, Tullio. *Problemas das sociedades anônimas e direito comparado*. São Paulo: Quorum, 2008. p. 411-413.

sociedade e o de adesão com respeito à impossibilidade de negociação do conteúdo, as diferenças na natureza da relação de base têm maior peso, no momento da sua qualificação.

Em primeiro lugar, o "contrato de adesão" (*rectius*: contrato formado por adesão), conforme o art. 54, *caput*, do Código de Defesa do Consumidor (CDC), pressupõe uma relação de fornecimento, o que não ocorre nas relações societárias. Basicamente, é pressuposta a assimetria entre os polos da relação, o consumidor e o fornecedor, sendo o primeiro presumidamente vulnerável no mercado de consumo (CDC, art. 4º, inciso I). Justamente em razão desta assimetria de poderes – informativos e econômicos –, entre fornecedores e consumidor é que foi criada a exigência do § 2º do art. 4º da Lei 9.307/1996. O mesmo não ocorre, porém, na sociedade por ações, em que não há hipossuficiência ou vulnerabilidade de uma parte em relação a outra. Ninguém é coagido a tornar-se sócio, mas na sociedade de consumo "todos somos [obrigatoriamente] consumidores".[26]

Em segundo lugar, o caráter associativo, próprio das companhias, descaracteriza qualquer equiparação entre contrato de adesão próprio das relações de consumo e o contrato de sociedade. Neste, cada parte tem obrigações, não para com a outra – como ocorre no de adesão –, mas para com "todas" as outras; adquire direitos, não para com uma outra, mas para com todas as outras.[27]

Mesmo se por uma aberração jurídica se fosse atribuído à sociedade por ações o caráter de contrato de adesão, o disposto no § 2º do art. 4º da Lei 9.307/1996 não se aplicaria aos novos acionistas, pois tal previsão legal conflitaria com o § 3º do art. 109 da Lei 6.404/1976 (Incluído pela Lei 10.303/2001), de modo que prevalece este último pelo fato de ser norma especial e mais recente.

Por todas essas razões, acredita-se que os adquirentes de ações de uma companhia cujo estatuto social contém cláusula compromissória a esta estão automaticamente vinculados. Como adverte Alexandre Freitas Câmara, ao acionista desgostoso da cláusula compromissória "[a] opção que o sistema lhes confere é outra: a de não adquirir as ações de tal companhia".[28]

---

[26] Em 15 de março de 1962, o então presidente dos Estados Unidos, John Kennedy, enviou uma mensagem ao Congresso Americano tratando da proteção dos interesses e direitos dos consumidores, na qual disse a frase alhures referida.

[27] ASCARELLI, Tullio. *Problemas das sociedades anônimas e direito comparado*. São Paulo: Quorum, 2008. p. 389.

[28] CÂMARA, Alexandre Freitas. Os efeitos processuais da inclusão de cláusula compromissória nos estatutos sociais das companhias. *Revista Brasileira de Arbitragem*, Curitiba, n. 28, p. 36, out.-dez. 2010.

2.2. Acionistas ausentes e silentes

Inexiste igualmente unanimidade na doutrina brasileira quanto à vinculação, ou não, dos acionistas que, em deliberação social, não tenham comparecido, ou não tenham votado na aprovação da cláusula compromissória estatutária. Acredita-se, contudo, que estarão eles vinculados à cláusula, assim indicando o princípio pilar do direito societário: o da prevalência da maioria nas decisões assembleares.

A escolha fundamental do legislador brasileiro pelo princípio majoritário, como assim o fez nos arts. 129 e 135 da LSA e nos arts. 1.061, 1.063, § 1º, 1.072, § 5º, e 1.076 do CC, corresponde a uma exigência do tráfego jurídico, pois se assim não fosse "tornaria a sociedade incapaz de agir, na medida em que a simples discordância de um comprometeria a decisão".[29] Este princípio, além de representar um democrático artifício para formação da vontade social, exerce uma função primordial: viabilizar o exercício da atividade fim da companhia.

Ao ingressar na sociedade por ações, o acionista expressa seu consentimento de submissão à vontade social.[30] Não há, contudo, qualquer razão para que esta anuência anterior não compreenda a cláusula compromissória: afinal é de conhecimento geral que as normas estatutárias, observadas as prescrições legais, podem ser alteradas, como acontece quando da inserção da cláusula compromissória no estatuto social por deliberação assemblear.

Desse modo, o princípio majoritário é o fundamento da vinculação de ambas as situações, pois mediante este princípio as vontades individuais são sucumbidas por uma única vontade, qual seja, a vontade social. Os acionistas de antemão sabem a consequência de seus atos: o acionista que não se manifestar em assembleia e o que, regularmente convocado, não compareceu, estará vinculado à clausula compromissória em razão da seguinte combinação: força jurígena do silêncio no ambiente societário – como acima explicado – e o princípio vinculante da maioria.

2.3. Acionista dissidente: por uma nova hipótese de direito de recesso

O debate sobre o alcance subjetivo da cláusula compromissória estatutária, inclusa mediante assembleia geral, aos acionistas que não concordam com tal aprovação, foi intenso na doutrina brasileira,[31] de modo que, como antes referido,

---

[29] ADAMEK, Marcelo Vieira Von. *Abuso de minoria em direito societário*. São Paulo: Malheiros, 2014. p. 44.

[30] MARTINS, Pedro A. Batista. *Arbitragem no direito societário*. São Paulo: Quartier Latin, 2012. p. 445-463.

[31] Contra a vinculação: CANTIDIANO, Luiz Leonardo. *Reforma da Lei das S.A. comentada*. Rio de Janeiro: Renovar, 2002. p. 119-120; EIZIRIK, Nelson. *A Lei das S/A comentada*. São

140 | ARBITRAGEM E MEDIAÇÃO

foi matéria da proposta apresentada pela Comissão de Reforma da Lei de Arbitragem, especificamente no art. 3º da Lei 13.129/2015, que adita o art. 136 da Lei 6.404/1976, dando origem à criação do art. 136-A.

Alguns autores,[32] incomodados com a gritante discrepância volitiva que ocorre em tal situação, começaram a sugerir o exercício do direito de recesso, a exemplo do que ocorre no direito italiano (*supra* 4.1) como uma solução legislativa. Chegou-se, inclusive, a afirmar-se que mesmo sem previsão de lei o direito de recesso poderia ser exercido, em razão da inegável modificação estatutária que implica[33] – tese que, na minha opinião, não vence nem convence, pois entendo que as hipóteses de direito de recesso são *numerus clausus* e, portanto, taxativas.

Carlos Augusto da Silveira Lobo, por sua vez, elogia a escolha legislativa brasileira de não conceder o direito de recesso para as referidas circunstâncias, pois acredita que a introdução da cláusula no estatuto social "não altera substancialmente as condições essenciais do contrato de sociedade, nem restringe os meios e processos de que o acionista carece para a proteção de seus direitos".[34]

A Comissão da Reforma da Lei de Arbitragem filiou-se à primeira corrente doutrinária, recomendando a previsão de uma nova hipótese de direito de retirada decorrente da aprovação de inserção de convenção de arbitragem no estatuto social, respeitando-se o *quorum* do art. 136-A.[35]

Paulo: Quartier Latin, 2015. v. II, p. 172-173; a favor da vinculação: ENEI, José Virgílio Lopes. A arbitragem nas sociedades anônimas. *Revista de Direito Mercantil,* São Paulo, v. 129, p. 162, jan.-mar. 2003; PELLEGRINO, Antonio Pedro de Lima. Cláusula compromissória estatutária e litisconsórcio facultativo unitário: uma necessidade imposta pela realidade. *Revista de Arbitragem e Mediação,* São Paulo, n. 35, p. 78-88, set.-dez. 2012.

[32] EIZIRIK, Nelson. *A Lei das S/A comentada.* São Paulo: Quartier Latin, 2011. v. I, p. 619; ENEI, José Virgílio Lopes. A arbitragem nas sociedades anônimas. *Revista de Direito Mercantil.* São Paulo, v. 129, p. 171, jan.-mar. 2003; MAKAT, Barbara. A arbitrabilidade subjetiva nas sociedades anônimas. *Revista de Arbitragem e Mediação,* São Paulo, n. 4, nota 20, p. 92, jan.-mar. 2005.

[33] VILELA, Marcelo Dias Gonçalves. *Arbitragem no direito societário.* Belo Horizonte: Mandamentos, 2004. p. 205.

[34] LOBO, Carlos Augusto da Silveira. A cláusula compromissória estatutária. *Revista de Arbitragem e Mediação,* São Paulo, n. 22, p. 210, jul.-set. 2009.

[35] É muito comum a confusão que se faz na interpretação do art. 136. Muitos advogados acreditam que em caso de empate em uma das matérias deste artigo (incisos I a X), a maioria que votou favoravelmente à matéria prevaleceria contra a outra que não a aprovou. Essa conclusão é um disparate, pois não há na Lei Societária qualquer dispositivo que afirme que a metade que votou favoravelmente à matéria deve prevalecer. Tanto é assim que, no caso de empate, há disposição específica na lei impedindo que se considere qualquer dos lados como vencedores (art. 129, § 2º). O que o art. 136 quer dizer é muito simples: havendo presença de acionistas com um número inferior a 100% do capital com

Cap. 7 • A CLÁUSULA COMPROMISSÓRIA NO DIREITO SOCIETÁRIO | **141**

Neste último ponto, a saber, o *quorum* exigido para inclusão da cláusula compromissória, meu posicionamento não prevaleceu nas reuniões da Comissão. Acredito que não se deve exigir *quorum* qualificado para tanto. Isso me parece que destoa da lógica própria da Lei 6.404/1976. No entanto, uma vez decidido na Comissão o requisito de *quorum* qualificado, passei a ser o seu mais ferrenho defensor.

A proposta da nova redação do art. 136 determina que, nessas hipóteses, o acionista dissidente terá o direito de recesso, a ser exercido no prazo de 30 dias, contados da publicação da ata da assembleia geral, quando aprovada a inserção de convenção de arbitragem no estatuto social. Isso significa que se durante o transcurso desse prazo surgirem controvérsias entre o acionista e a companhia, o Poder Judiciário será competente para julgar eventuais disputas. Após o transcurso do prazo, os acionistas que permanecerem na companhia estarão automaticamente obrigados à cláusula compromissória, ainda que eventual disputa surgida diga respeito a fato passado. O exercício e a modulação do direito de recesso observaram, contudo, diferentes requisitos quanto à modalidade da companhia: nas companhias fechadas, sempre haverá direito de retirada; nas companhias abertas, por sua vez, não haverá direito de recesso quando uma das seguintes condições verificar-se: (i) caso a inclusão da convenção de arbitragem no estatuto social represente condição para que os valores mobiliários de emissão da companhia sejam admitidos à negociação em segmento de listagem de bolsa de valores ou de mercado de balcão organizado que exija dispersão acionária mínima de 25% das ações de cada espécie ou classe; ou (ii) caso a inclusão da convenção de arbitragem seja efetuada no estatuto social de companhia aberta cujas ações sejam dotadas de liquidez e dispersão no mercado, nos termos das alíneas *a* e *b* do inciso II do art. 137 da Lei 6.404/1976.

2.4. Administradores

Observa-se, ainda, divergência quanto à possibilidade de vinculação dos administradores de determinada companhia à arbitragem por meio de cláusula compromissória estatutária expressa.

Primeiramente, deve-se atentar para a posição, sustentada por Modesto Carvalhosa, em defesa da desvinculação do administrador à cláusula compromis-

---

direito a voto, as matérias dele somente poderão ser aprovadas se houver voto favorável de pelo menos 50% das ações com direito a voto. Exemplo: se em uma Assembleia Geral Extraordinária comparecerem 70% das ações com direito a voto e a votação da matéria prevista no art. 136 conseguir apenas 40% dos votos dos acionistas presentes, ainda que esse *quorum* seja de maioria simples, não se terá alcançado o 50% das ações com direito a voto previsto na Lei Societária, não havendo, portanto, deliberação válida.

sória estatutária, uma vez que o administrador da companhia não seria parte na cláusula compromissória estatutária, que se limitaria, subjetivamente, à própria companhia e aos acionistas que a aprovaram ou a ela posteriormente aderiram.[36] Ressalta-se que esse autor não trata especificamente da possibilidade de aceitação do compromisso arbitral, em documento apartado, por parte do administrador, de modo que só é possível concluir, a partir da leitura de sua obra, que não haveria a vinculação automática dos administradores à cláusula arbitral prevista no estatuto.

No entanto, de acordo com expressiva corrente doutrinária, a rejeição da vinculação automática não significa que o administrador estaria impedido de concordar com a cláusula compromissória estabelecida no estatuto social, admitindo-se, assim, a inclusão do administrador a partir de uma adesão expressa à cláusula por meio de documento apartado, como, por exemplo, termo de posse.[37] Os autores que assim defendem levam em consideração que a impossibilidade de vinculação automática sucederia pelo fato de que o administrador não seria parte do "contrato social", não estando, desse modo, sujeito aos seus efeitos.[38]

Uma outra corrente doutrinária defende, em oposição, que haveria efetivamente uma vinculação tácita à cláusula arbitral.[39] Segundo sustentam estes autores,

---

[36] CARVALHOSA, Modesto. *Comentários à Lei de Sociedades Anônimas*. 6. ed. São Paulo: Saraiva, 2014. v. II, p. 401-402.

[37] ENEI, José Virgilio Lopes. A arbitragem nas sociedades anônimas. *Revista de Direito Mercantil, Industrial, Econômico e Financeiro*, São Paulo: Malheiros, v. 129, p. 167, jan.-mar. 2003. Nesse mesmo sentido: LOBO, Carlos Augusto da Silveira. A cláusula compromissória estatutária. *Revista de Arbitragem e Mediação*, São Paulo: RT, n. 22, p. 13, jul.-set. 2009; VILELA, Marcelo Dias Gonçalves. *Arbitragem no direito societário*. Belo Horizonte: Mandamentos, 2004. p. 215 e 217; FLAKS, Luís Loria. A arbitragem na reforma da Lei das S/A. *Revista de Direito Mercantil, Industrial, Econômico e Financeiro*, São Paulo: Malheiros, n. 131, p. 112 e 119, jul.-set. 2003; e ADAMEK, Marcelo Vieira von. *Responsabilidade civil dos administradores de S/A*. São Paulo: RT, 2009. p. 429, para o qual nada impede que, se as partes entenderem conveniente, venham a submeter os litígios a juiz arbitral, mas sempre por força de distinta convenção (cláusula compromissória não estatutária ou compromisso arbitral), e não por efeito da disposição estatutária (de acordo com o previsto no art. 4º, § 2º, da Lei 9.307/1996).

[38] VILELA, Marcelo Dias Gonçalves. *Arbitragem no direito societário*. Belo Horizonte: Mandamentos, 2004. p. 215. Nesse mesmo sentido: ENEI, José Virgilio Lopes. A arbitragem nas sociedades anônimas. *Revista de Direito Mercantil, Industrial, Econômico e Financeiro*, São Paulo: Malheiros, v. 129, p. 167, jan.-mar. 2003.

[39] Os seguintes autores seguem essa corrente: EIZIRIK, Nelson. *A Lei das S/A comentada*, 2. ed. São Paulo: Quartier Latin, 2015. v. II, p. 170-171; MARTINS, Pedro A. Batista. *Arbitragem no direito societário*. São Paulo: Quartier Latin, 2012. p. 131-141; WALD, Arnoldo. A arbitrabilidade dos conflitos societários: contexto e prática. In: YARSHELL, Flávio Luiz; PEREIRA, Guilherme Setoguti J. (coord.). *Processo societário*, São Paulo: Quartier Latin, 2015. v. II, p. 98-99; VALÉRIO, Marcelo Aurélio Gumieri. Arbitragem nas

Cap. 7 • A CLÁUSULA COMPROMISSÓRIA NO DIREITO SOCIETÁRIO | 143

na existência de cláusula compromissória estatutária que abranja expressamente o administrador, este estaria automaticamente a ela vinculado quando do exercício de sua função, vez que, ao aceitar o cargo, os administradores devem ter conhecimento do estatuto social e devem respeitar integralmente seus termos, inclusive com respeito à resolução de conflitos pela arbitragem.[40]

A permanência voluntária no cargo, portanto, para esta corrente, é como se fosse uma concordância tácita ao estatuto social,[41] o que tornaria deveras desnecessária a adesão, por parte dos administradores, a uma de suas disposições em um documento apartado.[42]

Há autores que ressaltam que, a despeito da inexistência de previsão expressa de vinculação dos administradores no § 3º do art. 109 da Lei 6.404/1976, este

---

sociedades anônimas: aspectos polêmicos da vinculação dos acionistas novos, ausentes, dissidentes e administradores à cláusula compromissória estatutária, após a inclusão do § 3º ao art. 109 da Lei 6.404/1976 pela Lei 10.303/2001. *Revista de Direito Mercantil, Industrial, Econômico e Financeiro*, São Paulo: Malheiros, v. 139, p. 173-174, jul.-set. 2005; APRIGLIANO, Ricardo de Carvalho. Extensão da cláusula compromissória a partes não signatárias no direito societário. *Revista do Advogado*, AASP, n. 19, p. 140-153, abr. 2013; MAGALHÃES, José Carlos de. A responsabilidade dos administradores em alienações e aquisições de ativos relevantes. *Revista de Arbitragem e Mediação*, São Paulo: RT, v. 38, p. 159-173, jul.-set. 2013; BONATO, Giovani. Arbitragem societária italiana: análise comparativa sobre a abrangência subjetiva da cláusula compromissória e a nomeação dos árbitros. In: YARSHELL, Flávio Luiz; PEREIRA, Guilherme Setoguti J. (coord.). *Processo societário*. São Paulo: Quartier Latin, 2015. v. II, p. 310-311; FURLAN FILHO, Antonio Moacir. A extensão da cláusula arbitral estatutária aos administradores e conselheiros não acionistas. *Revista de Arbitragem e Mediação*, São Paulo: RT, v. 49, p. 253, abr.-jun. 2016.

[40] Ricardo de Carvalho Aprigliano, nesse sentido, ressalta que "não se pode distinguir ou tratar separadamente a cláusula compromissória, igualmente inserida no mesmo estatuto ou contrato social que o administrador se propõe a executar. Temos aqui, salvo melhor juízo, o elemento da manifestação de vontade suficiente para estabelecer a vinculação entre os administradores à convenção de arbitragem" (APRIGLIANO, Ricardo de Carvalho. Extensão da cláusula compromissória a partes não signatárias no direito societário. *Revista do Advogado*, AASP, n. 19, p. 140-153, abr. 2013).

[41] Nesse sentido, Marcelo Aurélio Gumieri Valério assim leciona: "É mais acertado o entendimento de que o administrador se vincula automaticamente à cláusula arbitral. Embora não seja parte do contrato plurilateral, sua permanência voluntária no cargo pode ser traduzida como uma concordância tácita ao estatuto social" (VALÉRIO, Marcelo Aurélio Gumieri. Arbitragem nas sociedades anônimas: aspectos polêmicos da vinculação dos acionistas novos, ausentes, dissidentes e administradores à cláusula compromissória estatutária, após a inclusão do § 3º ao art. 109 da Lei 6.404/1976 pela Lei 10.303/2001. *Revista de Direito Mercantil, Industrial, Econômico e Financeiro*, São Paulo: Malheiros, v. 139, p. 174, jul.-set. 2005).

[42] APRIGLIANO, Ricardo de Carvalho. Extensão da cláusula compromissória a partes não signatárias no direito societário. *Revista do Advogado*, AASP, n. 19, p. 140-153, abr. 2013.

dispositivo deve ser interpretado à luz do princípio *favor arbitratis*, com intuito de respeitar a decisão dos acionistas que optaram por submeter determinados litígios ao juízo arbitral.[43] É importante, por fim, destacar que para que haja tal vinculação é necessário que a cláusula compromissória estatutária se refira expressamente aos administradores, conferindo a ela a abrangência necessária para efetivamente vinculá-los.

Considero plenamente possível e razoável que o administrador venha a ser abrangido pela cláusula compromissória estabelecida no estatuto social da companhia. Ressalta-se apenas que a anuência expressa nos casos de vinculação dos administradores, seja com respeito ao administrador antigo, seja em relação ao novo administrador, é especialmente interessante, sob a ótica do advogado societário, avesso a riscos – embora, em minha visão, não obrigatória – no sentido de conferir uma maior segurança e garantia futura de que os conflitos serão concretamente resolvidos pelo juízo arbitral.

3. CLÁUSULA COMPROMISSÓRIA NA SOCIEDADE LIMITADA E O SEU ALCANCE SUBJETIVO

Embora não tenha sido objeto de autorização legal expressa, também se discute sobre o alcance da cláusula compromissória inserida em contrato social das sociedades limitadas. Sem dúvida, todas as vantagens inerentes à solução arbitral nas sociedades por ações aplicam-se às sociedades limitadas – *i.e.*, a arbitragem é efetivamente um mecanismo mais adequado para se solucionar as divergências, atendendo às exigências do mercado: segurança jurídica, previsibilidade de decisões e uma justiça mais ágil e técnica.

Cabe lembrar que é pacífica a natureza contratual das sociedades limitadas, razão pela qual é evidente a conclusão segundo a qual o contrato social devidamente arquivado perante o órgão competente é instrumento apto para a instituição da cláusula compromissória.[44]

---

[43] Apregoam esse entendimento: EIZIRIK, Nelson. *A Lei das S/A comentada*. 2. ed. São Paulo: Quartier Latin, 2015. v. II, p. 171 e BONATO, Giovani. Arbitragem societária italiana: análise comparativa sobre a abrangência subjetiva da cláusula compromissória e a nomeação dos árbitros. In: YARSHELL, Flávio Luiz; PEREIRA, Guilherme Setoguti J. (coord.). *Processo societário*. São Paulo: Quartier Latin, 2015. v. II, p. 311.

[44] MÜSSNICH, Francisco Antunes Maciel; PERES, Fábio Henrique. Arbitrabilidade subjetiva no direito societário e direito de recesso In: MELO, Leonardo de Campos; BENEDUZI, Renato Resende (coords.). *A reforma da arbitragem*. Rio de Janeiro: Forense, 2016. p. 676, nota de rodapé 6. Nesse sentido, o entendimento de Pedro Batista Martins: "Regra geral as limitadas têm suas condições e termos constitutivos acordados por escrito pela totalidade dos sócios e arquivados no Registro de Comércio, daí que na grande maioria

Em relação aos sócios fundadores igualmente não restam dúvidas: eles estarão vinculados à cláusula compromissória estabelecida nos atos constitutivos da sociedade, isso porque, embora o Código Civil não seja expresso nesse sentido, "a necessidade de aprovação unânime dos atos constitutivos da sociedade limitada é incontestavelmente uma consequência lógica do sistema legal".[45]

Quanto aos acionistas dissidentes, omissos e ausentes da resolução que estipula a inserção de cláusula compromissória, a deliberação que promove tal aprovação implica alteração do contrato social da sociedade limitada, de modo que os sócios com que ela não tenham anuído poderão, conforme o art. 1.077 do Código Civil,[46] exercer seu direito de retirada da sociedade nos trinta dias subsequentes a tal reunião. Essa situação importa precisamente uma hipótese de relativização do princípio majoritário.[47]

O sócio dissidente da deliberação que tenha aprovado a inclusão da cláusula compromissória no contrato social da sociedade limitada poderá optar por exercer o seu direito de retirada. Caso, porém, não exerça tal direito estará plenamente sujeito aos termos da cláusula compromissória.

Por fim, em relação à vinculação à cláusula compromissória por adquirente de quotas, aplicam-se, *mutatis mutandis*, todos os argumentos antes expostos acerca da mesma questão em relação às sociedades por ações.

---

dos casos não se discute a existência da sociedade. Essa realidade também conduz o intérprete a desconsiderar, *ab initio*, possíveis reações quanto à validade do pacto arbitral lançado no contrato social" (A arbitragem nas sociedades de responsabilidade limitada. *Revista de Direito Mercantil, Industrial, Econômico e Financeiro*, São Paulo: Malheiros, n. 126, p. 63, 2002. Também segue a mesma posição: VILELA, Marcelo Dias Gonçalves. Sociedade limitada – arbitragem nos conflitos societários. In: RODRIGUES, Frederico Viana (coord.). *Direito de empresa no novo Código Civil*. Rio de Janeiro: Forense, 2004. p. 350 e ss.).

[45] MÜSSNICH, Francisco Antunes Maciel; PERES, Fábio Henrique. Arbitrabilidade subjetiva no direito societário e direito de recesso. In: MELO, Leonardo de Campos; BENEDUZI, Renato Resende (coords.). *A reforma da arbitragem*. Rio de Janeiro: Forense, 2016. p. 677.

[46] "Art. 1.077. Quando houver modificação do contrato, fusão da sociedade, incorporação de outra, ou dela por outra, terá o sócio que dissentiu o direito de retirar-se da sociedade, nos trinta dias subsequentes à reunião, aplicando-se, no silêncio do contrato social antes vigente, o disposto no art. 1.031".

[47] MÜSSNICH, Francisco Antunes Maciel; PERES, Fábio Henrique. Arbitrabilidade subjetiva no direito societário e direito de recesso. In: MELO, Leonardo de Campos; BENEDUZI, Renato Resende (coords.). *A reforma da arbitragem*. Rio de Janeiro: Forense, 2016. p. 681.

146 | ARBITRAGEM E MEDIAÇÃO

4. TRATAMENTO DA QUESTÃO EM OUTRAS JURISDIÇÕES SELECIONADAS

As discussões e críticas que no Brasil se fazem sobre a cláusula compromissória estatutária são, de certa maneira, similares às em debate em outros países que adotam uma cultura arbitral ativa. É possível perceber que há no exterior uma inclinação favorável à utilização da arbitragem como meio para solucionar questões de direito societário. Um brevíssimo panorama comprova essa afirmativa.[48]

4.1. Experiência italiana

Atualmente, a Itália é o país que tem a mais específica regulamentação legislativa sobre a cláusula compromissória estatutária. Tal política legislativa é, em certa medida, fonte de inspiração ao direito brasileiro, como aconteceu com a sugestão de previsão de uma nova hipótese de recesso oferecida por essa Comissão de Juristas da Reforma da Lei de Arbitragem.

A arbitragem societária está disciplinada nos arts. 34 a 37 do Decreto Legislativo 5, de 17 de janeiro de 2003, que trata do processo em matéria de direito societário e de intermediações financeiras, expressamente prevendo a cláusula compromissória nos atos constitutivos de companhias italianas. Essa possibilidade, inclusive, é abrangente, a qualquer tipo de companhia, salvo as companhias listadas, devendo sempre ser respeitado o *quorum* necessário para aprovação da inserção, modificação ou exclusão da cláusula compromissória estatutária dos sócios que representam ao menos 2/3 do capital social, como previsto no art. 34, § 6º.

Há previsão expressa de a cláusula compromissória vincular todos os acionistas, inclusive aqueles que votaram contra a sua inserção ou se abstiveram (art. 34, § 4º). O mesmo dispositivo em questão igualmente esclarece, contudo, que os acionistas dissidentes ou ausentes da assembleia geral que deliberou por adotar a cláusula têm direito de retirar-se da companhia nos subsequentes 90 (noventa) dias. Debate-se, na doutrina, se esse direito de recesso aplica-se também ao acio-

---

[48] Para a elaboração desta seção, as seguintes participações foram imprescindíveis: a do advogado italiano Alberto Saravalle, sócio do Bonelli Erede Pappalardo Studio Legale, Milão e professor da Università degli Studi di Padova; a dos advogados franceses José Maria Perez e Didier Martin, sócios de Bredin Prat, Paris; Luis Acuña, sócio do Uría Menéndez-Proença de Carvalho, Madri; a do advogado alemão Matthias Schlingmann, sócio do CMS Hasche Sigle, Humburgo; a dos advogados americanos Adam O. Emmerich e Jonathan M. Moses, sócios do Wachtell, Lipton, Rosen & Katz, Nova Yorque; e a do advogado inglês Christian Leathley, sócio do Herbert Smith Freehills LLP, Londres.

Cap. 7 · A CLÁUSULA COMPROMISSÓRIA NO DIREITO SOCIETÁRIO | 147

nista que se absteve de votar. A maioria da doutrina reconhece a possibilidade de este direito ser concedido aos acionistas que se abstiveram.[49]

4.2. Experiência francesa

Diferentemente da Itália, a regulamentação da matéria na França foi realizada de um modo esparso na legislação, combinando-se dispositivos do Código Civil e do Código Comercial.

Mediante uma interpretação sistemática de tais diplomas legislativos, é possível concluir que tanto sociedades comerciais (art. L.210-1, al. 2, do Código Comercial francês) quanto as civis (art. 1.845 do Código Civil francês) podem convencionar cláusulas compromissórias desde que o contrato no qual seja inclusa tal convenção tenha uma natureza profissional (*e.g.,* sociedade civil profissional, *société civile professionnelle*). Uma cláusula compromissória incluída nos atos constitutivos de uma sociedade francesa é valida, portanto, quando a sociedade exerce uma atividade profissional, *i.e.* foi criada para gerar recursos para seus sócios.[50]

O art. 1.836 do Código Civil francês dispõe que "salvo convenção diversa, os contratos sociais devem ser modificados somente pela unanimidade dos sócios". Segundo esse princípio geral, a cláusula compromissória deve ser incluída no contrato social *via* unanimidade dos sócios. O contrato social pode prever, contudo, um *quorum* de maioria simples ou qualificadas para a votação de mudanças (embora as obrigações dos sócios não possam ser aumentadas sem o seu consentimento – art. 1.836, § 2).

O Código Comercial francês prevê, ainda, disposições específicas para certos tipos de sociedades. Em relação às companhias, o art. L. 225-96 requer o *quorum* de deliberação de 2/3 das ações com direito a voto e *quorum* de instalação de 1/4 das ações com direito a voto.

Quanto às sociedades de responsabilidade limitada (*société à responsabilité limitée*) criadas antes de 3 de agosto de 2005 (data da publicação da Lei 2005-882, de 2 agosto de 2005), conforme o art. L. 223.30 do Código Comercial, qualquer

---

[49] Essa questão no direito societário brasileiro já está superada, em razão do disposto no art. 137, § 2º, que reconhece a possibilidade do exercício do direito de reembolso aos acionistas que tenham se abstido de votar contra a deliberação ou não tenham comparecido à assembleia.

[50] JAULT, Fabienne; LEGROS, Cécile. Notion d'activité professionelle et arbitrage en droit interne, commentaire du nouvel article 2061 du Code civil issu de la loi NRE du 15 mai 2002. *Petites Affiches*, Paris, n. 83, p. 7-12, avr. 2002.

modificação no contrato social deverá ser aprovada por 3/4 das quotas dos sócios presentes (salvo a mudança de nacionalidade que exige a unanimidade). No entanto, para alterações estatutárias de sociedades de responsabilidade limitada (*société à responsabilité limitée*) constituídas após a publicação da Lei 2005-882, de 2 de agosto de 2005, o *quorum* requerido para a deliberação será de 2/3 das quotas dos sócios presentes, enquanto o *quorum* de instalação da assembleia é de 1/4 do capital social, em primeira convocação, e 1/5 do capital social, em segunda convocação. Em relação ao *quorum* de deliberação, é possível que o contrato social determine um *quorum* mais elevado (art. L. 223.30, § 3º, do Código Comercial), vedada a estipulação de unanimidade.

Não existe um mecanismo específico como um direito de retirada da companhia para a situação de inclusão de cláusula compromissória. Os seguintes cenários podem ser vislumbrados: (i) quando a cláusula compromissória estatutária é incluída no momento da constituição da companhia, todos os acionistas serão partes do "contrato de sociedade" (como é definido no art. 1.832 do Código Civil francês) e serão considerados cientes das cláusulas do contrato ao qual resolveram aderir. Desse modo, eles estão vinculados às "cláusulas do contrato social" (e assim por todas as cláusulas), se eles assinaram os atos constitutivos no momento em que a companhia foi criada ou adquiriam ações da companhia.[51] Ao aderirem ao contrato social, os acionistas tomam conhecimento da existência da cláusula compromissória;[52] ou (ii) quando ingressa na sociedade, o acionista sujeita-se à regra da maioria e vincula-se a qualquer modificação dos atos constitutivos, incluindo aquelas com que não concorda.[53] A cláusula compromissória inclusa nos atos constitutivos é acessória à ação/quota.[54] Quando os atos constitutivos de uma sociedade são validamente modificados para incluir uma cláusula compromissória, todos os acionistas estão vinculados pela cláusula, mesmo se tenham votado contrariamente a ela.[55]

4.3. Experiência alemã

No direito alemão, não existe nenhuma previsão legislativa específica que trate da inserção de cláusula compromissória nos atos constitutivos de uma sociedade germânica. Apesar do silêncio sobre o assunto no Código sobre Sociedades

---

[51] Mémento Francis Lefebvre, *Société Commerciales* 2014, nº 4450.

[52] CAPRESSE, Oliver. *Les sociétés et l'arbitrage*. Paris: Bruylant, 2002. nº 409, p. 374.

[53] CAPRESSE, Oliver. *Les sociétés et l'arbitrage*. Paris: Bruylant, 2002. nº 409, p. 375.

[54] BANDRAC, Monique; DOM, Jean-Philippe; LE BARS, Benoît. *JCL Sociétés Traité*, [s.c.]: Fasc. 29-30, 2007, p. 11.

[55] CAPRESSE, Oliver. *Les sociétés et l'arbitrage*. Paris: Bruylant, 2002. nº 409, p. 377.

Limitadas (*GmbH-Gestez*) e o Código sobre Companhias (*Aktiengesetz – AktG*), a conclusão de que a cláusula arbitral pode ser prevista nos atos constitutivos de uma sociedade limitada (*Gesellschaft mit beschränkter Haftung – GmbH*) ou de uma companhia (*Aktiengessellschaft – AG)* emerge do parágrafo 1030 do Código de Processo Civil alemão (*Zivilprozessordnung – ZPO*), o qual trata da arbitrabilidade e dispõe que todas as pretensões envolvendo interesses econômicos podem ser objeto de uma convenção de arbitragem.

Há um intenso debate, porém, se as disputas relativas às deliberações de acionistas são arbitráveis, quando se trata de sociedades de responsabilidade limitada (*GmBH*) e companhia (*AG*), como adiante explicado:

> [T]he dominant view has been that such disputes regarding shareholders resolutions were not arbitrable under German arbitration law before the reform 1998. In 1996, however, the BGH ruled in a decision under the law pior to the 1998 law reform that disputes regarding shareholder resolutions are arbitrable in principle. The court also states, however, that an award on shareholder resolutions will always affect all the shareholders even if they were not party to the arbitral proceedings. As the principle of privity of contract does not allow an arbitral tribunal to extend legal consequences to third parties, these disputes can only be subject to arbitration provided that all parties affected by an award are also party to the arbitration agreement. The BGH has also stated that all parties must be able to influence the nomination of the arbitrators. There is a debate whether this decision implies that disputes on shareholder resolution are arbitrable under § 1030 (1) ZPO. Some authors have interpreted the decision as not allowing for the arbitrability of disputes arising from shareholder resolutions, even after the reform in 1998. The predominant position, however, appears to be that BGH has merely stated that an arbitration clause must take into consideration that these shareholder disputes are multi-party disputes and that the scope the award must extend to all shareholders and to the company.[56]

Em 2009 a Suprema Corte Federal Germânica (*Bundesgerichtshof – BGH*) proferiu um importante julgamento sobre a questão (decisão de 6 de abril de 2009, II ZR 255/08).[57] A corte determinou que disputas sobre deliberações de sócios em sociedades limitadas são arbitráveis, mas que, para tanto, requisitos específicos deverão ser observados. Em particular, a cláusula compromissória deve ter sido incluída nos atos constitutivos por unanimidade ou deve constar de um acordo

---

[56]   BÖCKSTIEGEL,Karl-Heinz;KRÖLL,StefanMichael;NACIMIENTO,Patricia.*Arbitration in Germany:* the model law in practice. New York: Kluwer, 2007. p. 120-121.

[57]   BGH, 6 April 2009 – II ZR 255/08, BGHZ 180, 221 = NJW 2009, 1962.

separado que deve ser assinado por todos os sócios da sociedade. Além disso, deve ser assegurado que todos os sócios foram informados sobre a instauração do processo arbitral, assim como deve haver a possibilidade de participarem do procedimento arbitral e da eleição dos árbitros.

Como o referido julgamento somente tratou das sociedades limitadas (*GmbHs*), questiona-se se os mesmos princípios podem ser aplicáveis às disputas de acionistas de companhias (*AGs*). A posição tradicional atém-se à seção 23.5 do Código germânico de sociedades por ações (*AGs*), no qual é previsto o princípio de *Satzungsstrenge*, *i.e.* "rigor formal das cláusulas", o qual não permite a inserção de cláusulas compromissórias nos estatutos sociais que também se aplicam a litígios decorrentes de deliberações de acionistas (e também outras questões). Essa é a razão de as cláusulas compromissórias serem muito raras de se encontrar em estatutos sociais nas companhias alemãs. Na doutrina existe, contudo, uma tendência de se aplicarem os mesmos princípios do julgamento de 6 de abril de 2009 para as companhias (*AGs*). Considerando o rigor de tais requisitos pronunciados pelo *BGH*, tem-se afirmado que somente as companhias fechadas com um número limitado de acionistas podem convencionar uma cláusula compromissória estatutária.

Não há nenhuma disposição legislativa específica sobre o alcance subjetivo da cláusula compromissória prevista nos atos constitutivos e sobre o *quorum* para sua aprovação, nem nenhum caso jurisprudencial. A doutrina, por sua vez, entende que a aprovação da inclusão da cláusula deve ser feita por unanimidade.

4.4. Experiência espanhola

A regulação da cláusula compromissória nos atos constitutivos de sociedades espanholas foi um dos objetos da reforma da Lei de Arbitragem (Lei 60, de 23 de dezembro de 2003), ocorrida em 2011. Assim, segundo o art. 11 desta lei, as sociedades de capital (essencialmente, companhias e as de sociedades de responsabilidade limitada) podem inserir cláusula arbitral nos seus estatutos sociais para resolver qualquer conflito que possa surgir.

O art. 11 *bis* da Lei 60/2003 estipula que a inserção da cláusula arbitral nos atos constitutivos da sociedade requer o voto favorável de, ao menos, 2/3 das ações ou participações em que se divide o capital social.

O direito de recesso de acionistas está previsto taxativamente na Lei de companhias espanhola (Real Decreto Legislativo 1.564/1989, de 22 de dezembro) e não está incluída nesse rol a hipótese de inclusão de cláusula compromissória estatutária. Ocorre que os sócios podem, por unanimidade, incluir nos atos constitutivos outras hipóteses de direito de recesso.[58] Podem pois os acionistas convencionar que uma eventual inserção de cláusula compromissória estatutária seria fato gerador de direito de retirada. Por conseguinte, se não previsto como uma hipótese de direito de recesso nos atos constitutivos, a cláusula compromissória vai vincular todos os acionistas como em qualquer outra disposição, e os acionistas que votarem contra, se abstiverem de votar ou não comparecem à assembleia estarão vinculados à cláusula como qualquer outro acionista.

4.5. Experiência norte-americana

A matéria relativa à cláusula compromissória estatutária nos Estados Unidos não é objeto de regulamentação pelas várias legislações estaduais, assim como não se traduz em tema de significativo debate nas cortes judiciais. Uma das razões é justamente a eficiência da corte de Delaware, onde a maioria dos litígios societários é julgada, o que torna a adoção de cláusulas compromissórias incomuns e desnecessárias. Percebe-se, porém, que a *Securities and Exchange Comission* (*SEC*) já admitiu a listagem em bolsa de valores de algumas companhias estrangeiras com previsão de cláusulas compromissórias estatutárias.[59]

---

[58] No Brasil, tanto na Comissão de Valores Mobiliários (Pareceres CVM SJU 005, de 26.06.2001; Parecer SJU 073, de 08.05.1979; e Parecer SJU 110, j. 24.07.1979) como na doutrina (TEIXEIRA, Egberto Lacerda; GUERREIRO, José Alexandre Tavares. *Das sociedades anônimas no direito brasileiro*. São Paulo: José Bushatsky, 1979. v. I, p. 286; WALD, Arnoldo. Da inexistência do direito de recesso. *Revista de Direito Bancário, do Mercado de Capitais e da Arbitragem*, São Paulo, n. 9, p. 238, jul.-set. 2000; LUCENA, José Waldecy. *Das sociedades anônimas*. Rio de Janeiro: Renovar, 2009. v. II, p. 248-249; MÜSSNICH, Francisco Antes Maciel. Reflexões sobre o direito de recesso na Lei das Sociedades por Ações. In: LOBO, Jorge (coord.). *Reforma da Lei das Sociedades Anônimas*: inovações e questões controvertidas da Lei nº 10.303, de 31.10.2001. Rio de Janeiro: Forense, 2002. p. 296-298; e PEDREIRA, Luis Eduardo Bulhões. In: LAMY FILHO, Alfredo; PEDREIRA, José Luiz Bulhões (coords.). *Direito das companhias*. Rio de Janeiro: Forense, 2009. p. 329-330) prevalece o entendimento segundo o qual as hipóteses de direito de recesso previstas na Lei 6.404/1976 são *numerus clausus*.
Nelson Eizirik, por sua vez, defende a possibilidade de o estatuto social criar novas hipóteses de recesso. Contudo, o próprio autor afirma que *"[o] recesso estatutário constitui modalidade de resgate de ações (artigo 30, §1º, alínea 'a')"* (*A Lei das S/A comentada*. 2. ed. São Paulo: Quartier Latin, 2015. v. II, p. 536).

[59] ALMEIDA, Ricardo Ramalho; LEPORACE, Guilherme. Cláusulas compromissórias estatutárias: análise sob a ótica da lógica econômica, política legislativa e alguns problemas práticos. *Revista de Arbitragem e Mediação*, São Paulo: RT, n. 39, p. 70, dez. 2013.

152 | ARBITRAGEM E MEDIAÇÃO

Tem-se notícia, contudo, de um recente precedente: *Corvex Management v. CommonWealth REIT*,[60] datado de 8 de março de 2013, no qual o Tribunal da cidade de Baltimore (*Circuit Court for Baltimore City*) considerou que a cláusula compromissória prevista no estatuto social era válida e poderia ser executada. Os seguintes fundamentos foram suscitados pelos julgadores:

> Stated differently, the Arbitration Bylaws" language is explicit and clear: both parties are bound to – they must – arbitrate if the other party so demands. Finally, this Court finds consideration in the fact that each party entered into the contract, and incorporated Arbitration Agreement, voluntarily – no one forced Plaintiffs to purchase shares of CWH stock. They made this decision of their own free will with actual knowledge of the arbitration agreement.

Na doutrina, ainda que minoritária, John Coffee, professor da Universidade de Columbia, estudou a questão do alcance subjetivo da cláusula compromissória nas companhias norte-americanas. A conclusão do autor foi no sentido de se reconhecer a possibilidade de inclusão desta cláusula nos estatutos sociais, bem como a vinculação de todos os acionistas, inclusive dos novos acionistas, dos acionistas dissidentes e dos acionistas ausentes à cláusula compromissória estatutária.[61]

4.6. Experiência inglesa

A possibilidade de inserção de cláusula compromissória nos atos constitutivos das sociedades inglesas foi reconhecida a partir do precedente *Fulham Football Club (1987) v. Richard*,[62] julgado pela Corte de Apelação (*Court of Appeal*), não havendo, contudo, nenhuma disposição legislativa explícita sobre o assunto na legislação societária inglesa (*Companies Act* 2006).

Este caso representa, até hoje, um paradigma sobre arbitragem societária. Antes da sua existência, havia uma considerável incerteza sobre a arbitrabilidade das disputas societárias. Era, assim, desaconselhável incluir convenções arbitrais

---

[60] Disponível em: <http://www.courts.state.md.us/businesstech/pdfs/mdbt4-13.pdf>. Acesso em: 17 jan. 2014.

[61] COFFEE JR., John C. No exit? Opting out, the contractual theory of the Corporation, and the special case of remedies. *Brooklin Law Review* 53/919, apud ENEI, José Virgílio Lopes. A arbitragem nas sociedades anônimas. *Revista de Direito Mercantil*, São Paulo: Malheiros, v. 129, p. 158, jan.-mar. 2003.

[62] Disponível em: <http://www.bailii.org/ew/cases/EWCA/Civ/2011/855.html>. Acesso em: 18 jan. 2014.

Cap. 7 • A CLÁUSULA COMPROMISSÓRIA NO DIREITO SOCIETÁRIO | 153

nos atos constitutivos, uma vez que não estava claro se tais disposições seriam mantidas pelos tribunais. A partir do seu julgamento, foi reconhecida tanto a validade de uma cláusula compromissória prevista no estatuto social quanto os requisitos acerca da arbitrabilidade de uma disputa societária.

Segundo tal precedente, a arbitrabilidade de uma disputa no direito societário somente será válida se não contrariar normas imperativas e de ordem pública, assim como não poderá envolver questões relativas a direitos de terceiros. Desse modo, a arbitrabilidade deverá sempre ser averiguada caso a caso.

Adicionalmente há outros problemas práticos relacionados à cláusula arbitral estatutária, a saber: (i) como explicado acima, existem certas medidas postuladas por um acionista que o tribunal arbitral não tem competência para conceder. Embora a Corte de Apelação, em *Fulham Football Club*, tenha observado a necessidade de diferenciar entre o assunto de um litígio (que pode ser arbitrável) e as medidas postuladas, na prática, se tais medidas não estão disponíveis para o tribunal arbitral, o processo torna-se mais complicado, e pode resultar em problemas de prolongadas discussões sobre o fórum correto para a disputa; (ii) deve-se notar que, no contexto das sociedades por ações, tanto a Associação Britânica de Seguradoras (*Association of British Insurers*) e da Associação Nacional dos Fundos de Pensão (*National Association of Pension Funds*) se opõem a inclusão de uma cláusula compromissória estatutária por entender que esta seria uma restrição à liberdade dos acionistas para decidir a jurisdição mais adequada para a resolução dos litígios societários.

Em relação ao *quorum* exigido, se a cláusula compromissória estatutária for estipulada concomitantemente à constituição da sociedade, todos os acionistas fundadores deverão concordar com sua inclusão. Quando a inclusão ocorrer posteriormente à constituição, de acordo com a seção 21 CA 2006, será necessária a realização de uma assembleia extraordinária dos acionistas, em que o *quorum* exigido para a aprovação da matéria é de 75% das ações com direito a voto. Após a tomada desta deliberação, a cláusula obrigará todos os acionistas da companhia, independentemente de terem votado a favor ou contra a inclusão, não havendo direito de retirada.

5. CONCLUSÃO

Por tudo que foi exposto, percebe-se que as discussões referentes à cláusula compromissória estatutária estão na ordem do dia, refletindo questões instigantes quanto à validade, ao alcance subjetivo e ao direito de recesso. Essa é uma tendência não só brasileira, mas também de diversos países onde se fomenta o uso da arbitragem.

A Comissão de Reforma da Lei de Arbitragem, ao propor a inclusão do art. 136-A, demonstrou uma postura pró-arbitragem societária e objetivou resolver dois temas debatidos na doutrina desde a criação do § 3º do art. 109 da Lei Societária: o alcance subjetivo da cláusula e o direito de recesso. Em relação ao primeiro, a redação proposta do *caput* do art. 136-A é clara: "[a] aprovação da inserção de convenção de arbitragem no estatuto social (...) obriga a todos os acionistas". Assim, resolvidos parecem estar os debates sobre a vinculação dos acionistas *a posteriori*, ausentes e silentes. Quanto ao segundo, foi criada uma nova hipótese de direito de retirada de modo restrito, somente aos acionistas dissidentes da deliberação que aprovou a cláusula compromissória estatutária, de forma abrangente para as companhias fechadas e com exceções pontuais e plenamente justificáveis para as companhias abertas. É de se esperar que, equacionados os problemas, possa a arbitragem no direito societário se desenvolver velozmente, notadamente com respeito às companhias fechadas.

REFERÊNCIAS BIBLIOGRÁFICAS

ADAMEK, Marcelo Vieira von. *Abuso de minoria em direito societário*. São Paulo: Malheiros, 2014.

_____. *Responsabilidade civil dos administradores de S/A*. São Paulo: RT, 2009.

ALMEIDA, Ricardo Ramalho; LEPORACE, Guilherme. Cláusulas compromissórias estatutárias: análise sob a ótica da lógica econômica, política legislativa e alguns problemas práticos. *Revista de Arbitragem e Mediação,* São Paulo, n. 39, p. 67-95, dez. 2013.

APRIGLIANO, Ricardo de Carvalho. Extensão da cláusula compromissória a partes não signatárias no direito societário. *Revista do Advogado,* AASP, n. 19, abr. 2013.

ASCARELLI, Tullio. *Problemas das sociedades anônimas e direito comparado*. São Paulo: Quorum, 2008.

BANDRAC, Monique; DOM, Jean-Philippe; LE BARS, Benoît. *JCL Sociétés Traité,* [s.c.]: Fasc. 29-30, p. 1-34, 2007.

BÖCKSTIEGEL, Karl-Heinz; KRÖLL, Stefan Michael; NACIMIENTO, Patricia. *Arbitration in Germany:* the model law in practice. New York: Kluwer, 2007.

BONATO, Giovani. Arbitragem societária italiana: análise comparativa sobre a abrangência subjetiva da cláusula compromissória e a nomeação dos árbitros. In: YARSHELL, Flávio Luiz; PEREIRA, Guilherme Setoguti J. (coord.). *Processo societário*. São Paulo: Quartier Latin, 2015. v. II.

CAHALI, Francisco José. A vinculação dos adquirentes de cotas ou ações à cláusula compromisso estabelecida em contrato social ou estatuto. *Revista Brasileira de Arbitragem e Mediação,* São Paulo: RT, n. 36, p. 159-167, mar. 2013.

CÂMARA, Alexandre Freitas. Os efeitos processuais da inclusão da cláusula compromissória nos estatutos sociais das companhias. *Revista Brasileira de Arbitragem*, São Paulo: IOB, n. 28, p. 30-40, out.-dez. 2010.

CAMPOS, Luiz Antonio de Sampaio. Notas sobre o direito de recesso e a exigência de titularidade ininterrupta (art. 137, § 1º). In: CASTRO, Rodrigo Rocha Monteiro de; WARDE JÚNIOR, Walfrido Jorge; GUERREIRO, Carolina Dias Tavares (coords.). *Direito empresarial e outros estudos em homenagem ao professor José Alexandre Tavares Guerreiro*. São Paulo: Quartier Latin, 2013.

CANTIDIANO, Luiz Leonardo. *Reforma da Lei das S.A. comentada*. Rio de Janeiro: Renovar, 2002.

CAPRESSE, Oliver. *Les sociétés et l'arbitrage*. Paris: Bruylant, 2002. nº 409.

CARVALHOSA, Modesto. *Comentários à Lei de Sociedades Anônimas*. 5. ed. São Paulo: Saraiva, 2011. v. II.

_____. *Comentários à Lei de Sociedades Anônimas*. 6. ed. São Paulo: Saraiva, 2014. v. II.

COFFEE JR., John C. No exit? Opting out, the contractual theory of the Corporation, and the special case of remedies. *Brooklin Law Review*, v. 53, p. 919.

COUTO E SILVA, Clóvis. *Comentários ao Código de Processo Civil*. São Paulo: RT, 1982. v. XI, t. 2.

EIZIRIK, Nelson. *A Lei das S/A comentada*. São Paulo: Quartier Latin, 2011. v. I.

_____. *A Lei das S/A comentada*. 2. ed. São Paulo: Quartier Latin, 2015. v. II.

ENEI, José Virgílio Lopes. A arbitragem nas sociedades anônimas. *Revista de Direito Mercantil*. São Paulo, v. 129, p. 136-173, jan.-mar. 2003.

FLAKS, Luís Loria. A arbitragem na forma da Lei das S.A. *Revista de Direito Mercantil*, São Paulo, n. 131, p. 100-120, jul.-set. 2003.

FURLAN FILHO, Antonio Moacir, A extensão da cláusula arbitral estatutária aos administradores e conselheiros não acionistas. *Revista de Arbitragem e Mediação*, São Paulo: RT, v. 49, abr.-jun. 2016.

JAULT, Fabienne; LEGROS, Cécile. *Notion d'activité professionelle et arbitrage en droit interne, commentaire du nouvel article 2061 du Code civil issu de la loi NRE du 15 mai 200*. Petites Affiches, Paris: n. 83, p. 7-12, 2002.

LAMY FILHO, Alfredo. O direito de retirada no Brasil. *Revista de Direito Renovar*, Rio de Janeiro: Renovar, n. 2, p. 15-22, maio-ago. 1995.

_____; PEDREIRA, José Luiz Bulhões (coords.). *Direito das companhias*. Rio de Janeiro: Forense, 2009. v. I.

LEMES, Selma. O papel do árbitro. *Revista do Direito da Energia*, São Paulo: Instituto Brasileiro de Estudos do Direito da Energia, n. 4, p. 117-128, 2006.

LOBO, Carlos Augusto da Silveira. A cláusula compromissória estatutária (I). *Revista de Arbitragem e Mediação*, São Paulo: RT, n. 22, p. 11-32, jul.-set. 2009.

_____. A cláusula compromissória II (anotações adicionais). *Revista de Arbitragem e Mediação*, São Paulo: RT, n. 27, p. 46-55, out.-dez. 2010.

LUCENA, José Waldecy. *Das sociedades anônimas*. Rio de Janeiro: Renovar, 2009. v. I.

_____. *Das sociedades anônimas*. Rio de Janeiro: Renovar, 2009. v. II.

MAGALHÃES, José Carlos de. A responsabilidade dos administradores em alienações e aquisições de ativos relevantes. *Revista de Arbitragem e Mediação*, São Paulo: RT, v. 38, jul.-set. 2013.

MAKAT, Barbara. A arbitrabilidade subjetiva nas sociedades anônimas. *Revista de Arbitragem e Mediação*, São Paulo, n. 4, nota 20, p. 92, jan.-mar. 2005.

MARTINS, Pedro A. Batista. A arbitragem nas sociedades de responsabilidade limitada. *Revista de Direito Mercantil, Industrial, Econômico e Financeiro*, São Paulo: Malheiros, n. 126, 2002.

_____. Arbitragem no direito societário. *Revista de Arbitragem e Mediação*, São Paulo, n. 39, p. 55-65, out.-dez. 2013.

_____. *Arbitragem no direito societário*. São Paulo: Quartier Latin, 2012.

MOSER, Luiz Gustavo Meira. A cláusula compromissória, a conduta das partes e a força jurígena dos usos e costumes: comentário da sentença estrangeira contestada 855-EX. *Revista de Arbitragem e Mediação*, São Paulo, n. 35, p. 317-340, out.-dez. 2012.

MÜSSNICH, Francisco Antes Maciel. Reflexões sobre o direito de recesso na Lei das Sociedades por Ações. In: LOBO, Jorge (coord.). *Reforma da Lei das Sociedades Anônimas*: inovações e questões controvertidas da Lei nº 10.303, de 31.10.2001. Rio de Janeiro: Forense, 2002.

_____; PERES, Fábio Henrique. Arbitrabilidade subjetiva no direito societário e direito de recesso. In: MELO, Leonardo de Campos; BENEDUZI, Renato Resende (coords.). *A reforma da arbitragem*. Rio de Janeiro: Forense, 2016.

NERY JUNIOR, Nelson. *Princípios do processo na Constituição Federal*. 10. ed. São Paulo: RT, 2010.

PELLEGRINO, Antonio Pedro de Lima. Cláusula compromissória estatutária e litisconsórcio facultativo unitário: uma necessidade imposta pela realidade. *Revista de Arbitragem e Mediação*, São Paulo, n. 35, p. 78-88, set.-dez. 2012.

TEIXEIRA, Egberto Lacerda; GUERREIRO, José Alexandre Tavares. *Das sociedades anônimas no direito brasileiro*. São Paulo: José Bushatsky, 1979. v. I.

VALÉRIO, Marcelo Aurélio Gumieri. Arbitragem nas sociedades anônimas: aspectos polêmicos da vinculação dos acionistas novos, ausentes, dissidentes e administradores à cláusula compromissória estatutária, após a inclusão do § 3º ao art. 109 da Lei 6.404/1976 pela Lei 10.303/2001. *Revista de Direito Mercantil, Industrial, Econômico e Financeiro*, São Paulo: Malheiros, v. 139, jul.-set. 2005.

VILELA, Marcelo Dias Gonçalves. *Arbitragem no direito societário*. Belo Horizonte: Mandamentos, 2004.

_____. Sociedade limitada – arbitragem nos conflitos societários. In: RODRIGUES, Frederico Viana (coord.). *Direito de empresa no novo Código Civil*. Rio de Janeiro: Forense, 2004.

WALD, Arnoldo. A arbitrabilidade dos conflitos societários: contexto e prática. In: YARSHELL, Flávio Luiz; PEREIRA, Guilherme Setoguti J. (coord.). *Processo societário*. São Paulo: Quartier Latin, 2015. v. II.

_____. As novas regras de arbitragem: maior eficiência e transparência. *Revista de Arbitragem e Mediação*, São Paulo, n. 33, p. 239-244, abr.-jun. 2012.

_____. Da inexistência do direito de recesso. *Revista de Direito Bancário, do Mercado de Capitais e da Arbitragem*, São Paulo, n. 9, p. 215-240, jul.-set. 2000.

8

A CONFIDENCIALIDADE NA REFORMA DA LEI DE ARBITRAGEM

JOSÉ ANTONIO FICHTNER[1]

ANDRÉ LUÍS MONTEIRO[2]

Sumário: 1. Introdução – 2. A confidencialidade como qualidade da arbitragem – 3. Algumas noções a respeito da confidencialidade: 3.1. Confidencialidade v. privacidade; 3.2. O sigilo e o segredo; 3.3. A confidencialidade na redação original da Lei 9.307/1996; 3.4. Os regulamentos arbitrais de instituições estrangeiras; 3.5. Os regulamentos arbitrais de instituições nacionais; 3.6. Confidencialidade como obrigação

---

[1] Membro da Comissão de Juristas nomeada pelo Senado Federal para elaboração do Anteprojeto de Nova Lei de Arbitragem brasileira. Bacharel em Direito pela Pontifícia Universidade Católica do Rio de Janeiro. Mestre em Direito pela Universidade de Chicago. Coordenador Técnico do LL.M Litigation da Fundação Getulio Vargas. Professor da Escola de Direito da Fundação Getulio Vargas. Professor de Direito Processual Civil da Pontifícia Universidade Católica do Rio de Janeiro. Professor Convidado da Escola da Magistratura do Estado do Rio de Janeiro. Membro do Instituto Brasileiro de Direito Processual. Membro da Associação Latino-Americana de Arbitragem (ALARB). Ex-Procurador do Estado do Rio de Janeiro. Sócio de Andrade & Fichtner Advogados. Conferencista e autor de livros e artigos nas áreas de Arbitragem e Direito Processual Civil.

[2] *Junior Academic Visitor* na *University of Oxford* (*Commercial Law Centre*). Doutorando e Mestre em Direito Processual Civil pela Pontifícia Universidade Católica de São Paulo. Pós--graduado em Direito Empresarial, com especialização em Processo Civil, pela Fundação Getúlio Vargas. Especialista em Arbitragem pela GVLaw. Especialista em Direito Econô-mico pela Universidade do Estado do Rio de Janeiro. Especialista em Direito Societário e Mercado de Capitais pela Fundação Getúlio Vargas. Bacharel em Direito pela Univer-sidade Federal do Rio de Janeiro. Membro do Instituto Brasileiro de Direito Processual e do Comitê Brasileiro de Arbitragem. Advogado de Andrade & Fichtner Advogados.

160 | ARBITRAGEM E MEDIAÇÃO

decorrente do exercício da autonomia privada e, por conseguinte, da liberdade individual: confirmação pela Reforma da Lei de Arbitragem – 4. Confidencialidade da arbitragem e cooperação do Poder Judiciário: interpretação doutrinária do inciso IV do art. 189 do Novo Código de Processo Civil e do parágrafo único do art. 22-C da Lei de Arbitragem – 5. Confidencialidade da arbitragem e participação da administração pública no processo arbitral – 6. Conclusão – Referências bibliográficas.

1. INTRODUÇÃO

O crescimento da utilização da arbitragem no Brasil como método de resolução de conflitos é inquestionável. Tal realidade está refletida em dados estatísticos fartamente divulgados pela imprensa.[3] Esse crescimento é ainda mais impressionante se considerar-se que antes da Lei 9.307/1996 o País não tinha uma verdadeira cultura de resolução de litígios pela via arbitral.

A Lei de Arbitragem brasileira foi decisiva na implementação dessa cultura, especialmente a partir, dentre outras, de duas modificações importantes nesse processo: a possiblidade de execução específica da cláusula compromissória vazia e a dispensa de homologação da sentença arbitral doméstica perante o Poder Judiciário para que ela pudesse produzir efeitos.

A evolução do instituto e a proliferação de sua utilização ofereceram aos usuários do sistema jurídico novos desafios, de diferentes ordens. A partir de tal percepção, o Senado Federal, por intermédio de seu presidente, Senador Renan Calheiros, instituiu uma Comissão de Juristas para revisão e atualização da Lei de Arbitragem, presidida pelo Ministro Luis Felipe Salomão, do Superior Tribunal de Justiça e da qual o primeiro autor teve a honra de participar.[4]

---

[3] Na pesquisa "Arbitragem em Números e Valores" divulgada em 2016, Selma Ferreira Lemes observou que "os conflitos resolvidos com o uso da arbitragem cresceram 73% nos últimos seis anos", sendo certo que, "no período, os procedimentos solucionados extrajudicialmente somaram mais de R$ 38 bilhões" (Disponível em: <http://www.conjur.com.br/2016-jul-15/solucoes-arbitragem-crescem-73-seis-anos-mostra-pesquisa>.Acesso em: 21 fev. 2017). Nesse período de 2010 a 2016, as seis principais câmaras de arbitragem brasileiras (CCBC, CIESP, Camarb, Amcham, FGV e CAM) administraram 1.043 processos arbitrais. Apenas para que se tenha uma ideia desta evolução, vale registrar que em 2005 os valores envolvidos não chegaram a R$ 300 milhões e as principais instituições arbitrais administraram pouco mais do que 20 processos arbitrais (Disponível em: <http://www.conjur.com.br/2010-abr-13/valores-envolvidos-arbitragem-crescem-185-acumulam-24--bilhoes>. Acesso em: 21 fev. 2017).

[4] A Comissão de Juristas, consoante os Atos do Presidente do Senado Federal 36/2012, 37/2012, 08/2013, 16/2013 e a Portaria da Presidência 14/2013, é composta pelos seguin-

O trabalho da Comissão de Juristas resultou na apresentação do Projeto de Lei de iniciativa do Senado Federal 406/2013, que, após aprovação nas duas Casas Legislativas e sanção Presidencial, se transformou na Lei 13.129/2015 (Reforma da Lei de Arbitragem). A Comissão nomeada deliberou explicitamente manter a estrutura sintética da legislação atual, propondo alterações tópicas no texto, suficientes e necessárias a regular matérias específicas que, no entender da maioria dos seus membros, mereciam intervenção legislativa.

Dentre as modificações empreendidas pela Reforma da Lei de Arbitragem, vale destacar, nesta oportunidade, o tratamento dado à confidencialidade na arbitragem, com a definição da natureza de sua fonte como contratual, a extrapolação de seus efeitos para além do universo restrito da arbitragem, nas hipóteses de necessidade de cooperação com o Poder Judiciário, assim como a especial aplicação do conceito às hipóteses em que a Administração Pública funciona como parte no processo arbitral.

2. A CONFIDENCIALIDADE COMO QUALIDADE DA ARBITRAGEM

A arbitragem possui várias conhecidas qualidades, como a flexibilidade procedimental, a possibilidade de escolha dos julgadores, a especialidade dos árbitros, a neutralidade da arbitragem, a celeridade processual e a facilidade do reconhecimento das decisões em outras jurisdições. Dentre elas, adicione-se a confidencialidade, tema deste trabalho.

A confidencialidade é qualidade internacionalmente reconhecida do processo arbitral. Nesse sentido, a Comissão das Nações Unidas para o Direito do Comércio Internacional (*United Nations Commission on International Trade Law – UNCITRAL*), em suas *Notes on Organizing Arbitral Proceedings*, de 1996, reconhece, na primeira parte do item 31, que "it is widely viewed that confidentiality is one of the advantageous and helpful features of arbitration". A *International Law Association*, por sua vez, em recente relatório sobre o tema, deixa claro que "confidentiality is an important feature of international commercial arbitration".

---

tes membros: Ministro Luis Felipe Salomão (Presidente), Marco Maciel, José Antonio Fichtner, Caio Cesar Rocha, José Rogério Cruz e Tucci, Marcelo Rossi Nobre, Francisco Antunes Maciel Mussnich, Tatiana Lacerda Prazeres, Adriana Braghetta, Carlos Alberto Carmona, Eleonora Coelho, Pedro Paulo Guerra de Medeiros, Silvia Rodrigues Pereira Pachikoski, Francisco Maia Neto, Ellen Gracie Northfleet, André Chateaubriand Pereira Diniz Martins, José Roberto de Castro Neves, Marcelo Henrique Ribeiro de Oliveira, Walton Alencar Rodrigues, Roberta Maria Rangel, Eduardo Pellegrini de Arruda Alvim e Adacir Reis.

A doutrina autorizada igualmente reconhece essa qualidade. Philippe Fouchard, Emmanuel Gaillard e Berthold Goldman explicam que "one of the fundamental principles – and one of the major advantages – of international arbitration is that it is confidential".[5] Nessa mesma linha, Laurence Craig, William Park e Jan Paulsson destacam que "if polled, the users of ICC arbitration would undoubtedly list confidentiality as one of the advantages which led them to choose arbitration over other forms of dispute resolution and particularly as compared to court litigation".[6]

Conferindo qualidade estatística a essa opinião, cumpre mencionar pesquisa de campo realizada pela *Queen Mary – University of London* e a *Pricewaterhouse Coopers*, entre os anos de 2005 e 2006 no Reino Unido, em que se concluiu que "the top reasons for choosing international arbitration are flexibility of procedure, the enforceability of awards, the privacy afforded by the process and the ability of parties to select the arbitrators".[7] Trata-se, como se vê, de qualidade reconhecida não apenas pela doutrina, mas também por renomados e atuantes profissionais da arbitragem comercial internacional.

Na doutrina nacional, João Bosco Lee compartilha do entendimento segundo o qual "um dos principais motivos para a escolha da arbitragem é a confidencialidade".[8]

---

[5] FOUCHARD, Philippe; GAILLARD, Emmanuel; GOLDMAN, Berthold. International commercial arbitration. In: GAILLARD, Emmanuel; SAVAGE, John (ed.). The Hague: Kluwer Law International, 1999. p. 612.

[6] CRAIG, W. Laurence; PARK, William W.; PAULSSON, Jan. *International chamber of commerce arbitration*. 3. ed. New York: Oxford, 2000. p. 311.

[7] A interessante pesquisa, que foi realizada também em 2008 e 2010 com diversas outras questões, pode ser encontrada no seguinte link: <http://www.pwc.co.uk/eng/publications/International_arbitration.html>. Confiram-se, ainda, duas outras pesquisas de campo nesse mesmo sentido mencionadas por José Cretella Neto e João Bosco Lee nos seguintes textos: CRETELLA NETO, José. Quão sigilosa é a arbitragem? *Revista de Arbitragem e Mediação*, São Paulo: RT, a. 7, n. 25, p. 55, abr.-jun. 2010, e LEE, João Bosco. O princípio da confidencialidade na arbitragem comercial internacional: estudos de arbitragem. In: VALENÇA FILHO, Clávio de Melo; LEE, João Bosco. Curitiba: Juruá, 2008. p. 286.

[8] LEE, João Bosco. O princípio da confidencialidade na arbitragem comercial internacional: estudos de arbitragem. In: VALENÇA FILHO, Clávio de Melo; LEE, João Bosco. Curitiba: Juruá, 2008. p. 286. Idem: WALD, Arnoldo. A crise e a arbitragem no direito societário e bancário. *Revista de Arbitragem e Mediação*, São Paulo: RT, a. 6, n. 20, p. 12-13, jan.-mar. 2009, e LEMES, Selma Ferreira. *Arbitragem na concessão de serviços públicos: arbitrabilidade objetiva. Confidencialidade ou publicidade processual?* Disponível em: <http://www.selmalemes.com.br>. Acesso em: 21 fev. 2017.

3. ALGUMAS NOÇÕES A RESPEITO DA CONFIDENCIALIDADE

3.1. Confidencialidade *v.* privacidade

A doutrina especializada costuma distinguir os termos confidencialidade e privacidade. Jan Paulsson explica que "the concept of 'privacy' is narrow, and specifically denotes the in camera nature of oral proceedings", enquanto que "the concept of 'confidentiality' is far broader and extends to the confidential nature of documents created for, or submitted in, an arbitration – indeed, ultimately to the confidential nature of the very existence of an arbitration".[9]

No relatório sobre a confidencialidade na arbitragem comercial internacional produzido em 2010 pela *International Law Association*, estabeleceu-se que "the concept of privacy is typically used to refer to the fact that only the parties, and not third parties, may attend arbitral hearings or otherwise participate in the arbitration proceedings". Por outro lado, de acordo com o mesmo relatório, a "confidentiality is used to refer to the parties' asserted obligations not to disclose information concerning the arbitration to third parties". Na doutrina brasileira, José Emilio Nunes Pinto também já se dedicou a apresentar a diferença entre esses conceitos, em lição que vale a reprodução:

> Já tivemos oportunidade de analisar o conceito de confidencialidade como sendo a obrigação imposta às partes e aos árbitros e, em alguns casos, mencionados em regulamentos de instituições arbitrais, a terceiros que participem, de alguma maneira, direta ou indiretamente, de procedimentos arbitrais, de não divulgar ou publicar quaisquer dados, informações e quaisquer outros detalhes que tenham tomado conhecimento no curso daqueles. A privacidade, no entanto, refere-se à condução do próprio procedimento arbitral e à realização de seus atos. Em razão da privacidade conferida ao procedimento arbitral, dele somente poderão participar as partes, seus procuradores, os árbitros e aqueles que, por deliberação das partes e do tribunal arbitral, venham a ser chamados para dele participar. Em suma, a privacidade impede que estranhos ao procedimento dele participem ou assistam a quaisquer sessões do tribunal arbitral, diferentemente do que ocorre no processo judicial que é, por natureza e salvo exceções, público.[10]

---

[9] PAULSSON, Jan. *Report on issues concerning confidentiality in international arbitration.* Department of Foreign Affairs and International Trade Canada. Disponível em: <http://www.international.gc.ca>. Acesso em: 21 fev. 2017.

[10] PINTO, José Emilio Nunes. A confidencialidade na arbitragem. *Revista de Arbitragem e Mediação*, São Paulo: RT, a. 2, n. 6, p. 29-30, jul.-set. 2005. Leia-se, também, a lição de Selma Ferreira Lemes (LEMES, Selma Ferreira. *Arbitragem na concessão de serviços públicos: arbitrabilidade objetiva. Confidencialidade ou publicidade processual?* Disponível em: <http://www.selmalemes.com.br>. Acesso em: 21 fev. 2017) e de José Cretella Neto

De nossa parte, já manifestamos opinião no sentido de que "a privacidade é um direito das partes em relação a terceiros estranhos ao processo arbitral consistente na proibição de que eles tenham acesso aos atos do processo arbitral", enquanto "a confidencialidade é um dever dos sujeitos da arbitragem em relação a eles mesmos de guardar sigilo em relação às informações que obtiveram por estarem participando da arbitragem".[11] Enquanto a privacidade decorre do caráter naturalmente particular e privado da arbitragem, do qual terceiros obviamente não fazem parte, a confidencialidade deriva de previsão legal ou convencional, a depender do que dispuser o ordenamento jurídico aplicável.

3.2. O sigilo e o segredo

Além dos conceitos de "confidencialidade" e "privacidade", importa para os propósitos do presente trabalho definir os de "sigilo" e de "segredo", imprescindíveis à compreensão do sistema que a proposta legislativa visou a estabelecer.

O *sigilo* é uma qualidade que se estabelece sobre determinadas informações ou sobre determinados documentos ou atos processuais que os torna imunes ao conhecimento de terceiros ou da própria contraparte na arbitragem.

O *sigilo* é estabelecido pelos árbitros discricionariamente, a partir das alegações das partes sobre a pertinência da produção de determinados documentos ou da divulgação de determinadas informações.

A discussão travada em tal fase da arbitragem deve ser focada, primeiramente, na *pertinência* da produção das informações perseguidas relativamente ao mérito da arbitragem, cabendo aos árbitros eliminar qualquer tentativa de abuso de uma ou de ambas as partes na tentativa de usar a arbitragem para expor situações sensíveis da outra a terceiros ou mesmo o uso da arbitragem para ter acesso a informações que normalmente não seriam do conhecimento da contraparte.

Em um segundo momento, verificada positivamente a pertinência, cabe aos árbitros discricionariamente delimitar o acesso a tais documentos e informações, de maneira a prover a maior proteção e menor sacrifício à parte exposta. A busca que se estabelece é a de um equilíbrio entre os interesses conflitantes, com a aplicação do princípio da razoabilidade e proporcionalidade, permitindo-se, com

---

(CRETELLA NETO, José. Quão sigilosa é a arbitragem? *Revista de Arbitragem e Mediação*, São Paulo: RT, a. 7, n. 25, p. 65, abr.-jun. 2010).

[11] FICHTNER, José Antonio; MANNHEIMER, Sergio Nelson; MONTEIRO, André Luís. *A confidencialidade na arbitragem*: regra geral e exceções. Novos temas de arbitragem. Rio de Janeiro: FGV, 2014. p. 91-151.

Cap. 8 • A CONFIDENCIALIDADE NA REFORMA DA LEI DE ARBITRAGEM | 165

o menor sacrifício possível e com a mais adequada proteção, extrair dos fatos a justa composição do conflito.

Tome-se como exemplo a existência de um contrato cujo instrumento seja objeto de prova de informações críticas sobre preços de produtos em mercado sensível. Não havendo pertinência entre o julgamento do mérito da arbitragem e as cláusulas de preço, devem os árbitros ordenar a produção do instrumento com as referidas cláusulas apagadas ou rasuradas. O mesmo se diga a outras situações análogas.

Em havendo pertinência entre as cláusulas de preço e o conteúdo da arbitragem, a proteção adequada e que oferece menor sacrifício às partes em conflito, em nossa opinião, é a de dar acesso puramente aos árbitros, presumivelmente escolhidos pelas partes, às informações relevantes, para que possam firmar seu juízo de valor e decidir o que de direito.

Já o *segredo* é uma qualidade intrínseca da informação ou do documento, derivada de disposição legal, que a faz imune ao conhecimento de terceiros ou da contraparte. Em tal hipótese, a atividade do árbitro deixa de ser discricionária e passa a ser vinculada. Assim, se determinada informação ou documento é definido como *segredo de negócio* ou *segredo de Estado*, tais informações são imunes à livre investigação da outra parte ou de terceiros. Se tais informações forem relevantes e pertinentes para o mérito da arbitragem o teorema do menor sacrifício será aplicado, considerando-se seriamente a possibilidade de acesso às informações apenas aos árbitros.

Às vezes o grau de proteção estabelecido ao conceito de segredo é tal que nem mesmo os árbitros terão acesso a tais informações. Imaginemos, a título de exemplo, que a parte pretenda obter a produção de prova testemunhal, consistente na oitiva do advogado, do médico, do psiquiatra da outra parte ou até mesmo de um religioso. E que as informações relevantes tenham sido obtidas por estes no exercício das suas respectivas profissões, relativamente à parte afetada. Tal segredo, derivado da norma legal aplicável aos profissionais, é insuscetível de violação, sendo certo que nem os árbitros, nem tampouco a outra parte, poderão ter acesso a tais sensíveis informações.

3.3. A confidencialidade na redação original da Lei 9.307/1996

A Lei 9.307/1996, em sua redação original, dispunha apenas, no art. 13, § 6º, que "no desempenho de sua função, o árbitro deverá proceder com imparcialidade, independência, competência, diligência e discrição". Observe-se, assim, que a única referência explícita que o diploma arbitral brasileiro fazia à confidencialidade era quando tratava do chamado dever de discrição do árbitro.

Selma Ferreira Lemes, a respeito da confidencialidade na redação original da Lei 9.307/1996, entendia que "não há previsão a respeito na lei brasileira, a não ser a discrição exigida do árbitro (art. 13 § 6º)".12 Adriana Braghetta, também assim, com base nesse mesmo dispositivo legal, explicava que "o árbitro, por força de lei, deve exercer sua função respeitando a confidencialidade das informações a que tiver tido acesso".[13] De nossa parte, consideramos que a Lei de Arbitragem brasileira, no § 6º do art. 13, impunha e continua impondo aos árbitros o dever de confidencialidade, independentemente de qualquer previsão convencional ou regulamentar em reforço.

Esse dever de confidencialidade legalmente imposto aos árbitros abrange, segundo nos parece, a própria existência da arbitragem, as informações obtidas no curso do processo arbitral, os documentos apresentados pelas partes ou por terceiros, as provas produzidas e, também, as próprias decisões arbitrais. Trata-se de dever que tem início quando o árbitro estabelece o primeiro contato com a causa, e que se estende, inclusive, no período pós-arbitragem. O afastamento do dever legal de confidencialidade por parte dos árbitros está sujeito a pouquíssimas exceções, valendo destacar, principalmente, a própria autorização das partes como uma delas.[14]

Temos como certo que esse dever de confidencialidade legalmente imposto aos árbitros se estende também à eventual instituição administradora da arbitragem, dada a própria natureza de sua atividade. Como já tivemos oportunidade de

---

[12] LEMES, Selma M. Ferreira. Arbitragem na concessão de serviços públicos: arbitrabilidade objetiva. Confidencialidade ou publicidade processual? *Revista de Direito Bancário, do Mercado de Capitais e da Arbitragem*, São Paulo: RT, v. 21, p. 391-393, 2003. Disponível em: <http://www.selmalemes.com.br>. Acesso em: 21 fev. 2017.

[13] BRAGHETTA, Adriana. Notas sobre a confidencialidade na arbitragem. *Revista do Advogado*, São Paulo: AASP, a. xxxiii, n. 119, p. 8, abr. 2013. Também assim, cita-se João Bosco Lee (O princípio da confidencialidade na arbitragem comercial internacional: estudos de arbitragem. In: VALENÇA FILHO, Clávio de Melo; LEE, João Bosco. Curitiba: Juruá, 2008. p. 290-291), José Emilio Nunes Pinto (A confidencialidade na arbitragem. *Revista de Arbitragem e Mediação*, São Paulo: RT, a. 2, n. 6, p. 31, jul.-set. 2005) e Rafael Gagliardi (Confidencialidade na arbitragem comercial internacional. *Revista de Arbitragem e Mediação*, São Paulo: RT, a. 10, n. 36, p. 123, jan.-mar. 2013). Sob o ângulo contratual, e com base no ordenamento jurídico francês, Fouchard, Gaillard e Goldman lecionam que "the fourth contractual obligation assumed by the arbitrators is a duty of confidentiality" (FOUCHARD, Philippe; GAILLARD, Emmanuel; GOLDMAN, Berthold. International commercial arbitration. In: GAILLARD, Emmanuel; SAVAGE, John (ed.). The Hague: Kluwer Law International, 1999. p. 612).

[14] A respeito das exceções à confidencialidade, permita-se a referência a outro trabalho de nossa autoria em que tratamos do tema com mais vagar: FICHTNER, José Antonio; MANNHEIMER, Sergio Nelson; MONTEIRO, André Luís. *A confidencialidade na arbitragem*: regra geral e exceções. Novos temas de arbitragem. Rio de Janeiro: FGV, 2014. p. 91-151.

dizer, "nesse aspecto, ela desempenha função semelhante, ou equiparável, àquela dos árbitros".[15] Em entendimento um pouco mais amplo, Rafael Gagliardi considera que esse dever alcança os "auxiliares do tribunal arbitral, tais como secretários(as), peritos e demais participantes dos procedimentos arbitrais, inclusive colaboradores das instituições sob cujos auspícios tramitem tais procedimentos".[16]

3.4. Os regulamentos arbitrais de instituições estrangeiras

Nas novas Regras de Arbitragem da UNCITRAL,[17] versão 2010, o art. 28.3., à semelhança da disposição pretérita, prevê que "hearings shall be held in camera unless the parties agree otherwise", bem como que "the arbitral tribunal may require the retirement of any witness or witnesses, including expert witnesses, during the testimony of such other witnesses, except that a witness, including an expert witness, who is a party to the arbitration shall not, in principle, be asked to retire".

A novidade, porém, está estabelecida no art. 34.5., segundo o qual "an award may be made public with the consent of all parties or where and to the extent disclosure is required of a party by legal duty, to protect or pursue a legal right or in relation to legal proceedings before a court or other competent authority". A disposição incorpora as exceções normalmente admitidas pela jurisprudência inglesa à confidencialidade,[18] ao menos no que tange à sentença arbitral.

O caso da *International Chamber of Commerce* (*ICC*) é bastante curioso. Na versão de 1998 do Regulamento de Arbitragem, o art. 20.7. previa apenas que "the Arbitral Tribunal may take measures for protecting trade secrets and confidential information", bem como o art. 21.3., segunda parte, dispunha que "save with the approval of the Arbitral Tribunal and the parties, persons not involved in the proceedings shall not be admitted".

---

[15] FICHTNER, José Antonio; MANNHEIMER, Sergio Nelson; MONTEIRO, André Luís. *A confidencialidade na arbitragem*: regra geral e exceções. Novos temas de arbitragem. Rio de Janeiro: FGV, 2014. p. 91-151.

[16] GAGLIARDI, Rafael Villar. Confidencialidade na arbitragem comercial internacional. *Revista de Arbitragem e Mediação*, São Paulo: RT, a. 10, n. 36, p. 123, jan.-mar. 2013.

[17] Esclareça-se que, em verdade, a UNCITRAL não funciona como instituição administradora de arbitragens, mas ela possui um conjunto de regras que normalmente são utilizadas em arbitragens *ad hoc*.

[18] A respeito da jurisprudência estatal de vários países (Reino Unido, França, Estados Unidos, Suécia, Austrália) sobre a confidencialidade, permita-se nova referência a outro trabalho de nossa autoria em que tratamos do tema: FICHTNER, José Antonio; MANNHEIMER, Sergio Nelson; MONTEIRO, André Luís. *A confidencialidade na arbitragem*: regra geral e exceções. Novos temas de arbitragem. Rio de Janeiro: FGV, 2014. p. 91-151.

Na versão de 2012, em vigor desde 01.01.2012, o art. 22.3, de forma sucinta, destaca que "upon the request of any party, the arbitral tribunal may make orders concerning the confidentiality of the arbitration proceedings or of any other matters in connection with the arbitration and may take measures for protecting trade secrets and confidential information". Já o art. 26.3, parte final, dispõe que "save with the approval of the arbitral tribunal and the parties, persons not involved in the proceedings shall not be admitted". Inegavelmente, a privacidade está garantida em ambas as versões do Regulamento.

No Estatuto da Corte Internacional de Arbitragem da *International Chamber of Commerce* é que constam disposições mais específicas a respeito da confidencialidade. Assim, o art. 6º estatui que "the work of the Court is of a confidential nature which must be respected by everyone who participates in that work in whatever capacity. The Court lays down the rules regarding the persons who can attend the meetings of the Court and its Committees and who are entitled to have access to the materials submitted to the Court and its Secretariat". O Regimento Interno da Corte, por sua vez, logo no art. 1º estabelece regras sobre a confidencialidade de documentos e decisões relacionadas às arbitragens por ela administradas.[19]

---

[19] O texto regulamentar é o seguinte: "Article 1. Confidential Character of the Work of the International Court of Arbitration. 1. For the purposes of this Appendix, members of the Court include the President and Vice-Presidents of the Court. 2. The sessions of the Court, whether plenary or those of a Committee of the Court, are open only to its members and to the Secretariat. 3. However, in exceptional circumstances, the President of the Court may invite other persons to attend. Such persons must respect the confidential nature of the work of the Court. 4. The documents submitted to the Court, or drawn up by it or the Secretariat in the course of the Court's proceedings, are communicated only to the members of the Court and to the Secretariat and to persons authorized by the President to attend Court sessions. 5. The President or the Secretary General of the Court may authorize researchers undertaking work of an academic nature to acquaint themselves with awards and other documents of general interest, with the exception of memoranda, notes, statements and documents remitted by the parties within the framework of arbitration proceedings. 6. Such authorization shall not be given unless the beneficiary has undertaken to respect the confidential character of the documents made available and to refrain from publishing anything based upon information contained therein without having previously submitted the text for approval to the Secretary General of the Court. 7. The Secretariat will in each case submitted to arbitration under the Rules retain in the archives of the Court all awards, Terms of Reference and decisions of the Court, as well as copies of the pertinent correspondence of the Secretariat. 8 Any documents, communications or correspondence submitted by the parties or the arbitrators may be destroyed unless a party or an arbitrator requests in writing within a period fixed by the Secretariat the return of such documents, communications or correspondence. All related costs and expenses for the return of those documents shall be paid by such party or arbitrator".

O Regulamento da *International Centre for Dispute Resolution* (*ICDR-AAA*) possui disciplina mais detalhada em relação à confidencialidade. O art. 20, item 4, estabelece que "hearings are private unless the parties agree otherwise or the law provides to the contrary", bem como que "the tribunal may require any witness or witnesses to retire during the testimony of other witnesses". Já o art. 27 do Regulamento, nos itens 4 e 8, estabelece que "an award may be made public only with the consent of all parties or as required by law", bem como que "unless otherwise agreed by the parties, the administrator may publish or otherwise make publicly available selected awards, decisions and rulings that have been edited to conceal the names of the parties and other identifying details or that have been made publicly available in the course of enforcement or otherwise".

A disposição mais importante no que tange à observância da confidencialidade na arbitragem está contida no art. 34 do referido Regulamento, segundo o qual "confidential information disclosed during the proceedings by the parties or by witnesses shall not be divulged by an arbitrator or by the administrator. Except as provided in Article 27, unless otherwise agreed by the parties, or required by applicable law, the members of the tribunal and the administrator shall keep confidential all matters relating to the arbitration or the award".

Como se vê, além da menção à privacidade da audiência arbitral e à confidencialidade das decisões arbitrais, o Regulamento do ICDR estabelece um dever de confidencialidade em relação a todas as questões relacionadas à arbitragem, não obstante esse dever esteja limitado ao tribunal arbitral e à instituição administradora, sem que haja menção às partes e a terceiros partícipes.

O Regulamento da *London Court of International Arbitration* (*LCIA*), por sua vez, trata da confidencialidade de maneira bem mais detalhada, certamente influenciado pela jurisprudência inglesa a respeito do assunto. Nesse sentido, o art. 30, item 1, prevê, de forma bem abrangente e incluindo as exceções admitidas pelas cortes inglesas, que "unless the parties expressly agree in writing to the contrary, the parties undertake as a general principle to keep confidential all awards in their arbitration, together with all materials in the proceedings created for the purpose of the arbitration and all other documents produced by another party in the proceedings not otherwise in the public domain – save and to the extent that disclosure may be required of a party by legal duty, to protect or pursue a legal right or to enforce or challenge an award in *bona fide* legal proceedings before a state court or other judicial authority".

O mesmo art. 30, nos itens 2 e 3, também prevê que "the deliberations of the Arbitral Tribunal are likewise confidential to its members, save and to the extent that disclosure of an arbitrator's refusal to participate in the arbitration is required of the other members of the Arbitral Tribunal under Articles 10, 12 and 26", bem como que "the LCIA Court does not publish any award or any part of an award without the prior written consent of all parties and the Arbitral Tribunal". A normatização da confidencialidade da arbitragem no Regulamento da *LCIA* é bastante completa e observa, com interessante precisão, as exceções consagradas à confidencialidade na jurisprudência das cortes inglesas.

Nessa mesma linha, as Regras de Arbitragem da *World Intellectual Property Organization (WIPO)* dispõem de maneira bastante completa sobre a confidencialidade na arbitragem. Em interessante disposição, as Regras tratam da confidencialidade a respeito da própria existência da arbitragem, estabelecendo, no art. 73, item (a), que "except to the extent necessary in connection with a court challenge to the arbitration or an action for enforcement of an award, no information concerning the existence of an arbitration may be unilaterally disclosed by a party to any third party unless it is required to do so by law or by a competent regulatory body, and then only: (i) by disclosing no more than what is legally required; and (ii) by furnishing to the Tribunal and to the other party, if the disclosure takes place during the arbitration, or to the other party alone, if the disclosure takes place after the termination of the arbitration, details of the disclosure and an explanation of the reason for it".

O art. 73, item (b), estabelece uma exceção a essa primeira disposição, consistente em "notwithstanding paragraph (a), a party may disclose to a third party the names of the parties to the arbitration and the relief requested for the purpose of satisfying any obligation of good faith or candor owed to that third party". Já o art. 74 das mencionadas Regras trata da observância da confidencialidade em relação a provas e a documentos produzidos na arbitragem, o que compreende não apenas os documentos que contenham segredos comerciais, mas sim todos os documentos produzidos na arbitragem. Transcreva-se, por oportuno, a mencionada norma:

> Article 74. (a) In addition to any specific measures that may be available under Article 52, any documentary or other evidence given by a party or a witness in the arbitration shall be treated as confidential and, to the extent that such evidence describes information that is not in the public domain, shall not be used or disclosed to any third party by a party whose access to that information arises exclusively as a result of its participation in the arbitration for any purpose without the consent of the parties or order of a court having jurisdiction. (b) For the purposes of this Article, a witness called by a party shall not be considered to be a third party. To the extent that a witness is given access to evidence or other information obtained in the arbitration in order to prepare the witness's testimony, the party calling such witness shall be responsible for the maintenance by the witness of the same degree of confidentiality as that required of the party.

Em seguida, o art. 75 das Regras da *WIPO* trata da confidencialidade da sentença arbitral, bem como das exceções a essa regra geral. Assim, estatui-se que "the award shall be treated as confidential by the parties and may only be disclosed to a third party if and to the extent that: (i) the parties consent; or (ii) it falls into the public domain as a result of an action before a national court or other competent authority; or (iii) it must be disclosed in order to comply with a legal requirement imposed on a party or in order to establish or protect a party's legal rights against a third party". O art. 76 das mencionadas Regras ainda prevê a confidencialidade como dever inerente à função dos árbitros e da instituição administradora. Confira-se:

> Article 76. (a) Unless the parties agree otherwise, the Center and the arbitrator shall maintain the confidentiality of the arbitration, the award and, to the extent that they describe information that is not in the public domain, any documentary or other evidence disclosed during the arbitration, except to the extent necessary in connection with a court action relating to the award, or as otherwise required by law. (b) Notwithstanding paragraph (a), the Center may include information concerning the arbitration in any aggregate statistical data that it publishes concerning its activities, provided that such information does not enable the parties or the particular circumstances of the dispute to be identified.

Por fim, no art. 53, item (c), as Regras preveem a privacidade da audiência arbitral, estabelecendo que "unless the parties agree otherwise, all hearings shall be in private". Como se vê, as Regras de Arbitragem da *World Intellectual Property Organization* são bastante completas no que diz respeito à confidencialidade na arbitragem, tratando não apenas da privacidade da audiência arbitral, mas também, de forma bastante interessante, da confidencialidade em relação à própria existência da arbitragem, aos documentos apresentados, às provas produzidas no processo arbitral e, por fim, ao dever inerente à função dos árbitros e da instituição administradora da arbitragem.

O panorama geral dos principais regulamentos internacionais mostra que as regras de arbitragem da *UNCITRAL,* da *International Chamber of Commerce (ICC)* e da *International Centre for Dispute Resolution (ICDR-AAA)* são bastante conservadoras no que diz respeito à regulamentação da confidencialidade, enquanto que as normas da *London Court of International Arbitration (LCIA)* e da *World Intellectual Property Organization (WIPO)* são, por outro lado, bastante mais abrangentes, prevendo, inclusive, as exceções consagradas pela jurisprudência dos tribunais estrangeiros.

3.5. Os regulamentos arbitrais de instituições nacionais

A versão de 2012 do Regulamento da Câmara de Comércio Brasil-Canadá, no item 14.1, estipula que "o procedimento arbitral é sigiloso, ressalvadas as hipóteses previstas em lei ou por acordo expresso das partes ou diante da necessidade de proteção de direito de parte envolvida na arbitragem". Em seguida, no item 14.2., o novo Regulamento dispõe, de forma razoavelmente completa, que "é vedado aos membros do CAM/CCBC, aos árbitros, aos peritos, às partes e aos demais intervenientes divulgar quaisquer informações a que tenham tido acesso em decorrência de ofício ou de participação no procedimento arbitral". Extrai-se, pois, do Regulamento de 2012 uma regulamentação bastante razoável, tanto do ponto de vista objetivo quanto do ponto de vista subjetivo, admitindo-se, inclusive, uma exceção atinente à preservação dos direitos de alguma das partes da arbitragem.

O Centro de Arbitragem da Amcham possui regulamento que trata da confidencialidade em apenas um dispositivo, mas de maneira razoavelmente abrangente. Estatui-se no item 18.1. que "salvo acordo entre as Partes ou decisão do Tribunal Arbitral em sentido contrário, o procedimento arbitral é sigiloso, sendo vedado a todos os membros do Centro de Arbitragem e Mediação AMCHAM, aos árbitros, às Partes e a quaisquer outros eventualmente envolvidos divulgar quaisquer informações a ele relacionadas, salvo mediante autorização escrita de todas as Partes". A partir dessa disposição, consideramos que o Regulamento garante a privacidade da audiência arbitral, bem como a confidencialidade em relação a quaisquer informações obtidas durante a arbitragem. Esse dever, conforme resulta do texto em análise, vincula árbitros, instituição arbitral, partes e até mesmo terceiros que tenham participado do processo arbitral. A disciplina, portanto, é bastante completa.

O antigo Regulamento da Câmara de Mediação e Arbitragem de São Paulo, vinculada à CIESP/FIESP, estabelecia, no item 17.4., que "o procedimento arbitral é rigorosamente sigiloso, sendo vedado aos membros da Câmara, aos árbitros e às próprias partes divulgar quaisquer informações com ele relacionadas, a que tenham acesso em decorrência de ofício ou de participação no referido procedimento". E nos itens 17.5. e 17.6., previa-se que "poderá a Câmara publicar em Ementário excertos da sentença arbitral, sendo sempre preservada a identidade das partes", bem como "quando houver interesse das partes e, mediante expressa autorização, poderá a Câmara divulgar a sentença arbitral".

Nesse caso, consideramos que eram garantidas a privacidade da audiência arbitral, bem como a confidencialidade das informações obtidas durante a arbitragem, sendo certo que essa vinculação alcançava árbitros, instituição arbitral e partes. O Regulamento de 2013 dessa entidade, porém, não repete a regra do anterior item 17.4, mas apenas as regras dos anteriores itens 17.5 e 17.6, atualmente identificados como itens 20.4 e 20.5. Isso poderia significar que, em termos meramente regimentais e literais, o atual Regulamento da Câmara de Mediação e Arbitragem de São Paulo (CIESP/FIESP) não garantiria nem a privacidade e nem a confidencialidade da arbitragem.

Cap. 8 · A CONFIDENCIALIDADE NA REFORMA DA LEI DE ARBITRAGEM | **173**

O Código de Ética editado em 2013, todavia, estabelece, no item 1.2, que "os árbitros devem guardar sigilo sobre toda e qualquer informação recebida no curso do procedimento em que atuarem". Além disso, o Código de Ética garante, com bastante abrangência, a privacidade e a confidencialidade da arbitragem no item 5:

> 5 – Dever de Confidencialidade. 5.1 – As deliberações do Tribunal Arbitral, o conteúdo da sentença, bem como os documentos, as comunicações e os assuntos tratados no procedimento arbitral são confidenciais. 5.2 – Mediante autorização expressa das partes ou para atender disposição legal, poderão ser divulgados documentos ou informações da arbitragem. 5.3 – As informações a que o árbitro teve acesso e conhecimento no processo arbitral não devem ser utilizadas para outro propósito senão ao desse procedimento. Não deve propor ou obter vantagens pessoais para si ou para terceiros com base nas informações colhidas durante o procedimento arbitral. 5.4 – Qualquer informação que possa revelar ou sugerir identificação das partes envolvidas na arbitragem devem ser evitadas. 5.5 – As ordens processuais, as decisões e as sentenças do Tribunal Arbitral destinam-se, exclusivamente, ao procedimento a que se referem, não devendo ser antecipadas pelos árbitros, nem por eles divulgadas, competindo à Câmara adotar as providências para cientificar as partes envolvidas. 5.6 – Os árbitros devem manter total discrição e confidencialidade quanto às deliberações do colegiado de árbitros.

A Câmara de Arbitragem Empresarial – Brasil (CAMARB) possui disciplina semelhante em seu Regulamento de 2010. Segundo consta do item 12.1, "o procedimento arbitral será rigorosamente sigiloso, sendo vedado à CAMARB, aos árbitros e às próprias partes divulgar quaisquer informações a que tenham acesso em decorrência de seu ofício ou de sua participação no processo, sem o consentimento de todas as partes, ressalvados os casos em que haja obrigação legal de publicidade".

Também aqui, segundo nos parece, preserva-se a privacidade da audiência arbitral e a confidencialidade das informações havidas durante a arbitragem, sendo certo que esse dever se dirige aos árbitros, à instituição arbitral e às partes. Observa-se, pois, no caso dessas duas últimas instituições arbitrais brasileiras, que há expressa menção ao dever de confidencialidade das partes.

O Regulamento de 2013 do Centro Brasileiro de Mediação e Arbitragem, por sua vez, traz previsão de confidencialidade nos itens 17.1. e 17.2. Segundo o primeiro dispositivo, "salvo acordo em contrário das partes, ou se exigido por lei aplicável às partes, os membros do Tribunal Arbitral e do Centro manterão confidencialidade sobre os assuntos relacionados à arbitragem, salvo aqueles porventura já de domínio público ou que já tenham sido de alguma forma divulgados", bem como que, na forma do segundo dispositivo, "o Centro poderá dar publicidade à sentença arbitral, caso previamente autorizada pelas partes ou, em caso negativo, poderá o Centro, de qualquer modo, divulgar excertos de sentença arbitral, desde que preservada a identidade das partes". Nesse caso, literalmente, não há previsão de privacidade da audiência arbitral e nem dever de confidencialidade em relação às partes e a terceiros que tenham participado da arbitragem, o que demonstra uma disciplina mais enxuta.[20]

Importa, ainda, analisar a versão de 2011 do Regulamento da Câmara do Mercado da BOVESPA. Na versão em vigor, bem mais objetiva que a anterior, o item 9.1 estabelece que "o procedimento arbitral é sigiloso, devendo as partes, árbitros e membros da Câmara de Arbitragem abster-se de divulgar informações sobre seu conteúdo, exceto em cumprimento a normas dos órgãos reguladores, ou previsão legal". Além disso, o item 9.1.1 dispõe que "os terceiros que participarem do procedimento arbitral na condição de testemunha, perito ou assistente técnico deverão obedecer a idêntico dever de sigilo, sendo essa participação limitada ao cumprimento de sua função específica no procedimento arbitral".

Essas previsões permitem concluir que o referido Regulamento garante a privacidade da audiência arbitral, bem como a confidencialidade das informações obtidas durante o curso da arbitragem, em disposição que vincula não apenas as partes, mas também terceiros partícipes da arbitragem.[21]

---

[20] Destaque-se, ainda, a previsão da cláusula 11.2 do Regulamento do CBMA, segundo a qual "a entrega de material sigiloso será objeto de específica consideração pelo Tribunal Arbitral quanto à conveniência e à oportunidade, obedecidas as disposições havidas entre as partes". Como se vê, a disposição deixa à livre apreciação dos árbitros, na ausência de regra convencional a respeito, a solução da questão.

[21] Como se não bastassem essas disposições, o Regimento Interno da Câmara de Arbitragem do Mercado ainda traz um item inteiro sobre confidencialidade, em que se prevê expressamente a privacidade da audiência arbitral e ainda estende a obrigação de confidencialidade a árbitros, instituição arbitral, partes e eventuais terceiros que participem da arbitragem. Confira-se o inteiro teor: "6 SIGILO. 6.1 Os procedimentos que tramitarem perante essa Câmara de Arbitragem deverão correr em sigilo, observadas as normas previstas no Regulamento e neste Regimento Interno, bem como as disposições legais. Cabe ao Presidente da Câmara de Arbitragem e ao Tribunal Arbitral, auxiliados pelo Secretário-Geral, fiscalizar o cumprimento adequado do dever de sigilo. 6.2 A participação e o acesso a documentos relativos aos procedimentos arbitrais são restritos ao Tribunal Arbitral, ao Secretário-Geral, funcionários desta Câmara de Arbitragem, bem como às partes do litígio e seus advogados ou procuradores devidamente constituídos. O Presidente e os Vice-Presidentes da Câmara de Arbitragem terão acesso aos documentos relativos a procedimentos arbitrais no estrito limite de sua competência, e apenas pelo lapso de tempo necessário ao regular desempenho das funções que lhe foram atribuídas pelo Regulamento ou por este Regimento Interno. 6.3 Na publicação da sentença arbitral, a tese e os fundamentos jurídicos definidos pela sentença poderão ser objeto de divulgação, independentemente do consentimento das partes, desde que suas identidades não sejam reveladas. 6.4 A violação do dever de sigilo sujeitará o res-

O Regulamento da Câmara FGV de Conciliação e Arbitragem prevê, no art. 46, que "Os processos de arbitragem deverão transcorrer em absoluto sigilo, sendo vedado aos membros da Câmara FGV, aos árbitros, às partes e aos demais participantes do processo divulgar qualquer informação a que tenham tido acesso em decorrência de sua participação no procedimento, salvo se expressamente autorizado por todas as partes ou em caso de ordem judicial". Como se vê, a disposição é bastante abrangente, referindo-se não apenas aos árbitros e às partes, mas também "aos demais participantes do processo", o que parece abranger peritos, testemunhas, assistentes técnicos etc.

Em seguida, no art. 47, o Regulamento estabelece que "a sentença arbitral somente poderá ser divulgada mediante autorização de todas as partes ou quando necessário à respectiva execução".

Vale mencionar, por fim, que a Presidência da Câmara editou a Portaria 27/2002, estatuindo que "todos os envolvidos nos procedimentos da Câmara FGV de Conciliação e Arbitragem em que venham a participar deverão firmar termo comprometendo-se a manter sigilo sobre todas as informações e dados referentes a tais procedimentos, sendo as partes disso cientificadas, em conformidade com o disposto no artigo 60 do Regulamento da Câmara FGV". Trata-se de uma maneira de vincular, formalmente, os participantes da arbitragem à confidencialidade.

3.6. Confidencialidade como obrigação decorrente do exercício da autonomia privada e, por conseguinte, da liberdade individual: confirmação pela Reforma da Lei de Arbitragem

Consoante se viu no item anterior, apesar de a confidencialidade ser uma qualidade bastante reconhecida na arbitragem, a Lei de Arbitragem brasileira, em sua redação original, tratava do instituto em apenas um dispositivo, dirigido aos árbitros (e às instituições arbitrais, segundo pensamos). Diante disso, surgia a questão consistente em saber se a confidencialidade na arbitragem seria um princípio geral, aplicável a todos os demais partícipes do processo arbitral, mesmo na ausência de previsão legal ou convencional a esse respeito, ou se, na verdade, para essas pessoas, a confidencialidade somente se manifestaria mediante acordo de vontades, na convenção de arbitragem, por exemplo.

Na doutrina estrangeira, Jan Paulsson e Nigel Rawding, em texto clássico, afirmam que "our conclusion is that a general obligation of confidentiality can-

---

ponsável ao ressarcimento dos prejuízos causados por sua conduta. Sem prejuízo, caso a violação do dever de sigilo decorra de ato de qualquer um dos Árbitros da Câmara de Arbitragem ou de seu Secretário-Geral, o Presidente da Câmara de Arbitragem será imediatamente comunicado, a quem caberá decidir sobre o desligamento do infrator".

not be said to exist de lege lata in international arbitration".[22] O assunto, porém, não é pacífico. Piero Bernardini afirma que *"più in generale, si ritiene implicita nell'accettazione dell'arbitrato l'assunzione di un corrispondente obbligo di tenere riservate informazioni e documentazione acquisite nel corso del procedimento"*.[23] Como se vê, a doutrina estrangeira diverge a respeito de saber se a confidencialidade é um princípio implícito na arbitragem ou se ela dependeria de consenso das partes.

Na doutrina brasileira, também há divergência. Escrevendo anteriormente à Reforma da Lei de Arbitragem, Selma Ferreira Lemes entendia que não existia um dever implícito de confidencialidade, razão pela qual "no âmbito estritamente privado estas questões devem estar dispostas pelas partes nos contratos firmados ou em documentos apartados ou, ainda, nos regulamentos das instituições arbitrais para não prejudicar o interesse das partes, pois não há previsão a respeito na lei brasileira, a não ser a discrição exigida do árbitro (art. 13 § 6º)".24 Em sentido oposto, José Emilio Nunes Pinto, por outro lado, considerava que "no direito brasileiro a confidencialidade é inerente ao procedimento arbitral, derivando da aplicação do art. 422 do CC que consagra o princípio geral da boa-fé objetiva".[25]

Em nosso ponto de vista, a confidencialidade nunca foi um princípio inerente à arbitragem, que decorreria implicitamente de sua natureza. No direito brasileiro, não há como fugir do conceito de que as obrigações derivam apenas da lei ou dos contratos, razão pela qual não se pode imputar às partes uma obrigação de confidencialidade sem que haja previsão legal específica ou disposição convencional nesse sentido. Em outras palavras, se a redação original da Lei 9.307/1996

---

[22] PAULSSON, Jan; RAWDING, Nigel. The trouble with confidentiality. *ICC bulletin*, Paris, v. 5, n. 1, p. 48, May 1994.

[23] BERNARDINI, Piero. *L'arbitrato nel commercio e negli investimenti internazionali*. 2. ed. Milano: Giuffrè, 2008. p. 175.

[24] LEMES, Selma Ferreira. *Arbitragem na concessão de serviços públicos: arbitrabilidade objetiva. Confidencialidade ou publicidade processual?* Disponível em: <http://www.selmalemes.com.br>. Acesso em: 21 fev. 2017. Comungando dessa opinião, confira-se João Bosco Lee (O princípio da confidencialidade na arbitragem comercial internacional: estudos de arbitragem. In: VALENÇA FILHO, Clávio de Melo; LEE, João Bosco. Curitiba: Juruá, 2008. p. 293) e Rafael Gagliardi (Confidencialidade na arbitragem comercial internacional. *Revista de Arbitragem e Mediação*, São Paulo: RT, a. 10, n. 36, p. 132, jan.-mar. 2013).

[25] PINTO, José Emilio Nunes. A confidencialidade na arbitragem. *Revista de Arbitragem e Mediação*, São Paulo: RT, a. 2, n. 6, p. 33, jul.-set. 2005. Idem, em outro trabalho: PINTO, José Emilio Nunes. Proposta para a preservação do sigilo da arbitragem na execução específica da cláusula compromissória. In: BOMFIM, Ana Paula Rocha do; MENEZES, Hellen Monique Ferreira de (coords.). *Dez anos da lei de arbitragem*: aspectos atuais e perspectivas para o instituto. Rio de Janeiro: Lumen Juris, 2007. p. 92.

não estendia a confidencialidade às partes, não há como impor esta obrigação na ausência de base legal ou consensual expressa.

Em outras palavras, não há como se exigir das partes e de terceiros partícipes da arbitragem o respeito à confidencialidade sem que tal obrigação derive de estipulação legal, contratual ou, conceda-se, regulamentar, como fonte acessória aditiva à manifestação de vontade, consistente na escolha de determinada instituição arbitral. Trata-se, acima de tudo, de aplicação do princípio da legalidade, estatuído no inciso II do art. 5º da Constituição, segundo o qual "ninguém será obrigado a fazer ou deixar de fazer alguma coisa senão em virtude de lei". Nem se diga que a confidencialidade decorreria do dever de boa-fé objetiva, pois bem se sabe que a boa-fé objetiva pode criar deveres laterais de conduta, mas não pode criar obrigações autônomas não previstas em lei ou acordadas entre as partes. A confidencialidade não é um dever lateral de conduta, mas uma obrigação autônoma, de modo que o recurso à boa-fé objetiva é insuficiente para defender a sua existência implícita.

Como a redação original da Lei de Arbitragem brasileira apenas tratava da confidencialidade em relação ao árbitro, silenciando em relação aos demais, sempre defendemos que as partes do processo arbitral somente estavam obrigadas a respeitar a confidencialidade quando tivessem expressamente acordado a esse respeito, o que poderia se dar na cláusula compromissória, no compromisso arbitral, no termo de arbitragem, no regulamento arbitral eleito ou mesmo durante o curso da arbitragem.[26] Estabelecida a confidencialidade pela convenção das partes, é de se dizer que os demais participantes do processo arbitral (peritos, testemunhas, assistentes) se submetem a essa obrigação em razão de sua adesão por acessoriedade ao pacto.

A pergunta decisiva que merecia expressa consideração para caracterizar a natureza do instituto era necessariamente a seguinte: tendo em vista que no direito brasileiro as obrigações derivam apenas da lei ou dos contratos, poderia uma das partes da arbitragem, antes da Reforma da Lei de Arbitragem, ser civilmente responsabilizada por comunicar ao mundo exterior o conteúdo da arbitragem? Considerando que não havia previsão legal a respeito, a resposta só poderia ser positiva se a parte houvesse se obrigado, por disposição contratual, a respeitar a confidencialidade. Se, por outro lado, tal obrigação não houvesse sido expressamente convencionada, em que regra jurídica legal se apoiaria a outra parte para obter a mencionada reparação civil?

---

[26] FICHTNER, José Antonio; MANNHEIMER, Sergio Nelson; MONTEIRO, André Luís. *A confidencialidade na arbitragem*: regra geral e exceções. Novos temas de arbitragem. Rio de Janeiro: FGV, 2014. p. 91-151.

178 | ARBITRAGEM E MEDIAÇÃO

A Reforma da Lei de Arbitragem tomou partido nesse debate e previu, no parágrafo único do art. 22-C, que "no cumprimento da carta arbitral será observado o segredo de justiça, desde que comprovada a confidencialidade estipulada na arbitragem". Trata-se de previsão que, rigorosamente, repete aquela prevista no art. 189, IV, do novo Código de Processo Civil, segundo a qual "os atos processuais são públicos, todavia tramitam em segredo de justiça os processos (...) que versem sobre arbitragem, inclusive sobre cumprimento de carta arbitral, desde que a confidencialidade estipulada na arbitragem seja comprovada perante o juízo".[27]

Conforme se observa do texto de ambos os dispositivos de lei, a confidencialidade da arbitragem será preservada desde que tenha sido estipulada pelas partes e seja comprovada perante o Poder Judiciário. Isso significa que o ordenamento jurídico brasileiro passou a tutelar, explicitamente, a confidencialidade da arbitragem, exigindo apenas que ela tenha sido convencionada pelas partes e, assim, possa ser comprovada. Assim, havendo estipulação de confidencialidade entre as partes, eventual vazamento de informações, documentos, peças ou decisões da arbitragem para o mundo exterior – inclusive via imprensa – dão ensejo à responsabilização civil de seu agente.

A utilização das expressões "estipular" e "comprovar" nos mencionados dispositivos legais demonstra que o ordenamento jurídico brasileiro rejeita a tese de que a confidencialidade seja algo implícito na arbitragem, adotando, por outro lado, a ideia de que a confidencialidade somente obriga as partes do processo arbitral quando expressamente convencionada. Trata-se, ao final e ao cabo, de valorização da autonomia privada, pedra angular na arbitragem.

---

[27] Esse dispositivo decorre do acolhimento da proposta feita no Senado Federal, quando o Projeto de Novo CPC ainda lá tramitava, pela parceria formada entre o Grupo de Pesquisa em Arbitragem da PUC/SP e a Comissão de Arbitragem da OAB/RJ. Na época, o Grupo de Pesquisa em Arbitragem da PUC/SP era liderado pelo Prof. Francisco José Cahali e coordenado por Valeria Galíndez e André Luís Monteiro, bem como contava com um conselho consultivo formado por professores de destaque nas áreas de Direito Civil, Direito Processual Civil e Direito Internacional Privado. As propostas de emenda ao Anteprojeto de Novo CPC foram elaboradas em parceria com a Comissão de Arbitragem da OAB/RJ, com a relevante participação de Joaquim de Paiva Muniz, Leonardo Corrêa e Ronaldo Cramer, e contaram com o apoio do Comitê de Arbitragem do CESA, sob a coordenação de Giovanni Nanni, e do Instituto Brasileiro de Direito Empresarial – IBRADEMP. No Senado Federal, elas foram apresentadas pelas mãos do Senador Regis Fichtner (PMDB/RJ). Integraram o Grupo de Pesquisa, além do líder e dos dois coordenadores, os acadêmicos Daniel Bushatsky (Secretário), Antonio Carlos Nachif Correia Filho, Flávia Gomes, Gledson Marques de Campos, Júlia Schledorn de Camargo, Juliana Cristina Gardenal, Maithe Lopez, Priscila Caneparo, Renata Paccola Mesquita, Shirley Graff, Thais Matallo Cordeiro e Welder Queiroz dos Santos.

4. CONFIDENCIALIDADE DA ARBITRAGEM E COOPERAÇÃO DO PODER JUDICIÁRIO: INTERPRETAÇÃO DOUTRINÁRIA DO INCISO IV DO ART. 189 DO NOVO CÓDIGO DE PROCESSO CIVIL E DO PARÁGRAFO ÚNICO DO ART. 22-C DA LEI DE ARBITRAGEM

Não obstante a arbitragem se destine à resolução do conflito de interesses de maneira definitiva, muitas vezes a adequada tutela jurisdicional exige a cooperação entre árbitros e Poder Judiciário. Isso ocorre, por exemplo, na execução específica de cláusula compromissória vazia, na nomeação do árbitro presidente caso os coárbitros não cheguem a um acordo, na nomeação de árbitro substituto caso as partes não cheguem a um consenso, na efetivação de medidas provisórias decretadas pelo árbitro, na condução coercitiva de testemunhas à audiência arbitral, na execução da sentença arbitral, na ação de anulação da sentença arbitral e na ação de homologação de decisão arbitral estrangeira. Há também a hipótese de o Poder Judiciário examinar causa sujeita à arbitragem quando uma das partes, desrespeitando a convenção de arbitragem, ingressa com demanda judicial.

Nestes casos, sempre surgia a dúvida consistente em saber como preservar a confidencialidade acordada pelas partes na arbitragem diante de uma fase judicial da disputa. Como, por exemplo, preservar a confidencialidade convencionada pelas partes na arbitragem diante da necessidade de requerer o auxílio do Poder Judiciário para a efetivação de uma medida provisória concedida pelo tribunal arbitral, mas descumprida pela parte destinatária? Antes do novo Código de Processo Civil e da Reforma da Lei de Arbitragem, o problema surgia especialmente por conta da incidência no processo judicial do princípio da publicidade processual. Havia, pois, um conflito entre a autonomia privada das partes de escolher submeter a arbitragem à confidencialidade (decorrência da liberdade individual garantida pela Constituição da República) e o princípio da publicidade processual que marca a atuação do Estado-juiz (consequência do princípio constitucional da publicidade da atuação estatal).

Tanto o novo Código de Processo Civil quanto a Lei de Arbitragem, após a Reforma procuraram resolver este conflito, privilegiando a autonomia privada das partes e, por conseguinte, a liberdade individual assegurada no *caput* do art. 5º da Carta Magna. Como se disse anteriormente, o art. 189, IV, do novo Código de Processo Civil estatui que "os atos processuais são públicos, todavia tramitam em segredo de justiça os processos (...) que versem sobre arbitragem, inclusive sobre cumprimento de carta arbitral, desde que a confidencialidade estipulada na arbitragem seja comprovada perante o juízo". O parágrafo único do art. 22-C da redação atual da Lei de Arbitragem prescreve que "no cumprimento da carta arbitral será observado o segredo de justiça, desde que comprovada a confidencialidade estipulada na arbitragem". Os textos legais são praticamente idênticos.

180 | ARBITRAGEM E MEDIAÇÃO

A doutrina processualista até então não tem examinado em maior profundidade o dispositivo. Nelson Nery Junior e Rosa Maria de Andrade Nery afirmam que "o inciso, acrescido por proposta do Grupo de Pesquisa em Arbitragem da PUC-SP, leva em consideração o fato de que a confidencialidade não é legalmente assegurada ao procedimento arbitral, mas estipulada a critério das partes".[28] Luiz Guilherme Marinoni, Sérgio Cruz Arenhart e Daniel Mitidiero explicam que "nosso Código de Processo Civil refere que correm em segredo de justiça as causas (...) que versem sobre arbitragem, inclusive sobe cumprimento de carta arbitral, desde que a confidencialidade estipulada na arbitragem seja comprovada perante o juízo".[29]

Teresa Arruda Alvim, Maria Lúcia Lins Conceição, Leonardo Ferres da Silva Ribeiro e Rogerio Licastro Torres de Mello destacam que "o inciso IV do artigo em exame cuida das ações judiciais vinculadas a procedimentos arbitrais (ações que tratem de tutelas de urgência preparatórias à arbitragem)".[30] José Miguel Garcia Medina afirma que estão sujeitas ao segredo de justiça as causas "que versem sobre arbitragem protegida pela confidencialidade".[31] Pedro Henrique Nogueira faz um exame um pouco mais detalhado:

> Sempre que, no âmbito de um processo arbitral, houver ato que não possa ser praticado pelo árbitro, necessária será a colaboração da jurisdição estatal para sua consecução, o que se faz por meio da solicitação veiculada através de carta arbitral, que terá função análoga à carta precatória como ato de cooperação entre juízes. Assim, havendo a estipulação de confidencialidade na convenção de arbitragem, o regime de sigilo atribuído ao processo arbitral se impõe, por extensão, aos atos praticados pelo juiz estatal em cumprimento à carta arbitral. Essa medida se justifica para preservar o caráter confidencial do processo arbitral, já que a carta arbitral também será instruída com diversos documentos sigilosos extraídos do procedimento arbitral (art. 260, § 3.º, do novo CPC).[32]

---

[28] NERY JUNIOR, Nelson; NERY, Rosa Maria de Andrade. *Comentários ao Código de Processo Civil*. São Paulo: RT, 2015. p. 700.

[29] MARINONI, Luiz Guilherme; ARENHART, Sérgio Cruz; MITIDIERO, Daniel. *Novo Código de Processo Civil comentado*. São Paulo: RT, 2015. p. 243.

[30] WAMBIER, Teresa Arruda Alvim; CONCEIÇÃO, Maria Lúcia Lins; RIBEIRO, Leonardo Ferres da Silva; MELLO, Rogerio Licastro Torres de. *Primeiros comentários ao novo Código de Processo Civil*. São Paulo: RT, 2015. p. 350.

[31] MEDINA, José Miguel Garcia. *Novo Código de Processo Civil comentado*. São Paulo: RT, 2015. p. 315.

[32] NOGUEIRA, Pedro Henrique. Breves comentários ao novo Código de Processo Civil. In: WAMBIER, Teresa Arruda Alvim; DIDIER JR., Fredie; TALAMINI, Eduardo; DANTAS, Bruno (coord.). São Paulo: RT, 2015. p. 590.

Cap. 8 • A CONFIDENCIALIDADE NA REFORMA DA LEI DE ARBITRAGEM | **181**

Leonardo Carneiro da Cunha reconhece, corretamente, que "é comum que o processo arbitral seja sigiloso", mas "não é (...) inerente ao processo arbitral a confidencialidade". O autor ensina que "o sigilo do processo arbitral, que se restringe à publicidade externa, concretiza o direito fundamental à preservação da intimidade", razão pela qual "se tiver havido estipulação pelas partes de confidencialidade na arbitragem, haverá segredo de justiça no processo judicial que verse sobre ela, inclusive em cartas arbitrais".[33]

Na doutrina arbitralista, Donaldo Armelin considera que "essa sugestão [de preservação da confidencialidade da arbitragem no âmbito judicial] é pertinente e adimple uma das características básicas da arbitragem, que é a de manter o sigilo a respeito da matéria objeto de sua atuação, o que seria esgarçado se escancarado na carta arbitral o objeto da arbitragem".[34] Com mais profundidade, Guilherme Recena Costa aduz, primeiramente, que "o novo art. 189, IV, reflete uma escolha consciente do legislador no sentido de privilegiar a autonomia das partes em escolher um modo privado de resolução de conflitos sobre a publicidade dos atos processuais", o que significa que "a vontade das partes de conduzir a arbitragem em caráter privado e confidencial perpetua-se, por assim dizer, para o processo judicial 'que verse sobre arbitragem'".[35]

O autor aponta a divergência a respeito da confidencialidade na arbitragem, alguns considerando como algo implícito (posição por ele adotada) e outros entendendo que depende de previsão legal ou consensual expressa (nossa posição). Em seguida, o autor afirma que, para quem adota esta segunda corrente, "caberia à parte interessada apresentar em juízo a fonte que incorpora explicitamente o dever de confidencialidade (convenção de arbitragem, regulamento institucional, termos de referência, ordem processual do tribunal arbitral etc.)".[36]

Acrescente-se, de nossa parte, que os dispositivos do novo estatuto processual civil e da Lei de Arbitragem, propositadamente, falam em "confidencialidade comprovada", o que indica que a confidencialidade por ser comprovada em juízo por qualquer meio de prova. Na generalidade dos casos, como bem anota o au-

---

[33] CUNHA, Leonardo Carneiro da. *Comentários ao Código de Processo Civil*. In: MARINONI, Luiz Guilherme (coord.). São Paulo: RT, 2016. v. 3, p. 47-48.

[34] ARMELIN, Donaldo. Arbitragem e o novo Código de Processo Civil. *Revista de Arbitragem e Mediação*, São Paulo: RT, a. 8, n. 28, p. 135, jan.-mar. 2011.

[35] COSTA, Guilherme Recena. Integração contratual, confidencialidade na arbitragem e segredo de justiça. *Revista de Arbitragem e Mediação*, São Paulo: RT, a. 12, n. 48, jan.-mar. 2016. Disponível em: <http://revistadostribunais.com.br>. Acesso em: 22 jan. 2017.

[36] COSTA, Guilherme Recena. Integração contratual, confidencialidade na arbitragem e segredo de justiça. *Revista de Arbitragem e Mediação*, São Paulo: RT, a. 12, n. 48, jan.-mar. 2016. Disponível em: <http://revistadostribunais.com.br>. Acesso em: 22 jan. 2017.

tor, o requerente da medida apresentará a convenção de arbitragem, o termo de arbitragem ou o regulamento arbitral eleito, em que conste a cláusula de confidencialidade. Nada impede, porém, que outros meios de prova sejam utilizados para atingir esta finalidade, inclusive a prova oral.

É interessante observar que numa primeira leitura do dispositivo pode-se ter a impressão de que entre o momento do protocolo da medida judicial e a decisão do juiz deferindo o segredo de justiça, o processo judicial veiculando pretensão relacionada à arbitragem seria público, o que acabaria por minar, neste intervalo de tempo, a confidencialidade da arbitragem. Guilherme Recena Costa propõe uma solução que estamos plenamente de acordo. O autor afirma que "feita a mera asserção de que existe um dever explícito de confidencialidade, deve o processo correr em segredo até que o juiz tenha oportunidade de decidir a questão, pois somente então poderá, eventualmente, convencer-se de que, em realidade, inexiste o pressuposto para a aplicação do regime do segredo de justiça".[37]

Parece-nos, inclusive, que este é o procedimento já adotado em diversas comarcas pelo país, em que o serventuário que recebe as medidas judiciais no protocolo do juízo estatal, ao ser informado pela parte requerente ou perceber que há pedido de segredo de justiça, já sobrepõe à capa dos autos processuais um adesivo com a informação "segredo de justiça", o que confere tratamento confidencial ao processo judicial até que o juiz competente examine o pedido. Trata-se da aplicação da teoria da asserção ao pedido de segredo de justiça, o que nos parece adequado, recomendável e legal. Desta forma, sempre que houver pedido de decretação do segredo de justiça em alguma medida judicial relacionada à arbitragem, o serventuário que recebê-la já deverá tomar todas as medidas para garantir que a confidencialidade da arbitragem seja preservada até que o juiz togado possa apreciar o pedido.

Diga-se, ademais, que a possibilidade de decretação do segredo de justiça não se limitará apenas ao cumprimento de cartas arbitrais – instrumento de cooperação entre árbitro e Poder Judiciário para a prática de ordens processuais proferidas no curso da arbitragem –, mas também poderá ser determinada, desde que comprovada a confidencialidade da arbitragem, na execução específica de cláusula compromissória vazia, na nomeação do árbitro presidente caso os coárbitros não cheguem a um acordo, na nomeação de árbitro substituto caso as partes não cheguem a um consenso, na efetivação de medidas provisórias decretadas pelo árbitro, na condução coercitiva de testemunhas à audiência arbitral, na execução da sentença arbitral, na ação de anulação da sentença arbitral, na ação

---

[37] COSTA, Guilherme Recena. Integração contratual, confidencialidade na arbitragem e segredo de justiça. *Revista de Arbitragem e Mediação*, São Paulo: RT, a. 12, n. 48, jan.-mar. 2016. Disponível em: <http://revistadostribunais.com.br>. Acesso em: 22 jan. 2017.

de homologação de decisão arbitral estrangeira,[38] bem como caso uma das partes, a despeito da existência de convenção de arbitragem, ingressar com demanda judicial em face da outra.[39]

5. CONFIDENCIALIDADE DA ARBITRAGEM E PARTICIPAÇÃO DA ADMINISTRAÇÃO PÚBLICA NO PROCESSO ARBITRAL

A arbitragem comercial, em regra, está associada a conflitos envolvendo partes privadas, cujo objeto normalmente decorre da interpretação ou execução de contratos. A arbitragem, assim, é marcada pela disponibilidade dos direitos e pelo seu caráter patrimonialista.

Em sua redação original, a Lei 9.307/1996 preferiu não tratar expressamente da arbitragem envolvendo entes públicos, estabelecendo apenas, em seu art. 1º, que "as pessoas capazes de contratar poderão valer-se da arbitragem para dirimir litígios relativos a direitos patrimoniais disponíveis". O ambiente institucional e as doutrina e jurisprudência brasileiras, porém, construíram relevante evolução sobre o tema, passando a defender que, em relação aos atos de gestão, naturalmente disponíveis, a Administração Pública poderia submeter seus conflitos de interesse à solução arbitral.

Dentre os administrativistas, Caio Tácito leciona que "quando se trata tão somente de cláusulas pelas quais a Administração está submetida a uma contraprestação financeira, não faz sentido ampliar o conceito de indisponibilidade à obrigação de pagar vinculada à obra ou serviço executado ou ao benefício auferido pela Administração em virtude da prestação regular do outro contratante", razão pela qual "a convenção de arbitragem será, em tais casos, caminho aberto a que,

---

[38] Segundo Guilherme Recena Costa, "o alcance do novo dispositivo é amplo", razão pela qual "abrange ele, dentre outras iniciativas das partes em juízo, as seguintes situações: a ação para instituir arbitragem diante de parte recalcitrante (art. 7º da LArb); o pedido de concessão de tutela de urgência ao Judiciário antes de instituída a arbitragem (art. 22-A da LArb); o cumprimento de carta arbitral (art. 22-C da LArb), única hipótese especificamente mencionada no texto da lei; a ação para cumprimento da sentença arbitral (art. 515, VII, do NCPC); a pretensão de anulação da sentença arbitral (art. 33 da LArb; e, no âmbito internacional, os processos versando o reconhecimento e execução de sentenças estrangeiras perante o Superior Tribunal de Justiça (arts. 34 a 40 da LArb e tratados internacionais aplicáveis)" (COSTA, Guilherme Recena. Integração contratual, confidencialidade na arbitragem e segredo de justiça. *Revista de Arbitragem e Mediação*, São Paulo: RT, a. 12, n. 48, jan.-mar. 2016. Disponível em: <http://revistadostribunais.com.br>. Acesso em: 22 jan. 2017).

[39] COSTA, Guilherme Recena. Integração contratual, confidencialidade na arbitragem e segredo de justiça. *Revista de Arbitragem e Mediação*, São Paulo: RT, a. 12, n. 48, jan.-mar. 2016. Disponível em: <http://revistadostribunais.com.br>. Acesso em: 22 jan. 2017.

pelo acordo de vontades, se possa alcançar a plena eficácia contratual".40 Também assim é a lição de Adilson de Abreu Dallari:

> Em primeiro lugar, cabe ressaltar que ao optar pela arbitragem o contratante público não está transigindo com o interesse público nem abrindo mão de instrumentos de defesa de interesses públicos. Está, sim, escolhendo uma forma mais expedita ou um meio mais hábil para a defesa do interesse público. Assim como o juiz, no procedimento judicial, deve ser imparcial, também o árbitro deve decidir com imparcialidade. O interesse público não se confunde com o mero interesse da Administração ou da Fazenda Pública; o interesse público está na correta aplicação da lei e se confunde com a realização concreta da justiça. Inúmeras vezes, para defender o interesse público, é preciso decidir contra a Administração Pública.[41]

Dentre os específicos estudiosos da arbitragem, a posição amplamente majoritária era pela possibilidade de a Administração Pública participar como parte de processos arbitrais. Antes da Reforma da Lei de Arbitragem, Arnoldo Wald explicava que "nos atos de gestão, nos quais o Estado se equipara aos particulares, nada impede a escolha da arbitragem", enquanto "ao contrário, os atos de império, consistentes justamente no exercício da atividade típica administrativa, revestida, portanto, de autoridade, se caracterizam pela indisponibilidade do direito, tornando discutível a possibilidade de renúncia à jurisdição estatal".[42] Também assim, vale a transcrição do ensinamento de Selma Ferreira Lemes, elaborado previamente à promulgação da Lei 13.129/2015:

> Importa, nesta oportunidade, analisar o conceito de arbitrabilidade objetiva, ou seja, quais as questões, na seara administrativa, em especial nos contratos de concessão de serviços públicos que seriam consideradas como de direitos patrimoniais disponíveis, haja vista que no direito administrativo há matérias que são de direitos indisponíveis, em que o ente público age com poder de império, e outras, no campo do direito privado (poder de gestão), em que lhe é autorizada margem de negociação que não agrida ou conflite com o interesse público. (...). O que não se pode confiar a árbitros são matérias ou atribuições que importem no exercício de um poder de autoridade ou de império e dos quais não se pode transigir.[43]

---

[40]   TÁCITO, Caio. Arbitragem nos litígios administrativos. *Revista de Direito Administrativo*, Rio de Janeiro: Renovar, n. 210, p. 114, out.-dez. 1997.

[41]   DALLARI, Adilson Abreu. Arbitragem na concessão de serviço público. *Revista de Informação Legislativa*, Brasília, ano 32, n. 128, p. 66, out.-dez. 1995.

[42]   WALD, Arnoldo. *O direito de parceria e a lei de concessões*. Rio de Janeiro: Saraiva, 2004. p. 380-381.

[43]   LEMES, Selma M. Ferreira. Arbitragem na concessão de serviços públicos: arbitrabilidade objetiva. Confidencialidade ou publicidade processual? *Revista de Direito Bancário, do Mercado de Capitais e da Arbitragem*, São Paulo: RT, v. 21, p. 391-393, 2003.

Em relação à administração pública indireta, o Superior Tribunal de Justiça consolidou jurisprudência no sentido de que "indisponível é o interesse público, e não o interesse da administração", razão pela qual "dentre os diversos atos praticados pela Administração, para a realização do interesse público primário, destacam-se aqueles em que se dispõe de determinados direitos patrimoniais, pragmáticos, cuja disponibilidade, em nome do bem coletivo, justifica a convenção da cláusula de arbitragem em sede de contrato administrativo".[44] No mesmo sentido, vale a reprodução de outras duas recentes e paradigmáticas decisões do Tribunal Superior:

> São válidos e eficazes os contratos firmados pelas sociedades de economia mista exploradoras de atividade econômica de produção ou comercialização de bens ou de prestação de serviços (CF, art. 173, § 1º) que estipulem cláusula compromissória submetendo à arbitragem eventuais litígios decorrentes do ajuste.[45]
>
> Tanto a doutrina como a jurisprudência já sinalizaram no sentido de que não existe óbice legal na estipulação da arbitragem pelo poder público, notadamente pelas sociedades de economia mista, admitindo como válidas as cláusulas compromissórias previstas em editais convocatórios de licitação e contratos.[46]

O assunto revelou-se tão significativo nos últimos anos que foi criada, no âmbito da Advocacia-Geral da União, uma Câmara intraestatal, para dirimir vinculativamente para os diversos órgãos da Administração Pública Direta e Indireta, entre si considerados, conflitos de interesse. Trata-se da Câmara de Conciliação e Arbitragem da Administração Federal (CCAF), que encontra fonte normativa no Ato Regimental 05/2007 da AGU[47] e no art. 18 do Anexo I do Decreto 7.392/2010.[48]

---

[44] STJ, 1ª S., MS 11.308/DF, Rel. Min. Luiz Fux, j. 09.04.2008, *DJ* 19.05.2008.

[45] STJ, 2ª T., REsp 606.345/RS, Rel. Min. João Otávio de Noronha, j. 17.05.2007, *DJ* 08.06.2007.

[46] STJ, 3ª T., REsp 904.813/PR, Rel. Min. Nancy Andrighi, j. 20.10.2011, *DJ* 28.02.2012.

[47] Conforme estabelece o art. 17 do Ato Regimental 05/2007 da Advocacia-Geral da União, compete à Câmara de Conciliação e Arbitragem da Administração Federal (CCAF) o seguinte: (i) identificar as controvérsias jurídicas entre órgãos e entidades da Administração Federal, bem como entre esses e os Estados ou Distrito Federal, e promover a conciliação entre eles; (ii) manifestar-se quanto ao cabimento e à possibilidade de conciliação; (iii) sugerir ao Consultor-Geral da União, se for o caso, a arbitragem das controvérsias não solucionadas por conciliação; e (iv) supervisionar as atividades conciliatórias no âmbito de outros órgãos da Advocacia-Geral da União. O mencionado Ato Regimental 05/2007 da AGU posteriormente foi alterado pelo Ato Regimental 02/2009 da AGU, cuja estrutura foi estabelecida no Decreto 7.392/2010, posteriormente alterado pelo Decreto 7.526/2011.

[48] Nessa mesma linha, o art. 18 do Anexo I do Decreto 7.392/2010 dispõe o seguinte: "Art. 18. A Câmara de Conciliação e Arbitragem da Administração Federal compete: I – avaliar a admissibilidade dos pedidos de resolução de conflitos, por meio de conciliação no âmbito da

A Reforma da Lei de Arbitragem veio eliminar as discussões sobre a possibilidade de a Administração Pública submeter seus conflitos com particulares à arbitragem, preenchendo o requisito da autorização legal específica, posição que contava não apenas com o apoio de parte da doutrina como, especialmente, do Tribunal de Contas da União. O Ministro Luis Roberto Barroso chegou a considerar, em determinada oportunidade, que "por força do princípio da legalidade, é necessária autorização legal para que a administração possa pactuar em seus contratos cláusula de arbitragem".[49]

Diante desse quadro, a Reforma da Lei de Arbitragem, seguindo a tendência já constante em outros diplomas legislativos – como a Lei das Concessões (art. 23-A), a Lei das PPPs (art. 11, III) e a nova Lei dos Portos (art. 62, § 1º) –, estatuiu no § 1º do art. 1º da Lei 9.307/1996 que "a administração pública direta e indireta poderá utilizar-se da arbitragem para dirimir conflitos relativos a direitos patrimoniais disponíveis". Sob a impositiva influência dos princípios gerais inerentes à Administração Pública, expressos no art. 37 da Constituição Federal, a Reforma da Lei de Arbitragem estabeleceu também, no § 3º do art. 2º do diploma arbitral brasileiro, que "a arbitragem que envolva a administração pública será sempre de direito e respeitará o princípio da publicidade".

Com efeito, diante da norma impositiva do princípio referido do *caput* do art. 37 da Constituição Federal, no entender da maioria dos membros da Comissão de Juristas designada para a tarefa de elaborar um projeto de lei para aperfeiçoar a Lei de Arbitragem brasileira, pareceu que era hora de resolver definitivamente a questão de autorização legislativa para os entes públicos optarem pela arbitragem, mas que não se podia fazê-lo sem expressamente referir ao princípio da reserva da lei, em sentido lato, como fonte de direito aplicável, assim como claramente

---

Advocacia-Geral da União; II – requisitar aos órgãos e entidades da Administração Pública Federal informações para subsidiar sua atuação; III – dirimir, por meio de conciliação, as controvérsias entre órgãos e entidades da Administração Pública Federal, bem como entre esses e a Administração Pública dos Estados, do Distrito Federal, e dos Municípios; IV – buscar a solução de conflitos judicializados, nos casos remetidos pelos Ministros dos Tribunais Superiores e demais membros do Judiciário, ou por proposta dos órgãos de direção superior que atuam no contencioso judicial; V – promover, quando couber, a celebração de Termo de Ajustamento de Conduta nos casos submetidos a procedimento conciliatório; VI – propor, quando couber, ao Consultor-Geral da União o arbitramento das controvérsias não solucionadas por conciliação; e VII – orientar e supervisionar as atividades conciliatórias no âmbito das Consultorias Jurídicas nos Estados".

[49] BARROSO, Luís Roberto. Sociedade de economia mista prestadora de serviço público. Cláusula arbitral inserida em contrato administrativo sem prévia autorização legal. Invalidade. *Revista de Direito Bancário, do Mercado de Capitais e da Arbitragem*, São Paulo: RT, v. 19, p. 427 e 434, 2003.

Cap. 8 · A CONFIDENCIALIDADE NA REFORMA DA LEI DE ARBITRAGEM | **187**

explicitar que não se poderia contratar arbitragens confidencias em tal seara, onde a relevância do interesse público predomina.

A impossibilidade de contratar a confidencialidade, nas hipóteses ora consideradas, não quer dizer que diante de relevantes informações e documentos, não devam os árbitros, no caso concreto, classificar tais elementos como sigilosos. Tudo a partir dos conceitos desenvolvidos anteriormente no presente texto. Se a hipótese for de proteção de segredos comerciais, desenhos industriais, patentes e assemelhados, os árbitros deverão concretizar a proteção adequada à situação específica do caso, eliminando qualquer risco para o ente público. Tomem-se como exemplo paradigmático aqui os desenhos e segredos de negócio da Petrobras, que desenvolveu e desenvolve tecnologia para exploração de óleo e gás em águas profundas. Caberá aos árbitros dar a proteção adequada a tais interesses. Em caso de omissão desses, como se trata de uma obrigação legal, vislumbra-se até mesmo a possibilidade de recurso ao Poder Judiciário. O mesmo se diga relativamente a informações estatais protegidas por lei, relacionadas à segurança do Estado e de seus cidadãos, que não poderão ser disponibilizadas.

Na primeira edição deste texto, chegou-se a dizer que "no que respeita à escolha da Instituição ou Câmara para processamento da arbitragem, como se trata de um serviço, não há como fugir da licitação". Em sentido oposto ao que naquela época ficou dito, o § 3º do art. 7º do Decreto 8.465/2015, que regulamentou a arbitragem na nova Lei dos Portos, prevê que "a escolha de árbitro ou de instituição arbitral será considerada contratação direta por inexigibilidade de licitação, devendo ser observadas as normas pertinentes". Refletindo melhor sobre o tema, tendemos a considerar atualmente que não há necessidade de licitação para indicação do árbitro e escolha da instituição de arbitragem, pois, dentre outros fundamentos, cumpre dizer que a arbitragem não é um contrato, mas sim um processo de natureza jurisdicional. Não se tratando de contrato, mas de um mecanismo de exercício de jurisdição, não há como submeter quaisquer de seus aspectos à Lei de Licitações. Também se pode realizar a arbitragem ad hoc com eleição de regras de instituições acreditadas. A Petrobras disso já se utilizou, adotando as regras de arbitragem das Nações Unidas (Uncitral).

Como o ato administrativo que escolhe o árbitro e a instituição arbitral acaba qualificado como discricionário, torna-se imprescindível que a autoridade, por ocasião de tal escolha, motive adequadamente suas opções, de modo a que o ato possa sofrer o crivo posterior do exame da sua legalidade, caso isso se apresente necessário, em controle judicial.

6. CONCLUSÃO

Dentre as diversas inovações trazidas pela Reforma da Lei de Arbitragem, coube-nos trazer ao conhecimento do leitor a valorização conferida pelo novo texto legal à confidencialidade na arbitragem.

A Reforma da Lei de Arbitragem (i) adotou a tese de que a confidencialidade não decorre implicitamente da natureza da arbitragem; (ii) precisa ser convencionada para obrigar as partes; (iii) estabeleceu a possibilidade de decretação do segredo de justiça quando as partes houverem contratado a confidencialidade para a arbitragem e se apresentar a necessidade de contar com o apoio do Poder Judiciário para a prática de atos na arbitragem; (iv) deixou claro que, quando a Administração Pública integrar o processo arbitral, não haverá confidencialidade, pois o procedimento deverá ser governado pela publicidade; (v) a publicidade não constituirá impeditivo ao estabelecimento de proteções de sigilo e segredo a informações e documentos relevantes das partes, quando cabíveis.

Parece-nos que essas previsões constituem forte reforço para a arbitragem no País, atualizando e reforçando a estrutura original da Lei 9.307/1996.

REFERÊNCIAS BIBLIOGRÁFICAS

ARAGÃO, Egas Dirceu Moniz de. Publicidade da distribuição. *Revista Forense*, Rio de Janeiro: Forense, v. 92, n. 336, p. 70, out.-dez. 1996.

ARMELIN, Donaldo. Arbitragem e o novo Código de Processo Civil. *Revista de Arbitragem e Mediação*, São Paulo: RT, a. 8, n. 28, jan.-mar. 2011.

BARROSO, Luís Roberto. Sociedade de economia mista prestadora de serviço público. Cláusula arbitral inserida em contrato administrativo sem prévia autorização legal. Invalidade. *Revista de Direito Bancário, do Mercado de Capitais e da Arbitragem*, São Paulo: RT, v. 19, p. 427 e 434, 2003.

BERNARDINI, Piero. *L'arbitrato nel commercio e negli investimenti internazionali*. 2. ed. Milano: Giuffrè, 2008.

BRAGHETTA, Adriana. Notas sobre a confidencialidade na arbitragem. *Revista do Advogado*, São Paulo: AASP, a. xxxiii, n. 119, p. 8, abr. 2013.

CINTRA, Antonio Carlos de Araújo; GRINOVER, Ada Pellegrini; DINAMARCO, Cândido Rangel. *Teoria geral do processo*. 17. ed. São Paulo: Malheiros, 2001.

COSTA, Guilherme Recena. Integração contratual, confidencialidade na arbitragem e segredo de justiça. *Revista de Arbitragem e Mediação*, São Paulo: RT, a. 12, n. 48, jan.-mar. 2016. Disponível em: <http://revistadostribunais.com.br>. Acesso em: 22 jan. 2017.

CRAIG, W. Laurence; PARK, William W.; PAULSSON, Jan. *International chamber of commerce arbitration*. 3. ed. New York: Oxford, 2000.

CRETELLA NETO, José. Quão sigilosa é a arbitragem? *Revista de Arbitragem e Mediação*, São Paulo: RT, a. 7, n. 25, p. 55, abr.-jun. 2010.

CUNHA, Leonardo Carneiro da. *Comentários ao Código de Processo Civil*. In: MARINONI, Luiz Guilherme (coord.). São Paulo: RT, 2016. v. 3.

DALLARI, Adilson Abreu. Arbitragem na concessão de serviço público. *Revista de Informação Legislativa*, Brasília, a. 32, n. 128, p. 66, out.-dez. 1995.

FICHTNER, José Antonio; MANNHEIMER, Sergio Nelson; MONTEIRO, André Luís. *A confidencialidade na arbitragem*: regra geral e exceções. Novos temas de arbitragem. Rio de Janeiro: FGV, 2014.

FOUCHARD, Philippe; GAILLARD, Emmanuel; GOLDMAN, Berthold. International commercial arbitration. In: GAILLARD, Emmanuel; SAVAGE, John (ed.). *The Hague*: Kluwer Law International, 1999.

GAGLIARDI, Rafael Villar. Confidencialidade na arbitragem comercial internacional. *Revista de Arbitragem e Mediação*, São Paulo: RT, a. 10, n. 36, p. 123, jan.-mar. 2013.

GRECO, Leonardo. Garantias fundamentais do processo: o processo justo. *Estudos de direito processual*. Campos dos Goytacazes: Faculdade de Direito de Campos, 2005.

LEE, João Bosco. *O princípio da confidencialidade na arbitragem comercial internacional*: estudos de arbitragem. In: VALENÇA FILHO, Clávio de Melo; LEE, João Bosco. Curitiba: Juruá, 2008.

LEMES, Selma Ferreira. *Arbitragem na concessão de serviços públicos*: arbitrabilidade objetiva. Confidencialidade ou publicidade processual? Disponível em: <http://www.selmalemes.com.br>. Acesso em: 19 fev. 2014.

_____. Arbitragem na concessão de serviços públicos – arbitrabilidade objetiva. Confidencialidade ou publicidade processual? *Revista de Direito Bancário, do Mercado de Capitais e da Arbitragem*, São Paulo: RT, v. 21, p. 391-393, 2003.

MARINONI, Luiz Guilherme; ARENHART, Sérgio Cruz; MITIDIERO, Daniel. *Novo Código de Processo Civil comentado*. São Paulo: RT, 2015.

MEDINA, José Miguel Garcia. Novo *Código de Processo Civil comentado*. São Paulo: RT, 2015.

NERY JUNIOR, Nelson; NERY, Rosa Maria de Andrade. *Comentários ao Código de Processo Civil*. São Paulo: RT, 2015.

NOGUEIRA, Pedro Henrique. *Breves comentários ao novo Código de Processo Civil*. In: WAMBIER, Teresa Arruda Alvim; DIDIER JR., Fredie; TALAMINI, Eduardo; DANTAS, Bruno (coord.). São Paulo: RT, 2015.

PAULSSON, Jan. *Report on issues concerning confidentiality in international arbitration*. Department of Foreign Affairs and International Trade Canada. Disponível em: <http://www.international.gc.ca>. Acesso em: 19 fev. 2014.

_____; RAWDING, Nigel. The trouble with confidentiality. *ICC Bulletin*, Paris, v. 5, n. 1, p. 48, May 1994.

PINTO, José Emilio Nunes. A confidencialidade na arbitragem. *Revista de Arbitragem e Mediação*, São Paulo: RT, a. 2, n. 6, p. 29-30, jul.-set. 2005.

_____. Proposta para a preservação do sigilo da arbitragem na execução específica da cláusula compromissória. In: BOMFIM, Ana Paula Rocha do; MENEZES, Hellen Monique Ferreira de (coords.). *Dez anos da lei de arbitragem*: aspectos atuais e perspectivas para o instituto. Rio de Janeiro: Lumen Juris, 2007.

TÁCITO, Caio. Arbitragem nos litígios administrativos. *Revista de Direito Administrativo*, Rio de Janeiro: Renovar, n. 210, p. 114, out.-dez. 1997.

WALD, Arnoldo. *O direito de parceria e a lei de concessões*. Rio de Janeiro: Saraiva, 2004.

WAMBIER, Teresa Arruda Alvim; CONCEIÇÃO, Maria Lúcia Lins; RIBEIRO, Leonardo Ferres da Silva; MELLO, Rogerio Licastro Torres de. *Primeiros comentários ao novo Código de Processo Civil*. São Paulo: RT, 2015.

9

ARBITRAGEM NAS RELAÇÕES DE CONSUMO – UMA NOVA ESPERANÇA

JOSÉ ROBERTO DE CASTRO NEVES[1]

Sumário: 1. Introdução – 2. Alguns conceitos relevantes – 3. O § 2º do artigo 4º da Lei de Arbitragem – 4. A nova redação dos §§ 2º e 3º do artigo 4º da Lei de Arbitragem – 5. A arbitragem nas relações de consumo – Uma nova esperança – Referências bibliográficas.

1. INTRODUÇÃO

Nos Estados Unidos, país que melhor simboliza o respeito e a defesa aos direitos do consumidor, a arbitragem é o procedimento mais utilizado para solucionar conflitos existentes nas relações de consumo. A agilidade e a informalidade, entre outras qualidades do procedimento arbitral, têm enorme valia para resolver os litígios que advêm dessas relações.[2]

---

[1] Doutor em Direito Civil pela Universidade do Estado do Rio de Janeiro (UERJ). Mestre em Direito pela Universidade de Cambridge, Inglaterra. Professor de Direito Civil da Pontifícia Universidade Católica (PUC-Rio). Advogado.

[2] O site da AAA (http://www.adr.org) é o repositório oficial de informações sobre arbitragens em relações de consumo. Nele encontra-se o registro de mais de 20 mil arbitragens, com os nomes de partes, duração, resultado do processo, entre outros dados de interesse. Para entrar no site, deve-se clicar em "Areas of Expertise", "Consumer", "Consumer Arbitration Statistics", e, por fim, em "Provider Organization Report".

No Brasil, outro país de proporções continentais, no qual a proteção ao consumidor ganhou musculatura desde o advento da Lei respectiva (Lei 8.078, de 11.09.1990), a realidade é bem distinta. Salvo muito excepcionalmente, não se utiliza a arbitragem para resolver as disputas nascidas de uma relação de consumo, embora esses conflitos, hoje, sejam responsáveis por assoberbar de ações os tribunais de todo o país.

Em grande parte, isso se deve ao fato de que o inciso VII do art. 51 da referida Lei 8.078, de 11.09.1990, o denominado Código de Defesa do Consumidor,[3] arrola entre as cláusulas abusivas aquelas que "determinem a utilização compulsória de arbitragem". Ou seja, a Lei do Consumidor parte do pressuposto de que a arbitragem compulsória consiste num abuso, sendo, portanto, nociva e vedada.

Imagina-se que o fornecedor ou o prestador de serviço poderiam, com o propósito de escapar da defesa ao consumidor concedida pelo Estado, impor, já no momento em que nasce a relação com o consumidor – no qual as partes celebram um contrato –, a via arbitral. Essa cláusula arbitral poderia dificultar ou mesmo obstruir o acesso do consumidor à resolução de seu conflito. Isso porque a arbitragem, ao menos na forma como ela existe no Brasil hoje, é, em comparação ao Judiciário, um meio mais oneroso financeiramente. Pela via judicial, o consumidor tem como se socorrer de juizados especiais, relativamente ágeis e sem maiores custos, para solucionar os conflitos com o fornecedor. Se o consumidor tivesse que se valer da arbitragem, ficaria com o ônus de arcar com os custos dessa instituição, o que representaria um desestímulo ou mesmo um impedimento para discutir seu direito. Com isso, a instituição compulsória de arbitragem acarretaria um prejuízo.

Além disso, de certa forma, a disposição legal do Código do Consumidor revela certo preconceito do legislador, que parte da ideia de que o árbitro teria uma visão negativa aos interesses e direitos do consumidor em comparação ao juiz, que, supostamente, estaria mais atento à preocupação Estatal em amparar esse agente.

Existe, de fato, certo conflito de "filosofia" entre a arbitragem e o Direito do Consumidor.[4] Isso porque o Direito do Consumidor, assim como toda a proteção que o Estado pretende oferecer ao consumidor, encontra-se inserido num conceito de um Estado proativo e interventor. Muito diferentemente, a Lei de Arbitragem, Lei 9.307, de 23.09.1996, segue o caminho de um Estado menos intervencionista, que permita às partes, sem a sua participação, dirimir os conflitos, transferindo o poder jurisdicional à esfera privada.

---

[3] Assim batizado pelo art. 48 das Disposições Transitórias da Constituição Federal.

[4] Antônio Junqueira de Azevedo já alertava para esse aparente conflito (*Estudos e pareceres de direito privado*: a arbitragem e o direito do consumidor. São Paulo: Saraiva, 2004. p. 236).

Se o Estado entende que deva zelar pelo consumidor de forma tão intensa,[5] como poderia, esse mesmo Estado, permitir que a análise dos direitos do consumidor, quando colocados em prova, fosse decidida sem a sua intervenção?

Diante da importância dada pelo Estado à defesa do consumidor, há uma lógica em garantir que o mesmo Estado fiscalize essa proteção, o que, ao menos conceitualmente, não haveria, caso as discussões advindas desses conflitos fossem decididas na esfera privada.

Vista a mesma questão de outro ângulo, o art. 1º da Lei do Consumidor estabelece que as normas de proteção e defesa do consumidor têm natureza de ordem pública. Pode-se ver um conflito do dispositivo antes referido com o art. 1º da Lei de Arbitragem, segundo o qual só se poderiam dirimir, por meio de arbitragem, litígios relativos a direitos patrimoniais disponíveis. Se a matéria é de ordem pública, não haveria espaço para se falar em direitos patrimoniais disponíveis.

Com efeito, uma leitura severa do tema poderia conduzir à interpretação de que não se admitiria a arbitragem nas relações de consumo, pois, afinal, não se poderia arbitrar um direito de ordem pública.

Esse embate de filosofias, entre um Estado mais ou menos protetor e interventor, exige muita delicadeza do intérprete, a quem caberá compatibilizar esses vetores, levando em consideração os valores mais relevantes que animam o ordenamento.

Para escapar dessa pororoca, será necessário ao intérprete compreender a situação de fato, existente na relação contratual consumeirista, para, a partir daí, indicar a possibilidade de as partes se valerem da arbitragem. Essa análise passa pela apreciação da hipossuficiência da parte, pois, afinal, a proteção dada ao consumidor apenas encontra justificativa no propósito de evitar abusos que podem advir da imposição de uma parte mais forte sobre outra, mais frágil.

Não agride a função teleológica da Lei do Consumidor a possibilidade de duas partes qualificadas, que tiveram oportunidade de discutir no detalhe os termos do contrato que as vincula, escolherem a arbitragem como meio de solucionar seus desentendimentos, ainda que isso se dê numa relação de consumo. De outra ponta, não se permitirá que um consumidor hipossuficiente seja obrigado a iniciar ou a participar de um procedimento arbitral, contra a sua vontade, porque se estabeleceu uma cláusula compromissória no contrato que ele celebrou para adquirir o produto ou receber o serviço.

---

[5] A proteção ao consumidor foi arrolada entre as garantias constitucionais, como se vê do art. 5º, XXXII.

A Lei de Arbitragem, no § 2º do seu art. 4º, estabelece que, nos contratos de adesão (nos quais se inserem, quase que em regra, as relações de consumo), a cláusula compromissória apenas terá eficácia se o próprio aderente iniciar a arbitragem, ou se concordar, expressamente, com a sua instituição. A Lei também reconhece a validade e eficácia da cláusula compromissória se, ao menos, esta disposição recebeu um tratamento destacado, deixando clara e inequívoca a ciência do aderente à escolha da solução de eventual litígio pela via arbitral.[6]

Apesar disso, a prática mostra que a arbitragem não vem sendo utilizada para os conflitos oriundos das relações de consumo.

O projeto de alteração da Lei de Arbitragem, elaborado por comissão criada pelo Senado Federal e concluído no final de 2013, buscou, mais uma vez, os caminhos que permitam à arbitragem funcionar como meio de solução de conflitos nas questões de natureza consumeirista, propondo a seguinte redação a um § 3º do art. 4º:

> § 3º Na relação de consumo estabelecida por meio de contrato de adesão, a cláusula compromissória só terá eficácia se o aderente tomar a iniciativa de instituir a arbitragem, ou concordar, expressamente, com a sua instituição.

Não existe, entre nós, a cultura de levar a solução desses conflitos oriundos de relações de consumo para a via arbitral. Procurava-se, com a norma proposta, estimular esse modo de pacificação social. Diz-se "procurava-se" pois a alteração proposta foi vetada.

2. ALGUNS CONCEITOS RELEVANTES

Definitio est initium omnis disputationis. Para a adequada compreensão do tema, que suscita justificado interesse, revela-se fundamental, de início, identificar alguns conceitos. O primeiro deles é o de consumidor. Como se sabe, no nosso sistema, afere-se a relação de consumo pela presença dos sujeitos: consumidor, de um lado, e fornecedor ou prestador de serviço, de outro.

Os arts. 2º e 3º do Código do Consumidor definem, respectivamente, consumidor e fornecedor. Especificamente no que se refere ao consumidor, há viva contenda acerca do alcance do seu conceito. Essa discussão tem enorme relevo, na medida em que, dependendo da conclusão, uma determinada situação pode ou não ser analisada pela regra consumeirista.

---

[6] Vale notar que a Lei de Arbitragem, embora posterior ao Código do Consumidor, não revogou, expressa ou implicitamente, a regra que veda as cláusulas compromissórias compulsórias nas relações de consumo.

A jurisprudência do Superior Tribunal de Justiça, hoje, se inclina para a corrente finalista, segundo a qual consumidor seria apenas o destinatário final do serviço ou do produto, isto é, a pessoa física ou jurídica, que adquire o produto ou contrata o serviço para utilizar para si ou para outrem de forma que satisfaça uma necessidade privada, sem que haja, de maneira alguma, a utilização desse bem ou desse serviço com a finalidade de produzir, desenvolver atividade comercial ou mesmo profissional.[7]

---

[7] "Consumidor. Definição. Alcance. Teoria finalista. Regra. Mitigação. Finalismo aprofundado. Consumidor por equiparação. Vulnerabilidade. 1. A jurisprudência do STJ se encontra consolidada no sentido de que a determinação da qualidade de consumidor deve, em regra, ser feita mediante aplicação da teoria finalista, que, numa exegese restritiva do art. 2º do CDC, considera destinatário final tão somente destinatário fático e econômico do bem ou serviço, seja ele pessoa física ou jurídica. 2. Pela teoria finalista, fica excluído da proteção do CDC o consumo intermediário, assim entendido como aquele cujo produto retorna para as cadeias de produção e distribuição, compondo o custo (e, portanto, o preço final) de um novo bem ou serviço. Vale dizer, só pode ser considerado consumidor, para fins de tutela pela Lei nº 8.078/90, aquele que exaure a função econômica do bem ou serviço, excluindo-o de forma definitiva do mercado de consumo. 3. A jurisprudência do STJ, tomando por base o conceito de consumidor por equiparação previsto no art. 29 do CDC, tem evoluído para uma aplicação temperada da teoria finalista frente às pessoas jurídicas, num processo que a doutrina vem denominando finalismo aprofundado, consistente em se admitir que, em determinadas hipóteses, a pessoa jurídica adquirente de um produto ou serviço pode ser equiparada à condição de consumidora, por apresentar frente ao fornecedor alguma vulnerabilidade, que constitui o princípio-motor da política nacional das relações de consumo, premissa expressamente fixada no art. 4º, I, do CDC, que legitima toda a proteção conferida ao consumidor. 4. A doutrina tradicionalmente aponta a existência de três modalidades de vulnerabilidade: técnica (ausência de conhecimento específico acerca do produto ou serviço objeto de consumo), jurídica (falta de conhecimento jurídico, contábil ou econômico e de seus reflexos na relação de consumo) e fática (situações em que a insuficiência econômica, física ou até mesmo psicológica do consumidor o coloca em pé de desigualdade frente ao fornecedor). Mais recentemente, tem se incluído também a vulnerabilidade informacional (dados insuficientes sobre o produto ou serviço capazes de influenciar no processo decisório de compra). 5. A despeito da identificação *in abstracto* dessas espécies de vulnerabilidade, a casuística poderá apresentar novas formas de vulnerabilidade aptas a atrair a incidência do CDC à relação de consumo. Numa relação interempresarial, para além das hipóteses de vulnerabilidade já consagradas pela doutrina e pela jurisprudência, a relação de dependência de uma das partes frente à outra pode, conforme o caso, caracterizar uma vulnerabilidade legitimadora da aplicação da Lei nº 8.078/90, mitigando os rigores da teoria finalista e autorizando a equiparação da pessoa jurídica compradora à condição de consumidora. 6. Hipótese em que revendedora de veículos reclama indenização por danos materiais derivados de defeito em suas linhas telefônicas, tornando inócuo o investimento em anúncios publicitários, dada a impossibilidade de atender ligações de potenciais clientes. A contratação do serviço de telefonia não caracteriza relação de consumo tutelável pelo CDC, pois o referido serviço compõe a cadeia produtiva da empresa, sendo essencial à consecução do seu negócio.

Esse entendimento, contudo, sofre mitigação nos casos nos quais o destinatário final apresenta vulnerabilidade técnica (falta de conhecimento específico acerca do produto ou serviço objeto de consumo), jurídica (ausência de conhecimento jurídico, contábil ou econômico e de seus reflexos na relação de consumo) e fática (situações nas quais a insuficiência econômica, física ou, até mesmo, psicológica do consumidor o coloca em situação de grande inferioridade em relação ao fornecedor).[8] Fala-se, também, da vulnerabilidade informacional, nas hipóteses nas quais os dados insuficientes sobre o produto ou serviço influenciam o processo decisório de compra.

Para o fim de identificação de consumidor e da proteção conferida pela lei, essa averiguação da hipossuficiência é fundamental. Afinal, a proteção dada ao consumidor se justifica exatamente porque se vê nele um alvo potencial de abusos.

De fato, na maioria dos casos, o consumidor é a parte frágil em relação ao prestador de serviços ou ao fornecedor; daí a razão da lei protetiva. Entretanto, essa nem sempre será a realidade, sendo, pois, fundamental que o intérprete aprecie a situação concreta. Afinal, para citar um conceito aristotélico, deve-se tratar os iguais de forma igual e os desiguais de forma desigual, na medida justa de suas desigualdades. Visto o tema de outra forma, conferir tratamento desigual a duas partes iguais (como, eventualmente, podem ser consumidor e fornecedor) acarreta o mesmo abuso que a Lei do Consumidor deseja evitar. Na verdade, mais inteligente será sempre avaliar a fragilidade da parte na sua concretude,[9] pois,

---

Também não se verifica nenhuma vulnerabilidade apta a equipar a empresa à condição de consumidora frente à prestadora do serviço de telefonia. Ainda assim, mediante aplicação do direito à espécie, nos termos do art. 257 do RISTJ, fica mantida a condenação imposta a título de danos materiais, à luz dos arts. 186 e 927 do CC/02 e tendo em vista a conclusão das instâncias ordinárias quanto à existência de culpa da fornecedora pelo defeito apresentado nas linhas telefônicas e a relação direta deste defeito com os prejuízos suportados pela revendedora de veículos. 7. Recurso especial a que se nega provimento" (STJ, 3ª T., REsp 1.195.642/RJ, Rel. Min. Nancy Andrighi, j. 13.11.2012).

8   "Bancário. Recurso especial. (...) 3. Embora consagre o critério finalista para interpretação do conceito de consumidor, a jurisprudência do STJ também reconhece a necessidade de, em situações específicas, abrandar o rigor desse critério para admitir a aplicabilidade do CDC nas relações entre fornecedores e sociedades-empresárias em que fique evidenciada a relação de consumo. 4. Afastada a aplicação do CDC, visto que não ficou caracterizada a superioridade técnica, jurídica, fática ou econômica da instituição financeira, a revelar a excepcionalidade do caso a fim de abrandar o rigor do critério subjetivo do conceito de consumidor (...)" (STJ, 4ª T., REsp 1.196.951/PI, Rel. Min. Luis Felipe Salomão, j. 14.02.2012).

9   Em interessante trabalho, Marcel Fontaine defende a proteção da parte frágil nas relações contratuais, examina-se o conceito de fragilidade e cita algumas das diversas situações em que essa disparidade se verifica: "I. La notion de 'partie faible'. 1. Qu'est-ce qu'une 'partie

idealmente, protege-se a parte débil[10] e não há motivo para se proteger quem não

---

faible' dans un rapport contractuel? Quelles sont les caractéristiques d'un cocontractant qui justifient la sollicitude particulière du législateur ou du juge, l'octroi d'une 'protection' à l'égard de l'autre partie? Qu'ont en commun des personnes elles que les mineurs d'age, les simples d'esprit, les salariés, les locataires, les épargnants, les emprunteurs, les assurés, les consommateurs ou les entreprises du tiers monde?

Le caractere hétérogène, pour ne pas dire hétéroclite, de l'énumération qui precede laisse soupçonner que la faiblesse contractuelle procède de circonstances diverses et qu'elle revêt des formes multiples" (FONTAINE, Marcel. *La protection de la partie faible dans les rapports contractuels*. Paris: LGDJ, 1996. p. 616).

[10] "O outro princípio considerado paradigma da nova teoria contratual, o princípio da tutela do hipossuficiente, também surge como reflexo das normas constitucionais. Na verdade, este princípio aparece como corolário indispensável do princípio constitucional da igualdade das pessoas, disposto no *caput* do art. 5º da nossa Carta Magna. Para a realização deste princípio no campo material, papel fundamental desempenha o Código de Defesa do Consumidor, tutelando o partícipe considerado vulnerável na relação de consumo" (NOVAIS, Aline Arquette Leite. Os novos paradigmas da teoria contratual: o princípio da boa-fé objetiva e o princípio da tutela do hipossuficiente. In: TEPEDINO, Gustavo. *Problemas de direito civil constitucional*. Rio de Janeiro: Renovar, 2000. p. 51).

A doutrinadora segue sua lição:

"Outro importante princípio que norteia a nova teoria contratual é o princípio da tutela do contratante débil, isto é, daquele que se encontra em posição de inferioridade na relação contratual.

Na verdade, esse princípio aparece como corolário indispensável do princípio constitucional da igualdade das pessoas, disposto no *caput* do art. 5º da nossa Carta Magna de 1998" (NOVAIS, Alinne Arquette Leite. *A teoria contratual e o Código de Defesa do Consumidor*. São Paulo: RT, 2001. p. 84).

De fato, o fundamento constitucional do princípio da proteção ao consumidor encontra-se, também, no conceito de igualdade. Consoante defende Alinne Arquette Leite Novais, a referência do mencionado princípio na Constituição, embora de forma genérica, já o torna plenamente aplicável:

"O princípio constitucional da igualdade é que garante que todas as pessoas tenham tratamento igual, sem qualquer discriminação. Entretanto, este princípio não passaria de mera formalidade jurídica se o Estado não tratasse de trazê-lo para o mundo real, através da edição de normas garantidoras dessa igualdade. (...)

As normas constitucionais – que ditam princípios de relevância geral – são de direito substancial, e não meramente interpretativas; o recurso a elas, mesmo em sede de interpretação, justifica-se, do mesmo modo que qualquer outra norma, como expressão de um valor do qual a própria interpretação não pode subtrair-se. *É importante constatar que também os princípios são normas.* (...)

É evidente, portanto, que as normas constitucionais, dentre as quais o princípio da igualdade, têm aplicação direta nas relações de direito civil" (*A teoria contratual e o Código de Defesa do Consumidor*. São Paulo: RT, 2001. p. 85).

necessita de proteção. Eis o motivo pelo qual se revela fundamental identificar a hipossuficiência.[11]

A jurisprudência, de forma sensível, procura identificar a existência de vulnerabilidade da parte para aplicar (ou não) as regras protetivas da Lei do Consumo. Logo, mesmo em hipóteses nas quais o adquirente do produto ou do serviço não é o destinatário final, pode-se valer da Lei do Consumidor, uma vez verificada a vulnerabilidade, nas suas muitas acepções.

De fato, consumidor não é uma espécie única, mas engloba um sem-fim de situações, com pessoas mais ou menos hipossuficientes e, até mesmo, hipóteses concretas nas quais o consumidor sequer é hipossuficiente, o que demanda a atenção e inteligência do intérprete da norma.

Outra definição relevante se relaciona ao conceito de contrato de adesão. Aqui, avalia-se uma situação de fato na elaboração do documento que fez gerar a relação contratual.

A lógica dialética de Hegel é dividida em três momentos: a tese, na qual há uma afirmação, a antítese, com a negação da tese e, finalmente, com a síntese, que seria a tese e a antítese reformadas, numa nova tese.

Conceitualmente, a relação contratual deveria nascer a partir de uma discussão entre as partes, tal como identificou Hegel, na qual, depois de um processo dialético, chegariam a uma síntese. Esse contrato refletiria a vontade das partes. Ocorre que, cada vez com mais frequência, as pessoas se vinculam a relação contratuais nas quais não tiveram condição de discutir o conteúdo. Uma das partes apresenta o conteúdo do contrato e à outra cabe apenas concordar ou não, aderindo àquele negócio. Não há, nesses negócios, espaço para o processo dialético.

Cumpre, então, verificar se as partes tiveram a oportunidade de livremente manifestar as suas vontades para, daí, chegar a um consenso. Caso apenas uma das partes tenha determinado o conteúdo do contrato, tendo a contraparte limitado-se a aderir àquele negócio, já previamente delimitado, haverá um contrato de adesão.[12] Na verdade, ainda merecem ser tratados como contrato de adesão

---

[11] "Em resumo, em minha opinião, existem três tipos de vulnerabilidade: a técnica, a jurídica e a fática. Na vulnerabilidade técnica, o comprador não possui conhecimentos específicos sobre o objeto que está adquirindo e, portanto, é mais facilmente enganado quanto às características do bem ou quanto à sua utilidade, o mesmo ocorrendo em matéria de serviços. A vulnerabilidade técnica, no sistema do CDC, é presumida para o consumidor não profissional, mas também pode atingir excepcionalmente o profissional, destinatário final fático do bem, como vimos no exemplo da jurisprudência francesa" (MARQUES, Cláudia Lima. *Contratos no Código de Defesa do Consumidor*. São Paulo: RT, 1998. p. 270).

[12] "Chamam-se de contratos de adesão aqueles que não resultam do livre debate entre as partes, mas provêm do fato de uma delas aceitar tacitamente cláusulas e condições pre-

aqueles nos quais a participação de uma das partes no seu conteúdo foi mínima, nos quais houve apenas a oportunidade de a parte interferir em assuntos marginais do negócio. Se todos os aspectos centrais do contrato – os elementos essenciais do negócio – foram impostos por uma das partes, haverá, nesse caso também, um contrato de adesão.

O ordenamento jurídico dá um tratamento diferenciado a essa relação, pois observa que, nesses casos, uma das partes, aquela que aderiu, ocupa uma posição mais frágil, tudo a fim de evitar que essa prática seja fonte de abusos e iniquidades. Veja-se que o Código Civil, logo no início das Disposições Gerais referentes ao Título dos Contratos, indica, no art. 423, que a interpretação das cláusulas ambíguas ou contraditórias nos contratos de adesão devem ser feitas de modo favorável aos aderentes. Com o mesmo espírito, o art. 424 fulmina de nulidade as disposições, constantes em contrato de adesão, que estipulem "a renúncia antecipada do aderente a direito resultante da natureza do negócio".

Evidentemente, os conceitos de contratos de consumo e contratos de adesão não se confundem. Entretanto, na grande maioria dos casos, o contrato de adesão se encontra inserido numa relação de consumo. De outro lado, muitas vezes se vê uma relação de consumo, na qual o contrato tenha sido amplamente discutido entre as partes, assim como se encontram contratos de adesão celebrados fora de uma relação de consumo. Aliás, há, até mesmo, contratos de adesão estipulados contra o fornecedor ou o prestador de serviço, ou seja, casos nos quais todo o contrato foi redigido apenas pelo consumidor.

Nos grandes contratos de seguro, por exemplo, referentes a obras de vulto, seguradora e segurado negociam, comumente, as cláusulas nos detalhes, não se podendo falar em adesão, embora seja uma relação de consumo.

---

viamente estabelecidas pela outra" (PEREIRA, Caio Mário da Silva. *Instituições de direito civil*: contratos. 11. ed. Rio de Janeiro: Forense, 2004. v. III, p. 72).

"Contrato de adesão é o negócio jurídico no qual a participação de um dos sujeitos sucede pela aceitação de um bloco de uma série de cláusulas formuladas antecipadamente, de modo geral e abstrato, pela outra parte, para constituir o conteúdo normativo e obrigacional de futuras relações concretas. Distingue-se, no modo de formação, pela adesão sem alternativa de uma das partes ao esquema contratual traçado pela outra, não admitindo negociações preliminares nem modificação de suas cláusulas preestabelecidas" (GOMES, Orlando. Contratos de adesão. São Paulo: RT, 1972. p. 3).

"Os contratos por adesão constituem uma oposição à ideia de contrato paritário, por inexistir a liberdade de convenção, visto que excluem a possibilidade de qualquer debate e transigência entre as partes, uma vez que um dos contratantes se limita a aceitar as cláusulas e condições previamente redigidas e impressas pelo outro, aderindo a uma situação contratual já definida em todos os seus termos" (DINIZ, Maria Helena. Curso de direito civil brasileiro. Rio de Janeiro: Saraiva, 2005. v. III, p. 71).

ARBITRAGEM E MEDIAÇÃO

Outras vezes, uma pessoa pretende vender seu carro a outra, num ato tipicamente civil, impõe todas as condições da alienação, não admitindo qualquer forma de negociação. Aqui não haverá relação de consumo, porém o contrato será de adesão.

Finalmente, tome-se a situação dos advogados que prestam serviços a grandes empresas. Nesses casos, normalmente as empresas, que receberão a prestação do serviço, já possuem um contrato padrão, cabendo ao patrono, se quiser prestar o serviço, aderir. O exemplo é de um contrato de adesão no qual o consumidor é o estipulante e o prestador de serviço, por sua vez, o aderente.

A diversidade de hipóteses serve de alerta ao intérprete, que não deve render-se a preconceitos ou a modelos, revelando-se fundamental uma análise da situação concreta para oferecer a resposta em harmonia com os valores que se pretendem proteger.

3. O § 2º DO ARTIGO 4º DA LEI DE ARBITRAGEM

Eis a redação original do § 2º do art. 4º da Lei de Arbitragem, que acabou mantida:

> § 2º Nos contratos de adesão, a cláusula compromissória só terá eficácia se o aderente tomar a iniciativa de instituir a arbitragem ou concordar, expressamente, com a sua instituição, desde que por escrito em documento anexo ou em negrito, com a assinatura ou visto especialmente para essa cláusula.

Como se vê, a lei, ao tratar do tema, previu duas situações: aquela na qual a cláusula compromissória encontra-se inserida no contrato de adesão sem nenhum destaque, e a outra hipótese de a cláusula compromissória ter sido redigida com realce e proeminência, acrescida do visto especial para o dispositivo.

Para a lei, se a cláusula compromissória consta do contrato de adesão sem nenhum destaque, sendo apenas mais uma das disposições contratuais submetidas ao aderente, a eficácia da cláusula compromissória encontra-se condicionada ao fato de o aderente iniciar o procedimento arbitral ou concordar, expressamente, com a sua instituição.[13-14]

---

[13] "A obrigação de instituir a arbitragem não é exigível se o aderente não se manifestar, expressa e favoravelmente, a essa pretensão jurídica. O contrato de arbitragem não se forma para o aderente e, por isso, a ele não se impõe sem que se manifeste, claramente, seu desejo. A eficácia do negócio jurídico depende de ato posterior e unilateral do aderente. O que, repita-se, não acontece com a parte forte, pois, para este, o pacto opera efeitos de direito desde o momento da assinatura do contrato de adesão. Sua eficácia independe

Diante disso, a cláusula compromissória constante de um contrato de adesão não terá força, salvo se o aderente concordar expressamente com a instituição da arbitragem, o que apenas ocorrerá quando já se tiver conhecimento do litígio. O momento de aferição dessa eficácia não seria o momento de celebração da cláusula, mas, principalmente, o momento em que, nascido o litígio, as partes, de acordo, decidirem submetê-lo a uma arbitragem.

Evidentemente, a parte estipulante do contrato de adesão não terá a mesma prerrogativa. Para ela, a cláusula compromissória terá plena eficácia.

Na segunda hipótese, referida na Lei, trata-se da cláusula compromissória firmada em documento apartado ou, no próprio contrato, mas em negrito, com o visto do aderente demonstrando sua ciência da estipulação. Conceitualmente, diante de algum desses elementos objetivos (documento apartado ou visto), resta manifestada a ciência e aceitação, o que tornaria plenamente eficaz essa cláusula.

Ajustou-se, portanto, que as cláusulas compromissórias nos contratos de consumo por adesão terão eficácia desde que estas sejam redigidas em negrito ou em contrato apartado, havendo, ainda, uma rubrica ou visto especial do consumidor para a cláusula específica. A lei, portanto, admite que a eficácia da cláusula seja

---

de qualquer evento futuro, exceto, por óbvio, a existência de conflito, premissa básica e inerente a qualquer cláusula compromissória.

Nem se alegue que essa condição suspensiva favorável ao aderente perde juridicidade, caso a cláusula compromissória venha lançada *em documento anexo ou em negrito, com assinatura ou visto especialmente para esse fim*. Essa parcela do dispositivo há de ser interpretada de forma a complementar o claro comando que se extrai desse parágrafo. Comando esse de cunho excepcional e de resguardo dos direitos dos hipossuficientes" (MARTINS, Pedro A. Baptista. *Apontamentos sobre a Lei de Arbitragem*. Rio de Janeiro: Forense, 2008. p. 79-80).

[14] "Tendo em vista esta situação de simples aceitação de um regramento contratual já estabelecido, a Lei de Arbitragem estabeleceu no § 2º do seu art. 4º que: (i) a eficácia da cláusula compromissória fica condicionada à iniciativa do aderente; e (ii) a concordância expressa do aderente deverá ser consubstanciada na cláusula compromissória redigida em negrito ou destaque, com visto especial ou constar de documentos anexo que se reporte ao contrato manifestando por escrito a vontade de realizar a arbitragem. Nessas duas situações, busca-se dar plena consciência ao aderente do seu ato de solucionar conflitos via arbitragem, excluindo tal discussão do Judiciário, evitando que tal cláusula seja assinada por falta de conhecimento ou no bojo de um conjunto de cláusulas, sem a devida reflexão.

Como assevera Carlos Alberto Carmona, a hipótese (i) indicada no parágrafo anterior vinculará apenas o policitante à arbitragem, já que ficará a critério do oblato decidir, surgido o litígio, se soluciona o litígio via arbitragem ou pelo Judiciário e contra tal decisão não poderá se opor o policitante. Já a hipótese indicada no número (ii) acima decorreu de subemenda apresentada pela Câmara dos Deputados, mas não teve o condão de proteger o aderente" (GUERRERO, Luis Fernando. *Convenção de arbitragem e processo arbitral*. São Paulo: Atlas, 2009. p. 16-17).

apreciada já no momento da celebração do contrato, pois, a valer a redação da lei, basta que se demonstre a plena ciência do aderente ao fato de que eventuais impasses serão submetidos à arbitragem.

O claro interesse do legislador com essa estipulação consiste em aferir a vontade qualificada da parte aderente no que se refere à escolha da via arbitral. Ao exigir uma forma específica de manifestação de vontade – isto é, não basta a assinatura no contrato de adesão, porém se exige uma demonstração de ciência inequívoca da cláusula na qual se estipulou o compromisso arbitral –, o legislador quer, idealmente, que a parte aderente indique ter absoluto conhecimento da estipulação.

Essa segunda hipótese de admissão da validade e eficácia da cláusula compromissória em contratos de consumo por adesão não está imune de críticas. Isso porque, no momento da formação do contrato, o consumidor, na avassaladora maioria dos casos, encontra-se em situação de inferioridade e pode, de fato, ser impelido a celebrar o contrato com a cláusula compromissória, suprindo as formalidades requeridas no § 2º do art. 4º da Lei de Arbitragem, mesmo sem a inteira compreensão dos impactos de renunciar a via judicial para solucionar eventual litígio.

4. A PROPOSTA DE NOVA REDAÇÃO DOS §§ 2º E 3º DO ARTIGO 4º DA LEI DE ARBITRAGEM

Sensível aos benefícios sociais de a Lei de Arbitragem se referir expressamente à arbitragem como meio de dirimir litígios provenientes de relações de consumo, o projeto de revisão da Lei de Arbitragem propôs alterar a redação do § 2º do art. 4º da Lei de Arbitragem e criar um § 3º, nos seguintes termos:

> § 2º Nos contratos de adesão a cláusula compromissória só terá eficácia se for redigida em negrito ou em documento apartado.
>
> § 3º Na relação de consumo estabelecida por meio de contrato de adesão, a cláusula compromissória só terá eficácia se o aderente tomar a iniciativa de instituir a arbitragem, ou concordar, expressamente, com a sua instituição.

Confere-se, com a nova redação, tratamento diferenciado a três distintas situações: (a) contratos de consumo de natureza não adesiva; (b) contratos de consumo por adesão; e (c) contratos de adesão firmados fora das relações de consumo.

A redação proposta do § 3º do art. 4º da Lei trata das relações de consumo estabelecidas por meio de contratos de adesão. Aqui, a lei segue em parte a limitação de escopo que já havia no § 2º, art. 4º, original.

Segundo o dispositivo, a cláusula compromissória apenas terá eficácia se o aderente tomar a iniciativa do procedimento arbitral ou se concordar expres-

Cap. 9 · ARBITRAGEM NAS RELAÇÕES DE CONSUMO – UMA NOVA ESPERANÇA | **203**

samente com a sua instituição. Assim, a cláusula compromissória não é nula *ab initio*, porém sua eficácia fica condicionada à aceitação do consumidor, quando houver o litígio concreto, à instituição da arbitragem (ou se o próprio consumidor iniciar o procedimento arbitral).

Busca-se, com isso, evitar qualquer forma de abuso, na medida em que se confere ao consumidor o poder de escapar da via arbitral para solucionar eventual lide com o prestador de serviços ou fornecedor, caso assim deseje.

O consumidor não precisa apresentar qualquer motivo para discordar da instituição da arbitragem. Basta que ele ajuíze a ação no Judiciário, numa negativa (ou renúncia) tácita da cláusula compromissória, ou mesmo se negue, expressa ou tacitamente, a participar do procedimento iniciado pelo prestador de serviço ou fornecedor. Nenhum desses atos requer motivação.

Já a regra do § 2º do art. 4º, na nova redação proposta, endereça a situação das cláusulas compromissórias nos contratos de adesão, não abrangidos por uma relação de consumo. Esse escopo fica claro diante da redação do § 3º, o dispositivo imediatamente subsequente, que trata, de forma pontual e específica, dos contratos de consumo por adesão.

O § 2º do art. 4º é mais benevolente com a cláusula compromissória. Para que ela seja plenamente eficaz, exige-se apenas que tenha sido firmada em cláusula em negrito ou em documento apartado. Não existe mais a exigência, contida no § 2º original, de "assinatura ou visto especialmente para essa cláusula".

A Lei de Arbitragem não tratou da hipótese dos contratos de consumo, de natureza não adesiva, nos quais se tenha ajustado uma cláusula compromissória. Obviamente, como antes se mencionou, muitas relações de consumo se estabelecem em contratos negociados entre as partes, sendo certo, ainda, que, embora na maior parte desses casos, exista uma disparidade material entre os contratantes, pode haver situações de equilíbrio econômico, técnico ou jurídico entre consumidor, de um lado, e prestador de serviço ou fornecedor, de outro.

Imagina-se, corretamente, que nas relações de consumo estabelecidas por um contrato discutido entre as partes, negociado em bases razoavelmente equilibradas, sem que se possa identificar uma descomunal vantagem de uma parte sobre a outra, as cláusulas contratadas devem ser respeitadas. Caso uma dessas disposições contratuais livremente estabelecidas seja uma cláusula compromissória, essa vontade, estabelecida de forma livre e consciente, deve ser respeitada.

A apreciação da validade dessa cláusula compromissória, estabelecida em relação de consumo fora de um contrato de adesão, depende, portanto, da análise criteriosa da relação de hipossuficiência que exista entre as partes no momento de celebração do contrato. Verificando a ausência de abuso, pela inexistência de uma parte em absoluta desvantagem e verificado que houve a oportunidade de discutir a cláusula compromissória, inclina-se a aceitar a disposição que estabeleceu a arbitragem como meio de solução do conflito.

Nesse passo, não se pode perder de vista, quanto ao tema, a redação do inciso VII do art. 51 do Código do Consumidor, segundo o qual são nulas, nas relações de consumo, as cláusulas que "determinem a utilização compulsória de arbitragem".

Há, portanto, um aparente conflito de normas, na medida em que a regra do Código do Consumidor, acima referida, taxa de nula a cláusula compromissória compulsória estabelecida no âmbito de uma relação de consumo, enquanto a Lei de Arbitragem admite a validade e eficácia dessa mesma cláusula, desde que observados alguns requisitos, se o contrato for de adesão, e a Lei de Arbitragem sequer trata diretamente dos casos nos quais exista uma relação de consumo não constituída por contrato de adesão.

Em matéria de hierarquia, ambas – o Código do Consumidor e a Lei de Arbitragem – são leis federais. As duas tratam de matérias específicas: uma das relações de consumo e a segunda de arbitragem. No critério temporal, a norma referida na Lei de Arbitragem parece prevalecer, na medida em que o Código do Consumidor foi publicado em novembro de 1990, enquanto a Lei de Arbitragem data de setembro de 1996. Segundo conhecido aforisma, a lei posterior revoga a anterior, se ambas cuidam da mesma matéria, a indicar a vigência plena da Lei de Arbitragem.

Existe, todavia, um outro fundamento poderoso para apontar para um novo enfoque das cláusulas compromissórias nas relações de consumo. Isso porque o antes mencionado art. 51, VII, do Código do Consumidor parecia trazer nele carregado certo preconceito em relação à arbitragem, como se esse meio de solucionar conflitos fosse necessariamente acarretar um abuso prejudicial ao consumidor.

Com efeito, esse abuso pode ocorrer, até mesmo porque, como se registrou, arbitragem é, em regra, um meio mais caro de solucionar conflitos e revela-se mais fácil o acesso ao Judiciário (inclusive valendo-se de defensores públicos). Entretanto, quando a lei estipula que a arbitragem em relações de consumo, estabelecida por contrato de adesão, apenas poderá seguir adiante se for o próprio consumidor quem a instituiu ou se este concordou expressamente com a sua instituição, afasta-se a possibilidade de abuso.[15]

---

[15]   "Direito processual civil e consumidor. Contrato de financiamento imobiliário. Contrato de adesão. Convenção de arbitragem. Possibilidade, respeitados determinadas exceções. 1. Um dos nortes a guiar a Política Nacional das Relações de Consumo é exatamente o incentivo à criação de mecanismos alternativos de solução de conflitos de consumo (CDC, art. 4º, § 2º), inserido no contexto de facilitação do acesso à Justiça, dando concretude às denominadas 'ondas renovatórias do direito' de Mauro Cappelletti. 2. Por outro lado, o art. 51 do CDC assevera serem nulas de pleno direito 'as cláusulas contratuais relativas ao fornecimento de produtos e serviços que: VII – determinem a utilização compulsória de arbitragem'. A *mens*

O inciso VII do art. 51 do Código do Consumidor não se encontra totalmente esvaziado porque, a rigor, não tem maior relevância o registro da cláusula
compromissória no contrato que estabelecer a relação de consumo.[16] Afinal, o

---

legis é justamente proteger aquele consumidor, parte vulnerável da relação jurídica, a não
se ver compelido a consentir com qualquer cláusula arbitral. 3. Portanto, ao que se percebe,
em verdade, o CDC não se opõe a utilização da arbitragem na resolução de conflitos de
consumo, ao revés, incentiva a criação de meios alternativos de solução dos litígios; ressalva,
no entanto, apenas, a forma de imposição da cláusula compromissória, que não poderá
ocorrer de forma impositiva. 4. Com a mesma *ratio*, a Lei n. 9.307/1996 estabeleceu, como
regra geral, o respeito à convenção arbitral, tendo criado, no que toca ao contrato de adesão,
mecanismos para proteger o aderente vulnerável, nos termos do art. 4º, § 2º, justamente
porque nesses contratos prevalece a desigualdade entre as partes contratantes. 5. Não há
incompatibilidade entre os arts. 51, VII, do CDC e 4º, § 2º, da Lei n. 9.307/96. Visando
conciliar os normativos e garantir a maior proteção ao consumidor é que entende-se que a
cláusula compromissória só virá a ter eficácia caso este aderente venha a tomar a iniciativa
de instituir a arbitragem, ou concorde, expressamente, com a sua instituição, não havendo,
por conseguinte, falar em compulsoriedade. Ademais, há situações em que, apesar de se
tratar de consumidor, não há vulnerabilidade da parte a justificar sua proteção. 6. Dessarte,
a instauração da arbitragem pelo consumidor vincula o fornecedor, mas a recíproca não se
mostra verdadeira, haja vista que a propositura da arbitragem pelo policitante depende da
ratificação expressa do oblato vulnerável, não sendo suficiente a aceitação da cláusula realizada
no momento da assinatura do contrato de adesão. Com isso, evita-se qualquer forma de abuso,
na medida em que o consumidor detém, caso desejar, o poder de libertar-se da via arbitral
para solucionar eventual lide com o prestador de serviços ou fornecedor. É que a recusa do
consumidor não exige qualquer motivação. Propondo ele ação no Judiciário, haverá negativa
(ou renúncia) tácita da cláusula compromissória. 7. Assim, é possível a cláusula arbitral em
contrato de adesão de consumo quando não se verificar presente a sua imposição pelo fornecedor ou a vulnerabilidade do consumidor, bem como quando a iniciativa da instauração
ocorrer pelo consumidor ou, no caso de iniciativa do fornecedor, venha a concordar ou
ratificar expressamente com a instituição, afastada qualquer possibilidade de abuso. 8. Na
hipótese, os autos revelam contrato de adesão de consumo em que fora estipulada cláusula
compromissória. Apesar de sua manifestação inicial, a mera propositura da presente ação
pelo consumidor é apta a demonstrar o seu desinteresse na adoção da arbitragem – não
haveria a exigível ratificação posterior da cláusula –, sendo que o recorrido/fornecedor não
aventou em sua defesa qualquer das exceções que afastariam a jurisdição estatal, isto é: que
o recorrente/consumidor detinha, no momento da pactuação, condições de equilíbrio com
o fornecedor – não haveria vulnerabilidade da parte a justificar sua proteção; ou ainda, que
haveria iniciativa da instauração de arbitragem pelo consumidor ou, em sendo a iniciativa
do fornecedor, que o consumidor teria concordado com ela. Portanto, é de se reconhecer a
ineficácia da cláusula arbitral. 9. Recurso especial provido" (STJ, 4ª T., REsp 1.189.050/SP,
Rel. Min. Luis Felipe Salomão, j. 01.03.2016).

[16] "Existem vários dispositivos no Código dos quais exsurge clara a regra sistêmica de que as
deliberações referentes à relação jurídica de consumo não podem ser tomadas unilateralmente
por qualquer das partes. Portanto, no sistema do Código, configura-se como abusiva, por
também ofender o escopo deste inc. VII, a cláusula que deixar a critério exclusivo e unilateral

momento crucial para aferir a validade e eficácia da arbitragem dar-se-á quando se iniciar o procedimento. Apenas então, diante da manifestação do consumidor, de forma expressa ou tácita, será possível ou não seguir com a arbitragem.

O inciso VII do art. 51 veda a cláusula compromissória compulsória, mas não proíbe que as partes de uma relação de consumo decidam, depois de identificada a lide, valer-se da arbitragem como via para solucionar o impasse.[17-18]

---

do fornecedor não somente a escolha entre jurisdição estatal e jurisdição arbitral, como também a escolha do árbitro. A opção pela solução do litígio no juízo arbitral, bem como a escolha da pessoa do árbitro, é questão que deve ser deliberada equitativa e equilibradamente pelas partes, sem que haja preeminência de uma sobre a outra.

A Lei de Arbitragem estipula regra específica quanto à cláusula compromissória nos contratos de adesão: 'Art. 4º, § 2º – Nos contratos de adesão, a cláusula compromissória só terá eficácia se o aderente tomar a iniciativa de instituir a arbitragem ou concordar, expressamente, com a sua instituição, desde que por escrito em documento anexo ou em negrito, com a assinatura ou visto especialmente para essa cláusula'.

Esse dispositivo da LArb não é incompatível com o CDC, art. 51, VII, razão pela qual ambos os dispositivos legais permanecem vigorando plenamente. Com isso queremos dizer que é possível, nos contratos de consumo, a instituição de cláusula de arbitragem, desde que obedecida, efetivamente, a bilateralidade na contratação e a forma da manifestação da vontade, ou seja, de comum acordo (gré à gré)" (NERY JÚNIOR, Nelson. *Código Brasileiro de Defesa do Consumidor*: comentado pelos autores do anteprojeto. 7. ed. Rio de Janeiro: Forense Universitária, 2001. p. 520-525).

[17] Nesse sentido, a lição da melhor doutrina: "A redação do art. 51, inciso VII, do CDC, que estabelece serem nulas de pleno direito as cláusulas contratuais relativas ao fornecimento de produtos e serviços que determinem a utilização 'compulsória' da arbitragem, é inócuo e desprovida de rigor técnico. Reitere-se, não existe, não encontra guarida no ordenamento interno, a arbitragem compulsória. O elemento volitivo é da essência do ato que elege a arbitragem.

Parece-nos, porém, que o legislador pretendeu com a disposição acima vedar a indicação da arbitragem por meio de cláusula compromissória, a par do princípio da vulnerabilidade do consumidor (art. 4º, inciso I, do CDC), e considerando que foi imposição de uma das partes não permitindo que a outra parte, o hipossuficiente, externasse sua concordância ou negativa em aceitá-la. Destarte, justificar-se-ia a interferência legislativa de controle de cláusulas abusivas.

A ingerência imperativa da lei declarava nula a cláusula compromissória imposta unilateralmente ao consumidor; todavia, entendemos que tinha como objetivo negar eficácia tão somente à cláusula compromissória e não à instituição do juízo arbitral, por meio de Compromisso firmado pelas partes (arts. 1.072 a 1.102 do CPC/73), diante de controvérsia existente.

Note-se, por oportuno, que outro entendimento não poderia advir do enunciado legal previsto no Estatuto do Consumidor, porquanto regula cláusulas insertas em contratos e não o instituto do compromisso, que é ato posterior independente instaurado após a controvérsia" (CARMONA, Carlos Alberto; LEMES, Selma M. Ferreira; MARTINS, Pedro A. Baptista. *Aspectos fundamentais da Lei de Arbitragem*. Rio de Janeiro: Forense, 1999. p. 121-126).

Aliás, o próprio Código do Consumidor, ao tratar, no art. 4º, dos objetivos da Política Nacional das Relações de Consumo indica como princípio:

> V – incentivo à criação pelos fornecedores de meios eficientes de controle de qualidade e segurança de produtos e serviços, assim como de mecanismos alternativos de solução de conflitos de consumo;

Assim, a própria Política Nacional das Relações de Consumo tem por objetivo criar mecanismos alternativos de solução de conflitos de consumo, sendo a arbitragem um deles.

Logo, o conflito de normas é apenas aparente.

5. A ARBITRAGEM NAS RELAÇÕES DE CONSUMO – UMA NOVA ESPERANÇA

O nome – Código de Defesa do Consumidor – já revela sua parcialidade, sua finalidade de amparar o consumidor, que a lei reconhece como a parte vulnerável (art. 4º, I) na sua relação. Trata-se de um princípio a orientar a interpretação e aplicação da regra.

Nas relações de consumo, a vulnerabilidade de uma das partes ocorrerá com mais frequência (há, até, quem defenda que, nesses casos, a vulnerabilidade e a proteção dão-se naturalmente, embora a melhor orientação seja a de avaliar se,

---

[18] "Direito processual civil e consumidor. Contrato de adesão. Convenção de arbitragem. Limites e exceções. Arbitragem em contratos de financiamento imobiliário. Cabimento. Limites. 1. Com a promulgação da Lei de Arbitragem, passaram a conviver, em harmonia, três regramentos de diferentes graus de especificidade: (i) a regra geral, que obriga a observância da arbitragem quando pactuada pelas partes, com derrogação da jurisdição estatal; (ii) a regra específica, contida no art. 4º, § 2º, da Lei nº 9.307/96 e aplicável a contratos de adesão genéricos, que restringe a eficácia da cláusula compromissória; e (iii) a regra ainda mais específica, contida no art. 51, VII, do CDC, incidente sobre contratos derivados de relação de consumo, sejam eles de adesão ou não, impondo a nulidade de cláusula que determine a utilização compulsória da arbitragem, ainda que satisfeitos os requisitos do art. 4º, § 2º, da Lei nº 9.307/96. 2. O art. 51, VII, do CDC se limita a vedar a adoção prévia e compulsória da arbitragem, no momento da celebração do contrato, mas não impede que, posteriormente, diante de eventual litígio, havendo consenso entre as partes (em especial a aquiescência do consumidor), seja instaurado o procedimento arbitral. 3. As regras dos arts. 51, VIII, do CDC e 34 da Lei nº 9.514/97 não são incompatíveis. Primeiro porque o art. 34 não se refere exclusivamente a financiamentos imobiliários sujeitos ao CDC e segundo porque, havendo relação de consumo, o dispositivo legal não fixa o momento em que deverá ser definida a efetiva utilização da arbitragem. 4. Recurso especial a que se nega provimento" (REsp 1.169.841/RJ, Rel. Min. Nancy Andrighi, j. 06.11.2012).

ARBITRAGEM E MEDIAÇÃO

mesmo nas relações de consumo, haja a hipossuficiência que justifique a tutela de uma das partes).[19] A situação comum de abissal diferença entre as partes da relação de consumo justifica o cuidado da norma. Quanto mais frágil a parte, mais sujeita a sofrer abusos. Todavia, a intensidade da proteção proporcionada pela Lei 8.078/1990 varia de acordo com a vulnerabilidade da parte.

Com efeito, uma análise do desenvolvimento do direito contratual mostra que a defesa do consumidor não é um fim em si mesmo. Ela existe para evitar que a desigualdade entre as partes de uma relação seja fonte de injustiças. Portanto, as ferramentas oferecidas pelo Código do Consumidor devem ser utilizadas com esse propósito, na intensidade que essa defesa se fizer necessária, ou seja: havendo desigualdade entre as partes e disso tire proveito a parte mais preparada, haverá ferramentas para evitar o abuso. Trata-se de um reflexo do art. 3º, IV, e do *caput* do art. 5º, ambos da Constituição Federal. Cumpre, assim, estabelecer uma relação de causa e efeito entre os conceitos de vulnerabilidade e de proteção.

O mesmo olhar, inteligente e sensível, deve ser adotado pelo intérprete ao apreciar uma cláusula compromissória inserida num contrato de consumo.

Como antes já se deu notícia, a proposta da Comissão de alteração dos parágrafos do art. 4º da Lei de Arbitragens foi vetada. Manteve-se intacta a regra do § 2º, que cuida da eficácia da cláusula compromissória estabelecida em

---

[19] Nesse sentido, a opinião de Juan M. Farina cuidando da lei argentina: "En nuestra opinion, la ley 24.240 debería prever la aplicabilidad de su normativa también a aquellos contratos en que, aun cuando la parte 'débil' no sea consumidor final, las circunstancias permitan advertir un evidente desequilibrio o falta de equidad en el contenido de la contratación, como consecuencia de la posición dominante, en el mercado, de una de las partes" (*Defensa del consumidor y del usuario*. Buenos Aires: Astrea, 1995. p. 3).

Perlingieri recomenda que se aprecie o princípio da proporcionalidade:

"In conclusione, il principio di proporzionalità si realizza con modalità diverse secondo i contrati, i soggetti. Certamente, nel concreto rapporto giuridico, il ruolo delle parti, la cualifica delle parti, non può non avere una rilevanza anche a questi fini. La conseguenza normale, ma non esclusiva, della violazzione del principio di proporzionalita è la riduzione ad equità, ma, *rectius*, a proporzione. Spesso, a questa, si affiancano ora l'inefficacia relativa rilevabile d'ufficio, ora la nullità della clausola squilibrante e la conservazione del contratto (hipótesis dell'usura e della rescissione).

Non è più possibile, quinde, riferire di una teoria generale del contratto: la parte generale del contratto, infatti, va integrata non soltando con la disciplina dei contratti tipici (ma ciò resulta già acquisito da tempo), ma anche con la disciplina delle obbligazioni (la quale dovrebbe essere sempre studiata soprattutto in collegamento ai contratti), e specialmente, con tutta la vastissima legislazione e giurisprudenza comunitarie. Ciò impone di ricostruire la teoria dei contratti alla luce di questo sistema articolato e complexo di gerarchia delle fonti, nel quale assume un ruolo determinante il principio di proporcionalità" (PERLINGIERI, Pietro. *Rassegna di diritto civile*, p. 355-356).

Cap. 9 · ARBITRAGEM NAS RELAÇÕES DE CONSUMO – UMA NOVA ESPERANÇA | 209

contratos de adesão. Pode-se dizer que se perdeu a oportunidade de regular o tema de forma mais específica, dando-se um cuidado especial à relação de consumo, tão relevante socialmente.

O esforço da Comissão certamente não foi em vão. Ao elaborar uma proposta em que se identificava a situação peculiar das relações de consumo, o tema foi discutido. Embora a regra sugerida não tenha sido acatada pelo Legislador, o fato social de haver cláusulas compromissórias em contratos de consumo não deixou de existir, sendo necessária sua apreciação.

O conceito de que se deve observar o grau de hipossuficiência e ponderá-lo com a liberdade de escolha pela adoção da via arbitral como forma de solução dos conflitos não se encontra, por óbvio, proscrito. Ao contrário, esses valores – análise da situação de fragilidade do consumidor e a liberdade de contratar – devem nortear o intérprete ao se deparar com a cláusula compromissória em contratos do consumo, a fim de permitir que as partes, se for do interesse de todos, se aproveitem desse meio de solucionar a lide.

De toda sorte, a eficácia da cláusula será aferida somente no momento de instituição da arbitragem. Independentemente de sua estipulação, a melhor leitura – em harmonia com os valores projetados pelo nosso ordenamento – parece ser a de considerar a eficácia da cláusula compromissória dependente do consentimento efetivo do consumidor, o que apenas poderá ser verificado diante do conflito concreto, quando ele aceitar a instituição da arbitragem, ou ele próprio a iniciar.

Finalmente, se a relação for de consumo, embora não instituída por contrato de adesão, cumpre ao intérprete aferir o grau de desequilíbrio entre os contratantes, a fim de verificar se, no caso concreto, exista fragilidade por parte do consumidor, a ponto de a cláusula compromissória representar um abuso. Nesta situação, justificar-se-ia a intervenção do Estado na relação contratual.

REFERÊNCIAS BIBLIOGRÁFICAS

AZEVEDO, Antônio Junqueira de. *Estudos e pareceres de direito privado*: a arbitragem e o direito do consumidor. São Paulo: Saraiva, 2004.

CARMONA, Carlos Alberto; LEMES, Selma M. Ferreira; MARTINS, Pedro A. Baptista. *Aspectos fundamentais da Lei de Arbitragem*. Rio de Janeiro: Forense, 1999.

COELHO, Fábio Ulhoa. *O empresário e os direitos do consumidor*. São Paulo: Saraiva, 1994.

DINIZ, Maria Helena. *Curso de direito civil brasileiro*. Rio de Janeiro: Saraiva, 2005. v. III.

FARINA, Juan M. *Defensa del consumidor y del usuario*. Buenos Aires: Astrea, 1995.

FILOMENO, José Geraldo Brito. *O Código Brasileiro de Defesa do Consumidor*. 8. ed. São Paulo: Forense Universitária, 2004.

FONTAINE, Marcel. *La protection de la partie faible dans les rapports contractuels.* Paris: LGDJ, 1996.

GALDINO, Valéria Silva. *Cláusulas abusivas.* São Paulo: Saraiva, 2001.

GOMES, Orlando. *Contratos de adesão.* São Paulo: RT, 1972.

GOUVÊA, Marcos Maselli. O conceito de consumidor e a questão da empresa como "destinatário final". *Revista de Direito do Consumidor,* n. 23-24, p. 187-192, jul.-dez. 1997.

GUERRERO, Luis Fernando. *Convenção de arbitragem e processo arbitral.* São Paulo: Atlas, 2009.

IHERING, Rudolf Von. *A finalidade do direito.* Campinas: Bookseller, 2002. t. 2.

LÔBO, Paulo Luiz Netto. Princípios sociais do contrato no Código de Defesa do Consumidor e no novo Código Civil. *Revista de Direito do Consumidor,* v. 42, p. 187-195, 2002.

MARQUES, Cláudia Lima. *Contratos no Código de Defesa do Consumidor.* 3. ed. São Paulo: RT, 1998.

MARTINS, Pedro A. Baptista. *Apontamentos sobre a Lei de Arbitragem.* Rio de Janeiro: Forense, 2008.

MARTINS-COSTA, Judith. Crise e modificação da ideia de contrato no direito brasileiro. *Revista de Direito do Consumidor,* v. 3, p. 127-154, set.-dez. 1992.

MIRAGEM, Bruno Nubens Barbosa. O direito do consumidor como direito fundamental: consequências jurídicas de um conceito. *Revista de Direito do Consumidor,* v. 43, p. 111-133, 2002.

NERY JÚNIOR, Nelson. *Código Brasileiro de Defesa do Consumidor*: comentado pelos autores do anteprojeto. 7. ed. Rio de Janeiro: Forense Universitária, 2001.

NOGUEIRA, Antônio de Pádua Ferraz. Consideração sobre os princípios do Código de Defesa do Consumidor. *Revista dos Tribunais,* v. 762, p. 11-31, abr. 1999.

NOVAIS, Aline Arquette Leite. *A teoria contratual e o Código de Defesa do Consumidor.* São Paulo: RT, 2001.

_____. Os novos paradigmas da teoria contratual: o princípio da boa-fé objetiva e o princípio da tutela do hipossuficiente. In: TEPEDINO, Gustavo. *Problemas de direito civil constitucional.* Rio de Janeiro: Renovar, 2000.

PEREIRA, Caio Mário da Silva. *Instituições de direito civil*: contratos. 11. ed. Rio de Janeiro: Forense, 2004. v. III.

PERLINGIERI, Pietro. *Perfis do direito civil.* Trad. Maria Cristina de Cicco. Rio de Janeiro: Renovar, 1997.

PINHEIRO, Juliana Santos. O conceito jurídico do consumidor. In: TEPEDINO, Gustavo José Mendes (coord.). *Problemas de direito civil-constitucional.* Rio de Janeiro: Renovar, 2000.

TEPEDINO, Gustavo. O Código Civil, os chamados microssistemas e a Constituição: premissas para uma reforma legislativa. In: TEPEDINO, Gustavo. *Problemas de direito civil-constitucional*. Rio de Janeiro: Renovar, 2000.

VIEIRA, Lacyr de Aguilar. A autonomia da vontade no Código Civil brasileiro e no Código de Defesa do Consumidor. *Revista dos Tribunais*, v. 791, p. 31-64, set. 2001.

10

A LIBERDADE DAS PARTES NA ESCOLHA DOS ÁRBITROS

JOSÉ ROGÉRIO CRUZ E TUCCI[1]

Sumário: 1. Introdução – 2. A polêmica questão das listas de árbitros – 3. A liberdade das partes na visão da doutrina estrangeira – 4. Conclusão: em defesa da alteração introduzida na lei – Referências bibliográficas.

1. INTRODUÇÃO

A instituição, pelo Senado Federal, de uma Comissão de Juristas com a finalidade de elaborar anteprojeto de lei de arbitragem e mediação ensejou certa perplexidade no seio de nossa comunidade jurídica. Pairava alguma desconfiança quanto à extensão da reforma, bem como quanto à necessidade de ser modificada a Lei 9.307/1996, em vigor há 20 anos, consolidada pela praxe do ambiente negocial e acatada pelos tribunais brasileiros.

Todavia, assim como sucedeu com a própria Constituição Federal, as transformações sociais e econômicas, ao longo do tempo, sempre determinam novas exigências no plano técnico-jurídico. Diante do crescente e efetivo incremento da arbitragem como meio adequado de solução de conflitos, sobretudo no setor empresarial, afigura-se natural a vontade política em prol do aperfeiçoamento do instituto.

---

[1] Advogado. Professor Titular da Faculdade de Direito da USP.

214 ARBITRAGEM E MEDIAÇÃO

Instalados os trabalhos da Comissão em abril de 2013, sob a Presidência serena e segura do ilustre Ministro Luis Felipe Salomão, houve absoluto consenso entre os seus membros ao ser, de logo, estabelecida uma barreira rígida para preservar os princípios e os fundamentos normativos que informam o texto legal em vigor.

Após o devido processo legislativo, as respectivas sugestões, em sua maioria, acabaram sendo encampadas pela Lei 13.129/2015, tendo sido mantida, em linhas gerais, a sistemática já consagrada. Contudo, além de alguns reparos formais e terminológicos, verifica-se que três alterações pontuais foram acolhidas, referentes à: *a*) ampliação subjetiva e objetiva da incidência da arbitragem; *b*) delimitação da atividade do juiz togado até a instituição da arbitragem; e *c*) maior liberdade das partes na indicação dos árbitros.

2. A POLÊMICA QUESTÃO DAS LISTAS DE ÁRBITROS

A respeito desta última, vale dizer, de se reservar aos litigantes a exclusividade na seleção dos árbitros, a proposta de alteração do art. 13 da lei então vigente gerou franca discussão não apenas intramuros, entre os integrantes da Comissão de Juristas, mas também propiciou manifestação de inúmeros especialistas e de várias câmaras arbitrais. Não é preciso salientar que a questão foi analisada com a cautela que merecia.

De um lado, defendendo a redação original da lei, argumentou-se que a alteração legislativa atinente a aspectos procedimentais, disciplinados pelos regulamentos dos órgãos arbitrais institucionais, conspiraria contra a Constituição Federal, que contempla os princípios da menor interferência do Estado no setor privado (art. 174) e, outrossim, da vedação à ingerência estatal no funcionamento das associações privadas (art. 5º, XVII).

Nessa linha, também foi afirmado que a lista de árbitros constitui uma prática que possibilita às câmaras arbitrais examinar o conjunto de atributos pessoais, morais e éticos que compõem a reputação de alguém escolhido como árbitro, circunstância que confere legitimidade ao processo arbitral e consequente segurança às partes.

Fica claro que esses argumentos sugerem o receio de que a livre indicação dos árbitros, inclusive do presidente do painel arbitral, possa comprometer o prestígio e a seriedade do instituto da arbitragem.

Entendo, no entanto, que a escolha pessoal dos litigantes não pode interferir na qualidade da arbitragem, porque tal encargo deve sempre recair em profissional independente e imparcial. De nada adiantará uma parte escolher um árbitro dotado de predicados técnicos excepcionais se não for ele independente e imparcial!

Seja como for, é fato que em muitas arbitragens, sobretudo em boa parte daquelas que se desenrolam em São Paulo, a experiência tem demonstrado o hábito de que quando um determinado árbitro é escolhido, já se presume, de antemão, quem será o presidente, e vice-versa, quando aquele que, antes, fora apontado como presidente é eleito árbitro, já se sabe, com muita probabilidade, quem irá presidir o painel arbitral. Nesses casos, a lista de árbitros acaba sendo apenas "decorativa". E isso, sem mencionar outras hipóteses ainda mais constrangedoras, de o mesmo profissional atuar ora como árbitro, ora como advogado, coincidindo, quase sempre, os idênticos protagonistas. A reiteração desta situação, que já se tornou verdadeiro "costume", também tem chamado atenção e merecido incontáveis críticas negativas, a despeito da inegável idoneidade e capacidade dos árbitros.

É bem verdade que muitas das câmaras de arbitragem brasileiras têm procurado alterar os seus respectivos regulamentos, a permitir a livre escolha dos árbitros pelas partes, com um certo controle pelos referidos órgãos.

Não obstante, ainda há regulamentos em vigor que contêm inequívoca restrição à livre escolha das partes quanto à definição do painel arbitral.

À guisa de exemplo, bem é de ver que o Regulamento da Bovespa/CAM prevê limitação à autonomia das partes. O art. 3.2.1 dispõe que: "o Árbitro Único, que deverá ter necessariamente formação jurídica, será escolhido dentre os membros do Corpo de Árbitros da Câmara de Arbitragem". O subsequente art. 3.4.1, a seu turno, dispõe: "o terceiro árbitro deverá ter formação jurídica, e ser escolhido dentre os membros integrantes do Corpo de Árbitros da Câmara de Arbitragem. Na ausência de consenso quanto à sua indicação, esta caberá ao Presidente da Câmara de Arbitragem". O art. 3.7 determina que: "os árbitros indicados pelas partes deverão ser, preferencialmente, membros do Corpo de Árbitros da Câmara de Arbitragem. Caso não o sejam, deverão ser confirmados pelo Presidente e por um dos Vice-Presidentes da Câmara de Arbitragem". Aduza-se que apenas 40 nomes integram a lista de árbitros da referida Câmara.

No Regulamento da Câmara da FGV, emerge patente restrição à liberdade quando o escopo da arbitragem envolve assuntos relacionados ao mercado financeiro e de capitais. Nesses casos, o árbitro único ou o presidente do tribunal deverá obrigatoriamente integrar o Quadro de Especialistas da FGV. Já no art. 32, § 2º, do Regulamento, independentemente do escopo da arbitragem: "A nomeação de árbitro que não integre o Corpo Permanente de Conciliadores e Árbitros deverá ser aprovada previamente, na forma do disposto no art. 9º deste Regulamento. Recusada a aprovação, repetir-se-á o procedimento de indicação do árbitro, no prazo de 10 (dez) dias, a contar da recusa do primeiro nome".

Examinando tais restrições, aduz Francisco Müssnich que se aplicam regras mais rígidas para a aprovação de nomes não integrantes do Corpo de Árbitros da Câmara. O § 4º do apontado art. 32 determina que: "Sempre que couber à Câmara FGV indicar árbitro, a escolha recairá preferencialmente em membro do Corpo Permanente de Conciliadores e Árbitros, podendo, entretanto, em casos especiais e observadas as disposições deste regulamento, ser indicada pessoa que não o integre, observado o disposto no artigo 9º deste Regulamento". Conclui-se, portanto, que apenas em caráter excepcional se admite a nomeação de árbitros que não integrem o Corpo Permanente.

Por fim, seguindo ainda as pertinentes ponderações de Müssnich, é de salientar-se que: "os Regulamentos (i) das Eurocâmaras; (ii) da CAMARB; (iii) da CIESP/FIESP; e (iv) do Centro de Mediação e Arbitragem da Câmara Portuguesa de Comércio no Brasil induzem a escolha dos árbitros pelas partes. Seja ao indicarem que os árbitros deverão preferencialmente integrar seus respectivos corpos de árbitros, seja ao submeterem a aprovação dos nomes indicados a regras mais rigorosas quando o nomeado não for membro do corpo de árbitros, essas câmaras claramente restringem a liberdade das partes na escolha da composição do tribunal arbitral. Apenas a título exemplificativo, lê-se, no Regulamento das Eurocâmaras, que 'ao adotarem o Regulamento da CAE os litigantes convencionam que os árbitros serão escolhidos dentre aqueles constantes da Lista de Árbitros da CAE. Podem as partes, de comum acordo e mediante justificativa acatada pelo Gestor de Procedimentos, designarem árbitros não constantes da lista. Os árbitros não constantes da lista da CAE assinarão, além do Termo de Independência, um Termo de Qualificação, Responsabilidade e Confidencialidade'. Ora, para que o árbitro seja externo à Lista, não só deve haver acordo entre as partes (algo bem improvável, diante da litigiosidade instalada), como o Gestor de Procedimentos deverá acatar o pedido".

3. A LIBERDADE DAS PARTES NA VISÃO DA DOUTRINA ESTRANGEIRA

Anote-se que a literatura estrangeira especializada é praticamente uníssona ao indicar como uma das características essenciais do processo arbitral é a liberdade que as partes têm para eleger os seus respectivos árbitros.

Com efeito, enfrentando esta importante questão, Nuno Ferreira Lousa, em artigo com título deveras sugestivo: *A escolha de árbitros: a mais importante decisão das partes numa arbitragem?*,[2] não tem qualquer dúvida em asseverar que: "a decisão quanto à escolha de árbitro é potencialmente a decisão mais importante que uma parte poderá tomar ao longo de uma arbitragem... Um dos traços distintivos da arbitragem como forma de resolução de litígios reside na possibilidade de as partes poderem participar na seleção das pessoas que decidirão qual a solução a dar a uma disputa existente entre elas".

---

[2]   V Congresso do Centro de Arbitragem da Câmara de Comércio e Indústria Portuguesa – Intervenções. Coimbra: Almedina, 2012, p. 16-17.

Cap. 10 • A LIBERDADE DAS PARTES NA ESCOLHA DOS ÁRBITROS | 217

Este pormenor que conota a arbitragem – a escolha pelas partes do "melhor árbitro possível" – propicia aos litigantes uma confiança a mais quanto ao modo pelo qual será tratado o seu problema. E, assim, é sabido que a arbitragem emerge, em seus principais quadrantes, da vontade exclusiva das partes que se dispõem a aceitar uma decisão proferida por um tribunal arbitral, participando, na escolha dos membros do painel, "sendo certo que não há parte que selecione um árbitro para que ele decida de maneira oposta à salvaguarda do seu interesse".[3]

Nesse mesmo sentido é a lição de Redfern e Hunter, ao afirmarem que a maior atração da arbitragem para as partes é a que permite submeter o litígio a julgadores de sua própria escolha, visto ser usual cada uma delas indicar um árbitro.[4]

Gary Born,[5] a seu turno, escreve em sua prestigiada obra: "entre inúmeros aspectos que marcam a arbitragem internacional, destaca-se a autonomia das partes na seleção dos árbitros".

4. CONCLUSÃO: EM DEFESA DA ALTERAÇÃO INTRODUZIDA NA LEI

Diante desse quadro, feitas as contas, não se alvitra qualquer inconstitucionalidade na redação da regra legal proposta pela Comissão de Juristas e já incorporada no novel texto legal, obstando a existência de listas fechadas de árbitros. Lembro, como exemplo, que o art. 15, § 4º, do Estatuto da Advocacia (*Lei 8.906/1994*) prevê restrições subjetivas a que um advogado integre mais de uma sociedade de advogados; o art. 1.085 do Código Civil exige quórum de mais da metade dos representantes do capital social para exclusão de quotista minoritário... Nem por isso estas determinações *ope legis* emergem contrárias ao texto constitucional!

Entre a discricionariedade das câmaras de arbitragem e a autonomia da vontade das partes, significativa maioria dos integrantes da Comissão de Juristas entendeu que esta deveria prevalecer sobre aquela.

Afinal, a própria legislação dispõe com todas as letras que o árbitro deve ser aquele da *confiança* das partes (e não das câmaras arbitrais!).

Daí, a evitar tal prática, a nova redação do art. 13 da lei em vigor, com a introdução do § 4º, passa a ter a seguinte redação: "As partes, de comum acordo, poderão

---

[3] Cf. PEREIRA, Frederico Gonçalves. *O Estatuto do árbitro*: algumas notas. V Congresso do Centro de Arbitragem da Câmara de Comércio e Indústria Portuguesa – Intervenções. Coimbra: Almedina, 2012, p. 165.

[4] BLACKABY, Nigel et alii. *Redfern and hunter on international arbitration.* 5. ed. Oxford, University Press, 2009, itens 4.30 e 4.31.

[5] *International arbitration*: law and practice. Alphen aan den Rijn: Wlters Kluwer, 2012, p. 121.

afastar a aplicação de dispositivo do regulamento do órgão arbitral institucional ou entidade especializada que limite a escolha do árbitro único, coárbitro ou presidente do tribunal à respectiva lista de árbitros, autorizado o controle da escolha pelos órgãos competentes da instituição, sendo que, nos casos de impasse e arbitragem multiparte, deverá ser observado o que dispuser o regulamento aplicável".[6]

Desse modo, procurando conferir maior liberdade às partes, podem elas indicar livremente os seus respectivos árbitros, cuja admissão, no entanto, fica subordinada ao controle das câmaras arbitrais. Esta novidade, longe de ter natureza procedimental, coaduna-se à própria índole ontológica da arbitragem, no sentido de assegurar ampla e benfazeja supremacia da vontade das partes.

Norteada pelo princípio da ponderação, a alteração em tela, de um lado, assegura ampla hegemonia às partes, e, de outro, não impede que as câmaras arbitrais possuam listas de pessoas qualificadas, de caráter meramente supletório, sobretudo para escolha do presidente, naquelas hipóteses (raras, diga-se de passagem) em que os interessados se omitem, têm dificuldade na escolha ou mesmo no eventual impasse dos árbitros na indicação do presidente. Ademais, os órgãos institucionais de arbitragem continuam dispondo da prerrogativa de vetar a indicação de algum árbitro que não reúna requisitos mínimos para desempenhar, com segurança e transparência, o importante papel que lhe cabe, evitando-se qualquer risco em detrimento do devido processo arbitral.

Cumpre esclarecer, nesse particular, que o referido dispositivo legal, como acima frisado, tem o abono expresso da melhor doutrina estrangeira e, outrossim, segue orientação internacional, sendo em tudo análogo a regra constante, entre outros, do art. 12.4 do Regulamento de Arbitragem da prestigiosa Câmara de Comércio Internacional (CCI): "Quando as partes tiverem convencionado que o litígio deverá ser solucionado por três árbitros, as partes designarão no Requerimento e nas Respostas, respectivamente, um árbitro para confirmação. Se uma das partes deixar de designar o seu árbitro, este será nomeado pela Corte".

Apenas como significativa orientação, recordo que já em 1907, a Convenção de Haia sobre a Resolução Pacífica de Controvérsias Internacionais determinava que: "International arbitration has for its object the settlement of disputes between States by Judges of their own choice and on the basis of respect for law".[7]

Em suma: a liberdade das partes constitui a pedra angular da arbitragem!

---

[6] Frise-se que este texto projetado foi aprovado pela Comissão de Constituição, Justiça e Cidadania do Senado Federal, ao acolher o parecer do relator do PLS 406/2013, Senador Vital do Rêgo.

[7] Apud LOUSA, Nuno Ferreira. *A escolha de árbitros: a mais importante decisão das partes numa arbitragem?*, cit., p. 17.

REFERÊNCIAS BIBLIOGRÁFICAS

BLACKABY, Nigel et al. *Redfern and hunter on international arbitration*. 5. ed. Oxford: Oxford University Press, 2009.

BORN, Gary B. *International arbitration:* law and practice. Alphen aan den Rijn: Wolters Kluwer, 2012.

LOUSA, Nuno Ferreira. *A escolha de árbitros:* a mais importante decisão das partes numa arbitragem? V Congresso do Centro de Arbitragem da Câmara de Comércio e Indústria Portuguesa – Intervenções, Coimbra, Almedina, 2012.

PEREIRA, Frederico Gonçalves. *O estatuto do árbitro:* algumas notas. V Congresso do Centro de Arbitragem da Câmara de Comércio e Indústria Portuguesa – Intervenções, Coimbra, Almedina, 2012.

11

MEDIAÇÃO E IMPACTOS POSITIVOS PARA O JUDICIÁRIO

ADACIR REIS[1]

Sumário: 1. Poder Judiciário: breve retrato – 2. A mediação como forma de prevenção e resolução de conflitos: impactos para o Judiciário: 2.1. O novo marco legal da mediação – 3. Conclusões e advertências – Referências bibliográficas.

1. PODER JUDICIÁRIO: BREVE RETRATO

De acordo com o *Relatório Justiça em Números*, publicação oficial do Conselho Nacional de Justiça, o volume de processos judiciais tem crescido ano a ano. Ainda que a produção de decisões tenha aumentado, os números continuam a evidenciar uma grave crise na prestação jurisdicional.

A ida ao Judiciário é apresentada como um direito de todos, mas esse direito, para ser reconhecido na prática, depende de anos e anos de tramitação de um processo judicial.

---

[1] Graduado pela Faculdade de Direito da Universidade de São Paulo – USP. Foi membro titular do Comitê de Regulação e Fiscalização dos Mercados Financeiro, de Capitais, de Seguros, de Previdência e Capitalização – Coremec. É advogado e presidente do Instituto San Tiago Dantas de Direito e Economia. Integrou a Comissão de Juristas do Senado Federal para a Reforma da Lei de Arbitragem e Mediação.

Luis Felipe Salomão, Ministro do Superior Tribunal de Justiça e presidente da Comissão de Juristas do Senado Federal para a Reforma da Lei de Arbitragem e Mediação, na cerimônia de conclusão dos trabalhos da referida Comissão, asseverou:

> Na verdade, essa pletora de novas ações representa uma medalha de duas faces. Se, por um lado, é verdade que nunca o Judiciário teve tanta visibilidade para a população, por outro também é verdadeiro que a qualidade dos serviços prestados decaiu muito, especialmente por falta de estrutura material ou de pessoal, além de uma legislação processual inadequada aos novos desafios institucionais.
>
> Surge o fenômeno da judicialização das relações políticas e sociais, assim também o tema da democratização do acesso à Justiça.
>
> Acesso à Justiça – e não apenas ao Poder Judiciário – implica na garantia de acesso ao justo processo, sem entraves e delongas, enfim, garantia de ingresso em uma máquina apta a proporcionar resolução do conflito trazido, com rapidez e segurança.
>
> No Brasil, 24 anos após a Constituição de 1988, o número de casos novos multiplicou-se mais de 75 vezes.

Há vários fatores para a explosão da litigiosidade no Brasil.

Com a Constituição de 1988, na esteira da democratização do País, foram criados novos direitos, nem todos com a clara indicação de meios para assegurá--los, fenômeno que contribuiu para a crescente judicialização de conflitos, muitos deles relativos à formulação e execução de políticas públicas.

A expansão de serviços, a intensa urbanização e o aumento do consumo acarretaram novos conflitos nas áreas da telefonia, sistema bancário, energia, previdência, planos de saúde, contratos imobiliários e outros.

A Constituição de 1988 também ensejou maior conscientização da população sobre seus direitos e garantias, propiciando a ida ao Judiciário para se buscar a reparação de danos e abusos provocados pelo poder público, tradicionalmente desrespeitoso com os usuários e beneficiários dos serviços estatais. Além disso, o fenômeno inflacionário, que ensejou a edição de planos e pacotes econômicos, contribuiu para grandes ondas de reclamações endereçadas ao Judiciário.

Tais situações contribuíram também para o chamado ativismo judicial de parte considerável dos magistrados e Tribunais, fato que acaba por retroalimentar a judicialização de debates e embates que deveriam ficar nas esferas dos Poderes Executivo e Legislativo.[2]

---

[2] Como advertiu o Ministro Nelson Jobim, em seu discurso de posse no Supremo Tribunal Federal: "A decisão judiciária não pode se produzir fora dos conteúdos da lei – lei essa

Cap. 11 · MEDIAÇÃO E IMPACTOS POSITIVOS PARA O JUDICIÁRIO | **223**

Ademais, o Brasil está entre os países campeões de edição de leis, com um verdadeiro *cipoal legislativo*. Muitas dessas leis não são observadas, outras trazem antagonismos, contradições e divergências de interpretação, gerando novas controvérsias.

Nosso País também é um dos campeões do mundo, se não for o grande campeão, em quantidade de cursos jurídicos, que se multiplicaram assustadoramente nas últimas décadas. Não obstante os baixos índices de aprovação nos exames promovidos pela Ordem dos Advogados, o Brasil talvez seja um dos países onde mais se encontram advogados.

Se o grande despertar da sociedade brasileira (que se vale, inclusive, do inédito fluxo de informações pelo mundo digital) é um fator extremamente positivo para o aprimoramento das relações econômicas e sociais, é fato que tal realidade exige novas soluções.

Por fim, não se pode ignorar outro ponto que talvez esteja na base da maior parte dos problemas enfrentados pelo Judiciário quanto ao volume de processos. Os cursos jurídicos no Brasil, desde sua fundação em 1827, há quase duzentos anos, preparam o profissional do Direito para o confronto. A cultura reinante no mundo jurídico é a do litígio, que alimenta a chamada "indústria do contencioso".

Não obstante a eclosão de conflitos judiciais, ainda há enormes contingentes da população brasileira sem acesso à Justiça.

Em meio às inovações da sociedade digital, se mantido o tradicional objetivo de aparelhar o profissional do Direito apenas para buscar soluções na esfera formal do Judiciário, na arena clássica do contencioso, a ineficiência da Justiça tende a se agravar, em prejuízo do próprio jurisdicionado.

Portanto, para que o Estado brasileiro, em particular o Poder Judiciário, possa dar conta de suas atribuições de prover justiça e segurança, assegurando-se aos cidadãos soluções em tempo razoável e economicamente tolerável, há uma série de caminhos a percorrer.

Um deles é a gestão da máquina judiciária, tema que tem merecido nos últimos anos a atenção crescente de importantes lideranças. Essa agenda abarca pontos como capacitação gerencial de magistrados e servidores, informatização

---

democraticamente assentada em processo político, constitucionalmente válido. Não há espaço legítimo para soberanismos judiciários estribados na visão mística de poder sem voto e sem povo. A mensagem democrática e republicana é simples: cada um em seu lugar; cada um com sua função" (BRASIL. STF. *Discurso de Posse do Ministro Nelson Jobim*. Disponível em: <http://www.stf.jus.br/arquivo/cms/publicacaoPublicacaoInstitucional-PossePresidencial/anexo/Plaqueta_de_Posse_Ministro_Nelson_Jobim_na_Presidencia.pdf.>. Acesso em: 30 jan. 2014).

do processo, ritualização de procedimentos em reverência ao cumprimento da legislação que dispõe sobre prazos processuais[3] e, aspecto polêmico e fundamental, a otimização das verbas orçamentárias disponíveis.

Aliás, a questão orçamentária é uma das graves equações do Judiciário no Brasil e no mundo: como compatibilizar demandas judiciais ilimitadas com orçamentos fiscais cada dia mais limitados? A propósito, o presidente da Suprema Corte dos Estados Unidos, John Roberts, fez sérias advertências sobre as dificuldades de se manter uma justiça eficiente em face das limitações orçamentárias fixadas pelo Congresso daquele País.[4]

Outro caminho a pavimentar é a racionalização da estrutura recursal existente. Embora a solução para desafogar o Judiciário não seja, de tempos em tempos, conceber uma "reforma do Código de Processo Civil" como panaceia, é verdade que o arsenal de recursos à disposição das partes tende a postergar a entrega definitiva da prestação jurisdicional, razão por que o aprimoramento de filtros processuais é medida que se impõe.[5]

Um exemplo é o estabelecimento de novos requisitos para acessar os Tribunais Superiores, como a exigência da *repercussão geral*, já adotada para o Recurso Extraordinário e sugerida para o Recurso Especial.[6] Outra medida é o aprimo-

---

[3]   Como destacava Humberto Theodoro Júnior na década de 90 do século passado, com sua experiência de magistrado e advogado, um dos graves problemas do Judiciário encontra-se "nas suas superadas e caóticas rotinas de trabalho", situação que reclama sua reorganização funcional em nome da elevação do nível do serviço judiciário.(FERNANDES, Bernardo Gonçalves; PEDRON, Flávio Quinaud. *O Poder Judiciário e(m)crise*. Rio de Janeiro: Lumen Juris, 2008. p. 131).

[4]   ROBERTS, John. Unlike most Executive Branch agencies, the courts do not have discretionary programs they can eliminate or postpone in response do budget cuts – 2013 Year-End Report on the Federal Judiciary. *Washington Post*, 1º jan. 2014. Disponível em: <http://www.supremecourt.gov/publicinfo/year-end2013year-endreport.pdf>. Acesso em: 29 jan. 2014.

[5]   Conforme observou o Ministro Félix Fisher, ao tomar posse na Presidência do STJ: "Penso, também, que nós, do Superior Tribunal de Justiça, devemos ter a iniciativa de buscar alterações legislativas que afastem de vez a imagem errônea de que esta Casa seja uma 'terceira instância' recursal. Tribunal Superior não é Tribunal de Apelação! (...) Portanto, repito, filtros adicionais ou óbices recursais, remontando à sistemática anterior, devem ser urgentemente reativados. Caso contrário, a prática existente continuará a servir aos interesses de quem se beneficia com processos de eterna duração" (BRASIL. STJ. *Discurso de posse na presidência do STJ*, Disponível em: <http://ns2.stj.gov.br/portal_stj/publicacao/download.wsp?tmp.arquivo=2641>. Acesso em: 29 jan. 2014).

[6]   BRASIL. Câmara dos Deputados. *Proposta de Emenda Constitucional 209, de 2012*. Disponível em: <http://www.camara.gov.br/proposicoesWeb/fichadetramitacao?idProposicao=553947>. Acesso em: 10 jan. 2014.

ramento do instituto, já em curso, dos Recursos Repetitivos, com a identificação, seleção e julgamento de matérias repetitivas que abarrotam os tribunais brasileiros.

A força que se pretende conferir aos precedentes pelo novo Código de Processo Civil de 2015 insere-se nesse contexto de dar efetividade às decisões judiciais, com maior qualidade e em tempo menor.

De uma forma estrutural, com a fixação de programas de execução no curto, médio e longo prazos, os cursos jurídicos devem se atualizar e preparar o profissional do Direito não apenas para o embate litigioso e o enfrentamento adversarial, mas também para a prevenção de conflitos e sua superação por mecanismos extrajudiciais de autocomposição.

A exemplo do médico, que deve estar habilitado não só a fazer a cirurgia, não só a prescrever um medicamento, mas também a orientar o paciente sobre as formas possíveis e desejáveis de prevenção das doenças, o advogado também deve estar aparelhado para orientar seu cliente sobre as múltiplas formas de prevenir e equacionar conflitos.

A morosidade do Judiciário só interessa aos que não têm razão ou aos que fazem cálculos sobre a conveniência financeira de postergar uma obrigação contratual e aguardar, para muitos anos depois, uma sentença que lhe obrigue a honrá-la, fenômeno que faz aumentar brutalmente o custo dos investimentos, o chamado "custo Brasil".

De nada valem leis modernas, e o Brasil as tem em razoável quantidade, se não houver mecanismos institucionais que garantam sua aplicação e efetividade.

2. A MEDIAÇÃO COMO FORMA DE PREVENÇÃO E RESOLUÇÃO DE CONFLITOS: IMPACTOS PARA O JUDICIÁRIO

O Poder Judiciário não deve ser visto como o caminho natural para a resolução de conflitos.

A disseminação de outros métodos de resolução de conflitos, como a negociação, a mediação e a arbitragem, é uma tendência saudável para a maior eficiência da distribuição da justiça. Aliás, tais institutos não são formas "alternativas", e sim formas iniciais, formas primeiras, formas "adequadas" de resolução de conflitos, inclusive porque precedem, historicamente falando, a própria criação do aparelho estatal nacional.

Trata-se da criação de um sistema *multiportas* de solução de controvérsias.

Embora seja vista como relativa novidade nos meios forenses, a mediação já funcionou noutros tempos em várias culturas, inclusive em sociedades do Ocidente, como uma forma primária de resolução de disputas, precedendo até mesmo os estados nacionais e a organização judicial nos moldes que os conhecemos nos últimos dois séculos.[7]

O mediador é uma pessoa neutra em relação aos interesses contrapostos, escolhida de comum acordo pelas partes, ou pertencente à câmara de mediação a que as partes livremente se vincularam, ou ainda, no caso da mediação judicial, cadastrado no juízo ou tribunal em que distribuído o processo no âmbito do qual poderá se instalar a mediação. Ao contrário do árbitro, que funciona como um juiz privado, o mediador não tem a incumbência de decidir o litígio, mas sim ajudar, de forma isenta, imparcial e independente, na construção de uma solução equilibrada para as partes em conflito. Portanto, o mediador deve gozar da confiança das partes, sob pena de viciar o processo de construção de consenso.

Na mediação extrajudicial, que corre à margem do Judiciário, existe maior liberdade para a escolha do mediador, bastando que este tenha a confiança das partes, seja imparcial, independente e se considere capacitado para fazer a mediação.

Neste artigo tratamos da mediação em sentido amplo, que se desdobra em mediação extrajudicial (fora dos limites do Judiciário) ou judicial (no âmbito do Judiciário, ou seja, já iniciado o processo judicial).

Boa parte dos doutrinadores entende que a mediação seria marcada por uma passividade maior do mediador, enquanto a conciliação teria no conciliador uma proatividade na construção de um acordo. A verdade, porém, é que há dissenso doutrinário sobre as reais diferenças entre mediação e conciliação, pois ora são tratadas como institutos diversos, ora como o instituto da mediação em sentido amplo.[8]

Em linha com os debates havidos na Comissão de Juristas do Senado Federal para a Reforma da Lei de Arbitragem e Mediação, adotamos neste texto a tipologia clássica e genérica de apenas três métodos de resolução extrajudicial de conflitos, ou seja, negociação, *mediação* (incluindo a conciliação) e arbitragem.

No entanto, vale registrar que o Código de Processo Civil, de 2015, promoveu expressa distinção entre "conciliadores" e "mediadores", a ser observada ao menos na esfera judicial.[9]

---

[7]   KOVACH, Kimberlee K. *Mediation*. Thomson West Group, 2003. p. 1.

[8]   BRUNO, Susana. *Conciliação*. Belo Horizonte: Fórum, 2012. p. 70.

[9]   O art. 165 do CPC, ao tratar dos "conciliadores e mediadores judiciais", estabelece em seu § 2º que "o conciliador, que atuará preferencialmente nos casos em que não houver vínculo anterior entre as partes, poderá sugerir soluções para o litígio, sendo vedada a utilização de qualquer tipo de constrangimento ou intimidação para que as partes conciliem"; já o § 3º do mesmo artigo define que "o mediador, que atuará preferencialmente nos casos em que houver vínculo anterior entre as partes, auxiliará aos interessados a compreender as questões e os interesses em conflito, de modo que eles possam, pelo restabelecimento da comunicação, identificar, por si próprios, soluções consensuais que gerem benefícios mútuos".

Cap. 11 · MEDIAÇÃO E IMPACTOS POSITIVOS PARA O JUDICIÁRIO | 227

Em linhas gerais, o mediador tem a incumbência de clarificar as razões reais da disputa e as possíveis soluções e, considerando o eventual nível de hostilidade entre as partes, trabalhar para que as discussões ocorram com urbanidade e respeito recíprocos, inclusive para que cada uma delas possa discernir quais são seus interesses reais e suas paixões momentâneas. No curso de um processo judicial adversarial dificilmente o magistrado conseguiria assumir essa tarefa de distensionamento das partes.

Em qualquer situação, uma das grandes habilidades do mediador é saber ouvir.[10]

Há conflitos que se originam na deficiência da comunicação entre as partes e que poderiam ser mitigados com o instituto da mediação.

É clássico o exemplo das duas crianças que disputavam uma mesma laranja. A mãe, numa decisão pretensamente salomônica, cortou rapidamente a laranja em duas partes, pois dessa forma imaginara resolver o conflito. Porém, a mãe fica frustrada ao saber depois que uma das crianças pretendia dispor da laranja para preparar e beber um suco, já a outra disputava a mesma fruta porque seu desejo era aproveitar a casca para fazer um adorno. Se oportunamente esclarecida a vontade das duas crianças que reivindicavam a mesma laranja, logo se verificaria que os interesses eram conciliáveis. Portanto, a decisão da mãe revelou-se equivocada. Em tal exemplo nota-se que faltou comunicação ou clareza das "partes" sobre as reais causas do enfrentamento.

A pessoa ou profissional que assumir a função de mediador deve se empenhar na aproximação das partes em conflito, na identificação dos pontos controvertidos realmente relevantes, bem como na superação de ânimos e antagonismos emocionais.

A mediação, por ensejar o acordo, tem como regra a preservação de relações amistosas entre as partes para além do conflito. Em determinadas situações, sob a ótica negocial, profissional, social ou mesmo institucional, a manutenção do relacionamento entre as partes após o conflito é algo relevante. Já no contencioso, especialmente nos processos judiciais que se arrastam por longo tempo, dificilmente a relação cordial ou a cooperação entre as partes sobreviverá à solução da controvérsia.

Na mediação extrajudicial, regida por marco legal específico (Lei 13.140/2015), e na qual há de prevalecer maior liberdade entre aqueles que escolheram de co-

---

[10] "Listening skills are essential. The mediator listens to acquire information and to model behavior for the disputing parties. Many lawyers have a difficult time practicing the art of listening" (NOLAN-HALEY, Jacqueline M. *Alternative dispute resolution*. Thomson West Group, 2008, p. 90).

mum acordo o mediador ou a câmara de mediação, entendo que o mediador poderá, especialmente em conflitos empresariais, sugerir possíveis soluções para a autocomposição (papel reservado apenas ao conciliador judicial nos conflitos judiciais), sem que tal comportamento signifique afronta ao princípio da "imparcialidade do mediador" (art. 2º, I), até porque a mediação também se pauta pelo princípio da "busca do consenso" (art. 2º, VI).

Na mediação, um dos princípios é evitar o velho binômio *ganhador* e *perdedor*. O que se pretende, na medida do possível, é o jogo do *ganha/ganha*, não o do *ganha/perde* tão comum nas lides processuais. Na prática forense tradicional, a depender da natureza da demanda judicial, o que se tem com a perpetuação do litígio é algo ainda pior, é o *perde/perde*.

Aqui temos outro ponto que diferencia o instituto da mediação em face da arbitragem, pois ainda que esta última seja concebida como uma forma de resolução extrajudicial de conflito, posto que o árbitro é privado e definido de comum acordo entre as partes, haverá uma decisão em favor de um em detrimento de outro, ou seja, a solução não passará pela criação de um consenso.

Por essas razões, como já salientou a Ministra Nancy Andrighi, do Superior Tribunal de Justiça, o instituto da mediação propicia a "cultura de pacificação e inclusão social".[11]

É comum constatar, em diversas situações, que o autor de uma demanda judicial sequer formulou, ainda que cabível, um requerimento administrativo ou extrajudicial. Nem mesmo buscou demonstrar a configuração da pretensão resistida. O autor vai a juízo sem sequer ter procurado a parte "adversária", ou seja, sem ao menos ter havido a explicitação da resistência daquele que passa a figurar como réu, dando início à mobilização da máquina judiciária sem a revelação do interesse de agir.

Se tais processos judiciais nem sempre oneram o autor, é certo que a movimentação da estrutura do Judiciário produz ônus para as finanças públicas e, por consequência, para a própria sociedade.

A Argentina adotou uma sistemática pela qual, para matérias civis e comerciais, com algumas exceções, é obrigatória a tentativa de obtenção de consenso antes de o autor do pleito bater às portas do Poder Judiciário.[12]

---

[11] GROSMAN, Cláudia Frankel. MANDELBAUM, Helena Gurfinkel (org.). *Mediação no Judiciário*: teoria na prática e prática na teoria, São Paulo: Primavera Editorial, 2011. Prefácio da Ministra Fátima Nancy Andrighi.

[12] ARGENTINA. *Ley 24.573, de 1995*. Disponível em: <http://infoleg.mecon.gov.ar/infolegInternet/anexos/25000-29999/29037/norma.htm>. Acesso em: 29 jan. 2014.

A audiência de conciliação ou de mediação, prevista no art. 334 do novo Código de Processo Civil, tem como premissa a necessidade de se tentar a composição antes de o processo judicial ter continuidade. Entretanto, como tal audiência se dará no âmbito estatal, pois já deflagrado o processo judicial, não se estimulou, como pareceria mais produtivo, a prévia forma "extrajudicial" de resolução de controvérsia.

A mediação é tema de uma das *Diretivas* da Comunidade Econômica Europeia (Diretiva 52/2008) como mecanismo de solução de conflitos, ao largo do aparato judiciário estatal.

Em 2010, a legislação italiana (Decreto Legislativo 28/2010), que sempre funcionou como referência obrigatória para os processualistas brasileiros, passou a dar grande atenção à *mediazione* nos conflitos civis e comerciais, como forma de resolução não contenciosa de controvérsias.

Várias iniciativas foram deflagradas no Judiciário brasileiro, em especial a partir da Resolução 125, de 2010, do Conselho Nacional de Justiça (CNJ), que dispõe:

> Cabe ao Judiciário estabelecer política pública de tratamento adequado dos problemas jurídicos e dos conflitos de interesses, que ocorrem em larga e crescente escala na sociedade, de forma a organizar, em âmbito nacional, não somente os serviços prestados nos processos judiciais, como também os que possam sê-lo mediante outros mecanismos de solução de conflitos, em especial dos consensuais, como a mediação e a conciliação.

As experiências de Tribunais de Justiça e Secretarias de Estado e de Municípios na criação de espaços de mediação (e de conciliação) espalham-se em intensidade cada dia maior pelo Brasil, despertando o crescente interesse dos operadores do Direito pela mediação. Em tais iniciativas já é possível constatar que disputas que tramitariam por longos anos são equacionadas em apenas algumas semanas.

Numa sociedade cada dia mais dinâmica, é indispensável repensar as formas de resolução de conflitos.

Mesmo que a mediação não seja, pela legislação brasileira, uma etapa obrigatória para se chegar ao Judiciário, a propagação desse instituto, que tem na voluntariedade um dos seus traços marcantes, poderá ajudar significativamente na redução da litigiosidade.

No âmbito das relações contratuais, hoje se nota em alguns setores da economia brasileira a adoção de cláusulas compromissórias para a mediação extrajudicial.[13] Outro fenômeno observado em contratos empresariais é a adoção da

---

[13] É o caso do setor da construção civil em São Paulo, em que se tem a sugestão do seguinte comando: "Toda e qualquer divergência oriunda do presente contrato será, como primeira

chamada cláusula *med-arb*, ou cláusula arbitral escalonada, pela qual as partes assumem o compromisso de, primeiro, submeterem-se à mediação e, caso não haja a resolução da controvérsia, à arbitragem.[14]

A mediação tende a exercer papel relevante na redução do congestionamento de demandas junto ao Poder Judiciário, o que já seria, à primeira vista, uma contribuição *quantitativa* para a resolução de conflitos. Mas haverá ainda contribuição *qualitativa* na distribuição de justiça, seja pelo fato de que, ao concorrer para desafogar o aparato estatal judicial, esse instituto estará ajudando a dar as condições para que o Judiciário aprecie com mais atenção e em tempo razoável os casos que lhe são submetidos, seja porque as próprias soluções produzidas pela mediação vão ensejar uma melhora de qualidade do processo decisório, pois serão fruto da discussão e do consenso.

Com o disciplinamento legal do instituto da mediação e com o espaço dado à mediação judicial no novo Código de Processo Civil, em sintonia com outras medidas voltadas para o aperfeiçoamento do Judiciário, o Brasil poderá iniciar a reversão da escalada de crescimento dos processos judiciais, pois o Estado-juiz, num estágio ideal, somente seria provocado depois de envidados os esforços de criação de consenso entre as partes.

2.1. O novo marco legal da mediação

A Lei 13.140, de 2015, dispõe sobre a mediação entre particulares como meio de solução de controvérsias e sobre a autocomposição de conflitos no âmbito da administração pública.

A proposta de marco legal para a mediação aprovada pelo Senado Federal, consubstanciada no Substitutivo do Senador Vital do Rego, resultou da fusão de três projetos de lei: O Projeto de Lei do Senado 517, de 2011, do Senador Ricardo Ferraço, tratando da mediação; o Projeto 405, de 2013, do Senador Renan Calheiros, decorrente da proposta da Comissão de Juristas do Senado Federal para a Reforma da Lei da Arbitragem e Mediação, dispondo sobre a mediação extrajudicial; o Projeto 434, de 2013, do Senador José Pimentel, decorrente da proposta da Comissão de Juristas criada pelo Ministério da Justiça, tratando da mediação, com ênfase na mediação judicial.

---

alternativa, solucionada amigavelmente por mediação, ficando desde já eleita para este fim a Câmara de Mediação do SECOVI-SP".

[14] Sobre a *cláusula arbitral escalonada*, vale conferir os esclarecimentos feitos por Carlos Alberto Carmona (*Arbitragem e processo*. 3. ed. São Paulo: Atlas, 2009. p. 34).

O Projeto de Lei 405/2013, elaborado pela Comissão de Juristas do Senado Federal, tratava apenas da mediação extrajudicial, estabelecendo regras gerais para o funcionamento do instituto, de modo a conferir-lhe maior segurança e eficácia, sem, contudo, retirar-lhe a necessária flexibilidade que deve estar à disposição das partes.

Como assinalado na "Justificação" do referido Projeto, o II Pacto Republicano de Estado, firmado pelos chefes dos três Poderes da República em favor de um sistema de justiça mais acessível, ágil e efetivo, enfatizou a necessidade de "fortalecer a mediação e a conciliação, estimulando a resolução de conflitos por meios autocompositivos, voltados a maior pacificação social e menor judicialização".

Por sua vez, o Projeto de Lei 434/2013, resultante da Comissão de Juristas criada no âmbito do Ministério da Justiça, centrou suas atenções na mediação judicial, modalidade em que, por já se considerar deflagrado o processo judicial, há maior disciplinamento legal acerca dos atributos exigidos pelo mediador.

Tais proposições legislativas, condensadas e harmonizadas por meio do Substitutivo do Senado, ensejaram um proveitoso debate nas duas Casas do Congresso Nacional.[15]

A Lei da Mediação, embora seja norma específica de um instituto, terá que ser vista e interpretada em harmonia com o Código de Processo Civil de 2015, o qual prevê em seu art. 3º:

> Art. 3º Não se excluirá da apreciação jurisdicional ameaça ou lesão a direito.
>
> § 1º É permitida a arbitragem, na forma da lei.
>
> *§ 2º O Estado promoverá, sempre que possível, a solução consensual dos conflitos.*
>
> *§ 3º A conciliação, a mediação e outros métodos de solução consensual de conflitos deverão ser estimulados por juízes, advogados, defensores públicos e membros do Ministério Público, inclusive no curso do processo judicial.* (grifo nosso)

Portanto, a mediação deverá ser incentivada pelo Estado como política pública, tanto no curso do processo judicial como fora dos limites do Poder Judiciário.[16]

---

[15] Na Câmara dos Deputados, na forma do Projeto de Lei 7.169-C, os debates parlamentares foram conduzidos pelos Deputados Alex Canziani e Sérgio Zveiter, além do Deputado Paulo Teixeira, em face da Relatoria do Projeto do Código de Processo Civil.

[16] Segundo Vallisney de Souza Oliveira, "as soluções compositivas atuais diferenciadas da jurisdição constituem forma democrática, simples e informal de solução litigiosa, com ou sem a participação do juiz, de onde vem a esperança de que, com o seu incremento no Código de Processo Civil de 2015, possa melhorar o acesso e o aumento da parcela da população beneficiada com a justiça" (*O juiz e o novo Código de Processo Civil*. Curitiba: Editora CRV, 2016. p. 101-102).

De acordo com o parágrafo único do art. 1º da Lei 13.140/2015, "considera-se mediação a atividade técnica exercida por terceiro imparcial sem poder decisório, que, escolhido ou aceito pelas partes, as auxilia e estimula a identificar ou desenvolver soluções consensuais para a controvérsia".

O art. 2º da Lei 13.140/2015 estabelece ainda que a mediação deve orientar-se pelos seguintes princípios: imparcialidade do mediador, isonomia entre as partes, oralidade, informalidade, autonomia da vontade das partes, busca do consenso, confidencialidade e boa-fé.[17]

Como regra geral, "pode ser objeto de mediação o conflito que verse sobre direitos disponíveis ou sobre direitos indisponíveis que admitam transação" (art. 3º, *caput*), com a ressalva de que "o consenso das partes envolvendo direitos indisponíveis, mas transigíveis, deve ser homologado em juízo, exigida a oitiva do Ministério Público" (art. 3º, § 2º).

A Lei 13.140/2015 pretende ampliar a aplicação de tal instituto, estimulando as mediações não apenas em matérias civis e comerciais, mas também nas questões comunitárias, escolares, trabalhistas, coletivas e, o que merece destaque, com a administração pública.

Um dos pontos mais debatidos na Comissão de Juristas do Senado foi a necessidade ou não de fixação de requisitos mínimos para a atuação como mediador.

De forma lógica e correta, a Lei 13.140/2015 promoveu clara distinção entre a mediação extrajudicial e a mediação judicial, tendo aquela mais liberdade que esta para definir o perfil do mediador.

Assim, no tocante à mediação extrajudicial, o art. 9º do novo marco legal estabeleceu que "poderá funcionar como mediador extrajudicial qualquer pessoa capaz que tenha a confiança das partes e seja capacitada para fazer mediação, independentemente de integrar qualquer tipo de conselho, entidade de classe ou associação, ou nele inscrever-se".

Já em relação à mediação judicial, o art. 11 da Lei 13.140/2015 definiu que "poderá atuar como mediador judicial a pessoa capaz, graduada há pelo menos dois anos em curso de ensino superior de instituição reconhecida pelo Ministério da Educação e que tenha obtido capacitação em escola ou instituição de formação de mediadores, reconhecida pela Escola Nacional de Formação e Aperfeiçoamento de Magistrados – ENFAM ou pelos tribunais, observados os requisitos mínimos estabelecidos pelo Conselho Nacional de Justiça em conjunto com o Ministério da Justiça".

---

[17] Durante os trabalhos da "I Jornada de Prevenção e Solução Extrajudicial de Litígios", recomendou-se a orientação da mediação também pelo princípio da "decisão informada" (Enunciado 41). O novo CPC, no *caput* do art. 166, por sua vez, fez menção expressa a tal princípio.

É compreensível que a mediação judicial, no âmbito do próprio Estado, tenha a previsão de ser algo mais formal e ritualizado. No entanto, é fundamental que seja assegurada às partes, na mediação extrajudicial, a liberdade tanto para a eleição do mediador como para a forma como se dará a mediação, sob pena de tal instituto, adotado à margem do Estado, ser desestimulado e até mesmo reprimido.

Para atuar com isenção e independência, o mediador deverá, antes de aceitar a função, revelar (*disclosure*)[18] qualquer fato ou circunstância que possa suscitar dúvida razoável em relação à sua neutralidade no caso em questão.

O *disclosure of conflict of interest*, além de ser um ato elementar da boa fé e ponto vital para a credibilidade do instituto, tem previsão expressa no parágrafo único do art. 5º da Lei 13.140/2015:

> Art. 5º Aplicam-se ao mediador as mesmas hipóteses legais de impedimento e suspeição do juiz.
>
> Parágrafo único. A pessoa designada para atuar como mediador tem o dever de revelar às partes, antes da aceitação da função, qualquer fato ou circunstância que possa suscitar dúvida justificada em relação à sua imparcialidade para mediar o conflito, oportunidade em que poderá ser recusado por qualquer delas.

A Lei 13.140/2015 (arts. 6º e 7º) trouxe ainda algumas situações de impedimento para o mediador.

Além da avaliação acerca da imparcialidade e isenção do mediador, há de se fazer uma reflexão inicial, a que os norte-americanos dão o nome de *screening*, sobre a adequação do tema ao objeto da mediação, tanto sob a ótica legal quanto de conveniência, bem como indagar às partes se realmente estão dispostas ao processo – voluntário – da mediação.

O art. 17 da Lei 13.140/2015 estabelece que "considera-se instituída a mediação na data para a qual for marcada a primeira reunião de mediação" (*caput*), cumprindo destacar que "enquanto transcorrer o procedimento de mediação ficará suspenso o prazo prescricional" (parágrafo único).

A confidencialidade na mediação, como regra geral e com as ressalvas cabíveis para a administração pública, em contraposição ao princípio da publicidade dos atos processuais, consiste noutra grande vantagem para a adoção da mediação em assuntos nos quais as partes, por razões pessoais, políticas ou econômicas, não desejam exposição do conflito.

---

[18] NOLAN-HALEY, Jacqueline M. *Alternative dispute resolution*. Thomson West Group, 2008. p. 76.

ARBITRAGEM E MEDIAÇÃO

Embora seja natural que nos conflitos empresariais as partes estejam representadas por advogados, outro ponto a considerar em favor da adoção do instituto da mediação (mediação extrajudicial) é a ausência, como conceito geral, da obrigatoriedade de a parte ser assistida por esse profissional do direito, o que tende a tornar menos oneroso o processo de solução da controvérsia. Entretanto, na hipótese de uma das partes comparecer acompanhada de advogado ou defensor público, o mediador terá que, em nome da paridade de armas, suspender o procedimento, até que todas estejam devidamente assistidas.[19]

Já em relação ao disciplinamento feito pelo Código de Processo Civil de 2015, foi estabelecido que, para a audiência de conciliação ou mediação *judicial*, "as partes devem estar acompanhadas por seus advogados ou defensores públicos" (art. 334, § 9º).

A exemplo do que tem ocorrido com a arbitragem, é razoável supor que existe a tendência de se abrir um mercado de oportunidades profissionais para o advogado em face da mediação e da conciliação judicial, seja para assessorar a parte, seja para funcionar como mediador ou conciliador.

Em uma sociedade pautada pela tecnologia digital, ou seja, em tempos de *internet, Google, YouTube, IPad, smartphones*, redes sociais, *skype, ebooks*, teleconferências, ferramentas que multiplicaram espetacularmente as formas de acesso à informação, a comunidade jurídica deve interagir com as inovações tecnológicas que proporcionam maior celeridade, menor custo e maiores ganhos de produtividade, daí a previsão da mediação pela *internet* ou por outro meio de comunicação que permita a transação à distância, nos termos do art. 46 da Lei 13.140/2015.[20]

Sob a ótica das partes em conflito, e sob o ângulo do aprimoramento das relações sociais e econômicas, para não mencionar também os aspectos de limitações orçamentárias do poder estatal, a mediação poderia ser vista como método *primeiro* de autocomposição, e não um método *alternativo* de solução de controvérsia, afastando-se, por consequência, a cultura da procura automática do Judiciário.

As normas de conduta dos advogados em alguns estados norte-americanos já impõem ao profissional do direito a obrigatoriedade de mostrar ao seu cliente,

---

[19] A Lei 13.140/2015 estabelece textualmente: "Art. 10. As partes poderão ser assistidas por advogados ou defensores públicos. Parágrafo único. Comparecendo uma das partes acompanhada de advogado ou defensor público, o mediador suspenderá o procedimento, até que todas estejam devidamente assistidas".

[20] A mediação pela internet foi uma oportuna sugestão do advogado Marcelo Nobre, membro da Comissão de Juristas do Senado Federal para a Reforma da Lei de Arbitragem e Mediação. O CPC de 2015, em seu art. 334, § 7º, também prevê: "a audiência de conciliação ou de mediação pode realizar-se por meio eletrônico, nos termo da lei".

antes do ajuizamento de qualquer demanda, a possibilidade de outras formas de resolução de conflitos. Trata-se de um movimento que nasceu na década de setenta do século passado e que teve a própria ordem de classe dos advogados americanos (*American Bar Association*) como um dos apoiadores. Tal movimento espalhou-se gradativamente para as faculdades de direito, a ponto de hoje a maioria delas ter em seu currículo a disciplina sobre métodos de resolução de conflitos.

Vale registrar que o Ministro Luís Felipe Salomão, nas conclusões dos trabalhos da Comissão de Juristas do Senado Federal para a Reforma da Lei de Arbitragem e Mediação, e na condição de seu presidente, endereçou manifestação à Ordem dos Advogados do Brasil com recomendação para que se introduzam, nos exames de seleção para a advocacia, questões relativas à mediação e à arbitragem.

Passo importante para o incentivo à mediação foi a previsão da Lei 13.140/2015 para que tal instituto possa ser aplicável às controvérsias em que for parte a Administração Pública, desde que observadas as solenidades previstas constitucional e legalmente.

A Lei 13.140/2015, ao admitir expressamente a mediação para composição de conflitos entre órgãos da administração pública, e também entre esses órgãos e particulares, ainda que dentro de certos limites, deu um passo significativo rumo à celeridade, segurança e eficiência do Judiciário, especialmente pelo fato de que o poder estatal é, ele mesmo, tradicionalmente, um grande gerador de processos judiciais.[21] Aliás, a nova realidade legal (Lei 13.140/2015 e CPC/2015) não apenas admite, mas vai além e cria mecanismos objetivos para a prática da mediação em conflitos com a administração pública ou entre os diversos órgãos que a integram.

De acordo com o parágrafo único do art. 20 da Lei 13.140/2015, "o termo final de mediação, na hipótese de celebração de acordo, constitui título executivo extrajudicial e, quando homologado judicialmente, título executivo judicial".[22]

Com as inovações trazidas pelo marco legal da mediação, verdadeira mudança de concepção, incrementa-se a possibilidade de mediação de conflitos relativos a

---

[21] Os arts. 32 a 40, bem como os arts. 43, 44 e 45 da Lei 13.140/2015 tratam especificamente do tema. O Código de Processo Civil também dá atenção à mediação (e conciliação), prevendo em seu art. 174 que "a União, os Estados, o Distrito Federal e os Municípios criarão câmaras de mediação e conciliação, com atribuições relacionadas à solução consensual de conflitos no âmbito administrativo, tais como: I – dirimir conflitos envolvendo órgãos e entidades da administração pública; II – avaliar a admissibilidade dos pedidos de resolução de conflitos, por meio de conciliação, no âmbito da administração pública; III – promover, quando couber, a celebração de termo de ajustamento de conduta".

[22] O CPC de 2015 aborda o tema em seus arts. 515 e 784, dispondo respectivamente sobre títulos executivos judiciais e extrajudiciais. A interpretação deve ser sistemática entre os dois diplomas legais.

políticas públicas que dispõem sobre a concretização de direitos coletivos,[23] o que pode contribuir para mitigar o que hoje se constitui numa das maiores matrizes de conflitos em massa do Judiciário brasileiro.

3. CONCLUSÕES E ADVERTÊNCIAS

O Brasil tem pela frente o desafio de superar o alto grau de litigiosidade que impede a efetiva prestação jurisdicional.

O volume excessivo de processos, sem paralelo em países desenvolvidos, impede o Judiciário de julgar em tempo razoável e com qualidade, ampliando-se potencialmente a "percepção imperfeita" do magistrado sobre o enquadramento do problema em discussão e sua melhor solução.

É forçoso repensar os cursos jurídicos brasileiros, ainda presos, em sua maioria, às velhas estruturas das aulas com preleções e monólogos, que se voltam para a litigância judicial e para a chamada "indústria do contencioso".

Em processos de seleção, é comum ouvirmos de estudantes de Direito a confissão de que, ao cursarem a disciplina de "Contratos" em seus cursos de graduação, não leram ou redigiram qualquer instrumento contratual ou termo de acordo.

Como a adoção de um sistema *multiportas* de resolução de conflitos, é de se esperar que o estudante de Direito, ao longo de cinco anos de faculdade, possa se preparar para atuar como mediador de conflitos, árbitro ou construtor de soluções.[24]

A adoção de tais políticas não significa fragilizar ou desprestigiar o Poder Judiciário. Pelo contrário, essa nova prática vai contribuir para conferir ao aparato estatal jurisdicional maior acessibilidade, autoridade e eficiência.

Entretanto, embora seja desejável alcançar a solução consensual, é preciso oferecer salvaguardas às partes para que o peso das estatísticas não venha a pres-

---

[23] SOUZA, Luciane Moessa de. *Mediação de conflitos coletivos*. Belo Horizonte: Fórum, 2012.

[24] Na Faculdade de Direito da Universidade de Harvard há um curso regular de negociação para estudantes, o qual está sintetizado no livro "Como Chegar ao Sim". Em tal curso há conceitos metodológicos, tais como: "Separe as Pessoas do Problema", "Concentre-se nos Interesses, não nas Posições", "Crie Opções de Ganhos Mútuos" e "Insista em Critérios Objetivos". Embora trate especificamente da negociação, tal obra contém dicas preciosas para todo aquele que pretenda atuar em processos de construção de soluções consensuais (FISCHER, Roger; URY, William; PATTON, Bruce. *Como chegar ao sim* – projeto de negociação da Harvard Law School. 2. ed. Rio de Janeiro: Imago, 1994).

sionar magistrado, mediador ou conciliador judicial, a forçar composições que, embora encerrem o processo, não vão traduzir a vontade das partes.[25]

O art. 3º do CPC, ao estabelecer que "o Estado promoverá, sempre que possível, a solução consensual dos conflitos" (§ 2º) e preconizar que "a conciliação, a mediação e outros métodos de solução consensual de conflitos deverão ser estimulados por juízes, advogados, defensores públicos e membros do Ministério Público, inclusive no curso do processo judicial" (§ 3º), não pode ser invocado para legitimar eventuais desvirtuamentos no exercício do poder estatal que tenha por finalidade o encerramento do processo a qualquer custo.[26]

A propósito, vale advertir que o instituto da mediação tem como pressuposto a chamada *paridade* de armas. Apenas em ambientes de razoável igualdade socioeconômica e intelectual, será possível prosperar tal instituto. Mesmo entre os presumivelmente iguais, o mediador (ou conciliador) exerce papel fundamental para que o equilíbrio seja mantido.

Ao mesmo tempo, no caso da mediação judicial, também não se pode admitir qualquer conduta de má fé de uma das partes em litígio que, sob a dissimulada pretensão de buscar a autocomposição no âmbito das audiências de mediação e conciliação[27] ou em outra fase do processo, tenha por objetivo, de fato, apenas a procrastinação de uma solução que lhe seria desfavorável.

A criação de instâncias de mediação no interior da máquina estatal, seja nas administrações públicas ou no Judiciário, também vai precisar de mecanismos de transparência e de autocontrole, de modo a evitar burocratizações excessivas, o que acabaria por onerar ainda mais o Estado com estrutura de pessoal, sem a contrapartida da eficiência da prestação jurisdicional.

---

[25] Nesse ponto, é importante o teor do Enunciado 22 da I Jornada de Prevenção e Solução Extrajudicial de Litígios, que estabelece: "A expressão 'sucesso ou insucesso' do art. 167, parágrafo 3º do Código de Processo Civil não deve ser interpretada como quantidade de acordos realizados, mas a partir de uma avaliação qualitativa da satisfação das partes com o resultado e com o procedimento, fomentando a escolha da câmara, do conciliador ou do mediador com base nas suas qualificações e não nos resultados meramente quantitativos".

[26] Além de comandos gerais do CPC de 2015, há dispositivos específicos que propiciam a autocomposição, como o art. 334, que trata da audiência de conciliação ou de mediação, e o 359, que dispõe sobre a audiência de instrução e julgamento, prevendo: "Art. 359. Instalada a audiência, *o juiz tentará conciliar as partes*, independentemente do emprego anterior de outros métodos de solução consensual de conflitos, como a mediação e a arbitragem" (grifo nosso).

[27] Art. 696 do CPC de 2015: "A audiência de mediação e conciliação poderá dividir-se em tantas sessões quantas sejam necessárias para viabilizar a solução consensual, sem prejuízo de providências jurisdicionais para evitar o perecimento do direito".

A mediação depende de bom senso e informação, sopesadas as vantagens e desvantagens de prosseguir com a controvérsia, visto que só assim o instituto acarretará verdadeira pacificação de conflito.

Obviamente, há casos em que, por razões fáticas ou jurídicas, não haverá composição possível, hipótese em que a decisão judicial ou arbitral será medida inevitável e legítima.

O instituto da mediação não deve ser visto como panaceia para todos os males advindos da litigiosidade que hoje desafia o Poder Judiciário. Tampouco deve ser impulsionado tendo por objetivo apenas *desafogar* a máquina judiciária. O objetivo da mediação é funcionar como um dos meios disponíveis de prevenção e resolução de conflitos para as partes, assim como a negociação e a arbitragem.

Nesse contexto, a adoção da mediação em conflitos relacionados à administração pública, com as cautelas adequadas, poderá significar uma nova etapa na luta por uma prestação jurisdicional mais célere e justa.

A promulgação do novo marco legal da mediação (Lei 13.140/2015) é uma relevante conquista e significa um grande passo na construção de um sistema multiportas de resolução de conflitos.

Em linha com os novos comandos trazidos pela Lei 13.140/2015 e pelo Código de Processo Civil de 2015, foi muita oportuna a realização, em agosto de 2016, da "I Jornada de Prevenção e Solução de Extrajudicial de Litígios", promovida pelo Conselho da Justiça Federal, com o apoio do Superior Tribunal de Justiça.

Aliás, cumpre ressaltar o papel de liderança institucional exercido pelo Superior Tribunal de Justiça em favor do fortalecimento dos institutos da arbitragem e, mais recentemente, da mediação, seja por meio de sua jurisprudência, seja por iniciativas como a criação, dentro do próprio Tribunal, do Centro de Soluções Consensuais de Conflitos.[28]

Para que o Brasil alcance o tão almejado desenvolvimento econômico e social, haverá de prevalecer uma convergência de esforços, com a mobilização dos cursos jurídicos, escolas de magistratura e de advocacia, doutrinadores, magistrados e demais profissionais do direito, criando-se dessa forma avanços doutrinários e jurisprudenciais em favor de um verdadeiro sistema *multiportas* de resolução de conflitos.

---

[28] Como explicou o Ministro Luís Felipe Salomão: "É uma sinalização para o restante do País, uma inovação positiva. Um exemplo para outros tribunais". O Ministro Marco Buzzi, também do STJ, assim se pronunciou: "É um momento simbólico" na política institucional do Poder Judiciário, que "há anos está em busca de uma mudança de mentalidade" para incentivar a mediação (STJ – Notícias – Institucional. Site eletrônico. 28.09.2016).

REFERÊNCIAS BIBLIOGRÁFICAS

BRUNO, Susana. *Conciliação*. Belo Horizonte: Fórum. 2012.

CARMONA, Carlos Alberto. *Arbitragem e processo*. 3. ed. São Paulo: Atlas, 2009.

FERNANDES, Bernardo Gonçalves; PEDRON, Flávio Quinaud. *O Poder Judiciário e(m) crise*. Rio de Janeiro: Lumen Juris, 2008.

FISCHER, Roger; URY, William; PATTON, Bruce. *Como chegar ao sim* – projeto de negociação da Harvard Law School. Rio de Janeiro: Imago, 1994.

GROSMAN, Cláudia Frankel; MANDELBAUM, Helena Gurfinkel (orgs.). *Mediação no Judiciário*: teoria na prática e prática na teoria. São Paulo: Primavera Editorial, 2011. Citado em apresentação feita pela Ministra Fátima Nancy Andrighi, do STJ.

KOVACH, Kimberlee K. *Mediation*. Thomson West Group, 2003.

NOLAN-HALEY, Jacqueline M. *Alternative dispute resolution*. Thomson West Group, 2008.

OLIVEIRA, Vallisney de Souza. *O juiz e o novo Código de Processo Civil*. Curitiba: Editora CRV, 2016.

SOUZA, Luciane Moessa de. *Mediação de conflitos coletivos*. Belo Horizonte: Fórum, 2012.

12

O PAPEL DO ADVOGADO NA MEDIAÇÃO

FRANCISCO MAIA NETO[1]

Sumário: 1. Introdução – 2. Os métodos extrajudiciais e a advocacia – 3. A necessidade de uma mudança cultural – 4. O advogado diante do conflito – 5. A atuação durante o processo de mediação – 6. Concluindo a solução do conflito após a mediação – 7. O engajamento da Ordem dos Advogados do Brasil – Referências bibliográficas.

1. INTRODUÇÃO

O conflito entre os indivíduos é algo inevitável, existindo desde os mais antigos relatos da humanidade, entretanto, na atualidade a complexidade das relações humanas tem feito com que as controvérsias não solucionadas aumentem de maneira como nunca antes vista.

---

[1] Graduado em Engenharia Civil e Direito pela Universidade Federal de Minas Gerais. Pós-graduado em Engenharia Econômica (Fundação Dom Cabral). Árbitro indicado em câmaras arbitrais em MG, SP, RJ e DF. Autor de livros e professor de disciplinas sobre engenharia de avaliações, perícias, arbitragem e mercado imobiliário. Vice-Presidente do CREA-MG (1992/1993). Presidente do Instituto Brasileiro de Avaliações e Perícias de Engenharia – IBAPE (2003/2004). Conselheiro da OAB/MG (2010/2015). Presidente da Comissão de Direito da Construção da OAB/MG (2011/2015). Secretário da Comissão Especial de Mediação, Conciliação e Arbitragem do Conselho Federal da OAB (2013/2015). Vice-Presidente Jurídico da CMI-SECOVI/MG (2012/2014). Integrante das Comissões do Senado Federal e do Ministério da Justiça para reforma da Lei de Arbitragem e elaboração da Lei de Mediação (2013).

No Brasil, conforme dados do CNJ – Conselho Nacional de Justiça, a quantidade de litígios é assustadoramente crescente: em 2012 foram registradas 28.200.000 novas ações ante 350.000 em 1988, o que representa um crescimento anual de 20,00%, não sendo, porém, uma exclusividade brasileira, já que diversos países no mundo demonstram esse mesmo crescimento de conflitos judiciais.

Segundo editorial do jornal *Estado de S. Paulo*, de 19 de setembro de 2010, os fatores responsáveis pelo aumento da litigiosidade no país decorrem da insegurança jurídica originária do excesso de leis, tendo sido registrado no ano de 2010 mais de 150.000 dispositivos legais em vigor, da aplicação bem-sucedida do Código de Defesa do Consumidor, associada à privatização de serviços públicos e à concentração bancária e comercial, bem como ao aumento real do salário mínimo e dos programas de transferência de renda, que resultaram na inserção de 32 milhões de novos consumidores somente entre 2003 e 2008.[2]

Assim, consolidou-se na sociedade moderna a ideia de que a melhor forma de solução de conflitos é a oferecida pelo Estado, na pessoa do juiz, dentro de um processo judicial com regras e princípios determinados, o que levou o Ministro Gilmar Mendes em seu discurso de posse na Presidência do STF – Supremo Tribunal Federal, em 23 de abril de 2008, a advertir sobre a "necessidade de se debelar a cultura 'judicialista' que se estabeleceu fortemente no país, segundo a qual todas as questões precisam passar pelo crivo do Judiciário para serem resolvidas".[3]

Além do inquestionável "afogamento" do Judiciário, a busca por este caminho poderá não trazer aos jurisdicionados o ideal de justiça esperado, pois apesar dos diversos esforços do Poder Público para melhorar a prestação jurisdicional no sistema jurídico estatal, ele ainda é moroso, caro e de difícil utilização para a maioria da população.[4]

Nesse contexto evolutivo, destaca-se que o papel do advogado na mediação é diferente daquele já conhecido, porém com a mesma finalidade de obter

---

[2] Disponível em: <http://www.estadao.com.br/noticias/geral,explosao-de-litigiosidade,611970,0.htm>. Acesso em: 17 fev. 2014.

[3] MENDES, Gilmar Ferreira. *Posse na presidência do Supremo Tribunal Federal*. Disponível em: <http://www.stf.jus.br/arquivo/cms/publicacaoPublicacaoInstitucionalPossePresidencial/anexo/Plaqueta_de_Posse_do_Min._Gilmar_Mendes_na_Presidencia.pdf>. Acesso em: 17 fev. 2014.

[4] SILVA, Paulo Eduardo Alves da. Solução de controvérsias: métodos adequados para resultados possíveis e métodos possíveis para resultados adequados. In: SALLES, Carlos Alberto de; LORENCINI, Marco Antônio Garcia Lopes; SILVA, Paulo Eduardo Alves da (coords.). *Negociação, mediação e arbitragem*: curso básico para programas de graduação em Direito. Rio de Janeiro: Forense; São Paulo: Método, 2012. p. 2.

o melhor resultado possível para o seu cliente, devendo criar uma atmosfera cooperativa, procurando uma solução conjunta para os problemas apresentados, conversando cordialmente e, ao final, orientando as soluções para o deslinde do procedimento.

Essa postura se alinha com o Código de Ética e Disciplina da OAB (Resolução CFOAB 02/2015), que, em seu art. 2º, VI, estabelece, dentre os deveres do advogado, "estimular, a qualquer tempo, a conciliação e a mediação entre os litigantes, prevenindo, sempre que possível, a instauração de litígios".

Além disso, cumpre enfatizar uma importante disposição desse instrumento normativo para o exercício da advocacia no que se refere aos honorários profissionais, cujo § 5º do art. 48 dispõe expressamente que "é vedada, em qualquer hipótese, a diminuição dos honorários contratados em decorrência da solução do litígio por qualquer mecanismo adequado de solução extrajudicial".

2. OS MÉTODOS EXTRAJUDICIAIS E A ADVOCACIA

Os mecanismos de solução de conflitos podem ser divididos em dois grupos, os autocompositivos, com características cooperativas, e os heterocompositivos, com características decisórias, figurando no primeiro grupo a negociação, cuja sistemática é direta entre as partes e a mediação e conciliação, cujo processo é conduzido por terceiros. No segundo grupo aparece a arbitragem, cuja natureza é voluntária, e a jurisdição estatal, de submissão compulsória.

Esta diferenciação nos levou a idealizar uma figura metafórica, que denominamos Pirâmide da Solução de Conflitos, cuja indicação no singular decorre do fato de que todo conflito só se resolve de forma terminativa por um único mecanismo, embora possa percorrer outros durante o processo conflituoso, que tem em sua base a negociação, passando pela mediação, conciliação e arbitragem, findando no topo o Poder Judiciário, que sempre será o guardião da solução das controvérsias, além de ser o único que pode coercitivamente dar eficácia às decisões originárias dos demais métodos.

Além disso, ao nos deslocarmos da base para o topo da pirâmide, à medida que se sucedem os diversos mecanismos, cresce a intervenção de terceiros, aumenta o formalismo, acirra-se a litigiosidade e o processo tende a se tornar mais duradouro.[5]

---

[5]   MAIA NETO, Francisco. *Arbitragem*: a solução extrajudicial de conflitos. 2. ed. rev. e ampl. Belo Horizonte: Del Rey, 2008. p. 20.

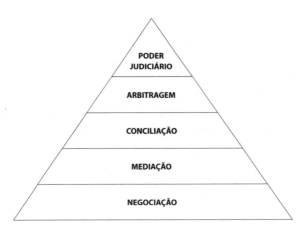

A mediação compreende um instituto caracterizado pela não adversidade, voluntariedade, imparcialidade, independência e sigilo, que envolve a intervenção solicitada e aceita de um terceiro, isento e neutro, cujas tomadas de decisões permanecem sob a responsabilidade dos envolvidos no conflito, ou seja, o mecanismo ocorre por meio da participação de um terceiro, cuja função é facilitar a comunicação entre as pessoas em litígios.[6]

Na mediação são utilizadas técnicas de comunicação e de negociação que devem ser aplicadas até mesmo no Poder Judiciário, buscando de maneira pacífica as soluções que melhor satisfaçam os interesses dos mediandos, resultando na efetivação da justiça, trazendo satisfação às partes e minimizando os custos de ordem material e emocional para todos os envolvidos.

A vontade dos envolvidos na mediação, sobretudo, deve ser respeitada, cabendo ao advogado e ao mediador, guardadas as devidas proporções e atribuições de cada um, por meio de indagações e dos seus conhecimentos específicos, trazerem à tona os laços fundamentais do relacionamento dos mediandos, para ao final serem desvendados os verdadeiros interesses em litígio.

A mediação tem como característica a solução do conflito de forma integral, visando não apenas extinguir a lide, mas também o restabelecimento do relacionamento entre as partes, encerrando a controvérsia, isso porque alguns litígios, devido a sua complexidade, advinda das relações humanas, quando submetidos a julgamento, não geram o sentimento de justiça, podendo, inclusive, aumentar ainda mais a litigiosidade.

---

[6] AMORIM, Eliane Pelles Machado; SCHABBEL, Corinna Margarete Charlotte. Mediação não é conciliação: uma reflexão acerca da especificidade desses dois meios de pacificação social. In: TRABOULSI, Carla Sahium (org.). *Negociação, mediação, conciliação e arbitragem*: coletânea de artigos. Goiânia: Kelps, 2013.

Assim, mediador e advogados que atuam no processo mediacional não cuidam apenas de critérios concretos objetivos, mas também de questões subjetivas, capacitando os mediandos como pessoas preparadas para resolverem seus próprios conflitos.

Nesse novo sistema, é importante que os advogados se qualifiquem, desenvolvendo novas habilidades que atendam à mediação, tais como a comunicação e a negociação, pois sua atuação nos MESC's (Mecanismos Extrajudiciais de Solução de Conflitos) auxilia seu cliente a obter resultados céleres, eficazes e reconhecidos pelo Poder Judiciário.

Apesar de não haver qualquer discussão quanto à constitucionalidade da aplicação da mediação na solução de conflitos, vale destacar o que dispõe o preâmbulo da Constituição Federal de 1988:

> Nós, representantes do povo brasileiro, reunidos em Assembleia Nacional Constituinte para instituir um Estado Democrático, destinado a assegurar o exercício dos direitos sociais e individuais, a liberdade, a segurança, o bem-estar, o desenvolvimento, a igualdade e a justiça como valores supremos de uma sociedade fraterna, pluralista e sem preconceitos, fundada na harmonia social e comprometida, na ordem interna e internacional, *com a solução pacífica das controvérsias*, promulgamos, sob a proteção de Deus, a seguinte Constituição da República Federativa do Brasil. (grifo nosso)

Assim também a Resolução 125 do CNJ, que teve sua redação alterada pela Emenda 2,[7] estimula os próprios órgãos judiciais estatais a oferecer mecanismos de soluções de controvérsias, em especial os chamados meios consensuais, como a mediação e a conciliação.

> Aos órgãos judiciários incumbe, nos termos do art. 334 do Código de Processo Civil combinado com o art. 27 da Lei de Mediação, antes da solução adjudicada mediante sentença, oferecer outros mecanismos de soluções de controvérsias, em especial os chamados meios consensuais, como a mediação e a conciliação, bem assim prestar atendimento e orientação ao cidadão.

No ano de 2015 foram sancionados os dois mais importantes diplomas legais relativos ao tema, a Lei 13.105/2015, que instituiu o novo Código de Processo

---

[7] Resolução 125, a partir da redação dada pela Emenda 02/2016. Disponível em: <http://cnj.jus.br/images/atos_normativos/resolucao/resolucao_125_29112010_11032016150808.pdf>. Acesso em: 14 jun. 2017.

Civil, e a Lei 13.140/2015, conhecida como lei de Mediação, que definiu o marco regulatório das soluções autocompositivas de conflitos no país.

3. A NECESSIDADE DE UMA MUDANÇA CULTURAL

A cultura que está arraigada no povo brasileiro é a adversarial, fazendo com que sejam sempre procuradas soluções impositivas de terceiros, já que as partes não conseguem sozinhas chegar a um entendimento satisfatório, enquanto a mediação tem a fundamental importância de favorecer a comunicação, fazendo com que as pessoas trabalhem juntas na busca do equilíbrio e não na conquista de um título executivo.

Tanto o mediador quanto o advogado precisam buscar capacitação para atuarem na mediação, tendo em vista que várias das habilidades necessárias para este procedimento não são adquiridas no meio acadêmico, mas na prática pessoal e profissional, advinda de experiências transdisciplinares, bem como por meio de formação específica, conforme importante percepção da necessidade de mudança cultural feita por Amorim,[8] como segue.

> Compreende-se que suas técnicas específicas de escuta, de análise e de definição de interesses auxiliam a comunicação entre as partes, objetivando a flexibilização de posições, muitas vezes rígidas, rumo a opções e soluções eficazes, em especial quando envolve disputa entre pessoas que, de alguma forma, possuem algum vínculo que vai perdurar.

Uma forma de iniciar esta mudança cultural é acrescentar cadeiras sobre os MESCs nas faculdades de direito, com inserção das disciplinas no Exame de Ordem, exigindo a inclusão da matéria nas bancas examinadoras de concursos públicos, além de intenso trabalho de divulgação e conscientização da sociedade e da comunidade jurídica.

4. O ADVOGADO DIANTE DO CONFLITO

O advogado, primeiramente, deve verificar se a mediação é o meio adequado ao conflito e ao cliente, e havendo indicação, na fase da pré-mediação é preciso adotar cuidados específicos e diferentes dos de uma audiência judicial, devendo

---

[8] AMORIM, Eliane Pelles Machado; SCHABBEL, Corinna Margarete Charlotte. Mediação não é conciliação: uma reflexão acerca da especificidade desses dois meios de pacificação social. In: TRABOULSI, Carla Sahium (org.). *Negociação, mediação, conciliação e arbitragem*: coletânea de artigos. Goiânia: Kelps, 2013. p. 63.

primeiramente informar ao seu cliente sobre a natureza do processo de mediação, bem como sobre a diferença entre este instituto e os demais mecanismos, sejam eles autocompositivos ou heterocompositivos.

Em seguida, deve levantar as posições do cliente, utilizando para isso a investigação por meio de questionamentos, tendo em mente o objetivo a ser atingido, o que compreende nada menos do que o conteúdo do conflito.

Entretanto, antes existe um interesse, sendo este essencial para a mediação, já que engloba as razões que levaram o cliente a esta posição, ou seja, são as questões subjetivas, aquilo que não está claramente exposto, o que só é alcançado graças à investigação e ao mapeamento do conflito, que permite o desenvolvimento de uma nova ótica, que satisfaça concomitantemente os interesses de ambas as partes em uma negociação, produzindo maior probabilidade de obtenção de um acordo satisfatório.[9]

As decisões tomadas antes do procedimento de mediação são de extrema importância, pois permitem que o advogado se prepare adequadamente, mitigando assim as chances de falha no procedimento.

Com a publicação de uma legislação específica sobre mediação, no ano de 2015, algumas regras procedimentais deverão ser obedecidas, especialmente em seu início, como explicitamente definida na lei, dentre elas podendo citar os seguintes artigos:

> Art. 17. Considera-se instituída a mediação na data para a qual for marcada a primeira reunião de mediação.
>
> Parágrafo único. Enquanto transcorrer o procedimento de mediação, ficará suspenso o prazo prescricional.
>
> Art. 18. Iniciada a mediação, as reuniões posteriores com a presença das partes somente poderão ser marcadas com a sua anuência.
>
> Art. 19. No desempenho de sua função, o mediador poderá reunir-se com as partes, em conjunto ou separadamente, bem como solicitar das partes as informações que entender necessárias para facilitar o entendimento entre aquelas.

Esclarecer o cliente sobre o comportamento na primeira reunião de mediação é outra etapa importante, inclusive quanto às regras de confidencialidade aplicáveis ao procedimento e a forma de pagamento de custas.

---

9   RIBEIRO, Regina A. S. F. A atuação do advogado perante a política pública de tratamento adequado dos conflitos (Solução 125/2010 do CNJ). In: TRABOULSI, Carla Sahium (org.). *Negociação, mediação, conciliação e arbitragem*: coletânea de artigos. Goiânia: Kelps, 2013. p. 22.

Como a maioria da população está acostumada com a relação triangular, juiz, autor e réu, o advogado deve advertir o cliente que o papel do mediador não é decidir quem tem ou não razão, mas ser um facilitador do processo de tomada conjunta de decisões das partes, auxiliando na identificação de seus reais interesses, além de incentivar a busca por soluções conjuntas, cabendo ainda cuidar do ambiente da mediação, para que fique propício à formação do acordo, sendo mais eficaz quando as partes podem com ele partilhar sugestões de soluções criativas para o acordo.

Existe ainda a possibilidade de serem realizadas reuniões em separado com apenas uma das partes durante a mediação, devendo o advogado instruir seu cliente que isso não significa que o mediador está preterindo qualquer das partes, mas porque se torna necessária uma conversa mais aprofundada com uma delas, utilizando o mediador desses encontros para obter subsídios, visando o direcionamento de um futuro acordo.

O advogado deve ter um cuidado especial na explicação de sua atuação ao cliente, esclarecendo que seu papel na mediação é bem diferente daquele usualmente conhecido em um processo judicial, porque a postura adversarial não é adequada à situação, devendo o advogado se portar em consonância com o espírito cooperativo que caracterizam os mecanismos autocompositivos.

Para que o cliente não perca a oportunidade de se manifestar, é importante que ele saiba que não está submetido a um julgamento, podendo, por isso, fazer perguntas, detalhar a história conforme sua visão e até mesmo desistir do procedimento.

Ainda, conforme o entendimento de Cooley,[10] a postura do cliente influencia diretamente no desenrolar do procedimento como um todo, segundo doutrina a seguir reproduzida.

> É importante que você aconselhe seu cliente a ficar de frente para o mediador quando estiver falando. Se seu cliente falar por cima da mesa à parte oponente e a seus advogados, é bastante possível que um dos dois grupos de pessoas interprete o que seu cliente estiver dizendo como uma acusação ou uma afirmação desabonadora. Isso pode suscitar a ira de um desses grupos de pessoas e talvez provocar uma cena ou uma interrupção da história de seu cliente. A cena protagonizada pelo oponente, por sua vez, pode fazer com que seu cliente reaja de forma emocional e talvez diga algo diante do mediador que resulte embaraçoso ou mesmo prejudicial para sua causa.

---

[10] COOLEY, John W. *A advocacia na mediação*. Tradução de René Loncan. Brasília: Editora Universidade de Brasília, 2001. p. 137-138.

5. A ATUAÇÃO DURANTE O PROCESSO DE MEDIAÇÃO

O advogado deve ter em mente que o procedimento de mediação, em regra, é curto, portanto no início dos trabalhos os representantes devem apresentar de forma sucinta a controvérsia, bem como o posicionamento do cliente, pontuando de forma clara o conflito, entretanto, tendo em vista a informalidade do procedimento, é possível que as partes no transcurso da mediação mudem os seus objetivos, respondendo aos estímulos dos advogados e do mediador.

Nas disputas que versem sobre questões monetárias, o advogado, conjuntamente com seu cliente, deve ter em mente antecipadamente todas as possíveis estratégias e as possibilidades de propostas, determinando desde já o valor mínimo aceitável, sem, contudo, revelá-lo.

Por outro lado, quando a controvérsia está relacionada a questões não monetárias, todos os envolvidos na mediação precisam exercer a criatividade, apresentando várias sugestões para a satisfação dos interesses das partes.

Em ambos os casos, é de fundamental importância que a avaliação do advogado no decorrer da mediação seja a mais realista, ponderando os pontos fortes e fracos, pois a decisão está nas mãos do cliente.

Uma questão crucial para permitir que a mediação alcance o sucesso é que ambas as partes presentes sejam responsáveis por decidirem ou não por um acordo, sendo essencial a apresentação de procuração com poderes específicos para decisão no processo negocial, pois a sua ausência pode causar uma enorme frustração na outra parte, inviabilizando futuramente qualquer possibilidade de acordo.

Ressalta-se que maior cuidado deve ser tomado nos casos em que uma das partes for empresa, fazendo-se representar por preposto, devendo solicitar ao colega representante da empresa que entre em contato com a pessoa com poderes de decisão, quando finalizarem o acordo.

Cumpre destacar ainda citação da doutrinadora Regina. A. S. F. Ribeiro,[11] no capítulo do livro *Negociação, mediação, conciliação e arbitragem*, sobre "A atuação do advogado perante a política pública de tratamento adequado dos conflitos".

> Para Fischer, Ury e Patton, existe outra maneira de se negociar: um método que se resume numa negociação baseada em princípios ou negociação dos méritos, que pode ser resumida em quatro pontos fundamentais. Esses pontos versam, cada qual, sobre um elemento básico de negociação sugerindo o que se deve

---

[11] RIBEIRO, Regina A. S. F. A atuação do advogado perante a política pública de tratamento adequado dos conflitos (Solução 125/2010 do CNJ). In: TRABOULSI, Carla Sahium (org.). *Negociação, mediação, conciliação e arbitragem*: coletânea de artigos. Goiânia: Kelps, 2013. p. 26.

fazer a respeito dele. Portanto, os quatro pontos fundamentais do método de negociação de Harvard são:

Separe as pessoas do problema;

Concentre-se nos interesses, não nas posições;

Crie uma variedade de possibilidades antes de decidir o que fazer;

Critérios: insista em que o resultado tenha por base algum padrão objetivo.

Por outro lado, quando as negociações se transformam em uma disputa, os negociadores frequentemente desenvolvem opiniões negativas sobre o outro, tais como "se o outro lado estivesse negociando de boa-fé, já teríamos resolvido esse problema há muito tempo". Essa visão pode levar as partes a responderem às propostas com total ceticismo, situação que costuma ser denominada de desvalorização reativa, o que não contribui positivamente para um acordo.

Às vezes uma visão irreal e desacertada de um dos membros da equipe dos advogados, ou mesmo do cliente, de que se permanecer intransigente, irredutível, a outra parte irá ceder, ou uma visão de que se partir para uma discussão judicial os juízes irão decidir favoravelmente, poderá destruir tudo o que foi construído na mediação, inviabilizando totalmente o acordo.

Quando houver divergências entre os envolvidos, ou mesmo quando surgirem dúvidas quanto à condução do procedimento, é indicada a utilização do mediador para reforçar a posição de cooperação, sendo chamado para dar sua contribuição sobre o debate interno, inclusive podendo sugerir e solicitar o afastamento temporário do advogado, durante etapa determinada do procedimento.

6. CONCLUINDO A SOLUÇÃO DO CONFLITO APÓS A MEDIAÇÃO

Concluída a mediação de forma satisfatória, será necessária a redação de um acordo, com cláusulas claras e objetivas, impedindo o surgimento de novos conflitos no futuro, além do que, caso a mediação não alcance o seu objetivo de solução do conflito, poderá eliminar pontos de controvérsia e favorecer futura retomada dos entendimentos.

Quando a mediação é bem-sucedida, os advogados conseguem adotar uma postura ainda mais amigável, colaborando entre si com mais facilidade, para resguardarem os interesses de seus clientes.

O sucesso da mediação, quanto ao cumprimento, em regra é maior do que o de decisões judiciais, tendo em vista que este instituto cria todas as condições de incentivo ao cumprimento da obrigação, como, por exemplo, o devedor pagar integralmente a dívida ou o pagamento parcelado seja honrado após o fim do procedimento, em se tratando de conflitos monetários.

Quando da elaboração do termo final de mediação, alguns requisitos devem ser observados, conforme prevê a Lei 13.140/15, como segue:

> Art. 20. O procedimento de mediação será encerrado com a lavratura do seu termo final, quando for celebrado acordo ou quando não se justificarem novos esforços para a obtenção de consenso, seja por declaração do mediador nesse sentido ou por manifestação de qualquer das partes.
>
> Parágrafo único. O termo final de mediação, na hipótese de celebração de acordo, constitui título executivo extrajudicial e, quando homologado judicialmente, título executivo judicial.

Na hipótese de ocorrência de acordo devem constar um resumo do caso, a finalidade do acordo, os direitos, condições e formas de cumprimento do acordo, leis que regerão as obrigações e eventuais penalidades pelo seu descumprimento, pois, assim como qualquer outro, o acordo não será cumprido se estiver faltando qualquer elemento básico.[12]

7. O ENGAJAMENTO DA ORDEM DOS ADVOGADOS DO BRASIL

Por derradeiro, seria incoerente tratar da atuação do advogado no processo de mediação sem falar da Ordem dos Advogados do Brasil, até porque seu Presidente na gestão 2013/2016, Dr. Marcus Vinicius Furtado Coelho, em entrevista publicada na revista *Veja*, de 10 de agosto de 2013,[13] afirmou textualmente que "é preciso uma mudança cultural, encerrando a era do litígio e fazendo aposta na conciliação, mediação e arbitragem".

O Conselho Federal da OAB possuiu, até 2016, uma Comissão Especial de Mediação, Conciliação e Arbitragem (CEMCA), que instituiu como órgão consultivo em seu âmbito de atuação o COPREMA – Colégio de Presidentes das Comissões de Mediação e Arbitragem das Seccionais Estaduais da OAB e Entidades Nacionais, que reunia as Comissões Seccionais e entidades de abrangência nacional. Após 2016, a CEMCA foi desmembrada em duas comissões, uma de arbitragem e outra de conciliação e mediação.

---

[12] RIBEIRO, Regina A. S. F. A atuação do advogado perante a política pública de tratamento adequado dos conflitos (Solução 125/2010 do CNJ). In: TRABOULSI, Carla Sahium (org.). *Negociação, mediação, conciliação e arbitragem*: coletânea de artigos. Goiânia: Kelps, 2013. p. 39.

[13] OAB Nacional é destaque na *Veja*. Disponível em: <http://www.oab.org.br/noticia/25958/oab-nacional-e-destaque-na-veja>. Acesso em: 17 fev. 2014.

Este organismo tem desenvolvido um amplo trabalho de divulgação dos Mecanismos Extrajudiciais de Solução de Conflitos, no sentido de sensibilizar a comunidade jurídica para a importância de sua difusão e implantação, podendo destacar algumas delas:

- Defesa exitosa dos interesses da advocacia, com a aprovação de parecer no Conselho Federal sobre a possibilidade de cobrança de honorários em arbitragem via escritórios de advocacia.
- Elaboração do Manual de Mediação de Conflitos para Advogados – escrito por Advogados, em convênio firmado entre o Ministério da Justiça e OAB Federal.
- Elaboração do Manual de Arbitragem para Advogados, em convênio entre a CACB e OAB Federal.
- Formatação de plano estratégico para introdução das disciplinas de mediação e arbitragem nos cursos de Direito do país.
- Planejamento e desenvolvimento de ciclos de palestras (DVD) de sensibilização dos advogados para atuação em mediação e arbitragem, a serem distribuídos gratuitamente às Seccionais.
- Participação nas comissões do Ministério da Justiça e do Senado, para elaboração de projetos de lei sobre mediação (criação de nova lei) e arbitragem (reforma da lei).
- Estruturação de painéis de sensibilização e aprofundamento em mediação e arbitragem oferecidos na XXII Conferência Nacional dos Advogados, ocorrida no Rio de Janeiro, nos dias 20 e 21 de outubro de 2014.
- Parceria que culminou com a inserção da OAB na competição nacional de arbitragem, levada a efeito anualmente pela CAMARB, com certames regionais, sediados pelas seccionais estaduais.
- Elaboração de sugestão de grade curricular para as disciplinas de mediação e arbitragem a serem introduzidas nos cursos de Direito.
- Programação de curso nacional de capacitação em mediação, em quatro módulos, com carga horária total de 80h, a ser oferecido às Seccionais da OAB, para capacitação dos advogados locais.
- Aprovação do Regulamento de Honorários em Mediação, encaminhado ao Conselho Pleno da OAB para sua homologação.
- Sugestões ao novo Código de Ética da Advocacia, especialmente no que se refere ao sigilo profissional.
- Participação no PAR – CONIMA, programa de autorregulamentação dos órgãos de mediação e arbitragem.

- Apresentação de recurso junto ao CFOAB, visando à reconsideração da decisão que indeferiu a inclusão das disciplinas mediação e arbitragem no Exame de Ordem.

- Estruturação da Semana Nacional de Conciliação, Mediação e Arbitragem da OAB, a ser desenvolvida nos planos educacional e institucional.

- Criação de um programa inclusivo para as câmaras de arbitragem, visando a aumentar a presença feminina e representatividade regional em listas de árbitros.

- Ações junto à Receita Federal e ao Congresso Nacional, sobre a questão da tributação de árbitros, o projeto do novo CPC e as leis de mediação e arbitragem.

Nesse sentido, quando da instalação do COPREMA, em 21 de setembro de 2013, na capital paulista, foi elaborado um documento, onde foram relacionadas as diretrizes a serem adotadas por este organismo, denominado *Carta de São Paulo*, que reproduzimos a seguir.

CARTA DE SÃO PAULO

do

Colégio de Presidentes das Comissões de Mediação e Arbitragem das Seccionais da OAB e de Entidades Nacionais – COPREMA

Os Presidentes das Comissões de Mediação e Arbitragem das Seccionais da OAB, juntamente com o Comitê Brasileiro de Arbitragem (CBAr), Conselho Nacional das Instituições de Mediação e Arbitragem (CONIMA) e Associação Brasileira dos Estudantes de Arbitragem (ABEArb), além de um representante da Câmara Brasileira de Mediação e Arbitragem Empresarial (CBMAE), em conjunto com os membros da Comissão Especial de Mediação, Conciliação e Arbitragem do Conselho Federal da Ordem dos Advogados do Brasil (CEMCA/CFOAB), em reunião realizada no dia 21 de setembro de 2013, na cidade de São Paulo, resolvem publicar esta carta de princípios, com o intuito de fomentar e desenvolver os institutos da mediação e arbitragem no país.

Visando atingir estes objetivos, os dirigentes aqui reunidos entendem que devem ser promovidas ações objetivas, no âmbito da sociedade civil organizada, que compreendem, sem prejuízo de outras que possam vir a serem implementadas, as seguintes iniciativas:

Necessidade de implantação obrigatória e urgente, preferencialmente através de textos de lei, nas grades curriculares dos cursos de Direito de cadeiras/disciplinas/ práticas jurídicas (autônomas) relativas aos mecanismos extrajudiciais de solução de conflitos, com o intuito de criar essa cultura nos estudantes.

Estímulo à criação de grupos de estudos com foco em participação em competições estudantis, e o fomento à sua realização em âmbito nacional e regional, envolvendo as matérias de mediação e arbitragem, a fim de envolver a comunidade acadêmica nacional.

Atuação parlamentar e acompanhamento legislativo de projetos de lei que tratem de assuntos referentes aos mecanismos extrajudiciais de solução de conflitos, visando dar suporte às propostas, no sentido de identificar aquelas nocivas ou benéficas a esses institutos.

Difusão e interiorização da cultura da arbitragem e mediação no país, por meio de incentivo a eventos de natureza acadêmica e prática, que permitam levar essa realidade a locais onde ainda não se encontra disseminada.

Elaboração de manuais de mediação e arbitragem e outros meios de divulgação, em conjunto com instituições especializadas, outras entidades da sociedade civil e poder público, visando disseminar, de forma coloquial e técnica, esses institutos entre a população.

Integração com as diversas entidades do setor, bem como instituições especializadas idôneas, buscando a realização de ações conjuntas que visem implementar os objetivos aqui delineados.

Realização de iniciativas em parceria com entidades nacionais e internacionais que visem à consolidação do Brasil como sede internacional de arbitragem.

Criação de grupo de estudo para análise e deliberação acerca das iniciativas que interfiram nas ações das Câmaras de Mediação e Arbitragem, bem como no exercício da Mediação e Arbitragem por advogados e sociedade de advogados.

Os integrantes deste encontro reafirmam o compromisso com a defesa incondicional da Mediação, Conciliação e Arbitragem como métodos de solução de conflitos; com a defesa das prerrogativas profissionais do advogado e com a luta pela efetivação da distribuição da justiça, assegurada em plano constitucional.

São Paulo, 21 de setembro de 2013

Outro importante documento foi discutido e aprovado na reunião do CO-PREMA realizada em Olinda/PE, em 9 de dezembro de 2013, encaminhado ao Conselho Federal da OAB e ao Colégio de Presidentes das Seccionais da OAB, que bem representa o espírito que deve nortear o advogado brasileiro sobre o tema, como segue.

PACTO NACIONAL DA ADVOCACIA EM PROL DAS SOLUÇÕES EXTRAJUDICIAIS DE CONFLITOS

Nosso país acompanha todos os anos a publicação, pelo CNJ – Conselho Nacional de Justiça, das análises quantitativas e qualitativas referentes ao desempenho do Poder Judiciário no país, cujos números ganham proporções alarmantes, especial-

mente quando caminhamos para 100 milhões de processos, o que representa uma ação judicial para cada dois brasileiros.

As estatísticas apontam ainda um significativo aumento da busca por soluções judiciais de suas controvérsias, cuja demanda anual aumentou cerca de 80 vezes, desde a promulgação da Constituição Federal de 1988, alcançando em 2013 a marca de 28 milhões de ações novas por ano.

Ciente da grave situação com que se depara a nação relativamente à não garantia de acesso efetivo à Justiça, direito fundamental do cidadão insculpido na Carta Magna de 1988, o COPREMA – Colégio de Presidentes das Comissões de Mediação e Arbitragem da OAB e Entidades Nacionais, propõe ao CONSELHO FEDERAL DA ORDEM DOS ADVOGADOS DO BRASIL a adoção pela advocacia brasileira do presente compromisso, visando combater a cultura do litígio que se enraizou entre os operadores do direito pátrio, possibilitando a adoção de métodos extra-judiciais de solução de controvérsias, mais céleres e tão ou mais eficazes quanto a Justiça Estatal.

Dessa forma, os advogados brasileiros, uma vez aprovada a presente proposta, e sob a batuta do Conselho Federal da Ordem dos Advogados do Brasil, reconhecerão a eficácia desses métodos, que envolvem técnicas colaborativas, cujo objetivo é de auxiliar as partes em litígio a economizar custos e tempo, além da preservação de relações proveitosas.

Por esta razão, os advogados brasileiros, por meio de sua entidade maior e seus órgãos representativos, comprometer-se-ão a envidar os esforços necessários para que as autoridades brasileiras e os cursos superiores nacionais de Direito formem futuros advogados em seus cursos de graduação e pós-graduação, capacitados segundo a cultura do não litígio, do consenso e da colaboração, para que, diante da eventualidade da ocorrência de disputas, estejam preparados e habilitados a explorar a solução do conflito não só pela via judicial, mas principal e priorita-riamente, por meio da negociação, mediação, conciliação, arbitragem ou outro método qualquer adequado, cientes de que estarão assim colaborando de forma efetiva para a pacificação social.

Olinda/PE, 09 de dezembro de 2013

REFERÊNCIAS BIBLIOGRÁFICAS

AMORIM, Eliane Pelles Machado; SCHABBEL, Corinna Margarete Charlotte. Mediação não é conciliação: uma reflexão acerca da especificidade desses dois meios de pacificação social. In: TRABOULSI, Carla Sahium (org.). *Negociação, mediação, conciliação e arbitragem*: coletânea de artigos. Goiânia: Kelps, 2013.

COOLEY, John W. *A advocacia na mediação*. Tradução de René Loncan. Brasília: Editora Universidade de Brasília, 2001.

EXPLOSÃO DA LITIGIOSIDADE. Disponível em: <http://www.estadao.com. br/noticias/geral,explosao-de-litigiosidade,611970,0.htm>. Acesso em: 17 fev. 2014.

MAIA NETO, Francisco. *Arbitragem:* a solução extrajudicial de conflitos. 2. ed. rev. e ampl. Belo Horizonte: Del Rey, 2008.

MENDES, Gilmar Ferreira. *Posse na presidência do Supremo Tribunal Federal.* Disponível em: <http://www.stf.jus.br/arquivo/cms/publicacaoPublicacaoInstitucionalPossePresidencial/anexo/Plaqueta_de_Posse_do_Min._Gilmar_Mendes_na_Presidencia.pdf>. Acesso em: 17 fev. 2014.

OAB Nacional é destaque na *Veja.* Disponível em: <http://www.oab.org.br/noticia/25958/oab-nacional-e-destaque-na-veja>. Acesso em: 17 fev. 2014.

Resolução 125, de 29 de novembro de 2010. Disponível em: <http://www.cnj.jus.br/atos-administrativos/atos-da-presidencia/323-resolucoes/12243-resolucao-no-125-de-29-de-novembro-de-2010>. Acesso em: 17 fev. 2014.

RIBEIRO, Regina A. S. F. *A atuação do advogado perante a política pública de tratamento adequado dos conflitos* (Solução 125/2010 do CNJ). In: TRABOULSI, Carla Sahium (org.). *Negociação, mediação, conciliação e arbitragem*: coletânea de artigos. Goiânia: Kelps, 2013.

SILVA, Paulo Eduardo Alves da. Solução de controvérsias: métodos adequados para resultados possíveis e métodos possíveis para resultados adequados. In: SALLES, Carlos Alberto de; LORENCINI, Marco Antônio Garcia Lopes; SILVA, Paulo Eduardo Alves da (coords.). *Negociação, mediação e arbitragem:* curso básico para programas de graduação em Direito. Rio de Janeiro: Forense; São Paulo: Método, 2012.

13

NOVAS CONSIDERAÇÕES SOBRE A MEDIAÇÃO *ON-LINE*

MARCELO NOBRE[1]

Sumário: 1. Introdução – 2. Os conflitos – 3. O marco legal da mediação no Brasil – 4. Enunciados do STJ – 5. Conclusões – Referências bibliográficas.

1. INTRODUÇÃO

Visando atualizar as considerações que trouxemos em artigo anterior quando da finalização do trabalho da Comissão de Juristas do Senado Federal que propôs o anteprojeto de Lei da Mediação no Brasil, voltamos a tratar da Mediação *on-line*, apontada como uma das ferramentas mais potentes na busca de solução dos conflitos que cotidianamente as pessoas desenvolvem em suas diversas relações.

---

[1] Advogado. Foi membro do Conselho Nacional de Justiça (CNJ) por dois mandatos (2008 a 2012) na vaga destinada a sociedade civil/Câmara dos Deputados. Foi chefe de gabinete do Vice-prefeito de São Paulo (2000 a 2004). Foi Professor Assistente na PUC/SP nas cadeiras de Fundamentos de Direito Público e Prática Forense de Direito Público (1996 a 2001). Foi secretário particular do Deputado Freitas Nobre. É pós-graduado em Direito Societário pela FGVLaw da Fundação Getulio Vargas/FGV. Foi membro da Comissão de Juristas do Senado Federal responsável pela elaboração do Anteprojeto da Lei de Arbitragem e Mediação.

258 | ARBITRAGEM E MEDIAÇÃO

Analisaremos aqui não apenas o instituto, mas os aspectos formais que envolvem sua implantação, revelando as dificuldades iniciais, que certamente serão superadas diante da imensa possibilidade de sucesso que a inovação estimula.

Anteriormente analisamos o modo como a mediação é tratada em outros países e pudemos verificar que há um interesse mundial em procurar meios de resolução das controvérsias sem passar necessariamente pelo Poder Judiciário.

À época do artigo anterior tínhamos apenas o anteprojeto da Lei de Mediação e ali já constava o dispositivo proposto por mim para a criação da mediação *on-line*. Atualmente já podemos tratar da Lei 13.140/2015, a primeira Lei de Mediação do nosso país e que contempla a mediação *on-line*.

A abordagem que propomos neste artigo, segue um caminho intuitivo, começando por caracterizar os meios de solução de conflitos judiciais e extrajudiciais nesta quadra da história brasileira.

Em seguida analisaremos alguns aspectos da citada Lei 13.140/2015, que guardam relação com o tema deste ensaio.

Feito isto, trataremos das propostas que, após exaustivo debate, acabaram se convertendo em enunciados da I Jornada de meios extrajudiciais de solução de conflitos, promovida recentemente pelo Superior Tribunal de Justiça e pelo Conselho da Justiça Federal, especialmente aqueles que dizem respeito a Mediação *on-line*.

Encerramos com uma perspectiva otimista do que pode ocorrer nos próximos anos no Brasil, traçando um cenário plenamente possível.

2. OS CONFLITOS

Os conflitos, como já assentaram os inúmeros doutrinadores de diversas áreas do conhecimento que trabalham com o tema, são absolutamente compatíveis com a vida, sendo mesmo o meio pelo qual as relações sociais se fortalecem e o indivíduo pode se empoderar para construir a sua história. Sem a fricção social, sem os conflitos, a inércia poderia tomar conta e a humanidade não avançaria.

São as crises que despertam o melhor em cada pessoa: um exemplo foi a recente crise da água, quando as pessoas se viram, de repente, em um processo de repensar o uso da água por absoluta necessidade, para não ficar desabastecido de um bem essencial à vida. O modo como se organizam rapidamente as comunidades em torno de uma crise, demonstra que a fricção revigora, em tempo recorde, nossa capacidade de ir à luta por algo que precisamos ou que valha a pena ser compreendido.

Sem poder escapar ao conflito, cabe a cada indivíduo aprender a lidar com eles, resolvendo seus impasses e dissensos da maneira mais inteligente e produtiva possível, a fim de produzir menos desgaste nas suas relações interpessoais.

A quantidade absurda e crescente de processos que abarrotam o Poder Judiciário atualmente dão notícia de que o nível de conflituosidade das relações aumenta no Brasil em progressão geométrica; assim como fica comprovada a ineficácia de outros meios encontrados na sociedade para resolver a quantidade de controvérsias.

A convivência é condição inerente a todas as pessoas que, ainda que virtualmente, estão conectadas. A quantidade de conflitos é diretamente proporcional à quantidade de relacionamentos, o que significa dizer que estar conectado a milhões de pessoas ao redor do mundo potencializa em muito a quantidade de conflitos.

Do mesmo modo, também aumenta a capacidade de amadurecimento e crescimento individual no modo como resolvemos os conflitos que se instalam. Fábio Brotto[2] ensina:

> A convivência é uma condição inexorável da vida cotidiana. Na medida em que melhoramos a qualidade de nossas relações interpessoais e sociais, aperfeiçoamos nossas competências para gerarmos soluções benéficas para problemas comuns e aprimorarmos a qualidade de vida na perspectiva de melhorá-la para todos.

Segundo o autor, o que precisamos é encontrar meios "para vivermos juntos e realizarmos objetivos comuns". Com isso podemos elevar nossa capacidade de resolver os dilemas e conflitos que, impedindo o avanço individual, impacta diretamente na pacificação da sociedade.

Encontrar o sentido de comunidade sempre depende do amadurecimento individual, da maior ou menor capacidade que vamos desenvolvendo para conviver com os outros e para aceitar as diferenças.

As fontes mais comuns dos grandes conflitos são justamente a intolerância em relação ao outro (sua opinião, sua atitude, sua crença, seu jeito de resolver as questões e a forma como se relaciona com o problema em discussão) e o limite de cada um na aceitação da razão que entende possuir.

Tais atitudes impedem a formação do sentimento comunitário, que propõe uma comum-unidade, onde o problema seja analisado com a maior isenção possível. Isto se busca hoje com os métodos autocompositivos de solução de conflitos, onde o conciliador ou o mediador, mais especificamente este, tem o objetivo de colocar as partes que se encontram em desacordo, uma diante da outra, mediando a conversa entre elas, fazendo com que encontrem o que há de comum em suas queixas e não fiquem olhando apenas para o que há de diferente, de desigual.

---

[2] BROTTO, Fábio Otuzi. *Jogos cooperativos*: o jogo e o esporte como um exercício de convivência. 4. ed. São Paulo: Palas Athena, 2013.

O confronto e a disputa nascem da perda de noção de comunidade, de fraternidade que podem ser invocadas como fundamento na manutenção da relação que se esvai no dissenso.

Mohamed ElBaradei,[3] Prêmio Nobel da Paz em 2005, afirma que:

> O diálogo é o instrumento mais significativo na resolução de conflitos. Com frequência demasiada, no entanto, é percebido como sinal de fraqueza, ou utilizado como recompensa por bom comportamento, em vez de ser considerado como um meio de gerar mudança e reconciliar diferenças.

Esta dificuldade se afirma desde o indivíduo, em suas relações privadas, até o estadista que pode começar um conflito internacional pela incapacidade de dialogar e de saber ouvir.

3. O MARCO LEGAL DA MEDIAÇÃO NO BRASIL

Marcia Terezinha Gomes do Amaral[4] recorda em seu livro que o Ministro Eros Grau afirmava que o fato de não haver legislação nacional sobre a justiça da paz se constituía em obstáculo para que os Estados pudessem implantar mecanismos pacificadores. O único caminho continuou sendo apenas o Poder Judiciário, onde o magistrado é investido do poder de dizer quem está certo e quem está errado em uma disputa.

Compreendendo que as pessoas precisam se apropriar de técnicas para aprender a solucionar seus dissensos, diversos estudos se desenvolveram nos últimos anos, inclusive uma disciplina específica na área de administração de empresas, em que se estuda a administração dos conflitos.

A chamada Resolução Apropriada de Demandas (RAD) é de onde se parte quando é preciso definir os modos pelos quais os conflitos podem ser enfrentados e solucionados com o amadurecimento das pessoas envolvidas.

A Lei de Mediação nasce da compreensão dos elementos que deveriam compor esta nova e antiga metodologia autocompositiva para resolver disputas. Antes da Lei já estava em andamento a ação dos tribunais para implantar seus Núcleos de mediação e conciliação, disciplinados na Resolução 125/2010, do Conselho Nacional de Justiça – CNJ.

---

[3] ELBARADEI, Mohamed. *A segurança global através do diálogo*. Série Pensar a Justiça. Org. Jaime Spitzcovski. Porto Alegre: Arquipélago Editorial, 2016.

[4] AMARAL, Marcia Terezinha Gomes. *O direito de acesso à justiça e a mediação*. Rio de Janeiro: Lumen Juris, 2009.

Por isso destaco como um importante aspecto do texto legal a definição dos mediadores extrajudiciais:

> Art. 9º Poderá funcionar como mediador extrajudicial qualquer pessoa capaz que tenha a confiança das partes e seja capacitada para fazer mediação, independentemente de integrar qualquer tipo de conselho, entidade de classe ou associação, ou nele inscrever-se.

Creio que este dispositivo torna absolutamente claro que o mediador extrajudicial deve ser a pessoa que tenha a confiança das partes para conduzir o processo de mediação, sendo desnecessário que esta pessoa tenha realizado os cursos necessários para formação de mediador judicial, ou que tenha esta ou aquela formação.

Somente com este dispositivo já podemos considerar que, em médio prazo, muitos profissionais poderão atuar como mediadores, evitando que tantas demandas sigam até o Poder Judiciário, que precisa reduzir suas taxas de congestionamento de processos, a fim de cumprir sua finalidade de realizar a Justiça pacificando a sociedade.

Compondo a Comissão Nacional de Juristas que se debruçou para formular o Anteprojeto da Lei de Mediação ao Senado Federal, propus a criação da Mediação *on-line*, muito inspirado na necessidade de cobrir as mais amplas possibilidades de mediar os conflitos, considerando os tempos modernos, em que todos vivem conectados às tecnologias.

Pesquisas apontam que mesmo os brasileiros que não possuem um kit básico de eletrodomésticos, possuem um aparelho de telefone celular e encontram-se de alguma maneira obtendo conexão como uma necessidade da vida.

Nesse sentido, nada mais lógico do que promover o encontro da tecnologia com a necessidade de resolver as disputas entre as pessoas, promovendo a pacificação social do ambiente micro do dissenso entre indivíduos ou entre pessoas físicas e jurídicas até o ambiente macro, onde se observam os grandes conflitos coletivos, em relação ao Estado, a grandes corporações ou a temas ambientais, de trabalho, de consumo, que adquirem, não raro, status coletivo.

Vamos conferir o dispositivo legal da Mediação *on-line*:

> Art. 46. A mediação poderá ser feita pela internet ou por outro meio de comunicação que permita a transação à distância, desde que as partes estejam de acordo.
>
> Parágrafo único. É facultado à parte domiciliada no exterior submeter-se à mediação segundo as regras estabelecidas nesta Lei.

Nota-se que o art. 46 dá conta de assentar o grande avanço da Mediação *on-line*, deixando claro que qualquer meio que coloque as partes em condição de se comunicar pode ser utilizado. Assim, se pode pensar em videoconferência,

ARBITRAGEM E MEDIAÇÃO

em sessões por meio de Skype, de Messenger, de WhatsApp, Facebook ou outras plataformas que estejam acessíveis às partes em qualquer lugar do país e do mundo.

O importante é que agora efetivamente está autorizado o uso das tecnologias para aproximar as pessoas, não havendo dúvidas para que assim se realizem as sessões de mediação.

Uma das dificuldades de avanço é sempre o medo da novidade, de sorte que só o fato de estar disciplinada a questão na lei, por nossa proposta, já implica avanço substancial.

4. ENUNCIADOS DO STJ

Na recente I Jornada de Soluções Extrajudiciais de Conflitos, promovida pelo Centro de Estudos Judiciários do STJ, numa parceria do CJF e STJ, sob a coordenação dos Ministros Og Fernandes, Luis Felipe Salomão e Antonio Carlos Ferreira, alguns enunciados sobre o tema Mediação on-Line se sagraram aprovados.

Trataremos de cada um, dentro da perspectiva que encerram, no espectro mais amplo dos enunciados que se firmaram depois das rodadas de aprovação da qual participaram segmentos representativos da sociedade.

> ENUNCIADO 20 – Enquanto não for instalado o Centro Judiciário de Solução de Conflitos e Cidadania (Cejusc), as sessões de mediação e conciliação processuais e pré-processuais poderão ser realizadas por meio audiovisual, em módulo itinerante do Poder Judiciário ou em entidades credenciadas pelo Núcleo Permanente de Métodos Consensuais de Solução de Conflitos (Nupemec), no foro em que tramitar o processo ou no foro competente para o conhecimento da causa, no caso de mediação e conciliação pré-processuais.

Este enunciado esclarece que a Mediação *on-line* é muito própria nos lugares onde ainda não se instalaram os Centros judiciais destinados a solucionar adequadamente os conflitos, o que ainda representa um número elevado de comarcas. Há localidades onde o Cejusc não existe e há comarcas onde existe, mas não opera, por falta de estrutura, por falta de vontade dos administradores ou por falta de mediadores e conciliadores judiciais devidamente credenciados.

É bom lembrar que na mediação e conciliação judiciais é preciso haver formação adequada, oferecida atualmente pelos Tribunais, não podendo atuar qualquer pessoa da confiança das partes, como ocorre na mediação privada ou extrajudicial.

Então, a mediação por meio audiovisual, como trata o enunciado 20, traz uma excelente expectativa de que a mediação abranja também as pequenas comarcas, onde o magistrado não conta com profissionais devidamente treinados e capacitados nas técnicas de mediação.

Cap. 13 • NOVAS CONSIDERAÇÕES SOBRE A MEDIAÇÃO *ON-LINE* | **263**

ENUNCIADO 58 – A conciliação/mediação, em meio eletrônico, poderá ser utilizada no procedimento comum e em outros ritos, em qualquer tempo e grau de jurisdição.

O Enunciado 58 trata de esclarecer que as conciliações e mediações *on-line* ou realizadas por meio eletrônico abrangem todo tipo de procedimento e rito, em qualquer tempo e grau de jurisdição.

Naturalmente não restam dúvidas de que não há qualquer impedimento de ordem legal a que se realizem as mediações por meio eletrônico, desde que as partes aceitem o mecanismo de aproximação e adiram ao formato eletrônico porque não se encontram na mesma localidade territorial.

Em um sentido mais amplo se pode concluir que estando no planeta terra e tendo uma forma de se conectar por meio eletrônico, as partes podem se submeter a uma sessão de mediação, inclusive por três ou mais pontos de captação, como no caso em que as partes se encontram em cidades diferentes entre si e diferente da localidade onde está o mediador. E pode ocorrer, ainda, que os advogados das partes estejam em outros locais, chegando a haver cinco pontos diferentes do território físico, mas a convergência para uma única "sala" virtual, onde o encontro acontece pelo tempo real da transmissão.

Trata-se, seguramente, de uma grande inovação que pode, em um primeiro momento, despertar dúvidas e receios, mas que já é realidade em muitas áreas, inclusive na educação em ambiente virtual e outras formas cotidianas de interação não presencial.

ENUNCIADO 70 – Quando questionada a juridicidade das decisões tomadas por meio de novas tecnologias de resolução de controvérsias, deve-se atuar com parcimônia e postura receptiva, buscando valorizar e aceitar os acordos oriundos dos meios digitais.

Este enunciado traz uma questão que lamentavelmente ainda se faz presente, pela novidade do uso de novas tecnologias: quando uma das partes se arrepende do acordo realizado em meio virtual e quer rescindi-lo perante o juiz utilizando o argumento de que realizou a tratativa por meios tecnológicos.

O que o enunciado propõe é que, nestes casos, o juiz tenha postura receptiva à realidade das novas tecnologias.

O tempo tratará de tornar realidade o que aqui se propõe.

ENUNCIADO 82 – O Poder Público, o Poder Judiciário, as agências reguladoras e a sociedade civil deverão estimular, mediante a adoção de medidas concretas, o uso de plataformas tecnológicas para a solução de conflitos de massa.

264 ARBITRAGEM E MEDIAÇÃO

Por fim, foi votado este enunciado que expressa a necessidade de ver o Poder Público agindo como estimulador da solução de conflitos de massa, para evitar que cheguem aos milhares no Poder Judiciário. A proposta é que plataformas tecnológicas sejam utilizadas para tais conflitos, permitindo a aproximação das partes antes que tenham que buscar individualmente seus interesses.

Dessa forma, não há dúvida de que o dispositivo inserido no marco legal da mediação no Brasil começa a ser desvendado, para que a sua aplicação seja realidade agora, JÁ!

5. CONCLUSÕES

Diante dos quadros que já discutimos sobre a mediação como mecanismo de autocomposição dos conflitos, até o estabelecimento do modelo de mediação *on-line*, feita por internet ou qualquer meio de comunicação que coloque as partes em contato, é forçoso concluir que um novo tempo tem início no Brasil.

O reconhecimento da utilidade da tecnologia para auxiliar na pacificação social já é antigo, na medida em que o Brasil aderiu rapidamente a toda a tecnologia de informação desenvolvida nos últimos 20 anos, encabeçando listas de países que se relacionam bem com os produtos destes tempos altamente informatizados que vivemos.

A maior preocupação que tivemos ao lançar a ideia da mediação por meios eletrônicos era justamente a resistência que poderia vir do próprio Poder Judiciário, onde as mudanças se fazem lentamente, já que se trata de um Poder com raízes tradicionais que realmente deve manter estabilidade histórica, até mesmo para que a ideia de justiça não sofra avanços que a sociedade ainda não amadureceu para receber.

Naturalmente se conclui que o Brasil dá agora os seus primeiros passos, depois de positivadas as normas da mediação. Portanto, é preciso estimular a mudança de mentalidade buscando colaborar no amadurecimento da população, porque as mudanças não se assimilam facilmente.

Foi excelente e encorajador o resultado da primeira jornada de soluções de conflitos que reuniu representantes de vários segmentos, como advogados privados e públicos, professores, defensores públicos, juízes, promotores de justiça, administradores públicos, representantes de entidades privadas como bancos e planos de saúde, que respondem por descomunal quantidade de processos judiciais.

Ainda é mais animador pensar que a lei é bem recente e nem esgotou sua curva de conhecimento e reconhecimento popular, o que certamente a tornará ainda mais aceita e utilizada pela população.

Também se pode concluir que a mediação é meio moderno, eficaz, benéfico e fortalecedor das relações sociais rompidas por conflitos de interesse e a

Mediação por meio eletrônico é a sua forma mais democrática, rápida e eficaz de garantir a aproximação das pessoas para resolver de forma menos traumática as suas diferenças.

O momento é para ousar, confiar na norma e utilizar os meios de autocomposição como forma de pacificar os conflitos sem a necessidade da imposição da força estatal.

REFERÊNCIAS BIBLIOGRÁFICAS

AMARAL, Marcia Terezinha Gomes. *O direito de acesso à justiça e a mediação.* Rio de Janeiro: Lumen Juris, 2009.

BROTTO, Fábio Otuzi. *Jogos cooperativos*: o jogo e o esporte como um exercício de convivência. 4. ed. São Paulo: Palas Athena, 2013.

ELBARADEI, Mohamed. *A segurança global através do diálogo.* Série Pensar a Justiça. Org. Jaime Spitzcovski. Porto Alegre: Arquipélago Editorial, 2016.

14

AS REGRAS DA LEI DA MEDIAÇÃO
(LEI 13.140/2015) PARA A ADMINISTRAÇÃO PÚBLICA

ROBERTA MARIA RANGEL[1]

Sumário: 1. Introdução – 2. A administração pública pode utilizar métodos extrajudiciais de solução de conflitos? – 3. As regras da Lei da Mediação para a administração pública – 4. Conclusão – Referências bibliográficas.

1. INTRODUÇÃO

A última edição (11ª) do "Justiça em Números" do CNJ,[2] ano-base 2014, afirma que o Poder Judiciário iniciou o ano com 70,8 milhões de processos, com tendência a aumento em razão do total de processos baixados ter sido inferior ao de ingressados". Também informa que "com o aumento do quantitativo de casos novos e de pendentes, a **Taxa de Congestionamento do Poder Judiciário foi de 71,4% no ano de 2014**, com aumento de 0,8 pontos percentuais em relação ao ano anterior".

---

[1] Mestre em Direito Tributário pela Pontifícia Universidade Católica de São Paulo – PUC/SP. Procuradora Legislativa da Câmara Legislativa do Distrito Federal. Coordenadora do Instituto Brasileiro de Estudos Tributários – IBET em Brasília. Integrou a Comissão Temporária de Juristas do Senado Federal para Reforma da Lei de Arbitragem e elaboração de Anteprojeto de Lei de Mediação. Advogada.

[2] Disponível em:<www.cnj.jus.br/programas-e-acoes/pj-justica-em-numeros>. Acesso em: 26 set. 2016.

268 | ARBITRAGEM E MEDIAÇÃO

Apesar dos esforços do Estado brasileiro em descongestionar e dinamizar o Poder Judiciário, a conclusão realista é que são tarefas (quase) impossíveis, porque no *Brasil há a cultura do litígio judicial*. E tão arraigada é essa cultura que, *em pleno Século XXI*, em 2001, quatro Ministros do Supremo Tribunal Federal não reconheceram a possibilidade da *execução específica* de cláusula compromissória (prevista no parágrafo único do art. 6º e no art. 7º da Lei 9.307/1996), declarando a inconstitucionalidade incidental daqueles e de outros dispositivos correlatos em benefício do *princípio da inafastabilidade da jurisdição* (art. 5º, XXXV, da Constituição Federal).

A referida decisão ocorreu no julgamento do Agravo Regimental na Sentença Estrangeira 5.206-7, Reino da Espanha. Na ocasião, o Ministro Nelson Jobim, que proferiu um dos votos vencedores, consignou que o projeto de lei que resultou na Lei 9.307/1996 (Lei da Arbitragem) foi "a tentativa de começar a valorizar eficazmente os sistemas extralegais de composição de conflitos para dar maior eficácia ao próprio sistema legal". Acrescentou que as reações àquelas medidas representavam "a concepção de um Estado intervencionista sem a possibilidade do respeito à liberdade individual no que diz respeito à própria sociedade compor os seus conflitos fora do Estado".

A epidemia de judicialização que avassala o Brasil impõe, não só o debate, mas o estímulo à adoção de métodos extrajudiciais de solução de controvérsias, em nome da paz social. Hoje, se verifica a formação de um consenso sobre a necessidade de não mais colocar o Poder Judiciário como único protagonista da resolução de conflitos.

Nesse contexto, o Senado Federal criou, em 2012, uma *Comissão Temporária de Juristas*[3] para aprimorar a Lei de Arbitragem[4] e elaborar uma lei para a mediação, que atuou sob a competente presidência do Ministro Luís Felipe Salomão, do Superior Tribunal de Justiça.

Encerraram-se os trabalhos em outubro de 2013 e o resultado foi *(i)* o Projeto de Lei do Senado 406, de 2013 (Projeto de Lei 7.108, de 2014, na Câmara dos Deputados),

---

[3] Os juristas integrantes da Comissão foram designados por meio dos Requerimentos 702 e 854, de 2012; Ato do Presidente 37, de 2012; Ato do Presidente 8, de 2013; Portaria da Presidência 14, de 2013, que acrescentou o inciso XX ao art. 2º do Ato do Presidente 36, de 2012, e Ato do Presidente 16, de 2013, que acrescentou o inciso XXI ao art. 2º do Ato do Presidente 36, de 2012.

[4] O Senador Renan Calheiros, quando do início dos trabalhos da Comissão, escreveu um artigo intitulado "Arbitragem e mediação: meios alternativos de solução de controvérsias", onde prestou as devidas homenagens à Lei da Arbitragem: "no curso do aprimoramento da legislação brasileira insere-se a Lei 9.307/1996, que ao longo de sua vigência foi levada a sério, se mostrou eficaz, consolidou a cultura da arbitragem, objete o respaldo da jurisprudência pátria e é considerada por autorizados especialistas como uma das melhores do mundo sobre o assunto".

Cap. 14 • AS REGRAS DA LEI DA MEDIAÇÃO (LEI 13.140/2015) PARA A ADMINISTRAÇÃO PÚBLICA | **269**

convertido, com vetos, na Lei 13.129, de 26.05.2015, aprimorando a Lei 9.307/1996 e *(ii)* o Projeto de Lei do Senado 405, de 2013 (Projeto de Lei 7.169, de 2014, na Câmara dos Deputados), que resultou na Lei 13.140, de 26.06.2015, sobre a mediação.

Esse artigo discorrerá sobre as regras da Lei da Mediação – a Lei 13.140, de 26.06.2015 – para a Administração Pública.

2. A ADMINISTRAÇÃO PÚBLICA PODE UTILIZAR MÉTODOS EXTRAJUDICIAIS DE SOLUÇÃO DE CONFLITOS?

Os métodos extrajudiciais de solução de conflitos *mais utilizados* são a conciliação, a mediação e a arbitragem.

Luis Fernando Guerreiro assinala que "é bastante tormentosa na doutrina a diferenciação entre a conciliação e a mediação como ferramenta de solução de controvérsias",[5] sendo diversos os sentidos desses dois métodos no direito internacional quando, por vezes, sequer existe diferenciação.[6] Afirma que no "direito brasileiro, de outro lado, os conceitos coincidem substancialmente (...). A diferença fundamental estaria na forma de participação do terceiro em cada um desses métodos".[7] Cita Fernanda Tartuce, para quem na conciliação "o terceiro imparcial, mediante atividades de escuta e investigação, auxiliará as partes a celebrarem um acordo, até mesmo expondo pontos fortes e fracos de suas proposições e propondo acordo. A mediação, por sua vez, conta com a participação de terceiros que auxiliarão as partes no conhecimento das origens multifacetadas do litígio fazendo com que elas próprias, após esse conhecimento ampliado, proponham soluções para os seus litígios".[8]

A Juíza Oriana Piske, do Tribunal de Justiça do Distrito Federal e dos Territórios,[9] diferencia os métodos a partir do relacionamento anterior das partes e sua participação na solução do conflito:

> Na conciliação, as partes têm uma posição mais proeminente, devido a participarem da solução do conflito. Trata-se de um método não adversarial, na medida em que as partes atuam juntas e de forma cooperativa. A conciliação é um procedimento mais rápido. Na maioria dos casos se limita a uma reunião

---

[5] GUERREIRO, Luis Fernando. Conciliação e mediação – Novo CPC e leis específicas. *Revista de Arbitragem e Mediação*, São Paulo: Revista dos Tribunais, ano 11, n. 41, abr.--jun. 2014. p. 25.

[6] Idem, ib., p. 25.

[7] Idem, ib., p. 25.

[8] Idem, p. 26.

[9] Disponível em: <http://www.tjdft.jus.br/institucional/imprensa/artigos/2010/formas--alternativas-de-resolucao-de-conflito-juiza-oriana-piske>. Acesso em: 4 out. 2016.

entre as partes e o conciliador. É muito eficaz nos conflitos onde, não há, necessariamente, relacionamento significativo entre as partes no passado ou contínuo entre as mesmas no futuro, que preferem buscar um acordo de maneira imediata para terminar a controvérsia ou por fim ao processo judicial. São exemplos: conciliações envolvendo relação de consumo, reparação de danos materiais, etc.

A mediação difere da conciliação em vários aspectos. Nela o que está em jogo são meses ou anos de relacionamento. Assinala Weingärtner, no tocante a mediação, "demanda um conhecimento mais aprofundado do terceiro com referência a inter-relação existente entre as partes". A mediação não tem como objetivo primordial o acordo, e sim a satisfação dos interesses e dos valores e necessidades das pessoas envolvidas na controvérsia. Na mediação as pessoas passam, de forma emancipada e criativa, a resolver um conflito pelo diálogo cooperativo, na construção da solução. Ex.: mediação na área de família, etc.

Já a arbitragem, mais difundida, é um método adversarial de solução de controvérsias onde as partes escolhem um ou mais árbitros privados para solucionar(em) o litígio, mediante procedimentos e regras por elas convencionadas, podendo adotar os já estabelecidos por alguma instituição privada de arbitragem.

No que pertine à Administração Pública, *sustenta-se que não há empecilhos no ordenamento jurídico* para que utilize *qualquer um dos três métodos para solucionar seus conflitos*, bem como *outros*.

Mesmo partindo-se do princípio de que à Administração só é lícito fazer o que a lei permite, há regras constitucionais que a autorizam a tanto, como a da *eficiência* (art. 37, *caput*, da CF) e da *economicidade* (art. 70, *caput*, da CF). Esses *valores* são alcançáveis pelos métodos extrajudiciais de solução de conflitos os quais, como diz Diogo de Figueiredo Moreira Neto, representam as mudanças que a sociedade exige para o setor público, "em busca de respostas *eficientes*".[10] Ao estabelecer uma *tipologia da consensualidade em referência às funções fundamentais do Estado*, o autor ali insere a "consensualidade na solução dos conflitos, com a adoção de forma alternativas de composição".[11]

À luz do princípio da *estrita legalidade*, o emprego da arbitragem está indubitavelmente autorizado pela redação do § 1º do art. 1º da Lei 9.307/1996, introduzido pela Lei 13.129/2015.[12]

---

[10] MOREIRA NETO, Diogo de Figueiredo. *Mutações do direito administrativo*. 2. ed. atual. e ampl. Rio de Janeiro: Renovar, 2001. p. 37.

[11] Idem, ib., p. 41.

[12] "Art. 1º As pessoas capazes de contratar poderão valer-se da arbitragem para dirimir litígios relativos a direitos patrimoniais disponíveis. § 1º A administração pública direta e indireta poderá utilizar-se da arbitragem para dirimir conflitos relativos a direitos patrimoniais disponíveis".

Cap. 14 • AS REGRAS DA LEI DA MEDIAÇÃO (LEI 13.140/2015) PARA A ADMINISTRAÇÃO PÚBLICA   271

Quanto à mediação, esta não foi regulamentada para a Administração Pública pela Lei 13.140/2015, que previu outros métodos de solução de controvérsias, embora o art. 33 faça uma *ressalva temporária* no sentido de que, enquanto não regulamentadas as *câmaras de prevenção e resolução administrativa de conflitos* na União, Estados, Distrito Federal e Municípios, disputas administrativas poderão ser dirimidas nos termos do *procedimento de mediação*.

Há também leis administrativas *especiais* que preveem a utilização de *métodos extrajudiciais de solução de controvérsias*, expressão bastante ampla e que abarca arbitragem, mediação, conciliação, *Dispute Boards* etc.[13]

---

[13]   **(i)** Lei 9.472, de 16.07.1997 (Lei Geral das Telecomunicações): "Art. 93. O contrato de concessão indicará: (...) XV – o foro e o modo para *solução extrajudicial das divergências contratuais*" e "Art. 120. A permissão será formalizada mediante assinatura de termo, que indicará: (...) X – o foro e o modo para *solução extrajudicial das divergências*"; **(ii)** Lei 9.478, de 06.08.1997 (Lei do Petróleo): "Art. 43. O contrato de concessão (...) terá como cláusulas essenciais: (...) X – as *regras sobre solução de controvérsias*, relacionadas com o contrato e sua execução, inclusive a *conciliação e a arbitragem internacional*"; **(iii)** Lei 10.233, de 05.06.2001 (Lei dos Transportes Aquaviário e Terrestre): "Art. 35. O contrato de concessão deverá refletir fielmente as condições do edital e da proposta vencedora e terá como cláusulas essenciais, ressalvado o disposto em legislação específica, as relativas a: (...) XVI – *regras sobre solução de controvérsias* relacionadas com o contrato e sua execução, inclusive a *conciliação e a arbitragem*" e "Art. 39. O contrato de permissão deverá refletir fielmente as condições do edital e da proposta vencedora e terá como cláusulas essenciais as relativas a: (...) XI – *regras sobre solução de controvérsias* relacionadas com o contrato e sua execução, incluindo *conciliação e arbitragem*"; **(iv)** Lei 11.079, de 30.12.2004 (Lei das PPPs): "Art. 11. O instrumento convocatório conterá minuta do contrato, indicará expressamente a submissão da licitação às normas desta Lei e observará, no que couber, os §§ 3º e 4º do art. 15, os arts. 18, 19 e 21 da Lei nº 8.987, de 13 de fevereiro de 1995, podendo ainda prever: (...) III – o emprego dos *mecanismos privados de resolução de disputas, inclusive a arbitragem*, a ser realizada no Brasil e em língua portuguesa, nos termos da Lei nº 9.307, de 23 de setembro de 1996, para dirimir conflitos decorrentes ou relacionados ao contrato"; **(v)** Lei 11.196, de 21.11.2005, que acrescentou o art. 23-A à Lei 8.987, de 13.02.1995 (Lei das Concessões e Permissões): "Art. 23-A. O contrato de concessão poderá prever o emprego de *mecanismos privados para resolução de disputas* decorrentes ou relacionadas ao contrato, inclusive a *arbitragem*, a ser realizada no Brasil e em língua portuguesa, nos termos da Lei nº 9.307, de 23 de setembro de 1996"; **(vi)** Lei 11.909, de 04.03.2009 (Lei do Transporte de Gás Natural): "Art. 21. O contrato de concessão (...) terá como cláusulas essenciais: (...) XI – as *regras sobre solução de controvérsias* relacionadas com o contrato e sua execução, inclusive a *conciliação e a arbitragem*"; "Art. 24. A concessionária deverá: (...) III – submeter à aprovação da ANP a minuta de contrato padrão (...), que deverá conter cláusula para *resolução de eventuais divergências*, podendo prever a *convenção de arbitragem*, nos termos da Lei nº 9.307, de 23 de setembro de 1996" e "Art. 48. Os contratos de comercialização de gás natural deverão conter *cláusula para resolução de eventuais divergências*, podendo, inclusive, prever a *convenção de arbitragem*, nos termos da Lei nº 9.307, de 23 de setembro de 1995".

Entretanto, no que respeita à *executoriedade* das decisões advindas de métodos alternativos ao judicial de solução de controvérsias para a Administração Pública, é pertinente a observação de Gilberto José Vaz e Pedro Augusto Gravatá Nicoli, no sentido de que somente está prevista em lei para a arbitragem:[14] "diferentemente do que ocorre com as decisões emanadas do juízo arbitral, cuja obrigatoriedade no cumprimento é prevista em expressa disposição legal, contida no art. 31 do Diploma 9.307/1996, não há instrumento legal específico que assegure a executoridade das decisões finais extraestatais provenientes dos demais mecanismos alternativos de solução de controvérsias".

Entretanto, com o advento da Lei 13.140/2015, se estabeleceu que atingido o consenso das partes no âmbito das *câmaras de prevenção e resolução administrativa de conflitos* "o acordo será reduzido a termo e constituirá título executivo extrajudicial" (art. 32, § 3º). Ou seja, o novo diploma prevê a executoriedade das decisões advindas das soluções de conflitos *que disciplina*.

Quanto ao *interesse público*, é certo que os métodos extrajudiciais de solução de conflitos não o infringem. Na lição de Celso Antônio Bandeira de Mello, o interesse público não é antagônico ao interesse dos particulares,[15] sendo "uma faceta dos interesses individuais, *sua faceta coletiva*, e, pois, (...) *um interesse dos vários membros do corpo social* (...)".[16]

Contudo, se reconhece que há *interesses* do Estado que *não podem ser submetidos a mecanismos consensuais de solução de conflitos*, porque só o Estado poderá com eles lidar, sob o regime jurídico-administrativo, com seus dois princípios básicos: o da supremacia do interesse púbico sobre o privado e o da indisponibilidade, pela Administração, dos interesses públicos:[17] são os denominados *interesses públicos primários*, que estão fora do mercado, tais como os "relevantes para a segurança e para o bem-estar da sociedade".[18]

Os interesses públicos admitidos à composição extrajudicial são os *interesses públicos secundários*, que têm expressão patrimonial, estão no mercado, são *dispo-*

---

[14] VAZ, Gilberto José; NICOLI, Pedro Augusto Gravatá. Os *dispute boards* e os contratos administrativos: são os DBs uma boa solução para disputas sujeitas a normas de ordem púbica? *Revista de Arbitragem e Mediação*, São Paulo: Revista dos Tribunais, ano 10, n. 38, p. 138, jul.-set. 2013.

[15] BANDEIRA DE MELLO, Celso Antônio. *Curso de direito administrativo*. 17. ed. rev. e atual. São Paulo: Malheiros, 2004. p. 51.

[16] Idem, ib., p. 53.

[17] Cf. BANDEIRA DE MELLO, Celso Antônio. *Curso de direito administrativo*. 17. ed. rev. e atual. São Paulo: Malheiros, 2004. p. 47.

[18] MOREIRA NETO, Diogo de Figueiredo. *Mutações do direito administrativo*. 2. ed. atual. e ampl. Rio de Janeiro: Renovar, 2001. p. 225.

Cap. 14 • AS REGRAS DA LEI DA MEDIAÇÃO (LEI 13.140/2015) PARA A ADMINISTRAÇÃO PÚBLICA | **273**

níveis, podem ser objetos de contratação e "têm natureza instrumental, existindo para que os primeiros sejam satisfeitos":[19]

> Não foi esse o sentido que a legislação empregou ao estabelecer que a arbitragem só se destina a "dirimir litígios relativos a direitos patrimoniais disponíveis". Com essa demarcação, a Lei de Arbitragem afastou de seu âmbito de aplicação apenas os temas que não admitissem **contratação** pelas partes. Numa palavra: a lei limitou a aplicação do procedimento arbitral às questões referentes a **direito (ou interesse) passível de contratação**.[20]

Dessa forma, aos interesses públicos secundários se *relativiza* o princípio da indisponibilidade, pela Administração, do interesse público.

A jurisprudência do Superior Tribunal de Justiça chancelou a possibilidade da Administração Pública submeter seus direitos patrimoniais disponíveis à arbitragem alegando, inclusive, que nunca é prejudicial ao interesse público a solução da controvérsia de forma mais célere e expedita e por um meio mais hábil e especializado:

> (...) 13. Outrossim, a ausência de óbice na estipulação da arbitragem pelo Poder Público encontra supedâneo na doutrina clássica do tema. "(...) Ao optar pela arbitragem o contratante público não está transigindo com o interesse público, nem abrindo mão de instrumentos de defesa de interesses públicos. Está, sim, escolhendo uma forma mais expedita, ou um meio mais hábil, para a defesa do interesse público". (...).[21]

> Em outras palavras, pode-se afirmar que, quando os contratos celebrados pela empresa estatal versem sobre atividade econômica em sentido estrito – isto é, serviços públicos de natureza industrial ou atividade econômica de produção ou comercialização de bens suscetíveis de produzir renda e lucro –, os direitos e as obrigações deles decorrentes serão transacionáveis, disponíveis e, portanto, sujeitos à arbitragem.[22]

> (...) 10. A submissão da controvérsia ao juízo arbitral foi um ato voluntário da concessionária. Nesse contexto, sua atitude posterior, visando à impugnação

---

[19] MOREIRA NETO, Diogo de Figueiredo. *Mutações do direito administrativo*. 2. ed. atual. e ampl. Rio de Janeiro: Renovar, 2001. p. 226.

[20] SUNDFELD, Carlos Ari; CÂMARA, Jacintho Arruda. O cabimento da arbitragem nos contratos administrativos. In: SUNDFELD, Carlos Ari (coord.). *Contratações públicas e seu controle*. São Paulo: Malheiros, 2013. p. 256-257.

[21] MS 11.308/DF, Rel. Min. Luiz Fux, *DJe* 19.05.2008.

[22] REsp 606.345/RS, Rel. Min. João Otávio de Noronha, *DJe* 08.06.2007.

274 | ARBITRAGEM E MEDIAÇÃO

desse ato, beira às raias da má-fé, além de ser prejudicial ao próprio interesse público de ver resolvido o litígio de maneira mais célere (...).[23]

O princípio da publicidade tampouco é impeditivo da submissão, pela Administração Pública, de seus litígios a mecanismos extrajudiciais de solução de conflitos os quais, em regra, preveem a *confidencialidade*.

O que o princípio da publicidade impõe é a transparência da atividade administrativa, que não se confunde com a *confidencialidade das informações manipuladas*. Na Administração Pública, por exemplo, há a confidencialidade de documentos que tramitam no Conselho Administrativo de Defesa Econômica – CADE, sem que se fira a transparência da atuação do órgão. Também no Poder Judiciário há processos nos quais deve-se manter o sigilo do conteúdo de documentos, provas e atos processuais. Como assevera José Antonio Fichtner, Sérgio Nelson Mannheimer e André Luís Monteiro, a confidencialidade "seria um limitador a que partes, árbitros, instituição arbitral (...) e terceiros eventualmente participantes do processo divulgassem publicamente as informações obtidas durante a arbitragem, o que englobaria dados, documentos, provas e decisões".[24]

Por outro lado, mesmo o dever de confidencialidade não é absoluto e pode ser afastado pelas partes, ou o será quando a divulgação da informação decorrer de expressa exigência legal, como consta na redação do *caput* do art. 30 da Lei 13.140/2015, por exemplo: "toda e qualquer informação relativa ao procedimento de mediação será confidencial em relação a terceiros, não podendo ser revelada sequer em processo arbitral ou judicial salvo se as partes expressamente decidirem de forma diversa ou quando sua divulgação for exigida por lei ou necessária para cumprimento de acordo obtido pela mediação".

Como diz Selma M. Ferreira Lemes,[25] "efetivamente não existe uma regra fixa e imutável quanto à privacidade, sigilo ou confidencialidade, tanto para as arbitragens estatais ou quase estatais. Os acordos de confidencialidade ou sigilo (...) deverão ser respeitados, sob pena de serem cometidos ilícitos contratuais, que evidentemente serão afastados diante de preceito legal que imponha a publicidade".

Nesse mesmo sentido, o Artigo 9 da Lei Modelo Uncitral:[26] "toda informação relativa ao procedimento de mediação deverá ser tida como confidencial em

---

[23] REsp 904.813/PR, Rel. Min. Nancy Andrighi, *DJe* 28.02.2012.

[24] FICHTNER, José Antonio; MANNHEIMER, Sergio Nelson; MONTEIRO, André Luis. *Novos temas de arbitragem*. Rio de Janeiro: Editora FGV, 2014. p. 97.

[25] LEMES (2003:9).

[26] "Article 9. Confidentiality. Unless otherwise agreed by the parties, all information relating to the conciliation proceedings shall be kept confidential, except where disclosure is requi-

Cap. 14 • AS REGRAS DA LEI DA MEDIAÇÃO (LEI 13.140/2015) PARA A ADMINISTRAÇÃO PÚBLICA | 275

relação a terceiros, salvo se as partes decidirem de forma diversa ou quando sua divulgação for exigida por lei ou for necessária para o cumprimento do acordo de mediação".

3. AS REGRAS DA LEI DA MEDIAÇÃO PARA A ADMINISTRAÇÃO PÚBLICA

Antes de comentarmos sobre as regras de solução de conflitos para a Administração Pública da Lei 13.140/2015, cumpre lhe tecer uma crítica: ao disciplinar a mediação judicial *reiterou os equívocos* da Resolução CNJ 125, de 29.11.2010, e do novo Código de Processo Civil, deslocando, desnecessariamente, o método para *dentro do Poder Judiciário*.

O CNJ, por meio da mencionada Resolução, instituiu as bases da "política pública de tratamento adequado dos problemas jurídicos e dos conflitos de interesses". Para tanto, determinou que os tribunais criassem *Núcleos Permanentes de Métodos Consensuais de Solução de Conflitos*, compostos por *magistrados da ativa ou aposentados e por servidores*, bem como que esses Núcleos instalassem os *Centros Judiciários de Solução de Conflitos e Cidadania (CEJUSCs)*.

O novo Código de Processo Civil, da mesma forma dispôs, na Seção V, que os conciliadores e mediadores *judiciais* atuarão nos CEJUSCs, que são "responsáveis pela realização de sessões e audiências de conciliação e mediação e pelo desenvolvimento de programas destinados a auxiliar, orientar e estimular a autocomposição" (art. 165, *caput*, do CPC).

Ou seja, o que fez o CNJ e o CPC foi institucionalizar mais centros de poder e, muito provavelmente, de gasto de dinheiro público, não essenciais para se alcançar um dos objetivos do Estado instituído no CPC, que é o de promover, sempre que possível, a solução consensual dos conflitos. A busca por soluções consensuais pode e deve ser estimulada pelo juiz, "inclusive no curso do processo judicial" (art. 3º, § 3º, do CPC), bem como pode e deve ser gestada na iniciativa privada, na linha da colocação do Ministro Nelson Jobim no julgamento do Agravo Regimental na Sentença Estrangeira 5.206-7 no Supremo Tribunal Federal, de que se deve repudiar um Estado intervencionista, que não estimula que a sociedade busque a solução de seus próprios conflitos.

A mediação judicial, dentro dos CEJUSCs, representa o ciclo vicioso do qual o Brasil não consegue sair, que é a burocracia, que gera soluções burocráticas para combatê-la, gerando mais burocracia. A Lei 13.140/2015 ratificou o ciclo vicioso.

---

red under the law or for the purposes of implementation or enforcement of a settlement agreement".

276 | ARBITRAGEM E MEDIAÇÃO

Fechado o parêntesis, vamos à Lei 13.140/2015 e às regras de solução de conflitos para a Administração Pública ali disciplinadas.

Inicialmente, verifica-se que a mediação não está expressamente prevista para a Administração, só sendo admitida *enquanto não publicado o regulamento* da União, do Distrito Federal e de cada Estado e Município, criando a composição e funcionamento das *câmaras de prevenção e resolução administrativa de conflitos*. Nesse quesito, se distanciou da ideologia do Projeto de Lei do Senado 405/2013, de autoria da Comissão de Juristas do Senado Federal, que instituía, de forma clara e simplificada, a mediação para a Administração Pública:

> Art. 24. Os órgãos da Administração Pública direta e indireta da União, dos Estados, do Distrito Federal e dos Municípios poderão submeter os litígios em que são partes à mediação.
>
> Art. 25. Poderá haver mediação:
>
> I – em conflitos envolvendo entes do Poder Público;
>
> II – em conflitos envolvendo entes do Poder Público e o Particular;
>
> III – coletiva, em litígios relacionados à prestação de serviços públicos.

A exclusão daqueles dispositivos do PLS 405/2013, bem como a inclusão do Capítulo II da Lei 13.140/2015, ocorreu após aprovação do Requerimento 1.274, de 2013, do Senador José Pimentel, que forçou a tramitação conjunta daquele PLS com o PLS 517,[27] de 2011, e com o PLS 434, de 2013 (fruto dos trabalhos da Comissão de Especialistas, instituída pela Portaria 2.148, de 29.05.2013, do Ministério da Justiça, que trabalhou concomitantemente à Comissão do Senado Federal). Na 82ª Reunião Ordinária da Comissão de Constituição, Justiça e Cidadania do Senado Federal, de 18.12.2013, foi aprovado o Substitutivo ao PLS 517 que, como esclarecido no Parecer do Senador Vital do Rêgo, "aproveita, de forma harmônica, dispositivos e contribuições dos PLS nºs 405 e 434, ambos de 2013". Esse substitutivo tramitou na Câmara dos Deputados como Projeto de Lei 7.169/2014 e resultou na Lei 13.140/2015.

O que está contido no Capítulo II da Lei 13.140/2015, com algumas inovações, é o que já é realidade no âmbito da Advocacia-Geral da União desde 2007 quando, na gestão do então Advogado-Geral da União José Antonio Dias Toffoli se instituiu, por meio do Ato Regimental AGU 05, de 27.09.2007,[28] a possibilida-

---

[27] O PLS 517, de 2011, é de autoria do Senador Ricardo Ferraço e "institui e disciplina o uso da mediação como instrumento para prevenção e solução consensual de conflitos".

[28] Respaldado (i) no art. 4º, VI, da Lei Complementar 73, de 10.02.1993, que indica ser uma das atribuições do Advogado-Geral da União "desistir, transigir, acordar e firmar compromisso nas ações de interesse da União, nos termos da legislação vigente" e (ii) no

Cap. 14 • AS REGRAS DA LEI DA MEDIAÇÃO (LEI 13.140/2015) PARA A ADMINISTRAÇÃO PÚBLICA | 277

de de solução extrajudicial de conflitos no âmbito da Câmara de Conciliação e Arbitragem da Administração Federal ("CCAF").

A CCAF funcionou, incialmente, em controvérsias jurídicas entre os órgãos e entidades pertencentes *unicamente* à Administração Pública *federal*. Era designada *ad hoc* pelo Advogado-Geral da União para atuar na solução do litígio concreto.[29]

Com o sucesso da inovação – já que é irracional que órgãos de uma mesma Administração Pública litiguem entre si –, a AGU passou a admitir a resolução de conflitos entre órgãos da Administração Pública *federal* e órgãos administrativos de outros entes federados, como os da Administração Pública dos Estados, do Distrito Federal e de Municípios *capital de Estado* ou que possuíssem mais de *duzentos mil habitantes*.[30]

Hoje a CCAF integra a estrutura organizacional da Advocacia-Geral da União, junto à Consultoria-Geral da União (Anexo I, art. 2º, II, "c", n. 6, do Decreto 7.392, de 13.12.2010).[31]

Uma das inovações da Lei 13.140/2015 está na *estrutura* onde tramitará as soluções consensuais dos conflitos em que for parte pessoa jurídica de direito público: as *câmaras de prevenção e resolução administrativa de conflitos* (Seção I do Capítulo II), que poderão ser criadas na União, Estados, Distrito Federal e Municípios, sob as seguintes diretrizes normativas:

(i) As *câmaras* (**a**) serão criadas por *regulamento* de cada ente federado; (**b**) funcionarão *dentro* dos órgãos de advocacia pública; (**c**) a composição,

---

art. 11 da Medida Provisória 2.180-35, de 24.08.2001, que disciplina que, "estabelecida controvérsia de natureza jurídica entre entidades da Administração Federal indireta, ou entre tais entes e a União, os Ministros de Estado competentes solicitarão, de imediato, ao Presidente da República, a audiência da Advocacia-Geral da União".

[29] Como disciplinava o art. 1º da Portaria-AGU 1.281, de 27.09.2007.

[30] Portarias AGU 1.099, de 28.07.2008, e 481, de 06.04.2009.

[31] O art. 18 do Decreto 7.392, de 13.12.2010, lista as competência da Câmara de Conciliação e Arbitragem da Administração Federal: "I – avaliar a admissibilidade dos pedidos de resolução de conflitos, por meio de conciliação, no âmbito da Advocacia-Geral da União; II – requisitar aos órgãos e entidades da Administração Pública Federal informações para subsidiar sua atuação; III – dirimir, por meio de conciliação, as controvérsias entre órgãos e entidades da Administração Pública Federal, bem como entre esses e a Administração Pública dos Estados, do Distrito Federal, e dos Municípios; IV – buscar a solução de conflitos judicializados, nos casos remetidos pelos Ministros dos Tribunais Superiores e demais membros do Judiciário, ou por proposta dos órgãos de direção superior que atuam no contencioso judicial; V – promover, quando couber, a celebração de Termo de Ajustamento de Conduta nos casos submetidos a procedimento conciliatório; VI – propor, quando couber, ao Consultor-Geral da União o arbitramento das controvérsias não solucionadas por conciliação; e VII – orientar e supervisionar as atividades conciliatórias no âmbito das Consultorias Jurídicas nos Estados".

funcionamento, espécies de conflitos que lhes serão submetidos e a forma como constarão do regulamento.

(ii) A Lei 13.140/2015 **(a)** *autoriza as câmaras* a (a.i) dirimirem conflitos entre os órgãos do respectivo ente federado e (a.ii) dirimirem e prevenirem conflitos sobre equilíbrio econômico-financeiro de contratos administrativos; **(b)** *possibilita que as câmaras* (b.i) façam *composição* entre particulares e os órgãos do ente federado em questão, após prévio juízo de admissibilidade; (b.ii) celebrem TAC-Termo de Ajustamento de Conduta, quando este couber; (b.iii) resolvam conflitos entre particulares decorrentes de atividades reguladas ou supervisionadas (art. 43); **(c)** *não autoriza que as câmaras* dirimam controvérsias que somente possam ser resolvidas por atos ou concessão de direitos sujeitos a autorização do Poder Legislativo, ou que acarretem onerosidade excessiva à Administração Pública.

(iii) Havendo consenso entre as partes, o acordo se constituirá em título executivo extrajudicial.

(iv) Quando instalado o procedimento de *resolução consensual de conflitos* a prescrição será suspensa, com retroatividade à data da formalização do pedido de *resolução*.

(v) Não há nenhum dispositivo legal autorizando as *câmaras* a solucionem questões tributárias, mas há previsão sobre a *interrupção da prescrição tributária* (segundo as normas do Código Tributário Nacional[32]) quando instalado o procedimento de resolução, ficando sem resposta contundente se poderão ou não as *câmaras* tratarem de matéria tributária.

O parágrafo único do art. 33 da Lei 13.140/2015 cuida da *mediação coletiva para conflitos relacionados à prestação de serviços públicos*. Como está inserido na Seção I, entende-se que será dirimido pelas *câmaras de prevenção e resolução administrativa de conflitos* e, como denuncia a nomenclatura, se prestará à solução de conflito relativo à prestação de serviços públicos prestados por cada um dos entes federados.

---

[32] "Art. 174. A ação para a cobrança do crédito tributário prescreve em cinco anos, contados da data da sua constituição definitiva. Parágrafo único. A prescrição se interrompe: I – pelo despacho do juiz que ordenar a citação em execução fiscal; II – pelo protesto judicial; III – por qualquer ato judicial que constitua em mora o devedor; IV – por qualquer ato inequívoco ainda que extrajudicial, que importe em reconhecimento do débito pelo devedor".

Cap. 14 • AS REGRAS DA LEI DA MEDIAÇÃO (LEI 13.140/2015) PARA A ADMINISTRAÇÃO PÚBLICA | 279

A Seção II do Capítulo II cuida dos conflitos em que é parte a Administração Pública *federal*.[33] Prevê a *transação por adesão* e a *composição extrajudicial do conflito*. Não está claro se a resolução desses conflitos ocorrerá no âmbito das *câmaras* criadas na Seção I (disposições comuns), mas a lógica conduz a uma resposta afirmativa.

Quanto à *transação por adesão*:

(i) Obedecerá *resolução administrativa da Advocacia-Geral da União*, cuja publicação será autorizada pelo Advogado-Geral da União havendo **(a)** jurisprudência pacífica do Supremo Tribunal Federal ou de tribunais superiores[34] sobre o tema (ou temas) ou **(b)** parecer do Advogado--Geral da União, aprovado pelo Presidente da República sobre o tema (ou temas), que vincula todos os órgãos e entidades da Administração Federal (arts. 28, II, e 40, § 1º, da Lei Complementar 73/1993).

(ii) Poderá solucionar controvérsias jurídicas entre órgãos da Administração Pública *federal* direta, suas autarquias e fundações.

(iii) A *resolução administrativa* **(a)** estabelecerá os requisitos e condições, para que o interessado *adira a seus termos*; **(b)** terá efeitos gerais, ou seja, não disporá sobre casos específicos e será aplicada isonomicamente aos casos idênticos.

(iv) A *publicação* da *resolução administrativa* estabelecendo os parâmetros da *transação por adesão* não implicará em renúncia tácita à prescrição, nem sua interrupção ou suspensão. Como essa resolução será publicada pelo Advogado-Geral da União, entende-se que o dispositivo (§ 6º do art. 35 da Lei 13.140/2015) se refira à União.

(v) A *adesão* do ente público à *transação* implica em renúncia do direito sobre o qual se funda a ação ou recurso, administrativo ou judicial, eventualmente pendente.

Quanto à *composição extrajudicial do conflito*:

(i) Obedecerá ao quanto previsto em *ato do Advogado-Geral da União*.

(ii) Poderá solucionar controvérsia jurídica entre órgãos da Administração Pública *federal*, direta e indireta; entre esses órgãos e a Administração

---

[33] "Seção II: Dos Conflitos Envolvendo a Administração Pública Federal Direta, suas Autarquias e Fundações".

[34] O fundamento referido entendemos serem as Súmulas editadas pela AGU, quando a jurisprudência sobre o assunto já está pacificada nos Tribunais Superiores, tal como previsto no art. 4º, XII, da Lei Complementar 73/1993, sendo vedado aos membros da AGU contrariá-las (art. 28, II, da Lei Complementar 73/1993).

Pública direta, autarquias e fundações dos *Estados, do Distrito Federal e dos Municípios.*

(iii) Poderá reconhecer a existência de créditos da *União*, suas autarquias e fundações diante de *outras* pessoas jurídicas de direito público *federais*, quando então o Advogado-Geral da União solicitará ao Ministério do Planejamento, Orçamento e Gestão disponibilidade orçamentária para quitação das dívidas das *outras pessoas de direito público da União* em *prol da União, suas autarquias e fundações.*

(iv) Ocorre fora dos autos e, se o tema estiver sendo discutido em ação de improbidade administrativa ou sobre ela haja decisão do Tribunal de Contas da União, o acordo dependerá de anuência expressa dos respectivos juízos.

(v) Se não houver acordo entre as partes, a controvérsia jurídica poderá ser dirimida pelo Advogado-Geral da União, nos termos da legislação que se lhe aplica.

(vi) O *ato do Advogado-Geral da União* estabelecendo os procedimentos para a *composição extrajudicial do conflito* não afasta as prerrogativas a ele disciplinadas no **(a)** art. 4º da Lei Complementar 73, 10.02.1993, quais sejam, (a.i) desistir, transigir, acordar e firmar compromisso nas ações de interesse da União; (a.ii) fixar a interpretação da Constituição, das leis, dos tratados e demais atos normativos, a ser uniformemente seguida pelos órgãos e entidades da Administração Federal; (a.iii) unificar a jurisprudência administrativa, garantir a correta aplicação das leis, prevenir e dirimir as controvérsias entre os órgãos jurídicos da Administração Federal e **(b)** na Lei 9.469, de 10.07.1997, *i.e.*, fazer acordos ou transações para prevenir ou terminar litígios, inclusive judiciais.

O art. 38 da Lei 13.140/1997 tem disposições específicas sobre a *composição extrajudicial de conflito tributário* (para os tributos administrados pela Secretaria da Receita Federal do Brasil ou créditos inscritos em dívida ativa da União), que são as seguintes:

(i) Obedecerá ao quanto previsto em *ato do Advogado-Geral da União*, não podendo o conflito ser objeto de Termos de Ajustamento de Condutas – TAC.

(ii) *Podem ser partes* da *composição extrajudicial de conflito tributário* órgãos da Administração Pública Federal direta, suas autarquias e fundações.

(iii) *Não podem ser partes* particulares e empresas públicas, sociedades de economia mista e suas subsidiárias que explorem atividade econômica de produção e comercialização de bens ou de prestação de serviços.

(iv) A submissão do conflito tributário à *composição extrajudicial* (**a**) implica renúncia ao direito de recorrer ao Conselho Administrativo de Recursos Fiscais-CARF e (**b**) se para a solução decorrer redução ou cancelamento de crédito tributário, o ato dependerá de manifestação conjunta do Advogado-Geral da União e do Ministro de Estado da Fazenda.

(v) O *ato do Advogado-Geral da União* estabelecendo os procedimentos para a *composição extrajudicial de conflito tributário* não afasta as prerrogativas a ele disciplinadas no (**a**) art. 4º da Lei Complementar 73, de 10.02.1993, quais sejam, (a.i) desistir, transigir, acordar e firmar compromisso nas ações de interesse da União; (a.ii) fixar a interpretação da Constituição, das leis, dos tratados e demais atos normativos, a ser uniformemente seguida pelos órgãos e entidades da Administração Federal; (a.iii) unificar a jurisprudência administrativa, garantir a correta aplicação das leis, prevenir e dirimir as controvérsias entre os órgãos jurídicos da Administração Federal e (**b**) na Lei 9.469, de 10.07.1997, *i.e.*, fazer acordos ou transações para prevenir ou terminar litígios, inclusive judiciais.

O art. 39 da Lei 13.140/2015 traz *norma preventiva de litígios*: "a propositura de ação judicial em que figurem concomitantemente nos polos ativo e passivo órgãos ou entidades de direito público que integrem a administração pública federal deverá ser previamente autorizada pelo Advogado-Geral da União".

Por fim, o art. 44 da Lei 13.140/2015 faz modificações nos arts. 1º e 2º da Lei 9.469, de 10.07.1997:

(i) Prevê a possibilidade do Advogado-Geral da União, diretamente ou por delegação, dos dirigentes máximos das empresas públicas federais, em conjunto com o dirigente estatutário da área relacionada aos litígios, autorizarem *acordos* ou *transações* para *prevenirem ou terminarem litígios*, administrativos ou judiciais.

(ii) Autoriza a criação de (outras) *câmaras especializadas*, compostas por servidores públicos ou empregados públicos específicos para analisar e formular propostas de *acordos* ou *transações*.

(iii) Prevê que regulamento estabeleça um valor máximo para os acordos ou transações e que, ultrapassado o teto, a validade do ato dependerá de prévia e expressa autorização do Advogado-Geral da União e do Ministro de Estado da pasta relacionada ao objeto do acordo ou transação ou, se for o caso, do Presidente da Câmara dos Deputados, do Senado Federal, do Tribunal de Contas da União, de Tribunal ou Conselho, do Procurador-Geral da República.

ARBITRAGEM E MEDIAÇÃO

(iv) As empresas públicas federais "não dependentes" necessitarão somente da autorização de seus dirigentes para validade do acordo ou transação que ultrapassem o valor máximo previsto em regulamento.

(v) Valores inferiores ao estabelecido em regulamento poderão ser autorizados diretamente pelos Procurador-Geral da União, Procurador-Geral Federal, Procurador-Geral do Banco Central e pelos dirigentes das empresas públicas federais.

4. CONCLUSÃO

O PLS 405/2013, elaborado pela Comissão de Juristas do Senado Federal, buscou estabelecer a mediação para a Administração Pública sem criar regras rígidas, em obediência à liberdade das partes e à autogestão da sociedade civil organizada. O que se relegaria à regulamentação do Poder Público seriam algumas especificidades, tais como quais as matérias que poderiam ser submetidas à mediação, a autorização para atuação do representante do Poder Público, eventual teto financeiro para acordo, ônus das custas do procedimento etc. O princípio do PLS 405/2013 era prever a mediação para a Administração Pública e ajudar no descongestionamento do Poder Judiciário, retirando-lhe matérias conflituosas que podem ser resolvidas por meio do diálogo, do reconhecimento do erro e de concessões mútuas, com a condução de mediadores privados e atuação de servidores públicos como curadores da coisa pública, dentro da concepção de que soluções mais rápidas e céleres também realizam o interesse público.

Mas não foi o que fez a Lei 13.140/2015. Fruto da miscigenação de redações de outros projetos de lei, congregou procedimentos de solução de conflitos que já estavam previstos, com mais clareza, para a Administração Pública federal (por meio da Lei Complementar 73/1993; da Medida Provisória 2.180-35; do Decreto 7.392/2010 e de Portarias da Advocacia-Geral da União).

Se, por um lado, a Lei 13.140/2015 inovou ao estender a possibilidade de solução consensual de conflitos aos Estados, Distrito Federal e Municípios, por outro retrocedeu, no mínimo, em dois pontos: ao chancelar a mediação (judicial) dentro do Poder Judiciário, à exemplo da Resolução CNJ 125/10 e do novo Código de Processo Civil e ao possibilitar a criação das *câmaras de prevenção e resolução administrativa de conflitos* nos entes federados. Essas permissividades poderão conduzir ao surgimento de mais centros de poder, de burocracia e de gasto de dinheiro público já que, conhecendo-se como se conhece a realidade brasileira, não tardará e novos cargos públicos, efetivos e/ou comissionados, surgirão nos *CEJUSCs* e nas *câmaras*. Poderão ser mais um órgão dentro das estruturas dos poderes públicos.

Cap. 14 • AS REGRAS DA LEI DA MEDIAÇÃO (LEI 13.140/2015) PARA A ADMINISTRAÇÃO PÚBLICA 283

Por fim, não se pode deixar de comentar o desleixo da redação da Lei 13.140/2015, onde sequer há uniformidade de nomenclatura para se nominar os conflitos e os procedimentos ali disciplinados.

Na Seção I, que trata das *câmaras de prevenção e resolução administrativa de conflitos*, se menciona os termos *composição* (inc. II do art. 32); *mediação coletiva* (parágrafo único do art. 33) e *resolução consensual de conflito* (*caput* do art. 34), para definir as controvérsias que são solucionadas no seu interior. Da mesma forma, na Seção II se disciplina a *transação por adesão,* a *composição extrajudicial de conflito* e a *controvérsia jurídica relativa a tributos.* O ideal seria unificar, sob uma mesma denominação, o conflito em que é parte a Administração Pública e o procedimento de sua solução, detalhando as partes que poderiam dele participar em cada ente federado, as espécies de conflitos que poderiam ser dirimidos consensualmente e outros detalhes necessários.

REFERÊNCIAS BIBLIOGRÁFICAS

BANDEIRA DE MELLO, Celso Antônio. *Curso de direito administrativo.* 17. ed. rev. e atual. São Paulo: Malheiros, 2004.

CALHEIROS, Renan. Arbitragem e mediação: meios alternativos de solução de controvérsias. *Revista de Arbitragem e Mediação,* São Paulo: Revista dos Tribunais, ano 10, n. 38, jul.-set. 2013.

FICHNER, José Antonio; MANNHEIMER, Sergio Nelson; MONTEIRO, André Luis. *Novos temas de arbitragem.* Rio de Janeiro: Editora FGV, 2014.

GUERREIRO, Luis Fernando. Conciliação e mediação – Novo CPC e leis específicas. *Revista de Arbitragem e Mediação,* São Paulo: Revista dos Tribunais, ano 11, n. 41, abr.-jun. 2014.

LEMES, Selma Maria Ferreira. *Arbitragem na concessão de serviços públicos – arbitrabilidade objetiva – confidencialidade ou publicidade,* p. 1. Disponível em: <http://www.camarb.com.br/areas/subareas_impressao.aspx?SubAreaNo=1>.

MEDAUAR, Odete. *Direito administrativo moderno.* 8. ed. rev. e atual. São Paulo: Revista dos Tribunais, 2004.

MOREIRA NETO, Diogo de Figueiredo. *Mutações do direito administrativo.* 2. ed. atual. e ampl. Rio de Janeiro: Renovar, 2001.

SUNDFELD, Carlos Ari; CÂMARA, Jacintho Arruda. O cabimento da arbitragem nos contratos administrativos. In: SUNDFELD, Carlos Ari (coord.). *Contratações públicas e seu controle.* São Paulo: Malheiros, 2013.

VAZ, Gilberto José; NICOLI, Pedro Augusto Gravatá. Os *dispute boards* e os contratos administrativos: são os DBs uma boa solução para disputas sujeitas a normas de ordem púbica? *Revista de Arbitragem e Mediação,* São Paulo: Revista dos Tribunais, ano 10, n. 38, jul.-set. 2013.

15

A CLÁUSULA ESCALONADA

SILVIA RODRIGUES PACHIKOSKI[1]

Sumário: 1. Introdução – 2. A mediação e a arbitragem como formas de solução de conflitos – 3. Cláusula escalonada ou sequencial – 4. Mediador e árbitro – 5. Obrigatoriedade da mediação – 6. Conclusão – Referências bibliográficas.

1. INTRODUÇÃO

Com a declaração de constitucionalidade da Lei 9.307/1996 pelo Plenário do Augusto Supremo Tribunal Federal, em dezembro de 2001,[2] a arbitragem, que constava do ordenamento jurídico brasileiro desde o Império, na Constituição de

---

[1] Advogada formada pela Universidade de São Paulo. Sócia de Rodrigues Pachikoski e Staffa Neto Advogados Associados (RPSN), responsável pela área de Arbitragem e Contencioso do escritório. Extensão Universitária em Processo Civil pela Pontifícia Universidade Católica de São Paulo e em Direito Societário pela Fundação Getulio Vargas em São Paulo. Extensão Universitária em Arbitragem pela Washington College of Law – American University. Membro da Comissão de Mediação e Arbitragem da Ordem dos Advogados do Brasil – Seccional São Paulo. Conselheira eleita da Associação dos Advogados de São Paulo – AASP. Integrante da Comissão de Juristas do Senado Federal instituída com a finalidade de elaborar anteprojeto de Lei de Arbitragem e Mediação. Especialista convidada para participar da I Jornada "Prevenção e Solução Extrajudicial de Litígios" do Centro de Estudos Judiciários (CEJ) do Conselho da Justiça Federal.

[2] "Por maioria de votos, o Plenário do Supremo Tribunal Federal julgou hoje (12/12) um recurso em processo de homologação de Sentença Estrangeira (SE 5206), considerando constitucional a Lei de Arbitragem (Lei 9.307/96). A lei permite que as partes possam escolher

286 | ARBITRAGEM E MEDIAÇÃO

1824,[3] mas sem expressão, ganhou força e o Brasil, nos últimos anos, alcançou posição de destaque no ambiente internacional.

A Lei 9.307/1996 viabilizou o procedimento arbitral, estabelecendo forma e ritos, dando eficiência e eficácia para a arbitragem no Brasil. De outro lado, a declaração de sua constitucionalidade trouxe segurança jurídica, afastando os nefastos argumentos de lesão ao inciso XXXV do art. 5º da Constituição Federal, ou seja, superou-se a tese de que a escolha da arbitragem como método de solução de conflitos restringia o acesso à Justiça.

A força dos métodos extrajudiciais, cuja velocidade e agilidade lhe são inerentes e imanentes, adveio da própria crise do Poder Judiciário, que não consegue mais distribuir a efetiva Justiça porquanto sua morosidade não atende mais os anseios da população e dos negócios.[4]

---

um árbitro para solucionar litígios sobre direitos patrimoniais, sendo que o laudo arbitral resultante do acordo não precisa ser mais homologado por uma autoridade judicial.

Esse é o caso piloto (*leading case*) sobre a matéria. Trata-se de uma ação movida a partir de 1995. A empresa, de origem estrangeira, pretendia homologar um laudo de sentença arbitral dada na Espanha, para que tivesse efeitos no Brasil. A princípio, o pedido havia sido indeferido. Entretanto, em 1996, foi promulgada a Lei 9.307, que dispensaria a homologação desse laudo na justiça do país de origem. Durante o julgamento do recurso, o ministro Moreira Alves levantou a questão da constitucionalidade da nova lei. Apesar de todos os ministros terem votado pelo deferimento do recurso, no sentido de homologar o laudo arbitral espanhol no Brasil, houve discordância quanto ao incidente de inconstitucionalidade. Sepúlveda Pertence, o relator do recurso, bem como Sydney Sanches, Néri da Silveira e Moreira Alves entenderam que a lei de arbitragem, em alguns de seus dispositivos, dificulta o acesso ao Judiciário, direito fundamental previsto pelo artigo quinto, inciso XXXV, da Constituição Federal. A corrente vencedora, por outro lado, considera um grande avanço a lei e não vê nenhuma ofensa à Carta Magna. O ministro Carlos Velloso, em seu voto, salientou que se trata de direitos patrimoniais e, portanto, disponíveis. Segundo ele, as partes têm a faculdade de renunciar a seu direito de recorrer à Justiça. 'O inciso XXXV representa um direito à ação, e não um dever.' O presidente do tribunal, ministro Marco Aurélio, após o término do julgamento, comentou a decisão dizendo esperar que seja dada confiança ao instituto da arbitragem e, a exemplo do que ocorreu em outros países, que essa prática 'pegue no Brasil também.' Segundo ele, presume-se uma atuação de boa-fé por parte dos árbitros, que devem ser credenciados para tanto". Disponível em: <http://www.stf.jus.br/portal/cms/verNoticiaDetalhe.asp?idConteudo=58198>. Acesso em: 3 mar. 2014.

[3] "Art. 160. Nas cíveis e nas penais civilmente intentadas, poderão as partes nomear juízes árbitros. Suas sentenças serão executadas sem recurso, se assim o convencionarem as mesmas partes".

[4] "O Poder Judiciário Nacional está enfrentando uma intensa conflituosidade, com sobrecarga excessiva de processos, o que gerando a crise de desempenho e a consequente perda de credibilidade. Essa situação é decorrente, em grande parte, das transformações por que vem passando a sociedade brasileira, de intensa conflituosidade decorrente de inúmeros fatores, um dos quais é a economia de massa. (...) É decorrente a crise mencionada, tam-

A crise do Poder Judiciário, não só no Brasil, mas ao redor do mundo, trouxe força e apoio aos métodos alternativos de resolução de disputas, sendo força efetiva para a pacificação dos conflitos sociais.[5]

A perda de eficiência e de velocidade não se dá somente pela falta de estrutura, mas principalmente pelo próprio sistema jurídico que estabelece uma pluralidade de recursos, transformando a batalha judicial em uma guerra sem fim. Neste cenário, só há perdedores, pois mesmo quem sai vitorioso do litígio acaba prejudicado, já que sofre perdas advindas do engessamento das atividades envolvidas naquele conflito.

Em paralelo a essa evolução, o próprio sistema econômico transnacional impõe às corporações que obtenham melhores resultados, melhores preços e consequentemente custos menores, não suportando brigas processuais que se estendam por anos sem fim.

Assim é que a modernidade também trouxe uma nova forma de encarar os conflitos que, mesmo indesejados, podem ser trabalhados dentro de um cenário economicamente viável. A batalha e o litígio não são mais a melhor forma de solucionar os problemas.

Como bem analisado por Mariulza Franco:[6]

> Na nova cultura, o conflito não é visto como indesejável, pelo seu lado negativo: Ele passa a ser enfocado como problema que pode ser resolvido, mesmo antes

---

bém, da falta de uma política publica de tratamento adequado dos conflitos de interesses que ocorrem na sociedade. Afora os esforços que vem sendo adotados pelo Conselho Nacional de Justiça, pelos Tribunais de Justiça de Justiça de grande maioria dos Estados da Federação Brasileira e pelos Tribunais Regionais Federais, no sentido da utilização dos chamados Meios Alternativos de Solução de Conflitos, em especial da conciliação e da mediação, não há uma política nacional abrangente, de observância obrigatória por todo o Judiciário Nacional, de tratamento adequado dos conflitos de interesses" (WATANABE, Kazuo. Política pública do Poder Judiciário nacional para tratamento adequado dos conflitos de interesses. Disponível em: <http://www.tjsp.jus.br/Download/Conciliacao/Nucleo/ParecerDesKazuoWatanabe.pdf>. Acesso em: 10 mar. 2014).

[5] "Devemos estar conscientes de nossa responsabilidade; é nosso dever contribuir para fazer que o direito e os remédios legais reflitam as necessidades, problemas e aspirações atuais da sociedade civil; entre essas necessidades estão seguramente as de desenvolver alternativas aos métodos e remédios, tradicionais, sempre que sejam demasiado caros, lentos e inacessíveis ao povo; daí o dever de encontrar alternativas capazes de melhor atender às urgentes demandas de um tempo de transformações sociais em ritmo de velocidade sem precedente" (CAPELETTI, Mauro. Os métodos alternativos de solução de conflitos no quadro do movimento universal de acesso à justiça. Revista de Processo, n. 74, ano 19, p. 97, abr.-jun. 1994).

[6] FRANCO, Mariulza. Nova cultura do litígio: necessária mudança de postura. Arbitragem: estudos em homenagem ao Prof. Guido Fernando da Silva Soares. São Paulo: Atlas, p. 113.

de sua manifestação, eliminando-se ou corrigindo-se situações indesejáveis que poderiam dar-lhe causa, transformando-se o status quo e tirando-se proveito de eventuais consequências positivas que poderia acarretar. Visto por este ângulo, afirma-se que o conflito é também construtivo e incentiva a criatividade; aceitando-se lhe como "parte integral do comportamento humano", motiva e oportuniza mudanças.

Desse modo, mais do que natural o aumento da procura pelos métodos e soluções lastreadas na pacificação social, utilizando-se de outras formas eficazes e de apoio à tutela do Estado.

Repetindo-se as palavras e ensinamentos do Professor Kazuo Watanabe[7] ao redigir a Política Pública do Poder Judiciário Nacional para tratamento adequado dos conflitos de interesses: *o direito ao acesso à ordem jurídica não se resume apenas no direito de pedir, mas sim à obtenção de um resultado efetivo, adequado, tempestivo e justo.*

Nesse momento, técnicas como a mediação, a conciliação e a negociação ganham força e espaço, adequando-se às atividades empresariais como métodos eficazes e menos onerosos de solução de seus conflitos e que trazem aos envolvidos a satisfação e pacificação almejada.

A contínua evolução desse ambiente de soluções extrajudiciais proporciona a aparição de cláusulas contratuais, que utilizam mais de uma modalidade de método, usualmente negociação, mediação e arbitragem. A cláusula mais comum, denominada cláusula mediação e arbitragem, cláusula conjugada, cláusula escalonada ou ainda cláusula med-arb é a pauta deste trabalho.

O novo marco legal da Mediação, Lei 13.140/2015, e a Reforma da Lei de Arbitragem, que versam especificamente sobre a mediação e sobre a arbitragem, trouxeram em seu bojo duas grandes missões: estabelecer a mediação por instrumento legislativo, ou seja, dar forma e conteúdo à técnica já desenvolvida; e, incorporar as novas práticas da arbitragem, com os limites e contornos já definidos pela valiosa jurisprudência do Augusto Superior Tribunal de Justiça.

O Novo Código de Processo Civil soube perceber essa necessidade de mudança e deu relevante importância à mediação e aos métodos extrajudiciais de solução de conflitos.

É sobre esse cenário inovador, de um lado, e solidificador, de outro, que será analisada a conveniência, oportunidade e consequências do uso da cláusula escalonada.

---

[7] WATANABE, Kazuo. *Política pública do Poder Judiciário nacional para tratamento adequado dos conflitos de interesses.* Disponível em: <http://www.tjsp.jus.br/Download/Conciliacao/Nucleo/ParecerDesKazuoWatanabe.pdf>. Acesso em: 10 mar. 2014.

2. A MEDIAÇÃO E A ARBITRAGEM COMO FORMAS DE SOLUÇÃO DE CONFLITOS

A mediação e a arbitragem são tratadas juntamente com a conciliação e a negociação no Sistema Amigável de Solução de Disputas, denominado Alternative Dispute Resolution – ADR,[8] que representam um conjunto de técnicas surgidas na década de 1970, nos Estados Unidos, com o fito de permitir resolver conflitos ou disputas, de forma pacífica e legal, dando aos envolvidos participação preponderante para busca da solução. Esses métodos podem contar ou não com a necessidade de um terceiro para a busca do resultado comum.

O sistema jurídico brasileiro contempla simbioticamente as formas autocompositiva e heterocompositiva de solução dos conflitos.[9] Na primeira, as partes buscam o acordo por si, contando ou não com auxílio de terceiros. Na heterocompositiva, por sua vez, as partes transferem a terceiro a decisão da solução do conflito, que vinculará as partes quanto ao seu conteúdo e cumprimento.

Considerando que o conflito está presente em todas as relações individuais ou comerciais, econômicas e políticas, uma vez que uma parte busca a defesa de sua necessidade enquanto a outra trabalha para defender a dela. O antagonismo decorrente dos objetivos contrapostos é intrínseco ao relacionamento social.

Os métodos alternativos e, principalmente, a mediação tem como escopo preservar a relação entre os conflitantes ou pelo menos permitir que as partes, após a solução do conflito, continuem saudavelmente relacionadas.

Cumpre salientar que além da preservação dos relacionamentos, o custo, o tempo envolvido, bem como a confidencialidade tem contribuído para o incremento da escolha da mediação e da arbitragem como forma de solução.

---

[8] As ADRs constituem um conjunto de técnicas surgidas na América do Norte, a partir da *Pond Conference* realizada em 1976, para dar solução à crise vivida pelo Judiciário.

[9] A simbiose entre formas autcompositivas e heterocompositivas está presente também nas legislações que regulam a arbitragem e no curso do procedimento, tais como a Lei brasileira, Lei 9.307, de 23.09.1996, art. 21, § 4º, que estabelece que o tribunal arbitral poderá, no início do procedimento, tentar conciliar as partes homologando o acordo por sentença arbitral (art. 28), a Lei espanhola de Arbitragem, Lei 60, de 23.12.2003, que no art. 36 regula o acordo das partes no curso da arbitragem e a possibilidade de ser ditada sentença arbitral por acordo, e, ainda entre outras, a Lei interna de arbitragem suíça, regulada no acordo cantonal denominado Concordata de 1969, ao dispor sobre a conciliação prévia, estabelece que este procedimento deve ser assimilado ao de arbitragem (art. 13, 2). No mesmo sentido os regulamentos de diversas instituições arbitrais, como, por exemplo, o art. 26 do regulamento de arbitragem da Corte Internacional de Arbitragem da Câmara de Comercio Internacional – CCI. Por oportuno, impende observar que na prática arbitral se verifica, com certa frequência, a elaboração de sentença por acordo das partes.

290 | ARBITRAGEM E MEDIAÇÃO

Note-se que um instituto não é preponderante sobre o outro. Tanto é verdade que a Lei de Arbitragem vigente, no § 4º do art. 21, estabelece que "competirá ao árbitro ou ao tribunal arbitral, no início do procedimento, tentar a conciliação das partes".

Essa função conciliadora concedida ao árbitro requer atenção, pois este deve manter sempre suas convicções preservadas para não antecipar ou exteriorizar suas propensões, faltando com a imparcialidade. É o mesmo que se espera de um Juiz ao tentar a conciliação entre as partes.[10]

É fato que muitos procedimentos arbitrais são resolvidos com o estímulo dos árbitros para que as partes se componham. Muitas vezes os envolvidos só vão encarar efetivamente o conflito e também suas fraquezas e fragilidades em audiência, já no início do procedimento arbitral, oportunidade que o acordo acena como um bom caminho, diante do risco de perda na discussão arbitral.

Ressalte-se que não há mecanismo mais correto ou mais eficiente, entre a mediação e a arbitragem, mas sim características próprias que devem ser identificadas diante de cada cenário e aproveitadas da melhor forma para permitir a solução do conflito, podendo ser utilizadas de forma isolada ou combinada.

Ao se colocar o holofote sobre o ambiente internacional, importante trazer à baila projeto realizado pela International Association for Contract and Commercial Management (IACCM) em conjunto com Pace Law School denominada *Drafting Step Clauses: an empirical look at their praticality and legality,* ao tratar sobre as cláusulas escalonadas, comparando conteúdo e avaliando sua eficiência.

A pesquisa aponta para o fato de que as cláusulas escalonadas estão lastreadas na noção de que as disputas são melhores resolvidas de maneira informal, flexível, eficiente e menos onerosa, deixando o procedimento arbitral apenas para hipótese de as tentativas amigáveis falharem.

Nesse sentido, 82% dos entrevistados responderam que utilizam cláusulas escalonadas como forma de solução dos conflitos oriundos de seus contratos, ba-

---

[10] Seria formalismo excessivo imaginar alguma nulidade por conta da instauração da arbitragem sem que as partes se submetam previamente ao procedimento autocompositivo escolhido. Diante da eventualidade de violação da avença contida na cláusula escalonada, poderá o árbitro, se perceber espaço para composição, notando a necessidade de instaurar procedimento próprio, propor que as partes suspendam a arbitragem, remetendo os litigantes ao procedimento de mediação ou conciliação escolhido. Se qualquer uma das partes discordar, nada impedirá que os árbitros, atendendo os ditames do § 4º do art. 21 da Lei de Arbitragem, tentem a conciliação das partes. Não havendo predisposição para a composição, restará claro que a superação da fase de mediação prevista na cláusula escalonada não terá prejuízo algum, de modo que não haverá qualquer sobra de nulidade a macular o procedimento arbitral. Cf. CARMONA, Carlos Alberto. Arbitragem e processo – um comentário à Lei n. 9.307/96. 3. ed. São Paulo: Atlas, 2009. p. 35.

seados no princípio da boa-fé das partes em conjugar esforços para que a solução amigável seja atingida.

Ao perguntarem aos pesquisados porque escolheram a cláusula escalonada, a maioria respondeu pela capacidade de preservar o relacionamento entre as partes, com uma solução amistosa. Outros acreditam em sua eficiência e os demais indicaram que com solução ou não o próprio procedimento de mediação auxilia as partes a conhecer efetivamente todos os pontos de seu conflito, preparando-os para a arbitragem.

3. CLÁUSULA ESCALONADA OU SEQUENCIAL

A cláusula escalonada ou cláusula med-arb ou cláusula sequencial[11] estabelece como forma de solução da controvérsia, etapas que devem ser cumpridas até que se culmine em uma decisão final, caso não se tenha obtido a composição nas etapas anteriores.[12]

A cláusula sequencial pressupõe o cumprimento da etapa prévia para o avanço ao procedimento arbitral.

As partes ao estabelecerem este tipo de cláusula escalonada visam obter uma composição ou a solução do conflito da forma melhor possível, considerando custos e tempo, além da preservação do relacionamento comercial existente, utilizando-se, para tanto, dos dois mecanismos, quais sejam, mediação e arbitragem.

Muito utilizada em contratos de execução continuada (por exemplo: contratos de franquia, representação comercial ou distribuição), em contratos de longo prazo (contratos de infraestrutura), em que as obrigações se protraem no tempo, e, ainda, com significativa complexidade, as cláusulas sequenciais permitem a

---

[11] "Cláusulas escalonadas são estipulações que preveem a utilização sequencial de meios de solução de controvérsias, em geral mediante a combinação de meios consensuais e adjudicatórios" (LEVY, Fernanda Rocha Lourenço. *Cláusulas escalonadas*. A mediação comercial no contexto da arbitragem. São Paulo: Saraiva, 2013. p. 173).

[12] No Sistema Amigável de Solução de Disputas, também denominado Alternative Dispute Resolution – ADR, encontramos as formas que combinam as técnicas de mediação ou conciliação prévias e, a seguir, a arbitragem na eventualidade da mediação ou conciliação não redundar em acordo das partes. Cláusulas que preveem essas modalidades conjugadas denominam-se "cláusulas escalonadas. Estas cláusulas estão presentes, com certa frequência, em contratos de longa duração e complexidade, tais como os contratos de infraestrutrura, os denominados de "chave na mão", contratos nas áreas de energia, gás e petróleo, em que inadimplemento contratual repercute em cadeia nas demais contratações e subcontratações, sendo de todo oportuno prevê-las e estipulá-las (LEMES, Selma Maria Ferreira. *As peculiaridades e os efeitos jurídicos da cláusula escalonada*: mediação, conciliação e arbitragem. Rio de Janeiro: Forense, 2008. p. 360).

preservação do vínculo entre as partes contratantes, evitando-se a ruptura do ambiente profícuo das relações comerciais. Permite o enfrentamento das questões advindas do cumprimento do contrato e a continuidade do relacionamento.

É o caso, por exemplo, dos contratos de infraestrutura e construção civil, envolvendo diversas empresas, com subcontratações e divisão do escopo do contrato, e o setor público, com obrigações que se somam e se complementam. Nesse ambiente, "a intangibilidade contratual cede espaço a uma flexibilidade vocacionada à longevidade da avença".[13]

Porém, para que se mostre eficiente, a cláusula escalonada deve ser redigida de maneira a propiciar o benefício das partes e não gerar confusão e permitir que uma parte resistente, ou de má-fé, torne-a ineficiente, com tentativas protelatórias que apenas retardem a solução do conflito ou a solução arbitral.

Dessa maneira, prazos, forma de início do procedimento de mediação, eleição ou não de uma entidade administradora da mediação, regras para escolha do mediador, consequências sobre o não comparecimento ou não localização da parte contrária, deverão estar muito bem definidas e contempladas na redação da cláusula escalonada, sob pena de o remédio, a mediação, trazer piores resultados do que a própria doença, o conflito.

Importante salientar que a cláusula que estabelece que as partes envidem seus melhores esforços para chegar a uma composição amigável e uma vez não se perfazendo, devem seguir para a via arbitral, mostra-se muitas vezes ineficiente, pois não há exatamente prazo, procedimento ou ritual definido sobre no que consiste "envidar melhores esforços".[14] Aliás, a subjetividade da expressão pode

---

[13] MOSER, Luiz Gustavo Meira. Contrato internacional de licenciamento – cláusula escalonada ou sequencial – reconhecimento da validade da sentença arbitral sem a observância ao procedimento pré-arbitral. *Revista Brasileira de Arbitragem*, n. 15, jul.-ago.-set. 2007.

[14] "Quando as partes num contrato estabelecem as cláusulas escalonadas o fazem imbuídas das melhores intenções, no sentido de preservar a manutenção de um bom relacionamento comercial. Mas em algumas situações não se trata de cláusulas escalonadas. Assim se verifica quando as partes salientam que, surgida a controvérsia, envidarão seus melhores esforços para solucionar a controvérsia amigavelmente e, não sendo possível, instituirão procedimento arbitral, regulando, em seguida, a arbitragem. A proposição de solução amigável, tal como acima mencionada, mesmo quando fixa prazo para que as partes tentem uma solução amigável representa um procedimento informal e de condução de uma simples negociação, considerando-se verificada, sem maiores formalidades, com o início de trocas de correspondências, com atas e reuniões entabuladas para esse fim, inclusive envolvendo altos escalões da empresa, com o objetivo de alcançar solução para o dissenso. Neste exemplo, a forma aberta e genérica em que foi redigida, não se pode dizer que representa uma cláusula escalonada, mas exterioriza procedimento normal e habitual de negociação, não demandando maiores formalidades, além da demonstração de tentativa

trazer discussões intermináveis, atrasando e atrapalhando cada vez mais a resposta final ao conflito.

Nesse diapasão, parece que bastaria a realização de reuniões formalizadas em atas ou troca de correspondências que demonstrem a não obtenção de consenso para se comprovar que a tentativa negocial não foi exitosa ou até mesmo notificar a outra parte de que a tentativa de conciliação está encerrada, estando livres para seguir pelo caminho arbitral.

A ausência da notificação ou comunicação à parte contrária pode ser interpretada como violação contratual, principalmente aos princípios da boa-fé objetiva.

Dessa forma, indispensáveis para a eficiência da cláusula escalonada, propriamente dita, que estejam definidos: a ordem dos passos que deverão ser seguidos, a descrição específica da mediação como primeiro método a ser utilizado, com prazos para cada etapa, forma e regras, para depois, em caso de insucesso, passar-se à arbitragem, com a instauração do procedimento.

Como mencionado, na redação da cláusula escalonada as partes não poderão deixar de definir a fixação de um prazo para que a mediação seja processada. Imperiosa, ainda, a escolha de um regulamento que disciplinará a mediação e também da instituição que irá administrá-la. Quanto mais claras e mais bem definidas as regras, mais eficiente a resposta à cláusula será.

4. MEDIADOR E ÁRBITRO

A má redação da cláusula poderá ensejar confusão entre quem figurará como mediador e como árbitro. Muitas vezes, quando não há a eleição de uma instituição para administrar o conflito, não se tem certeza sobre o fato de o mediador poder ou não figurar como árbitro.

O ambiente ideal para que se desenvolva a mediação deve estar revestido de confiança, permitindo que cada parte mantenha sob seu domínio seus argumentos, forças e fraquezas e busquem, com auxílio do mediador, a composição. Para tanto, a confidencialidade mostra-se de suma relevância.

A certeza para a parte de que o mediador não atuará posteriormente no conflito é condição relevante para que deposite a sua confiança no terceiro imparcial e permita a facilitação para o acordo.

---

de negociar e solucionar o conflito, conforme acima mencionado". Cf. LEMES, Selma Maria Ferreira. As peculiaridades e os efeitos jurídicos da cláusula escalonada mediação ou conciliação e arbitragem. In: FERRAZ, Rafaella; MUNIZ, Joaquim de Paiva (coord.). Arbitragem doméstica e internacional – estudo em homenagem ao prof. Theóphilo de Azeredo Santos. Rio de Janeiro: Forense, 2008.

A insegurança gerada pelo ruído decorrente da possibilidade de o mediador atuar, em futuro próximo, como árbitro mostra-se, em muitas vezes, inviabilizadora das composições.

Porém, há cláusulas nos dois sentidos: (a) permitindo o mediador como futuro árbitro, lastreados no fato de ser pessoa de confiança e por isso mesmo seria a pessoa adequada para atuar nas duas posições;[15] evitando, ainda, a necessidade de ter que se explicar o mesmo caso novamente, poupando tempo e dinheiro;[16] e (b) afasta a possibilidade de atuação nas duas posições, pelo comprometimento da imparcialidade e da confidencialidade.

Tanto o mediador como o árbitro deve estar revestido de imparcialidade e transparência.

Ensina Carlos Alberto Carmona:[17]

> Não é recomendável que o mediador exerça, em caso de fracasso do método autocompositivo, a função de árbitro. Durante o processo de negociação, as partes devem ter a tranquilidade de poder revelar ao mediador ou conciliador os detalhes do contrato e suas expectativas para a solução da controvérsia; não creio que as partes, sabendo que o profissional que tenta atingir a transação será eventualmente juiz da futura demanda, possam tirar o melhor proveito do método autocompositivo: a percepção, pelo mediador ou conciliador, dos objetivos das partes e das possibilidades reais de composição (*bottom-line objectives*, expectativas mínimas para tingir um acordo) dependem da transparência das negociações, que ficará empanada se as partes mantiverem reservas, cautelas e reticências diante de um mediador que poderá transformar-se em juiz.

---

[15] "Até mesmo um parente de uma das partes será árbitro do conflito existente entre elas, desde que presente o binômio ciência-anuência (ambas as partes conhecem o vínculo e mesmo assim concordam expressamente com a nomeação)". Cf. ALVES, Rafael Francisco. A imparcialidade do árbitro no direito brasileiro: autonomia privada ou devido processo legal? *Revista de Arbitragem e Mediação*, São Paulo, ano 2, n. 7, p. 121, out.-dez. 2005.

[16] "Ter um único neutro servindo em ambos os papéis evita a necessidade de ter que explicar a dois neutros separados o mesmo caso, o que economiza tempo e dinheiro". "Eles também argumentam que se as partes sabem que o mediador escolhido por elas dará uma decisão final e vinculante se não se lograr um acordo, elas se sentirão encorajadas a resolver seus problemas na mediação" (tradução nossa) (STIPANOWICH, Thomas J. Chapter 16 – *Mixed and changing roles*, cit. 436. Cf. LEVY, Fernanda Rocha Lourenço. *Cláusulas escalonadas* – a mediação comercial no contexto da arbitragem. São Paulo: Saraiva, 2013. p. 220, nota de rodapé).

[17] CARMONA, Carlos Alberto. *Arbitragem e processo* – um comentário à Lei n. 9.307/96. 3. ed. São Paulo: Atlas, 2009. p. 34, nota de rodapé 16.

Selma Ferreira Lemes muito bem esclarece essa questão:

> A possibilidade de o árbitro atuar como conciliador no curso da arbitragem ou do mediador ser investido como árbitro são questões polêmicas, pois muitos entendem que o árbitro deve desempenhar a missão de conciliar as partes com cuidado, para evitar que o seu procedimento no curso da conciliação ou mediação venha a exteriorizar propensão a uma das partes e, com isso, demonstrar falta de imparcialidade ou deixar transparecer essa impressão à outra parte.

Importante salientar que diversos regulamentos de Câmaras de Mediação e Arbitragem vedam a participação do mediador como árbitro para afastar qualquer questionamento sobre imparcialidade.[18]

O Projeto de Lei oriundo do trabalho da Comissão de Juristas do Senado Federal[19] preocupou-se com esse tema e inseriu disposição que, salvo acordo

---

[18] "No que concerne à mediação prévia e à posterior arbitragem, há regulamentos de instituições que estabelecem expressamente vedação neste sentido, salvo disposição em contrário das partes, tal como o disposto no art. 6.3. do regulamento da Câmara de Mediação e Arbitragem de São Paulo do Centro das Indústrias do Estado de São Paulo – CIESP: no art. 10 do regulamento de Conciliação da Corte Internacional de Arbitragem da Câmara de Comércio Internacional – CCI, e no art. 19 do Regulamento da Conciliação da Comissão das Nações Unidas para o Desenvolvimento do Direito Comercial – UNCITRAL. Note-se que este cuidado e reticência de regulamentos de instituições de arbitragem ocidentais não são acompanhados pelas Câmaras ou Centros localizados no Extremo Oriente, em que a cultura da conciliação está mais arraigada e é efetivamente enaltecida" (LEMES, Selma Ferreira. As peculiaridades e os efeitos jurídicos da cláusula escalonada: mediação ou conciliação e arbitragem. In: FERRAZ, Rafaella; MUNIZ, Joaquim de Paiva (coords.). *Arbitragem doméstica e internacional* – estudos em homenagem a prof. Theóphilo de Azeredo Santos. Rio de Janeiro: Forense, 2008. p. 363).

Os Regulamentos do Centro de Arbitragem e Mediação da Câmara de Comércio Brasil Canadá – CAM-CCBC, da Câmara Americana – AMCHAM e do Conselho Arbitral do Estado de São Paulo – CAESP também consideram fundada suspeição de parcialidade do árbitro que tiver atuado como mediador ou conciliador das partes, salvo se as partes estabelecerem o contrário.

[19] Comissão Especial Externa do Senado Federal, criada através do Requerimento 702 de 2012, do Senador Renan Calheiros, com finalidade de "elaborar anteprojeto de Lei de Arbitragem e Mediação, no prazo de 180 (cento e oitenta) dias". A Comissão foi presidida pelo Ministro Luís Felipe Salomão e formada pelos seguintes membros: Marco Maciel; José Antônio Fichtner; Caio Cesar Rocha; José Rogério Cruz e Tucci; Marcelo Rossi Nobre; Francisco Antunes Maciel Müssnich; Tatiana Lacerda Prazeres; Adriana Braghetta; Carlos Alberto Carmona; Eleonora Coelho; Pedro Paulo Guerra de Medeiros; Silvia Rodrigues Pereira Pachikoski; Francisco Maia Neto; Ellen Gracie Northfleet; André Chateaubriand Pereira Diniz Martins; José Roberto de Castro Neves; Marcelo Henrique Ribeiro de Oli-

das partes em sentido contrário, o mediador não poderia atuar como árbitro em processo arbitral pertinente a conflito em que tenha atuado como mediador.

Ao ser votado o Projeto de Lei manteve a restrição sobre a participação do mediador, mas afastou a possibilidade de as partes avençarem em sentido diverso.[20]

Conclui-se, mais uma vez, que a redação da cláusula, especificando a forma de nomeação do mediador e dos árbitros e quais os seus limites de atuação é condição *sine qua non* para o bom desenvolvimento da solução do conflito.

5. OBRIGATORIEDADE DA MEDIAÇÃO

Considerando que há no contrato previsão de cláusula escalonada, ou seja, a submissão das partes à mediação para, em caso de insucesso, seguir-se para a arbitragem ou processo judicial, surge discussão sobre a obrigatoriedade da participação no procedimento de mediação, caso a parte manifeste sua vontade contrária à composição.

Não são raras as vezes em que as partes iniciam o procedimento arbitral, deixando de se submeter à mediação, sob o argumento de que o acordo é impossível, que as partes já tentaram negociar, mostrando-se inútil tal tentativa.

Assim, a primeira abordagem deverá ser sobre a forma da redação da cláusula. Se as partes ajustaram que *deverão* se submeter à mediação prévia, o caráter obrigatório fica evidente, ao passo que se restou definido que *poderão* se submeter à mediação, a conotação é de opção e não de obrigatoriedade.

As primeiras, obrigatórias, referem-se às cláusulas escalonadas propriamente ditas, enquanto as segundas, facultativas, são as denominadas cláusulas cordiais

---

veira; Walton Alencar Rodrigues; Roberta Maria Rangel; Eduardo Pellegrini de Arruda Alvim; e Adacir Reis.

[20] "Art. 5º Aplicam-se ao mediador as mesmas hipóteses legais de impedimento e suspeição do juiz. Parágrafo único. A pessoa designada para atuar como mediador tem o dever de revelar às partes, antes da aceitação da função, qualquer fato ou circunstância que possa suscitar dúvida justificada em relação à sua imparcialidade para mediar o conflito, oportunidade em que poderá ser recusado por qualquer delas. Art. 6º O mediador fica impedido, pelo prazo de um ano, contado do término da última audiência em que atuou, de assessorar, representar ou patrocinar qualquer das partes. Art. 7º O mediador não poderá atuar como árbitro nem funcionar como testemunha em processos judiciais ou arbitrais pertinentes a conflito em que tenha atuado como mediador. Art. 8º O mediador e todos aqueles que o assessoram no procedimento de mediação, quando no exercício de suas funções ou em razão delas, são equiparados a servidor público, para os efeitos da legislação penal".

ou de cortesia,[21] ficando o seu adimplemento com um dever contratual de cooperação das partes, não as vinculando processualmente.

Saliente-se que o entendimento sobre a obrigatoriedade de participação na mediação adstringe-se à reunião inaugural, para renovar, ou não, sua decisão de participar do processo mediativo, uma vez que, diante do princípio da voluntariedade a parte não será obrigada à composição.

A questão que surge é se a estipulação da mediação prévia é uma obrigação e como tal deve ser cumprida, representando uma condição de procedibilidade para o procedimento arbitral, ou se constitui apenas um dever contratual e, portanto, seu descumprimento seria passível de indenização ou execução da cláusula penal, como forma de compensação.

Desde o Código Civil de 2002, a importância da função social do contrato prevista na própria Constituição Federal restou materializada e o princípio da boa-fé foi positivado.[22] E como tal não se pode aceitar que o contrato reflita, apenas e tão somente, o interesse dos signatários. Há que se levar em consideração o interesse coletivo com o qual o interesse individual deverá estar alinhado.[23]

---

[21] "Considera-se cláusula de cortesia a previsão pela qual as partes estipulam que empreenderão conversações amigáveis, antes de buscarem outros meios disponíveis de solução de controvérsias, para resolver conflitos que venham a surgir atinentes à relação contratual existente entre elas. Como expressão de cordialidade entre contratantes, referem-se a regras de boas práticas e de polidez e, nesse sentido, são chamadas de cortesia. Trata-se, na realidade, de uma regra geral de boa convivência, modo de agir que deveria permear todas as relações, jurídicas ou não, a permitir que diante de divergências interpessoais, seja possível dialogar amistosamente e com verdadeira boa-fé" (LEVY, Fernanda Rocha Lourenço. *Cláusulas escalonadas*. A mediação comercial no contexto da arbitragem. São Paulo: Saraiva, 2013. p. 168).

[22] "Art. 422. Os contratantes são obrigados a guardar, assim na conclusão do contrato, como em sua execução, os princípios da probidade e boa-fé".

[23] Cf. José Emilio Nunes Pinto: "Diz-se, e com muita precisão, que, em função da aplicação do princípio da boa fé, a posição das partes numa relação contratual se modificou de forma substancial. Em razão dos deveres laterais da boa fé objetiva a que as partes estão vinculadas, em especial o de colaboração e o de informação, dificilmente se poderá falar em partes em oposição, mas sim de partes em colaboração mútua. Isso decorre, sobretudo, de outra alteração substancial do Código Civil, onde se prestigia e prioriza o adimplemento das obrigações assumidas, punindo-se severamente o inadimplemento. Dessa maneira, a relação obrigacional passa a ter como polo o adimplemento, que atrai para si a colaboração mútua entre as partes. Esse posicionamento legal está influenciado pelo princípio da função social do contrato, limitador que é da liberdade contratual das partes.
A posição das partes ao celebrarem a cláusula compromissória é de partes em colaboração. O que ambas buscam, nesse momento, é criar um mecanismo que seja aplicável à solução de suas controvérsias, se e quando estas venham a surgir. Portanto, do ponto de vista da conclusão da cláusula compromissória, estariam as partes alinhadas com o princípio

Estabelece o art. 113 do Código Civil que "os negócios jurídicos deverão ser interpretados conforme a boa-fé e os usos do lugar de sua celebração", e é, sob esse enfoque, que se deve analisar a natureza dessa obrigação contratual em relação à mediação prévia.[24]

Nesse diapasão, as incertezas quanto ao efeito vinculante da cláusula de mediação prévia, seu desrespeito e as consequências desse inadimplemento devem ser esclarecidos para que, diante da complexidade do tema, não se esvazie a possibilidade de êxito decorrente da utilização da cláusula sequencial.

Se a cláusula compromissória, ou mesmo a cláusula escalonada, possuem natureza contratual, o art. 422 do Código Civil aplica-se integralmente. Além disso, não se pode olvidar que a autonomia privada e a força obrigatória dos contratos, além da sua própria função social, devem ser respeitadas nessa análise.

Sob essa perspectiva, como asseverado por Fernanda Levy, "o princípio da solidariedade se revela no respeito ao outro em ao menos tentar solucionar a controvérsia de maneira amigável. Sob o ângulo externo, ou seja, dos efeitos sociais, reconhecer a força obrigacional da convenção de mediação significa instrumentalizar o novo paradigma da cultura da pacificação social".[25]

Prossegue Fernanda Levy: "independentemente de lei que a imponha expressamente, defendemos a ideia de que a convenção de mediação possui efeitos processuais vinculantes, pois a vontade das partes em submeter a controvérsia à mediação previamente a qualquer solução adjudicada, em nosso caso, arbitral, não significa renúncia abstrata à apreciação jurisdicional da controvérsia, mas sim, a

---

da boa fé. Há inerente na condução da cláusula compromissória o traço da colaboração entre as partes signatárias, da identidade de propósitos, qual seja, o de utilizarem-se da arbitragem quando venham a surgir suas controvérsias" (A cláusula compromissória à luz do Código Civil. *Jus Navigandi*, Teresina, ano 9, n. 518, 7 dez. 2004. Disponível em: <http://jus.com.br/artigos/6025>. Acesso em: 15 mar. 2014).

[24] Cf. José Emilio Nunes Pinto: "O moderno conceito de obrigação não se afasta dessa linha mestra. A obrigação, ainda que polarizada pelo adimplemento, está subordinada a limites. Ao concluírem um contrato, assumem as partes a obrigação de zelar pelos interesses e patrimônios dos que com quem contrataram. Estamos diante de círculos concêntricos, em que a preocupação com o *alter* nas relações individuais se expande e se vincula, quanto à validade, à preocupação com toda a comunidade, com o papel que aquela relação desempenha no núcleo da sociedade. E não se poderia admitir a validade de um negócio jurídico que transgredisse o interesse coletivo. Para situações dessa natureza, não se pode esperar a sanção do Direito. Portanto, função social do contrato, boa-fé objetiva e probidade são diretrizes fundamentais inscritas no Código Civil e expressão do princípio basilar da eticidade que presidiu a sua elaboração" (Reflexões indispensáveis sobre a utilização da arbitragem e de meios extrajudiciais de solução de controvérsias. *Arbitragem*: estudos em homenagem ao Prof. Guido Fernando da Silva Soares. São Paulo: Atlas, 2007).

[25] LEVY, Fernanda Rocha Lourenço. *Cláusulas escalonadas*. A mediação comercial no contexto da arbitragem. São Paulo: Saraiva, 2013.

expressão livre e informada da vontade das partes em compor suas controvérsias por meio de um mecanismo prévio consensual. Assim, a cláusula de mediação, seja pactuada de maneira isolada ou estabelecida como condição prévia à arbitragem, deve ser respeitada, sob pena de restar como uma simples recomendação ou lembrança da possibilidade de uma solução consensuada e mais, ser uma barreira que acabará por conduzir as partes a conflitos 'parasitas' e indesejáveis".[26]

Assim, uma vez estabelecido contratualmente pelas partes que deverão se submeter à mediação prévia ao procedimento arbitral, o que delas se espera é que cumpram com o que convencionaram e tomem todas as providências estabelecidas originariamente, mesmo porque tais passos fizeram parte da própria equação econômica do negócio jurídico, devendo-se, portanto, prestigiá-la, sob pena de alterar essa equação.[27]

Na mesma linha, ou seja, de que a mediação deve ser cumprida, uma vez ocorrido o fato gerador, preleciona Giovanni Ettore Nanni: "(...) deve a parte acionar o sistema de renegociação pactuada, geralmente iniciado por reuniões presenciais, objetivando a adequação. Se, ao término do período de renegociação previsto no contrato, não for obtida uma solução consensual – que é desejada, mas não obrigatória –, ficam os contratantes autorizados a iniciar o mecanismo de solução de controvérsias eleito, recorrendo à corte estatal ou à arbitragem a fim de pleitear o restabelecimento do equilíbrio da avença".[28]

Dessa forma, a mediação mostra-se obrigatória, uma vez estabelecida contratualmente.

Essa não é a posição de Carlos Alberto Carmona que entende exagerada tal condição: "Seria formalismo excessivo imaginar alguma nulidade por conta da instauração da arbitragem sem que as partes se submetam previamente ao procedimento autocompositivo escolhido. Diante da eventualidade de violação da avença contida na cláusula escalonada, poderá o árbitro, se perceber espaço para composição, notando a necessidade de instaurar procedimento próprio, propor que as partes suspendam a arbitragem, remetendo os litigantes ao procedimento de mediação escolhido. Se qualquer das partes discorda, nada impedirá que os árbitros, atendendo os ditames do § 4º do art. 21 da Lei de Arbitragem, tentem a conciliação das partes. Não havendo predisposição para a composição, restará claro que a superação da fase de mediação prevista na cláusula escalonada não

---

[26] LEVY, Fernanda Rocha Lourenço. *Cláusulas escalonadas*. A mediação comercial no contexto da arbitragem. São Paulo: Saraiva, 2013. p. 251 e 296.

[27] Cf. PINTO, José Emilio Nunes. A cláusula compromissória à luz do Código Civil. *Jus Navigandi*, Teresina, ano 9, n. 518, 7 dez. 2004. Disponível em: <http://jus.com.br/artigos/6025>. Acesso em: 15 mar. 2014.

[28] NANNI, Giovanni Ettore. A obrigação de renegociar no direito contratual brasileiro. *Revista do Advogado*, São Paulo, n. 116, p. 89, 2012.

terá provocado prejuízo algum, de modo que não haverá qualquer sombra de nulidade a macular o procedimento arbitral".[29]

Se o entendimento é no sentido de sua obrigatoriedade, a cláusula passa a ter condição de procedibilidade para o processo arbitral, impedindo a sua instauração sem a comprovação do cumprimento do capítulo anterior. Mas é de suma relevância que a cláusula traga, em sua redação, a definição da sua condição obrigatória.

Conclui com sapiência Fernanda Levy: "Enfim, configurada expressamente a fase da mediação como obrigatória, ou seja, caracterizada a vontade das partes em, surgido o conflito, submetê-lo inicialmente ao procedimento de mediação, entendemos que todos os efeitos jurídicos se operam, tanto na esfera obrigacional como na esfera processual. Neste sentido, as partes, ao convencionarem a mediação ficam primeiramente obrigadas a cumprir o avençado, mas na hipótese de uma das partes ser recalcitrante, deverá arcar com as consequências jurídicas na esfera obrigacional e processual, ou seja, responderá pelos danos causado à outra parte em razão da sua atitude e terá seu conflito, ainda que momentaneamente, afastado da apreciação pelo tribunal arbitral".[30]

Selma Ferreira Lemes, escrevendo a respeito, salienta que "esta questão já foi objeto de demandas judiciais no exterior, registrando-se que a jurisprudência se inclina no sentido de entender que a cláusula escalonada tem efeitos contratuais, vale dizer, se não for observada a mediação, nenhuma consequência além do simples inadimplemento contratual que se resolve por perdas e danos advirá. Mas também há jurisprudência que considera que esta cláusula tem efeitos processuais e impede o árbitro ou o Judiciário de conhecer a questão litigiosa, remetendo as partes à mediação ou conciliação prévias. Na jurisprudência francesa registra-se precedente em que esta questão levou 10 anos percorrendo várias instâncias judiciais até que, exausta, a parte submeteu-se à conciliação prévia que estipulara como condição à demanda judicial, para, em seguida, finalmente ver o mérito da questão poder ser julgado".[31]

A Lei 13.140/2015, preocupada com esse tema, estabeleceu, no § 1º do seu art. 2º, que, na hipótese de existir previsão contratual de mediação prévia, as partes deverão comparecer à primeira reunião de mediação. Desse forma, ninguém é obrigado a permanecer no procedimento de mediação, mas deve pelo menos participar da primeira reunião.

---

[29] CARMONA, Carlos Alberto. *Arbitragem e processo* – um comentário à Lei n. 9.307/96. 3. ed. São Paulo: Atlas, 2009. p. 35.

[30] LEVY, Fernanda Rocha Lourenço. *Cláusulas escalonadas*. A mediação comercial no contexto da arbitragem. São Paulo: Saraiva, 2013.

[31] LEMES, Selma Maria Ferreira. Cláusula escalonada, mediação e arbitragem. *Revista Resultado*, v. 10, p. 42, jan. 2005.

Cap. 15 • A CLÁUSULA ESCALONADA | **301**

O marco legal foi mais além e determinou que as partes devem estabelecer penalidades em caso de não comparecimento da parte à mediação estabelecida em contrato ou que se vinculem a regulamento de instituição de mediação.[32]

Determinou, ainda, que, na hipótese de o contrato não trazer previsão completa, "o não comparecimento da parte convidada à primeira reunião de mediação acarretará a assunção por parte desta de cinquenta por cento das custas e honorários sucumbenciais caso venha a ser vencedora em procedimento arbitral ou judicial posterior, que envolva o escopo da mediação para a qual foi convidada" (art. 22, § 2º, IV).

Igualmente, em seu art. 23 determinou que se em previsão contratual, as partes se comprometem a não iniciar procedimento arbitral ou processo judicial durante certo prazo ou até o implemento de determinada condição, o árbitro ou o juiz suspenderá o curso da arbitragem ou da ação pelo prazo previamente acordado ou até o implemento dessa condição.

Depreende-se, portanto, que o legislador, de fato, priorizou a mediação e a necessidade de a parte a ela se submeter quando assim convencionou em contrato, transformando cláusulas de cortesia em cláusulas vinculantes, cujo cumprimento revela-se obrigatório.

A ótica internacional, especialmente na Corte de Arbitragem da CCI, não foge dessa posição. A redação da cláusula é fator determinante para que os árbitros interpretem a cláusula escalonada como condição de procedibilidade ou não.

Em excelente artigo publicado por Dyalá Jiménes Figueres,[33] este analisou nove casos entre 1985 e 2000. Em todos os casos a Corte Internacional de Arbitragem da Câmara de Comércio Internacional, após fazer análise *prima facie* da legitimidade da cláusula compromissória, deixou para os árbitros determinarem a obrigatoriedade ou não da submissão ao procedimento prévio de mediação:

> The arbitral tribunals in the nine cases presented hereafter show remarkable consistency in their reasoning. When faced with an objection from a respondent

---

[32] "Art. 22. A previsão contratual de mediação deverá conter, no mínimo: I – prazo mínimo e máximo para a realização da primeira reunião de mediação, contado a partir da data de recebimento do convite; II – local da primeira reunião de mediação; III – critérios de escolha do mediador ou equipe de mediação; *IV – penalidade em caso de não comparecimento da parte convidada à primeira reunião de mediação. § 1º A previsão contratual pode substituir a especificação dos itens acima enumerados pela indicação de regulamento, publicado por instituição idônea prestadora de serviços de mediação, no qual constem critérios claros para a escolha do mediador e realização da primeira reunião de mediação"* (grifo nosso).

[33] FIGUERES, Dyalá Jiménez. Multi-Tiered Dispute Resolution Clauses. ICC Bulletin, v. 14, n. 1, 2003.

alleging that the claimant has submitted the request for arbitration, tribunals tend to adopt a two-pronged approach. They first consider whether the parties were under an obligation to attempt amicable dispute resolution before arbitration. If the answer is yes, they then look at the facts to determine whether or not his obligation has been fulfilled.

Arbitrators have found that where the wording of the dispute resolution clause makes the use of ADR optional, a party is entitled to submit a request for arbitration whenever it wishes. The words "may" – as used in the arbitration clause in case 10256 – and "however" – as used in the arbitration clause in case 4229 – leave no doubt that the parties wished to be bound only by the obligation to submit their disputes to arbitration. Vagueness in the wording of clauses has also led arbitral tribunals to decide that parties did not wish to be forced into amicable settlement. On the other hand, when a word expressing obligation is used in connection with amicable dispute resolution techniques, arbitrators have found that this makes the provision binding upon the parties. This is illustrated in case 9984, where the word "shall" requires the parties first to seek an amicable solution. In cases where the arbitrators found the amicable dispute resolution provisions to be compulsory, before taking jurisdiction they carried out a factual analysis to determine whether appropriate efforts had been made to resolve the dispute amicably.[34]

Finalmente, importante observar que a preocupação anteriormente existente relativa à ocorrência da prescrição, em que as partes manifestavam temor ao decurso de prazo, enquanto se processava a mediação também restou resolvida

---

[34] Tradução livre: "Os tribunais arbitrais nos nove casos aqui apresentados demonstram notável consistência em suas razões. Quando confrontados com uma oposição de um réu, alegando que o autor tenha submetido uma requisição para arbitragem, os tribunais tendem a adotar uma abordagem em duas vertentes. Primeiro os tribunais consideram se as partes estão vinculadas por alguma obrigação de tentativa amigável de solução de conflitos diante da arbitragem. Se a resposta for sim, então os tribunais analisam os fatos para determinar se a obrigação foi ou não cumprida.

Os árbitros verificaram que onde a redação da cláusula de solução de conflitos faz uso opcional de ADR, a parte está autorizada a submeter o pedido de arbitragem quando bem entender. As palavras 'poder' – como usada na cláusula arbitral no caso 10256 – e 'portanto' – como usada na cláusula arbitral do caso 4229 – não deixa dúvida que as partes pretendiam ser vinculadas somente pela obrigação de submeter suas disputas à arbitragem. Por outro lado, quando a palavra expressando obrigação é usada relacionada a técnicas para uma solução de disputa amigável, os árbitros verificaram que isto faz com que tal disposição seja obrigatória para as partes. Isto é ilustrado no caso 9984, onde a palavra 'deve' requer às partes primeiro procurar uma resolução amigável para o conflito. Nos casos onde os árbitros verificaram disposições coercitivas para a solução amigável do conflito, antes de se declararem competentes eles realizaram uma análise efetiva para determinar se os esforços apropriados foram tomados para resolver a disputa amigavelmente".

pela Lei 13.140/2015, quando, em seu art. 17,[35] estabeleceu a suspensão do prazo prescricional no curso do procedimento de mediação.

Assim, a redação da cláusula será responsável por obrigar ou não a parte à submissão e cumprimento da mediação prévia à arbitragem, fator determinante para a decisão dos árbitros, quer em relação ao cumprimento da mediação, quer atinente à imposição de penalidades.

Resta evidente que o acompanhamento de profissionais técnicos e capacitados para apoio na redação da cláusula contratual é medida de rigor para o sucesso da solução do conflito futuro.

6. CONCLUSÃO

Por todos os lados por onde se analisa a questão proposta, vislumbra-se a imediata necessidade de mudança da cultura do litígio e da beligerância para um modo adequado de solução de controvérsia, baseado na boa-fé e na busca pela resolução da maneira mais ágil e menos onerosa possível.

A Lei 13.140/2015 e o próprio novo Código de Processo Civil, positivamente, preocuparam-se em modificar essa cultura e tornar a solução de conflitos mais amistosa.

A cláusula escalonada revela-se como medida adequada a permitir a mitigação dos custos e da delonga na solução dos conflitos, inserindo a mediação nas práticas empresarias, assim como ocorrido com a arbitragem.

Mister destacar que a prática da mediação, para receber o prestígio necessário, depende dos advogados, do Poder Judiciário, mas principalmente de uma mudança de mentalidade a partir da formação acadêmica dos profissionais.

Há, dessa forma, premente necessidade de inserção obrigatória das matérias de mediação e arbitragem nos cursos jurídicos, no exame de admissão à Ordem dos Advogados do Brasil, bem como no concurso de ingresso às carreiras jurídicas para que seja construído, em bases sólidas, o novo pensamento jurídico compatível com a realidade do século XXI e com as novas exigências econômico-financeiras do mercado.

A novel legislação recentemente em vigor sobre mediação também servirá de arcabouço e de bandeira para que a prática seja difundida e desenvolvida no Brasil.

---

[35] "Art. 17. Considera-se instituída a mediação na data para a qual for marcada a primeira reunião de mediação. Parágrafo único. Enquanto transcorrer o procedimento de mediação, ficará suspenso o prazo prescricional".

REFERÊNCIAS BIBLIOGRÁFICAS

CAHALI, Francisco José. Convenção de arbitragem. *Curso de arbitragem*. 5. ed. São Paulo: Thomson Reuters/Revista dos Tribunais, 2015.

CARMONA, Carlos Alberto. *Arbitragem e processo* – um comentário à Lei n. 9.307/96. 3. ed. São Paulo: Atlas, 2009.

CASADO FILHO, Napoleão. Disputa societária e clausula escalonada: análise de caso concreto. In: PINTO, Ana Luiz Baccarat da Motta; SKITNEVSKY, Karin Hlavnicka (coords.). *Arbitragem nacional e internacional:* os novos debates e a visão dos jovens arbitralistas. Rio de Janeiro: Elsevier, 2012.

FIGUERES, Dyalá Jiménez. Multi-tiered Dispute Resolution Clause. *ICC Bulletin*, v. 14, n. 1, 2003.

FILE, Jason. United States: Multi-step dispute resolution clauses. *Mediation Committee Newsletter* (IBA Legal Practice Division), p. 33-37, jul. 2007.

FRANCO, Mariulza. Nova cultura do litígio: necessária mudança de postura. *Arbitragem*: estudos em homenagem ao Prof. Guido Fernando da Silva Soares. São Paulo: Atlas, 2007.

GRUPO de estudos de mediação empresarial privada do Comitê Brasileiro de Arbitragem GEMEP/CBAR. *Cláusula arbitral escalonada.*

_____. *Principais aspectos relacionados à chamada cláusula escalonada, também conhecida como med-arb, no que o mecanismo da mediação.* Disponível no site do Comitê Brasileiro de Arbitragem: <http://www.cbar.org.br/PDF/Artigo_1_Clausula_Escalonada_out-2012.pdf>. Acesso em: 22 jun. 2017.

LEMES, Selma Maria Ferreira. As peculiaridades e os efeitos jurídicos da cláusula escalonada: mediação ou conciliação e arbitragem. In: FERRAZ, Rafaella; MUNIZ, Joaquim de Paiva (coords.). *Arbitragem doméstica e internacional* – estudos em homenagem a prof. Theóphilo de Azeredo Santos. Rio de Janeiro: Forense, 2008.

_____. Cláusula escalonada, mediação e arbitragem. *Revista Resultado*, v. 10, jan. 2005.

LEVY, Fernanda Rocha Lourenço. *Cláusulas escalonadas*. A mediação comercial no contexto da arbitragem. São Paulo: Saraiva, 2013.

MOSER, Luiz Gustavo Meira. Contrato internacional de licenciamento – cláusula escalonada ou sequencial – reconhecimento da validade da sentença arbitral sem a observância ao procedimento pré-arbitral. *Revista Brasileira de Arbitragem*, n. 15, jul.-ago.-set. 2007.

NANNI, Giovanni Ettore. A obrigação de renegociar no direito contratual brasileiro. *Revista do Advogado*, São Paulo, n. 116, 2012.

Pace Law School. Drafting step clauses: An empirical look to their practicality and legality. Pace Law School Institute of International Commercial Law e IACCM – Disponível pela biblioteca eletrônica da Pace Law School: <http://www.cisg.law.pace.edu/cisg/IICL-NE.html>. Acesso em: dez. 2013.

PIÑERO, Álvaro Lopéz de Argumedom. Multi – step dispute resolution clauses. *Mediation Committee Newsletter*, IBA Legal Practive Division, July 2007.

PINTO, José Emílio Nunes. A cláusula compromissória à luz do Código Civil. *Jus Navigandi*, Teresina, ano 9, n. 518, 7 dez. 2004. Disponível em: <http://jus.com. br/artigos/6025>. Acesso em: 15 mar. 2014.

_____. Reflexões indispensáveis sobre a utilização da arbitragem e de meios extrajudiciais de solução de controvérsias. *Arbitragem*: estudos em homenagem ao Prof. Guido Fernando da Silva Soares. São Paulo: Atlas, 2007.

PRYLES, Michael. Multi-Tiered Dispute Resolution Clauses. In: ALBERT JAN VAN DEN BERG (ed.). International Arbitration and National Courts: The Never Ending Story. *ICCA Congress Series*, volume 10, Kluwer Law International, New Delhi, 2000.

SCHANE, Lawrence. Drafting arbitration clauses. In: FELLAS, John. *International Arbitration,* vol. 01, Practising Law Institute, 2008.

SANTOS, Mauricio Gomm. The role of mediation in arbitration: the use and the challenges of multi – tiered in international agreements. *Revista Brasileira de Arbitragem*, Comitê Brasileiro de Arbitragem, São Paulo: Síntese, n. 38, abr.--maio-jun. 2013.

Tiered Dispute Resolution Clauses. Guia Ashurst Quickguides. Ashurst Leading International Law Firm, jan. 2013. Disponível em: <www.ashurst.com>.

WATANABE, Kazuo. *Política pública do Poder Judiciário nacional para tratamento adequado dos conflitos de interesses.* Disponível em: <http://www.tjsp.jus.br/ Download/Conciliacao/Nucleo/ParecerDesKazuoWatanabe.pdf>. Acesso em: 10 mar. 2014.

atlas

www.grupogen.com.br

RR Donnelley

IMPRESSÃO E ACABAMENTO
Av Tucunaré 299 - Tamboré
Cep. 06460.020 - Barueri - SP - Brasil
Tel.: (55-11) 2148 3500 (55-21) 3906 2300
Fax: (55-11) 2148 3701 (55-21) 3906 2324